FCD 一流学科建设研究生教学用书
First-class Disciplines

本书获华东理工大学研究生教育基金资助

问题式国际法

任　虎　主编

華東理工大學出版社
EAST CHINA UNIVERSITY OF SCIENCE AND TECHNOLOGY PRESS
·上海·

图书在版编目(CIP)数据

问题式国际法 / 任虎主编. -- 上海 : 华东理工大学出版社, 2024. 8. -- ISBN 978-7-5628-7326-6

Ⅰ. D99

中国国家版本馆 CIP 数据核字第 20244YV452 号

项目统筹 / 左金萍
责任编辑 / 陈婉毓
责任校对 / 金美玉
装帧设计 / 徐　蓉
出版发行 / 华东理工大学出版社有限公司
地址: 上海市梅陇路 130 号, 200237
电话: 021-64250306
网址: www.ecustpress.cn
邮箱: zongbianban@ecustpress.cn
印　　刷 / 南通印刷总厂有限公司
开　　本 / 787 mm×1092 mm　1/16
印　　张 / 15.25
字　　数 / 369 千字
版　　次 / 2024 年 8 月第 1 版
印　　次 / 2024 年 8 月第 1 次
定　　价 / 78.00 元

前言

本书是基于作者过去 17 年的研究生教学经验和国际法专业研究生的学习需求，归纳和梳理在国际法领域已形成共识的理论问题的一部国际法专业教材，旨在一方面增强学生的问题意识，另一方面巩固学生的基本知识体系，以达到学以致用的目的。在编写体系上，本书在遵循一般国际法学体系划分的基础上，确定每章中必须掌握的基本知识点，采取一问一答的论述方式，详尽阐述每道国际法问题，从而保障学习者在短时间内掌握国际法的理论体系和主要观点。

目前，国内尚未出版同本书类似形式的图书。曾任韩国高丽大学法学院院长的柳炳华教授是唯一出版过类似形式书籍的国际法学者，他早在 20 世纪 90 年代出版了《主观式国际法》，其主要用作韩国司法考试复习教材。本书编著的立意理念正源于这本书，但在具体内容上则体现了我国的国际法原则、实践及主张，是立足于我国国家利益、外交政策和当代国际法治思想的国际法前沿理论成果。

本书是积极响应“培养问题意识”教学要求的教学经验成果，在教材内容的编写方面，体现了我国当代国际法的前沿理论成果、政治方向和价值导向，有助于实现立德树人的根本任务。本书可以作为法学专业国际法方向非全日制研究生的课程教材，也可以作为国际法专业研究生毕业前的学业能力考试的必读教材，其既涵盖了研究生教材应具备的专业基础内容，又立足于前沿，将知识融于实践，解决了研究生期间教学与实践无法良好融合的难题。

由于编著比较仓促，本书中所列问题仅限于具体的部门国际法所关注的知识点，尚未扩展至贯通国际法各领域知识点，乃至国际经济法、国际私法的知识点，从而难免顾此失彼，未能为学生提供破除部门章节界线、贯穿不同部门章节的知识难点，在系统思考、融汇回答问题方面具有一定的局限性。希望再版的时候，能够结合当代国际法的最新热点问题，梳理更多贯通国际法，乃至国际经济法、国际私法的前沿理论问题并进行剖析研究，为国际法专业研究生提供一个“问题式研究”的范式。

本书的编著参考了大量国内外已出版的专著、教材和论文，并将这些作为注释予以详细阐明，如有疏漏之处，恳请批评指正。

在此感谢华东理工大学研究生院和华东理工大学出版社的大力支持与协助。

任虎

2024 年 1 月于上海

目录

第一章　国际法导论

第二章　条约法

第三章　国际法上的国家

第十一章 世界贸易组织法

第十二章 武装冲突法与人道主义法

第十三章 国际争端的解决

第十四章 国际责任法

第一章 国际法导论

一、国际法的法律效力问题

类似题

(1) 国际法效力的否认问题
(2) 国际法的性质
(3) 国际法的强制性效力

1. 国际法的概念

正如"有社会就有法律(ubi societas, ibi jus)",国际社会的存在和发展需要法律规则,国际法就是调整国际社会不同关系的法律规则。法律以社会存在为前提,而社会是由互相形成关系的人类构建的;同样,国际社会由主权国家、国际组织、跨国公司、自然人等国际社会的成员构成,国际法随着国际社会的发展而演变。

相比于有明确的法律文件和具有强制性约束力的国内法,国际法表现为不成文的国际习惯,且缺乏像国内法的强制性约束力。但作为法,国际法与国内法具有共同的属性,只是作为其前提存在的国际社会并没有像国内社会那样健全、完善,因此国际法是不完善的法律,是随着国际社会的发展和演变而逐渐演化的法律。

2. 国际法效力否定论之博弈

长期以来,国际法在国际社会中的地位和作用饱受争议,存在种种否定国际法效力的学说。

(1) 国家利益说。马基雅维利(N. Machiavelli)认为,在政治需要要求无视道德义务或法律义务时,国家统治者应坚决不履行道德义务或法律义务。在他的学说中,国际义务被视为并非法律上的义务,或者可以根据情势不变原则随意予以否定,使现代国家被认为是"有自己的目的"和最极端意义上的主权团体,以至现代国家在对外政策和对国际法的处理上坚持国家利益至上。

(2) 自然状态说。霍布斯(T. Hobbes)认为,国际间既不实行道德规则,也不实行法律规则,而实行着调节一些物质力量相互关系的自然法则。他还认为,自然状态中不存在国际法的原因是各主权国家之上没有一个有权制定应当遵守的国际法的更高的权力机关。法律必须来自处于法律主体之上的权威,但因为国际社会中的各主权国家都有主权,都不承认在它们之上还有权威,所以国际社会中根本不可能有国际法。

(3) 对外国家法说。黑格尔(G. W. F. Hegel)认为,国家的主权是绝对的,国家不承认有任何更高的法律秩序可以限制自己的法律秩序。国际法不以一个存在于国家之上的意志为基础,而以各国的一些不同的主权意志为基础,从而国际法只是对外的国家法。

(4) 实证主义说。奥斯丁(J. Austin)认为,实在法最为本质的特征是强制性或命令性。

在他的学说中，法律被认为是主权者的一种命令，任何一种实在法都是由特定的主权者针对其统治下的某个人或某些人制定的，法律是某个政治上的优势者为指导政治上的劣势者而制定的。[①] 因为国际法不符合他对法的定义，他只能称其为实定的道德规范，并认为"所谓国际法，包含国际间一般流行的意见或观点，所以它不是正确意义上的法"。

(5) 主权自限说。耶利内克(G. Jellinek)等认为，决定国家目的是每个国家自己的事情，每个国家可以自由裁酌，否定其义务。主权自限说否定了国家之间存在着的任何法律约束力，从而会导致在国际往来中毫无法律安全的结果。[②]

考察上述学说，不难发现每种学说都带有明显的历史或时代的印记，同时都难免存在固有的片面性和缺陷。[③]

(1) 不管是从法律定义上看，还是从立法主体上看，否定国际法的法律性质不符合国内法的观点是有缺陷的。奥斯丁先将法律定义为主权者做出并以制裁予以强制执行的命令，再基于此法律定义否认国际法的规则和原则具有法律性质，犯下了形式主义错误。《奥本海国际法(第一卷第一分册)》认为，"关于任何特定的规则的总体是否可以正当地被视为'法律'的问题有不同的回答，主要以国家的国内法为依据所作出的定义，在适用其他各种社会所拥有的规则时，可能太狭窄"。[④] 王铁崖教授也认为，"如果把法律与国内法相等同，国际法就不是法律，也不可能是法律，因为国际法在许多方面是与国内法不相同的。但是，法律是对社会成员的行为有强制力量的规则的总体，而法律不限于国内法"。[⑤] 法的本质特征是强制性或命令性，是某个政治上的优势者为指导政治上的劣势者而制定的规则，其并不局限于国内规则群。因此，以国内法为出发点，通过对国内法的特点进行分析总结而给法律做出定义，并依据其否定国际法的法律性质的做法是不值得提倡的。

(2) 以国际法缺少法律实效，或者以国际法的弱执行力否定其法律地位是不合理的。法的实效一般是指具有法律效力的成文法在社会生活中被执行、适用、遵守的实际情况[⑥]，但法的实效与诸多因素相关，如社会环境、公共意识及价值追求等。如果仅以未能被很好地执行或遵守为理由否定国际法的法律地位，那么未被很好执行或遵守的国内法也应当被否定其法律地位。因此，以这种方式否定国际法的法律地位是不科学的。

3. 国际法强制性效力的学说

支持国际法具有强制性效力的学说主要有自然法学说、规范法学说、社会连带主义学说和实在法学说。[⑦]

(1) 自然法学说。格劳秀斯(H. Grotius)等认为，自然法是国际法的独立渊源。国际法之所以具有效力，是因为国际法以自然法为依据。自然法是指人类的良知、理性和法律意识等。

(2) 规范法学说。凯尔森(H. Kelsen)等认为，一切法律规则的效力都出自上一级的法

---

① 博登海默：《法理学：法律哲学与法律方法》，邓正来译，中国政法大学出版社，2004，第126—127页。

② 李浩培：《国际法的概念和渊源》，贵州人民出版社，1994，第40页。

③ 《国际公法学》编写组：《国际公法学》，高等教育出版社，2016，第37页。

④ 詹宁斯、瓦茨：《奥本海国际法(第一卷第一分册)》，王铁崖等译，中国大百科全书出版社，1995，第6页。

⑤ 王铁崖：《国际法》，法律出版社，1995，第5页。

⑥ 张文显：《法理学》，高等教育出版社，2004，第228页。

⑦ 任虎：《国际公法》，华东理工大学出版社，2021，第7—8页。

律，全部法律可归纳为一个体系，国际法为最上级的规范。每一级规则的效力来源于上一级规则，最后溯源至国际法，即“最高规范”，这个“最高规范”是“约定必须遵守”的。

(3) 社会连带主义学说。塞尔(G. Scelle)等认为，法律是为了维持社会存立基础的社会连带性而所必需的社会命令。即，若要维持社会生活，则其成员就应对所必需的社会规范达成一致。国际社会的存立基础所必需的社会规范是“各民族的法律良知”，其对各国之间的连带关系所产生的经济、道义规则具有约束性。

(4) 实在法学说。宾刻舒克(C. van Bynkershoek)等认为，国际法的效力根据是现实的“国家意志”，而这种“国家意志”表现为国际习惯和国际条约；同时主张“公认”是国际法的唯一基础，即某个原则在列为国际法规范之前，必须先证明其确实为各国所公认。

在现实国际社会中，国际法不能得到执行、被违反的现象占少数，国际法原则、规则和制度是经常被遵守的，尽管有学者认为国家服从国际法的原因有内部动机和外部激励之分①，但国家最终还是遵守了国际法。国际法不断地被各国政府承认为法律，认为各国政府的行动自由在法律上是受国际法的约束的。国家不仅在无数条约中承认国际法规则具有法律约束力，而且经常确认它们之间存在法律的事实。② 目前，尽管有些国家会违背国际法，但并没有一个国家公然宣称国际法不存在，世界各国政府都承认国际法是对国家有约束力的法律。

此外，当今国际社会除国家之外，联合国等政府间国际组织、红十字国际委员会等非政府间国际组织、绿色和平组织等国际民间团体，以及跨国公司等越来越多的主体参与国际关系和全球治理，其意志或多或少地反映在有关国际协定和国际组织的决议中。因此，当代国际法的效力根据应该是国际社会各种行为主体意志的协调。

综上而言，从国家、国际组织及其他国际社会主体的实践来看，国际法的效力已普遍获得承认。在此情形下，否定或怀疑国际法的法律地位或实效，则应视其为不具有研究国际法资质的见解。

二、国际法的形成及发展

类似题

(1) 国际法理论的形成及发展

(2) 国际法的历史

国际法是国际社会主体之间，主要是主权国家之间相互关系的产物，并随着国际社会关系的演化而产生、变更和发展。每个时代凡属有许多国家并立，互相交往，自然就有适应这个时代社会经济制度的国际交往规则或习惯产生。③ 国际法的形成及发展经历了古代、中

① 路易斯·亨金：《国际法：政治与价值》，张乃根等译，中国政法大学出版社，2005，第 66—70 页。

② 詹宁斯、瓦茨：《奥本海国际法(第一卷第一分册)》，王铁崖等译，中国大百科全书出版社，1995，第 8 页。

③ 周鲠生：《国际法(上册)》，武汉大学出版社，2007，第 33 页。

世纪、近代、现代和当代等五个阶段，但一般以《威斯特伐利亚和约》承认主权国家的独立为标准，将其视为现代意义上国际法历史的起源。

1. 古代国际法(在476年罗马帝国灭亡之前)

古代国际法的历史时期是从远古国家出现开始，到中世纪为止。随着早期世界文明的产生，原始的国际法规范在古代文明国家中应运而生。据记载，最古老的国际法律文件是美索不达米亚平原上的两个城邦国家拉伽虚和乌玛大约在公元前3100年签订的疆界条约。[①] 在古代埃及，也不乏订立条约的记载，结盟、边界划定是签订条约的主要事由。例如，公元前1283年，埃及法老拉美西斯二世和赫梯国王哈杜西勒三世订立《埃及与赫梯和平条约》，约定“双方实现永久和平，‘永远不再发生敌对’，永远保持美好的和平和美好的兄弟关系；双方实行军事互助，共同防御任何入侵之敌；双方承诺不得接纳对方的逃亡者，并有引渡逃亡者的义务”。[②] 在古代中国，春秋时期列国并存，为国际法规则和国际法实践的萌芽提供了土壤，但后来秦汉时期统一中国，就没有了国际法形成及发展的基础。春秋时期，各诸侯国之间外交活动频繁，形成了外交使节享有不可侵犯权、外交使节因代表君主而不得受侮辱或伤害等一套独特的规则和惯例。在古希腊，许多城邦国家之间经常互派使节、从事贸易、订立条约、建立联盟，实行仲裁以解决纠纷，制定战争中庙宇等宗教设施保持中立、奥林匹克竞赛期间休战等战争规则。在古罗马，也形成了一套关于宣战、媾和、订立友好同盟的条约及解决争议的仲裁制度。古罗马的万民法后被称为国际法的前身。[③]

简而言之，因古代国家间关系主要围绕战争而开展，故形成了“两国交战，不斩来使”等交战中保护使节的重要国际惯例，但并未形成完整的国际法理论和制度体系，国际法在古代仅处于萌芽阶段。

2. 中世纪国际法(476年—15世纪)

欧洲的中世纪处于封建时期，封建王朝的君主们在政治上受神圣罗马皇帝的统治，在精神上则受教皇的支配。因此，封建君主们在其国内并没有最高权力，对外需要向神圣罗马皇帝和教皇表示忠诚，缺乏独立的对内、对外的自决权，严重影响了国际法的发展。

中世纪国际法虽然发展受到限制，但却仍以使节法和战争法为主缓慢演进。到了中世纪后期，随着欧洲贸易往来和航海业的发展，催生了领事制度和海事法律制度，出现了一批海事法典[④]，成为中世纪国际法最为显著的进步。但此时的国际法仍旧处于萌芽阶段，并未形成完整的国际法体系，对国际法理论的研究尚未兴起。

3. 近代国际法(16世纪—第一次世界大战之前)

随着文艺复兴、新大陆的发现及资本主义生产方式的出现，西欧社会为近代国际法的发展提供了时空环境；西方国家的海外殖民扩张打破了各国、各地区、各民族之间的隔绝状态，推动了整个世界在经济、政治、文化等各方面互相融合的社会环境，为近代国际法的发展奠定了基础。

---

① 杨泽伟：《国际法》，高等教育出版社，2007，第17页。

② 慕亚平、周建海、吴慧：《当代国际法论》，法律出版社，1998，第30页。

③ 任虎：《国际公法》，华东理工大学出版社，2021，第3页。

④ 杨泽伟：《宏观国际法史》，武汉大学出版社，2001，第66页。

尤其是终结欧洲三十年战争的1648年《威斯特伐利亚和约》[①]，不仅承认了瑞士和荷兰为两个独立国家，而且确立了主权平等、领土完整等原则，规定了主权国家互相交往中必须遵守的规范，是第一次承认近代意义上国家的国际文献。因此，《威斯特伐利亚和约》被称为国际法发展过程中的一座里程碑，对国际法的发展具有划时代的意义。[②]

近代国际社会对国际法发展的另一个重要贡献是国际法理论体系的初步建构。16世纪初，从马基雅维利基于国家利益对国际法是不是法律这一命题进行考虑，到博丹(J. Bodin)对国家主权学说的开创，再到维多利亚(F. de Vitoria)、真提利斯(A. Gentilis)等一系列国际法学家对国际法理论的系统论述。博丹主张国家主权理论，称主权是国家绝对的和永恒的权力，是至高无上的权力，不受法的限制；还称主权是不能转让的，也是不能分割的。在真提利斯的《战争法》基础上，"国际法之父"格劳秀斯在1625年出版的《战争与和平法》中系统地论述了国际法的主要内容，概括了国际法的全部范围，使国际法成为一门独立的学科。格劳秀斯的国际法以"誓约应遵守""不得侵犯他人财产，不当利益应予以返还""因过错造成他人损失的，应予以赔偿"等三个理论为基础，将战争分为正义战争和非正义战争，主张海洋的自由。格劳秀斯的学说，特别是《战争与和平法》对当时的国际社会产生了重大影响，对后来的《威斯特伐利亚和约》的缔结产生了重要影响。在欧洲三十年战争中，瑞典国王古斯塔夫二世就是按照格劳秀斯的著作中所载的原则，采取人道行为进行作战的。欧洲各国的统治者在读了格劳秀斯的著作之后，才觉得国家间并不是没有法律的。这一时期的国际法理论主要为了解决以下两个问题：一是如何为国际行为规则重新寻找出一个根据；二是为各国确立一套国际行为规则，特别是一套可以抑制战争的残酷行为的规则。[③] 国际法先贤对国际法相关问题的论述都对国际法的发展产生了重大影响，使国际法实践的发展上升到了理论研习阶段，从而逐渐形成了国际法体系；同时，这一理论体系又促进了国际法的发展。

1789年爆发的法国大革命开启了国际法发展的新阶段，形成了一系列近代国际法的主要原则，如国家的基本权利和义务的概念、国家对领土的主权和对公民的管辖权、不干涉海洋自由原则以及条约神圣不可侵犯原则等。此外，由于国际关系的内容不断增多，国家之间开始签订一系列国际公约，如1883年《保护工业产权巴黎公约》(简称《巴黎公约》)、1886年《保护文学和艺术作品伯尔尼公约》(简称《伯尔尼公约》)以及《和平解决国际争端公约》和《陆战法规和惯例公约》等一系列海牙公约。中立制度也获得了重大发展，如中立国不得提供任何直接或间接援助，但不排除支援人员和贸易，又如1815年瑞士宣布永久中立，1814年《巴黎条约》确立了瑞士的中立地位。

4. 现代国际法(第一次世界大战之后—20世纪末)

第一次世界大战破坏了《威斯特伐利亚和约》所建构的主权国家之间的平等体系，使国

---

① 《威斯特伐利亚和约》由两个条约构成，即《威斯特伐利亚和约——神圣罗马皇帝和瑞典女王以及他们各自的同盟者之间的和平条约》和《威斯特伐利亚和约——神圣罗马皇帝和法兰西国王以及他们各自的同盟者之间的和平条约》。《威斯特伐利亚和约》第一条明文规定了签订和约的目的，即"保持……普遍的和平与永恒、真正和诚挚的和睦关系"，并且"这种和平与和睦关系……应予以遵守和培养"，和约具有国内法的效力。

② 杨泽伟：《宏观国际法史》，武汉大学出版社，2001，第72页。

③ 周鲠生：《国际法(上册)》，武汉大学出版社，2007，第35—38页。

际法遭受了制度危机，但国际法并没有消亡。第一次世界大战之后，国际社会建立了国际联盟和常设国际法院，开创了历史上第一个世界性国际组织和普遍性国际司法机构，为国际法的制度化、司法化和规范化发展作出了重要贡献。尤其是1917年俄国十月革命的胜利，为国际法的变化注入了新的理念。列宁领导的苏维埃政府提出不兼并、不赔款的民主概念，宣布侵略战争为反人类罪行，提出废除秘密外交和废除不平等条约的主张，强调民族自决原则。

第二次世界大战的爆发又一次破坏了国际和平，几乎摧毁了第一次世界大战以后建立的国际法律秩序，但国际法并未就此消失。1945年联合国的建立和《联合国宪章》的通过，意味着以欧洲为中心的传统国际法逐渐转变为现代的、以普遍性为特色的国际法。《联合国宪章》不仅规定"各会员国在其国际关系上不得使用威胁或武力"，从而宣布战争的非法性，而且创建集体安全保障机制，以维护国际社会的和平与安全。作为常设国际法院后任的国际法院，正在依据日益发展、完善的国际法解决国际争端，有效通过司法途径化解矛盾、避免战争。

现代国际社会的变化不仅推动了传统领域的国际法，如海洋法和战争法得到质的变化，而且促进了国际法新的分支和部门的涌现，如国际经济法、外层空间法、国际人权法、国际环境法等，国际法进入前所未有的发展阶段。

5. 当代国际法(自21世纪以来)

进入21世纪之后，国际法主要在国际反恐、国际法的人本化、生物多样性保护，应对气候变化方面取得了重要的进展。经历了"9·11事件"灾难的国际社会，2005年通过了《制止核恐怖主义行为国际公约》及一系列打击国际恐怖主义的决议，但国际社会对恐怖主义尚未形成国际法上的定义，在实践中仍存在着如何避免反恐行动伤害无辜人群、恐怖分子嫌疑人的人权和反恐行动的扩大化等问题。此外，当代国际法的人本化趋势尤为突出，国际法的理念、价值、原则、规则、规章和制度越来越注重个人和整个人类的法律地位及其各种权益的确立、维护和实现①，主要体现在国际人道法、国际难民法、国际刑法等。根据2022年7月1日生效的《国际刑事法院罗马规约》成立的国际刑事法院，实现了国际刑事领域的持久正义，在与国内法院及联合国安全理事会之间就惩处灭绝种族罪、危害人类罪、侵略罪等严重的国际罪行方面建立了一种固定的合作、协助和补充关系。在生物多样性保护方面，《生物多样性公约》缔约方大会于2010年10月29日在日本名古屋通过了《〈生物多样性公约〉关于获取遗传资源和公正公平分享其利用所产生惠益的名古屋议定书》，为向遗传资源的提供者和使用者提供法律上更大的明确性和透明性奠定了坚实的基础。在应对气候变化方面，2015年12月12日于法国巴黎举行的联合国气候变化大会上通过的《巴黎协定》，是人类历史上应对气候变化的第三个里程碑式的国际法律文本，形成了2020年后的全球气候治理格局。

国际法的形成及发展历史就是国际社会产生、变更和演化的照应，因为法是社会的产物，以社会为基础。伴随着科学技术和文化的发展，国际社会的关系将出现新的情势，也将促使国际法理论及其实践的变化。例如，互联网、大数据、人工智能等信息产业迅速崛起，无人机、网络攻击、数据安全等问题将挑战传统国际法理论。因此，在坚持传统国际法原则、规则的基础上，积极响应国际社会的变化，通过保障国际决策及其立法的科学性、民主性和透

① 曾令良：《论现代化国际法的人本化发展趋势》，《中国社会科学》2007年第1期。

明性来创新国际法律制度是国际法学研究的历史使然。

三、马克思主义和国际法的发展

类似题

(1) 马克思主义经典作家对国际法的贡献
(2) 马克思主义者对国际法的经典论述

马克思主义的唯物史观和唯物辩证法对国际法理论的发展所作出的贡献是国际社会普遍认可的事实，众多国际法学者在其著作中都将马克思主义学说作为国际法理论学说之一进行阐述。① 马克思主义国际法理论由马克思和恩格斯创立，由列宁继承和丰富，再由毛泽东、邓小平等我国的领导人发扬和细化。

1. 马克思主义的国际法观点

马克思主义对国际法理论最重要的贡献是创立了辩证唯物主义和历史唯物主义的国际法观与研究方法。按照历史唯物主义和辩证唯物主义的观点，主要用于调整国家间关系、建立和维持国际秩序的国际法，必须适应不同时期国际关系的需要。此外，马克思主义的国际法观点集中体现在19世纪50—60年代一系列有关民族解放运动的国际问题的著述之中，主要运用国际法基本理论揭露和谴责欧洲列强的侵略和霸权行径。比如，马克思和恩格斯的《与波斯签订的条约》《波斯与中国》《中国和英国的条约》等文章抨击了西方列强强加给弱小国家的条约的不平等性及其给弱小国家主权和内政所带来的严重恶果，并否定了其法律效力。②

2. 列宁的国际法观点

列宁作为世界上第一个社会主义国家的领导人，不仅继承了马克思主义的国际法观点，而且在对沙俄政权对外关系和国际关系的评论，以及领导苏联处理国际关系的思想中，丰富和发展了国际法理论的原则和内容。比如，列宁主张废除秘密条约；反对殖民统治，主张民族自决；揭示帝国主义战争的欺骗性、压迫性和反动性；提出不割地、不赔款的和约原则，以及和平共处的国家间关系的准则。再如，列宁亲自起草了苏联第一个对外政策的纲领性文件《和平法令》，建议订立“全面、民主、公正的，不割地、不赔款”的和约，并将其作为苏联与其他交战国举行政治谈判的主要内容和基本原则。③

3. 毛泽东的国际法观点

中华人民共和国成立之初，毛泽东提出的“另起炉灶”和“打扫干净屋子再请客”的外交关系原则为建立独立和平等的中国提供了国际法思想。其中，“另起炉灶”意味着不承认国民党政府同各国建立的旧外交关系，而是在互相尊重主权和领土完整、平等互利的基础上建

---

① 柳炳华：《国际法(上卷)》，朴国哲、朴永姬译，中国政法大学出版社，1997，第25页。韩国国际法学者柳炳华教授指出，因为作为上层结构的国际法依赖于下层结构的经济，所以马克思主义主张随着国际分工的越发细化，国家之间的关系得以促进，国际规范则相应变得可能或必要。

② 《国际公法学》编写组：《国际公法学》，高等教育出版社，2016，第9—10页。

③ 列宁：《论国际政治与国际法》，世界知识出版社，1959，第371—390页。

立新的外交关系;"打扫干净屋子再请客"则是指先清除帝国主义留下的残余,如不平等条约、领事裁判权等,再同外国建立外交关系。① 此外,1954年4月中国和印度签订的《关于中国西藏地方和印度之间的通商和交通协定》序言中明确宣告的"互相尊重领土主权、互不侵犯、互不干涉内政、平等互利、和平共处"等五项原则,不仅成为中国同其他国家构建国际关系的准则,而且成为被国际社会普遍接受的国际习惯法。

4. 邓小平的国际法观点

邓小平为中国国际法理论的建设做出了两个重要贡献。其一是旗帜鲜明地提出国家主权高于人权的国际法观点,主张"国家主权比人权重要得多"②。国家主权是人权的前提和基础,维护国家主权是实现人权的根本保障。其二是创造性地提出"一国两制"伟大构想,解决中国香港和澳门回归问题;在领土和海洋权益争端方面,主张"搁置争议,共同开发",和平解决中国与周边国家之间的领土和海洋权益争端。

5. 和谐世界理念和构建人类命运共同体理念的国际法观点

自21世纪以来,中国领导人先后在国内外不同场合提出了一系列重要的国际社会治理理论,从而有力地推进了中国国际法理论的发展,丰富了中国的国际法实践。例如,2005年9月,胡锦涛在联合国总部发表了重要讲话,阐述了"和谐世界"的主张和理念,不仅要维护世界和平,实现"和平共处",而且要在和平的基础上,促进和睦、合作和共同繁荣,实现"和谐共处"。

中国共产党第十八次全国代表大会报告中明确提出"要倡导人类命运共同体意识",构建人类命运共同体理念是习近平面对风云变幻的国际形势而提出的对马克思主义唯物史观的理论创新,向整个国际社会展示了人类利益和价值的相称性,体现了"以应对人类共同挑战为目的的全球价值观",其中包含"相互依存的国际权力观、共同利益观、可持续发展观和全球治理观"③。2017年3月,联合国安全理事会通过了第2344号决议,将"构建人类命运共同体"的内容载入其中。

按照历史唯物主义和辩证唯物主义的观点,包括国际法在内的法属于社会上层建筑,其存在和发展取决于经济基础。现代国际法和当代国际法的发展轨迹及特征无不验证了历史唯物主义和辩证唯物主义的国际法观与研究方法的科学性。因此,应毫不动摇地坚持运用马克思主义唯物辩证法来研究当今和未来的国际法问题。④

四、国际法上权利及义务的主体

类似题

(1) 自然人能否成为国际法主体?

(2) 国际组织是否为国际法主体?

---

① 王绳祖:《国际关系史(第八卷)》,世界知识出版社,1995,第5页。
② 邓小平:《邓小平文选(第三卷)》,人民出版社,1993,第345页。
③ 曲星:《人类命运共同体的价值观基础》,《求是》2013年第4期。
④ 《国际公法学》编写组:《国际公法学》,高等教育出版社,2016,第12页。

1. 国际法上权利及义务主体的概念和条件

《奥本海国际法》中将国际法主体称为国际人格者，是指能享受国际法上权利，并承担国际法上义务的实体。国际法主体是其行动直接由国际法加以规定，因而其权利和义务直接从国际法发生的实体。

（1）具有意识和行为的载体

具有意识和行为的载体是某一实体能够成为国际法主体的物质条件。作为调整国际关系的主体，其必须为赖以存在和活动的物质载体。例如，国家应当拥有领土、居住在该领土之上的居民，以及财富；国际组织则应当拥有办公场所、人员和财产。缺少载体，其主体的意识和行为就是"无皮之毛"，不具有现实性。

（2）具有直接参加国际关系的能力

具有直接参加国际关系的能力是某一实体能够成为国际法主体的先决条件。国际法的调整对象是国际关系，如果某一实体没有能力直接参加国际关系，那么国际法不能对其进行直接的规制，因此就无法独立地享受国际法上的权利，承担国际法上的义务。缔结国际条约和协定、加入国际组织和参加国际会议、派遣和接受外交使节等皆为具有直接参加国际关系的能力的表现。

（3）具有国际法上的行为能力和权利能力

具有国际法上的行为能力和权利能力是国际法主体应具备的实质条件。国际法上的行为能力是指其通过自己的意识独立确立主观意志的能力，国际法上的权利能力是指其能够依法享受权利和承担义务的资格能力。如果国际法主体不具有必要的行为能力，就无法使国际法律关系发生、变更和消灭；如果国际法主体不具有权利能力，就不能参与国际法律关系的发生、变更和消灭的过程，意即破坏国际法律关系的形成、发展和消灭。

（4）国际法赋予权利和义务

国际法赋予某一实体权利和义务，是其能够成为国际法主体的必要条件。如果某一实体既具有直接参加国际关系的能力，也具有国际法上的行为能力和权利能力，但是该主体并没有在国际法上切实地享受权利和承担义务，那么将其归为国际法主体则不符合国际法实践。事实上，国际法主体在国际关系的演变中不断得以突破，并获得相应的权利和义务，成为国际社会的适格主体。

2. 国际法主体的类型

因为确定"国际法上的国际关系"的标准或依据将随着国际关系的发展而改变，所以国际法的主体资格将相应发生演化。

（1）国家

国家间关系是国际社会的主要活动，国家在国际法律关系中处于主要地位和起着主要的作用，因此国家是最基本、最传统的国际法主体。国际法上的国家一般是指具有一定领土、居住在领土之上的居民、政府，以及独立于其他国际社会主体的拥有主权的国际法律人格者。主权国家是完整的国际法主体，享有国际法上的权利，担负国际法上的义务。① 主权或者独立是区分国家和自治集团的重要因素。1949 年，国际法院在"执行联合国职务时所

---

① 李浩培：《国际法的概念和渊源》，贵州人民出版社，1994，第 5 页。

受损害赔偿案"的咨询意见中称，国家和国际组织是直接连接国际法的实体[①]。即，国家为国际法上的权利和义务的直接主体。

(2) 国际组织

国际组织是指依据设立宪章或国际条约成立的政府间组织，设有组织章程，具有连续性工作机制的组织机构，按照其目的或宗旨从事国际活动的国际法律人格者。随着国际社会的发展，越来越多的国家认识到许多问题已并非一个国家能独立解决，因此国际组织的成立就成了必然。国际联盟是人类历史上第一个一般政治性的国际组织。第二次世界大战以后，国际组织的数量剧增，国际组织的作用已不再限于协调主权国家之间的关系，而是国际关系的重要参与者或建构者，深入国际社会的方方面面。同时，也引起了国际组织的法律人格问题。

1949 年，在"执行联合国职务时所受损害赔偿案"的咨询意见中，就联合国大会提交给国际法院的"联合国能否以一组织资格向负责之法律上或事实上政府提出国际要求，俾对于下列损害取得应有之赔偿……"的问题，国际法院认为，联合国是否具有"提出国际要求的行为能力"，其实质是要判断"联合国是否具有国际人格"。身为国际组织的联合国并没有在《联合国宪章》中规定其具有此种行为能力，因此国际法院审议了《联合国宪章》所赋予联合国的特性，并指出：《联合国宪章》赋予了联合国及其会员国所具有的不同的权利和义务，强调了联合国的重要政治任务是维持国际和平与安全。最终，国际法院确认"该组织(联合国)是国际人格者。尽管其不等同于国家，但其作为国际法主体，有能力享受国际权利和承担国际义务，并且有能力以提起国际赔偿来维护自身的权利"。[②]

此外，在任何法律体系中，法律主体在其性质上或在其权利的范围上并不一定都相同。法律主体的性质一般取决于社会的需要。[③] 国际组织的法律地位是由广泛的国际实践所确认的。例如，1946 年《联合国外交特权及豁免公约》第一条第一节规定，联合国应有完整的法律人格，具有定结契约、取得及处置财产、从事诉讼的能力；1919 年《国际劳工组织章程》第三十九条规定，国际劳工组织应有完整的法律人格，特别是订立合同、取得及处分不动产和动产的能力；1946 年《世界卫生组织宪章》第六十六条规定，"本组织应在每一成员国领土内享受于实现其宗旨……所必需的法律行为能力"。又如，1947 年瑞士同联合国签署协定，确认联合国的法律人格和法律上的权利能力。因此，国际组织的法律人格已被国际社会广泛承认和接受。

但应当指出的是，国际组织不是完整的国际法主体，因为国际组织没有国民和领土，所以无法适用国家对其国民和领土的国际法规则。此外，虽然像联合国赋有重要和广泛的职能的世界性国际组织是具有客观的国际人格，而不仅是具有各创立国所承认的人格的实体，但是其他国际组织却不能被认为都当然具有客观的国际人格。国际组织的国际人格不仅是部分的，也是特殊的，即国际组织的国际人格仅限于由承认其国际人格的第三国可以主张。[④]

---

① ICJ, "The Advisory Opinion on Reparation for Injuries," *ICJ Reports* (1949): 178.

② ICJ, "The Advisory Opinion on Reparation for Injuries," *ICJ Reports* (1949): 178 - 180.

③ 詹宁斯、瓦茨：《奥本海国际法(第一卷第一分册)》，王铁崖等译，中国大百科全书出版社，1995，第 91 页。

④ 李浩培：《国际法的概念和渊源》，贵州人民出版社，1994，第 15 页。

(3) 争取独立的民族解放运动组织

民族解放运动组织是指为一个民族从殖民国家或其他统治国家的压迫下解放出来而进行斗争的运动组织，其国际法主体资格已被国际社会普遍接受。例如，《联合国宪章》及1952年《关于人民与民族的自决权的决议》、1960年《给予殖民地国家和人民独立宣言》等联合国大会通过的一系列决议，不仅明确规定了民族自决权原则，而且明确了争取独立的民族解放运动组织在一定范围内具有独立参与国际关系、直接承受国际法上权利和义务的能力，从而为确立其国际法主体地位奠定了法律基础。从行为能力角度来看，争取独立的民族解放运动组织是建立代表和领导本民族解放斗争的政治实体，也是具备控制和管理一定领土和居民的能力、建立政权机构等行为和意识载体的实体；从权利能力角度来看，争取独立的民族解放运动组织从事国际交往、派遣外交代表、缔结国际协定、享受战争法规的约束和保护等国际关系活动。此外，从国际法实践来看，争取独立的民族解放运动组织的国际法主体资格已得到国际上的普遍认可，如巴勒斯坦解放组织及其继承主体巴勒斯坦国在联合国享有非会员国的地位。

但同国家的国际法主体资格相比，争取独立的民族解放运动组织的国际法主体资格是不完整的，其享有的法律权利、担负的法律义务也是有限的。因为争取独立的民族解放运动组织尚未建立起完整的国家实体，未能在全国范围内实施有效统治，所以其享有的权利和担负的义务则受控制区域的限制，从而是有限和部分的权利和义务。

(4) 自然人

关于自然人是不是国际法主体的问题，国际法学界存在对立的观点。肯定的观点认为，由于自然人在战争罪、危害人类罪等方面直接成为国际法庭被诉、承担国际法上责任的主体，因而可以在欧洲人权法院、联合国行政法庭等直接提起诉讼，而且有些国际人权条约直接适用于自然人，故应赋予自然人国际法主体地位。否定的观点则认为，自然人在国际关系中所表现出来的权利能力和行为能力同国家和国际组织在国际关系中的表现相比只是少数例外情况，最多只能说自然人有某种国际法律地位，但并不等于承认自然人就是国际法的主体，自然人仍然是国际法的客体。

尽管自然人的国际法主体资格尚缺乏压倒性的国际实践和有说服力的证据，但从国际社会的发展趋势来看，自然人的国际法主体资格将从现有的国际人权法、国际环境法、战争法及国际刑法等领域延伸到一般国际法领域，终将成为国际法的主体。

(5) 其他不完整的国际法主体

随着国际关系的日趋多元化，跨国企业作为国际经贸合作的推动者，非政府组织作为国际社会和谐发展的参与者，以及交战团体作为国际性武装冲突的当事者，都由国际法适用的客体正在转变为国际法的主体，与国家和国际组织共建国际社会，积极参与国际社会的治理。例如，1965年《解决国家与他国国民间投资争端公约》赋予跨国企业为解决其与接受投资的东道国政府之间的争端而在国际投资争端解决中心提起仲裁的权利，从而间接赋予跨国企业国际法主体地位。又如，《联合国宪章》第七十一条规定，“经济及社会理事会得采取适当办法，俾与各种非政府组织会商有关于本理事会职权范围内之事件”，从而要求联合国经济及社会理事会征求非政府组织的意见。此外，在一国境内的叛乱达到国际冲突且叛乱团体有效控制占领地区时，国际社会一些国家有限承认叛乱团体的国际法主体地位，赋予其国际法上的中立义务、战时守法义务，并免除合法政府因叛乱团体给第三国造成的损害的赔偿责任等是有限承认叛乱团体或交战团体国际法主体地位的国际法实践。

五、国际法的法律渊源

类似题

（1）国际司法裁判的准则

（2）国际法的形式渊源

1. 国际法渊源的含义

在法律规则适用于社会生活之前，首先需要知道相关法律规则的产生、形成过程和程序，了解其存在形式和方式，这种探究法律现实存在的问题则为法律渊源或法源问题。法律渊源一般分为实质渊源（material legal source）和形式渊源（formal legal source）。其中，前者是指对形成某种法律内容作出贡献的所有社会现象及价值因素，包括社会的习惯、道德、传统、历史和社会必要性等，一般由法哲学领域进行研究；后者是指法律现在存在的形式或形成程序，如国际条约、国际习惯或一般法律原则等。通常所说的法律渊源是形式渊源。形式渊源是法律规则产生的有效性的渊源，而实质渊源则不能成为法律规则有效性的依据，只是表明该规则的实质内容的出处，也就是某一特定国际法规则的起源，并不具有国际法上的效力。①

2. 国际法渊源的区分历史

国际法的法律渊源在国际法诞生之初就已存在，但实质性提出国际法渊源问题则是在对国际法渊源进行系统分类之后。国际法渊源的分类始于 1907 年第二次海牙和平会议。这次海牙和平会议创设了国际捕获法院（International Prize Court），赋予其在有关战时船舶捕获问题上对国内法院判决的上诉进行审判的职能。

1907 年，《关于建立国际捕获法院公约》（海牙第十二公约）第七条将法院所要适用的法律渊源按顺序规定为处理船舶捕获问题的条约、一般国际法规则及在无此类规则时的公平正义原则。但是 1907 年海牙第十二公约因各国就选任法官的方法和海战习惯法的内容发生意见分歧而未能生效。因此，将国际法渊源进行分类，并使之系统化后体现在 1920 年 12 月通过的《常设国际法院规约》第三十八条中。1945 年 6 月签署的《国际法院规约》第三十八条承袭了《常设国际法院规约》中的相关内容。《国际法院规约》第三十八条被认为是对国际法渊源的权威说明。②

3. 国际法渊源的内容

《国际法院规约》第三十八条第一款规定，法院对于陈诉各项争端，应依国际法裁判，裁判时应适用："（子）不论普通或特别国际协约，确立诉讼当事国明白承认之规条者。（丑）国际习惯，作为通例之证明而经接受为法律者。（寅）一般法律原则为文明各国所承认者。

① 任虎：《国际公法》，华东理工大学出版社，2021，第 8—9 页。
② 任虎：《国际公法》，华东理工大学出版社，2021，第 9 页。

(卯)在第五十九条[①]规定之下,司法判例及各国权威最高之公法学家学说,作为确定法律原则之辅助资料者。”该条第二款规定,“前项规定不妨碍法院经当事国同意本‘公允及善良’原则裁判案件之权”。

由于国际社会的无政府性,什么被视为国际法,什么不属于国际法,并没有一个自上而下的说明,只能依靠各国的共识和实践。因为《国际法院规约》第三十八条规定了国际法院在处理案件时应当依据的国际法规则,所以其被国际社会视为国际法各种渊源存在的权威说明。尽管《国际法院规约》第三十八条通常因国际法渊源而被引用,但第三十八条本身不能创造其中所列举的渊源的法律有效性,因为它本身就属于这些渊源之一。然而,因为《国际法院规约》制定的时间比较早,其所面对的国际法状况是 20 世纪初期的格局,所以其不可避免地具有历史的局限性。比如,第三十八条第一款(寅)项规定的“文明各国”则赤裸裸地反映了 20 世纪初西方中心主义的国际法局限性。

(1) 国际条约

国际条约是指具有条约缔结权的国际法主体以国际法为依据,旨在确立其相互的权利与义务关系而订立的书面协定。根据《国际法院规约》第三十八条,条约可以分为“普通条约”和“特别条约”两种。“普通条约”又称“造法性条约”,是指数量较多的国际法主体制定一般国际准则用以相互遵守的协定。这类条约在原则上只是约束缔约方,但缔约方的数量、法律规则的明示接受和有关规定的宣告性质(在有些情况下)产生很强的法律效力,至少产生与被认为足以支持一项习惯规则的一般实践同样的效果。[②] “特别条约”又称“契约性条约”,是指缔约方之间关于一般事务或特定关系,设定相互权利与义务关系而缔结的协定,其缔约方的数量一般少于“造法性条约”。但在国际实践中,这两类条约往往很难严格区分。[③]《维也纳条约法公约》第二十六条规定,“凡有效之条约对其各当事国有拘束力,必须由各该国善意履行”。因此,无论是“造法性条约”还是“契约性条约”,只要其有效成立,就必须善意加以遵守,这是国际法上的“条约必须遵守”的体现[④],也是国际条约作为国际法渊源的法律效力的体现。

(2) 国际习惯法

“作为通例之证明而经接受为法律者”的国际习惯法是国际法及一般法律的最古老和最原始的渊源。[⑤]《奥本海国际法》中将国际习惯法作为国际法的最重要的渊源;布朗利(I. Brownlie)在其著作《国际公法原理》中也将国际习惯置于国际条约之前加以论述;李浩培先生则认为,在 19 世纪中期以前,国际法主要是国际习惯法[⑥]。

国际法院在 1969 年“北海大陆架案”的判决中指出,国际习惯法的形成包含两个因素:其一是国家实践的一般性因素或客观因素(物质因素),即先例(precedent),是指包括最有利

---

① 《国际法院规约》第五十九条规定,“法院之裁判除对于当事国及本案外,无拘束力”。

② 伊恩·布朗利:《国际公法原理》,曾令良、余敏友等译,法律出版社,2007,第 9 页。

③ 杨泽伟:《国际法》,高等教育出版社,2007,第 37 页。

④ 张文彬:《论私法对国际法的影响》,法律出版社,2001,第 168 页。在语源上,“条约必须遵守”原则实际上就是契约法上的“约定必须信守”原则,即罗马法律格言“pacta sunt servanda”。罗马法认为,契约是“当事人之间的法律(lex inter partes)”。

⑤ 詹宁斯、瓦茨:《奥本海国际法(第一卷第一分册)》,王铁崖等译,中国大百科全书出版社,1995,第 15 页。

⑥ 李浩培:《国际法的概念和渊源》,贵州人民出版社,1994,第 88 页。

害关系的国家在内的广泛而有代表性国家的一致、重复性实践；其二是“法律确信（opinio juris）”，是主观因素（心理因素），是指上述国家实践是基于对一项法律规则或法律义务的一般承认（a general recognition）。

由于国际习惯法是不成文法，为了证明一项国际习惯法的存在，就需要查找国际习惯法存在的依据[①]，这对国际习惯法的应用造成了阻碍。因此，联合国国际法委员会的国际法编纂工作应运而生，以解决国际习惯法证明难、适用难的问题。

（3）一般法律原则

《国际法院规约》第三十八条第一款（寅）项规定，一般法律原则是“为文明各国所承认者”，是各国国内法，特别是私法中所共有的原则。从国际法院的实践来看，被援引的一般法律原则主要有“已判事项不重开（res judicata）”原则、“诚实信用（bona fide）”原则、“信守约定（pacta sunt servanda）”原则、“禁止反言（estopel）”原则、“禁止滥用权力（jus abutendi）”原则、“行使自己权利不得损害他人（qui jure suo utitur, neminin facit injuriam）”原则，以及“不法行为不产生权利（ex injuria jus non oritur）”原则。

国际法学界就一般法律原则的法律渊源性存在肯定说和否定说两种学说，尽管“法院很少有适用一般法律原则的机会，因为在通常情形下，国际条约和国际习惯法足以为裁判提供必要的根据”。[②] 韩国著名国际法学者柳炳华教授认为，“《国际法院规约》第三十八条所规定的内容中，在规定法院的任务是对于陈诉的各项争端，应当根据国际法裁判之后，再列举国际法渊源的内容，表明对一般法律原则的法律渊源性予以肯定”[③]；同时主张，其已形成习惯法。周鲠生教授则否定一般法律原则的法律渊源性，认为“《国际法院规约》第三十八条列入这样一项规定，只能认为这是准许法院在审判某种案件时，在从习惯和条约中都找不出适用的规范的场合，比照使用一般法律原则，作为变通解决办法；而那并不具有新创一种国际法渊源的作用”[④]。实际上，无论是仲裁庭，还是国际法院或其前身常设国际法院，都在不同程度上适用了一般法律原则。因此，一般法律原则是为补充国际法不足的辅助性法律渊源。

（4）司法判例及权威国际法学家的学说

《国际法院规约》第三十八条第一款（卯）项规定，在第五十九条规定下，将司法判例及各国权威最高法学家的学说作为确定法律原则的辅助资料。司法判例、权威国际法学家的学说不能与国际习惯、国际条约相提并论。两者并不是国际法渊源，而是一种证据或证明材料等辅助资料，也可称为间接的国际法渊源。

司法判例具有广泛性，不仅包括国际法院或其前身常设国际法院的判决、国际仲裁机构的裁决，有时各国的国内判决也被引用作为确定国际法的法律渊源的辅助方法。但《国际法院规约》第五十九条规定，法院的裁判除对当事国及本案外无拘束力，这意味着法院只对特定案件适用国际法，而不制定国际法。尽管如此，在实践中，国际法院判决的作用远远超出其“辅助资料”的地位，因为国际法院尽管不遵循先例原则，但其为了维持国际司法秩序，维

---

① 杨泽伟：《国际法》，高等教育出版社，2007，第 38 页。

② 詹宁斯、瓦茨：《奥本海国际法（第一卷第一分册）》，王铁崖等译，中国大百科全书出版社，1995，第 23 页。

③ 任虎：《国际公法》，华东理工大学出版社，2021，第 14 页。

④ 周鲠生：《国际法（上册）》，武汉大学出版社，2007，第 12—13 页；杨泽伟：《国际法》，高等教育出版社，2007，第 39 页。

护国际法院的司法权威，所以会尽量维持司法的一致性。[①] 此外，尽管国际法院法官并没有“造法”的权力，但“很可能鉴于国际法的法典编纂所遇到的困难，国际法院在将来虽不明显却有效地履行着发展国际法的大部分任务”，这种现象在国际习惯法的确认方面表现得尤其明显。

历史上，权威国际法学家的学说，诸如格劳秀斯、菲德罗斯、卢梭及奥本海等人的著作，对确立和发展国际法规则起到了举足轻重的作用。但遗憾的是，“国际法院直到现在还没有适用这种特殊渊源的机会”[②]，“国际法院似乎很少使用学说，在大多数判决中仅有几处提及”，其原因在于集体起草判决的过程中需要避免某种选择性引用而招致反感[③]。尽管权威国际法学家的学说不是国际法的形式渊源，但由于学说不仅陈述现行国际法，而且做出评论和改进的建议，各学说符合国际社会客观的需要，因而可以将其看作现代国际法的实质渊源。[④]

(5)“公允及善良”原则

公允及善良原则的本意是在公平和善意的基础上，可以不严格依照国际法进行裁判，条件是必须经当事国同意。“公允”是指考虑具体情况下的一切有关因素，最有可能做出实现正义的决定的因素和感情。“公允”用于法律的解释和补充。例如 1969 年，在“北海大陆架案”中，国际法院声称大陆架的界限应依公允原则，按具体情况划定；1974 年，在“渔业管辖权案”中，国际法院要求当事国为谋求公允的解决方案，进行诚实信用的谈判。此外，“公允”依法律规定，即构成法律规则的一部分，如 1971 年《外空物体所造成损害的国际责任公约》第十二条规定，赔偿额的决定依照国际法和正义及公允原则。[⑤]

(6) 单边法律行为和国际组织的决议

单边法律行为和国际组织的决议一般来说不是国际法渊源。单边法律行为作为国际法规则基于一般法律原则[⑥]，其产生国际法是以满足任何国际法主要渊源的要求为前提[⑦]。国际组织决议的法律约束力依赖于国际条约，但一般来讲不具有法律效力。比如，联合国的决议只在程序和预算方面约束会员国，但在效力上远不及条约或习惯法，而实体方面相关的决议只具有建议的性质。但联合国大会的决议对各国的影响很大，尤其在国际环境法、国际人权法等新兴国际法领域，决议是相关领域国际习惯法形成过程中所必要的“法律确信”形成的有力证据，故被称为“软性法”或“凝固过程中的法”。总的来讲，联合国大会及其专门组织的决议本身不能直接成为国际法渊源，但是形成国际法渊源的证据之表现。

4. 国际法渊源之间的关系

《国际法院规约》第三十八条将国际法的主要渊源归结为国际条约、国际习惯法和各国

---

① 伊恩·布朗利：《国际公法原理》，曾令良、余敏友等译，法律出版社，2007，第 13 页。

② 詹宁斯、瓦茨：《奥本海国际法(第一卷第一分册)》，王铁崖等译，中国大百科全书出版社，1995，第 25 页。

③ 伊恩·布朗利：《国际公法原理》，曾令良、余敏友等译，法律出版社，2007，第 15 页。

④ 李浩培：《国际法的概念和渊源》，贵州人民出版社，1994，第 116 页。

⑤ 任虎：《国际公法》，华东理工大学出版社，2021，第 14 页。

⑥ 周忠海：《国际法》，中国政法大学出版社，2007，第 58 页。

⑦ 李浩培：《国际法的概念和渊源》，贵州人民出版社，1994，第 53—54 页。

承认的一般法律原则，并确立了国际法的辅助资料。那么其互相之间是否存在次序？是不是国际条约居于首位，国际习惯法次之，再次是一般法律原则？尽管起草者们曾打算建立某种次序，而且一个草案中出现过“逐次地”字样①，但是从最后文本来看，其并未指明存在等级次序。其实，《国际法院规约》并没有规定三者之间的次序，三者在法律上并不存在效力上的差异。

但因为条约往往是通过习惯才形成国际法原则、规则和制度的，所以有些学者认为国际习惯法应当在国际法渊源中居于首要的地位。从国际成文法的编纂和国际习惯法的形成中可以得知，国际法渊源并不是各自独立的，而是相关联的。在国际司法实践中，国际司法机构一般首先确认国际条约的存在与否；只有在不存在国际条约时，才去确认相关联的国际习惯。国际条约和国际习惯法没有先后次序，但不管是国际条约还是国际习惯法，当其为国际强行规范的时候，则认定其享有绝对优先地位。

六、国际习惯法及其形成

类似题

（1）国际习惯法的构成要件

（2）国际习惯法的效力

1. 国际习惯法的概念及效力根据

根据《国际法院规约》第三十八条，国际习惯是作为通例之证明而经接受为法律者，是国际法的主要渊源之一。国际习惯法是国际法及一般法律的最古老和最原始的渊源，在国际条约发展、成熟以前，国际习惯法是国际法的最重要的渊源，国际法主要是国际习惯法。

国际习惯法缘何能成为国际法的渊源？即国际习惯法的效力根据是什么？国际习惯法的效力根据主要有三种学说，即默示同意说、客观法规则说和国际社会需要说。默示同意说最早可以追溯到17世纪格劳秀斯的主张，沃尔夫、瓦特尔等学者也主张默示同意说。默示同意说认为在国际社会中，只有国家间同意才能产生实在法，而国际习惯法作为国际实在法的表现，也只有经过同意才能发生法律效力。之后，特里派尔、安齐洛蒂、奥本海等实在法学派学者通过对比国际习惯法与国际条约，得出“国际法以各国的意思为基础，在国际条约的场合是明示地表示同意，而在国际习惯法的场合则是默示地表示同意”的主张。但是该主张被认为是对国际条约的效力根据的拟制，不符合客观实际。而且按照上述推理，国际习惯法只存在特殊的国际习惯法，而不存在一般的国际习惯法。这是因为一国可能并不存在客观条件来做出同意，或者某一国家是新成立的国家，而该国际习惯在其产生前就已经存在。此时，国家可以随时以明示方式撤回其“默示同意”而主张不遵守国际习惯法，因此默示同意说存在明显的缺点。客观法规则说则反对默示同意说，认为客观法规则原先是存在的，习惯法

---

① 伊恩·布朗利：《国际公法原理》，曾令良、余敏友等译，法律出版社，2007，第4页。

规则只是客观法规则的一种表现，习惯法规则只有符合原先存在的客观法规则才有效力。但客观法规则说根本无法证明原先存在的客观法规则的缺陷。国际社会需要说则认为，国际习惯法产生的原因和存在的理由均在于国际社会的需要。任何时代没有法律就不是社会，国际习惯法正是为了满足不存在一个高于国家的权力机构的国际社会有序运行国际秩序的需要而存在。习惯的基础只能在国际社会生活的需要中寻求。习惯规则产生于各国共同生活的需要，因而是国际生活的产物，并且得到能保证其有效执行的那些国家的承认。简而言之，国际习惯法之所以能产生国际法上的效力，其根据是国际社会的相互关系处理之需要，是国际实践发展的必然结果。

2. 国际习惯法的构成要件

根据《国际法院规约》第三十八条，国际习惯法的构成要件是"通例之证明"和"经接受为法律者"。前者需要证明各国实践已经形成国际社会通行的一般惯行，而后者则需要表明国家在实施上述实践行为时的心理状态。

根据国际法院在 1969 年对"北海大陆架案"的判决，国际习惯法的形成由先例和"法律确信"两个因素构成。其中，先例是指国际习惯法形成中作为物质因素基础的行为。作为先例的行为，必须是对国际法律秩序具有发生法律效果的行为，如一个国家的外交宣言、外交文书及国际诉讼过程中政府代表的立场等，也包括国际组织和非国际组织的行为。但仅有先例还不足以构成一般惯行，需要证明一般惯行是国家普遍、持续、一致的实践。国际法院在 1950 年"哥伦比亚和秘鲁的庇护权案"和 1960 年"印度领土通行权案"的判决中，皆要求"持续"和"一致"的惯例。即，先例的重复需持续性(continuity)，重复的次数要依据具体情况进行个别判断；先例的重复意味着连续行为的内容要互相一致(uniformity)，如果先后行为互不相同，就不能认为是重复先例。在先例重复的时间方面，国际法院在"北海大陆架案"的判决中指出，"不能因短暂的时间经过而否认新的国际习惯规则未形成。虽然经过的时间短暂，但如果有关国家的习惯频繁且一致就能形成习惯法"，其确认国际习惯法的形成需要漫长的时间过程，但未排除在较短的时间内也可以形成国际习惯法，尤其是在国家之间交往愈加频繁的现代国际社会。在先例重复的空间方面，在"印度领土通行权案"中，葡萄牙主张区域性习惯法，印度则以两国的习惯不同为由主张不能承认区域性习惯法。对此，国际法院认为先例的重复"并不要求国家的数量必须超过两个"。在"北海大陆架案"中，国际法院宣称"形成国际习惯的实践由包括特别有关国家在内的众多国家参与而具代表性即可"。即，先例只在一国重复就不能形成作为国际习惯法的惯例，这并不要求在全世界所有国家重复，但至少要在部分国家实施。虽然要求众多国家参与，但并不必须是众多国家参与先例，要依据具体情况具体判断，如有关外空活动的国际法是通过美国和苏联的实践形成的，国际社会只是予以承认而已。①

"法律确信"是指国际法主体重复先例时所具有的受该行为约束的义务感。在"哥伦比亚和秘鲁的庇护权案"的判决中，国际法院认为"以习惯法为依据的一方……必须证明这个习惯已经确立，因此对他方是有拘束力的……所援引的规则是符合有关国家实行的持续和一致的惯例的，而且这个惯例是表明给予庇护的国家享有权利而当地国家负有义务的"。正如上述判决，一般国际习惯法须由否定其存在的一方负举证责任，区域性国际习惯法则由援

---

① 任虎：《国际公法》，华东理工大学出版社，2021，第 11—12 页。

引该习惯法规则的一方负举证责任。在证明方法上，因“法律确信”并非必须客观外在的表示，故证明“法律确信”的存在十分困难。在现在的国家行为中，因为法律因素和政治因素复杂地纠缠在一起，所以证明“先例的重复出于‘法律确信’”是很微妙的问题。因此，国际法院通常判定客观因素的存在之后，就推定主观因素也存在。在“印度领土通行权案”中，国际法院就采取了上述证明方法。①

3. 国际习惯法与国际条约法的关系

在国际法律秩序中，国际习惯法和国际条约法的冲突问题十分复杂。在国际法中，国际习惯法和国际条约法的法律效力是相同的。在采取成文法国家的国内法律秩序中，习惯法只不过具有补充的效力，而在国际法律秩序中，国际习惯法非常重要，与国际条约法在等级顺序上不存在任何差异。

在国际习惯法与国际条约法发生冲突时，一般遵循以下规则。首先，当国际习惯法为国际强行规范时，承认其绝对优先，从而不论一般条约法或特别法，按时间先后优先适用国际习惯法。与该强行规范冲突的其他所有规范均为无效。其次，在一般国际习惯法和其他国际条约法冲突时，因为没有等级标准，所以不是一方使另一方无效的问题，而是两个规范中适用哪一个的问题。决定两个规范的优先适用时没有一般的标准，具体情况具体分析。只是国际习惯法和国际条约法的冲突及其解决办法，大致上与当事国不同的条约间的冲突及优先顺序分别类似，因此可以类推适用《维也纳条约法公约》第三十条第三款和第四款的规定。在特别法和一般国际习惯法对立的条件下，若两个规范的当事国相同，则优先适用后面的规范；若当事国不相同，则适用当事国共同的条约；若无法区分两个规范，则优先适用一般国际习惯法。但这些只是一般的标准，实际案例中应考虑具体情况的特殊性。

七、国际法的编纂及其意义

类似题

(1) 国际习惯法和成文法典化
(2) 国际习惯法的编纂程序

1. 国际法编纂的概念

国际法的编纂(codification)，狭义上一般是指把现有的国际法规则，特别是国际习惯法规则，加以准确表述和条文化、系统化；广义上一般还包括修订，补充原有规则或提出新的规则，将它们编成条款草案，由外交会议等有权确定的机构予以认可，并通过一定程序形成国际公约。国际法的编纂通常是指广义上的编纂。

《联合国宪章》和《联合国国际法委员会章程》中都提及“国际法的逐步发展”和“国际法的法典编纂”，但两个文件都对两者进行了区分。“国际法的逐步发展”是指就国际法尚未制

① 任虎：《国际公法》，华东理工大学出版社，2021，第12—13页。

定规章或各国惯例尚未充分发展成法律的各项主题拟订公约草案;"国际法的法典编纂"是指更精确地制定并系统整理广泛存在国家惯例、判例和原则的国际法规则。前者以"尚未充分发展成法律的各项主题"为客体,而后者在于将"广泛存在国家惯例、判例和原则的国际法规则"系统化。

2. 国际法编纂的历史沿革

根据国际法的编纂的主体不同,可以分为两种形式:一种是私人或私人团体对国际法进行编纂活动;另一种是国际会议或政府间国际组织对国际法的编纂。

最早提出编纂国际法法典思想的英国著名法学家、哲学家边沁,他在1786—1789年的文章中主张国际法的编纂不但应当统一现有的习惯法,而且应当就有争论的问题制定新法。18—19世纪,法国格雷古瓦尔等法学家的个人编纂活动,以及比利时国际法研究所、比利时国际法学会等学术团体的国际法编纂活动非常活跃,不仅深化了对国际法理论的研究,也积极地促进了国际法实践的发展。

国际会议或政府间的国际法编纂活动始于19世纪初,以1814—1815年的维也纳会议期间编纂的外交与领事关系法、国际河流管理制度等为代表。大规模的国际法的编纂从1899年第一次海牙和平会议开始,两次海牙和平会议达成了《和平解决国际争端公约》以及战争法规和惯例等十几部公约和宣言,对战争法和和平解决争端法的发展产生了重要作用。第一次世界大战后成立的国际联盟曾经指派一个由16位法学家组成的委员会对国际法典编纂问题提出报告。然而该委员会并未起草法典,而是就其认为已经成熟且可以编纂为法典的问题,以及如何才能最好地完成这些问题的法典编纂提出了报告。在这些报告的基础上,1930年海牙第一次国际法法典编纂会议通过了《关于国籍法冲突的若干问题的公约》《关于双重国籍某种情况下兵役义务的议定书》《关于无国籍情况的议定书》《关于无国籍的特别议定书》。尽管这次会议由于观点上的冲突在领水和国家责任方面并未取得具体的成果,但这是在国际联盟主持下的法典编纂的开端,对以后的法典编纂具有重要的指导意义。第二次世界大战后,联合国取代了国际联盟,也承担了其前任的法典编纂工作。1947年,联合国大会通过决议设立国际法委员会,由其负责国际法的编纂和发展等任务,如1969年《维也纳条约法公约》、1978年《关于国家在条约方面的继承的维也纳公约》等为国际法委员会编纂并建议联合国大会通过的国际公约。

除国际法委员会之外,联合国大会第六委员会(法律委员会)、联合国大会决议成立的特别委员会及联合国专门机构都有起草国际法的职能或编纂国际法的任务。例如,1948年《防止及惩治灭绝种族罪公约》是在联合国大会第六委员会的工作基础上完成的,1970年《国际法原则宣言》是根据联合国大会决议成立的特别委员会草拟的宣言,1973年《国际防止船舶造成污染公约》则是由国际海事组织主持、起草的国际公约。此外,在联合国的主持下,还召开了一些外交会议,如第一次、第二次、第三次联合国海洋法会议,编纂和制定了《联合国海洋法公约》。

3. 国际法委员会的国际法编纂程序

在国际法的编纂方面,负基本责任的还是国际法委员会。国际法委员会是根据《联合国宪章》第十三条第一款于1947年成立的,目前共由34名委员组成。国际法委员会的委员由各国政府提名,经联合国大会选举产生。中国的倪征日奥、黄嘉华、史久镛、贺其治、薛捍勤和黄惠康等先后担任过国际法委员会的委员。

国际法委员会的工作程序一般如下：先就所要编纂的专题内容列出问题清单，提请各国政府提出意见，收回后经综合研究提出一部分或全部初步条款草案，再发给各国政府征求意见，如此反复若干次，经国际法委员会三读通过，形成最终草案。最终草案经联合国大会认可，并召开外交会议讨论通过，最终形成公约。

4. 国际法编纂的意义

国际法编纂具有如下意义。(1) 国际法的编纂可以缩短，甚至直接完成国际习惯法形成和发展所需要的漫长的过程。如海洋法中的领海宽度问题，长期未能得到解决，各国的实践颇不一致，但在第三次联合国海洋法会议中达成了协议，1982年《联合国海洋法公约》规定，领海的宽度为从领海基线量起不超过12海里①。(2) 国际习惯法规则往往缺乏明确性和精密性，国际法的编纂可以弥补这一欠缺。如在外交与领事关系法方面，大使的任命是否需要得到接受国的同意问题，过去各国的实践并不一致，但《维也纳外交关系公约》对此作出了明确肯定的规定。(3) 国际法的编纂可以解决国际习惯法的证明难、适用难的问题，有利于定分止争。由于国际法的编纂使国际法规则得以法典化、明确化，因而当国家间出现争端时，有利于国家援引业已明确的国际法规则进行争端的和平协商与解决。

八、国际法与国内法的关系

类似题

(1) 条约和宪法的冲突

(2) 国际法在国内的适用

1. 国际法与国内法的体系关系

国际法与国内法是分属于两个体系，还是同属于一个体系，其结果将决定国际法的效力和法律地位，主要有二元论、一元论和协调论等学说。

二元论学说认为，国际法与国内法在主体、法律渊源和调整对象等方面，是两个互不相同、各自独立、平行运作的法律体系。二元论学说的代表学者有特里派尔、安齐洛蒂、奥本海等。二元论学说的主要论据如下。(1) 两者各有不同的主体和调整对象。国际法调整国际法主体之间、国际社会成员国之间的关系，而国内法调整国家统治下的个人之间和国家与个人之间的关系，故而两者调整或规范的关系不一样。(2) 两者的法律渊源不同。国际法主要是国际社会内形成的习惯和国际社会成员缔结的条约，而国内法主要是一个国家境内形成的习惯和立法机关制定的法律。(3) 两者的法律实质不同。国际法是各主权国家之间的法律，不是在各主权国家之上的权力对国家的法律，而国内法主要是主权者对受其统治的个人的法律。因此，二元论学说的结论包括：(1) 国际法无论是总体还是部分，本身不能成为国内法的一部分；(2) 国际法没有权力变更或创立国内法的规则，只有根据国内法形成的程序或规则才能在国内具有效力。

---

① 1海里=1.852千米。

一元论学说将国际法和国内法看作上下级关系的法律，或者主张国际法优先于国内法，代表学者为凯尔森等，或者主张国内法优先于国际法，代表学者为耶利内克等。一元论学说的主要论据如下。(1) 从主体来看，国际法和国内法所规定的归根结底都是个人的行为。唯一不同之处在于，这种行为在国际法上被归属于国家。(2) 从法律本质来看，不论是国际法还是国内法，皆是不顾法律主体的意志而具有拘束力的命令。(3) 从法律概念的表现来看，两者是一个法律概念的两种表现。两者不仅所用名称相同，而且更重要的是，只有提出一种更高的法律秩序，并认为各国与这种法律秩序的关系都是平等的，才能设想许多主权国家的独立和平等。

协调论学说则晚于上述两种学说，其代表学者是英国国际法学家、前国际法院法官杰拉德·菲茨莫里斯。他认为，既然国际法和国内法运作的领域不同，两种法律秩序作为体系就不会发生冲突，两者在各自领域内都享有最高地位。国家在国内法层面上未依国际法所需的方式运作，其结果并不是国内法的无效，而是国家在国际法层面上要承担责任。周鲠生教授认为："国际法与国内法是相互联系的，因为国家是制定国内法的，同时也是参与制定国际法的，并且国家的对外政策影响其对国际法的立场。因此，国际法和国内法按其实质来看，不应该有谁属优先的问题，也不能说彼此对立。"中国国际法学者主要赞同协调论学说。

2. 条约在国内实施相关国际法的原则和规则

(1) 条约必须遵守原则。《维也纳条约法公约》第二十六条规定，"凡有效之条约对其各当事国有拘束力，必须由各该国善意履行"；1945 年《联合国宪章》在序言中明确联合国各会员国应"尊重由条约与国际法其他渊源而起之义务"。条约必须遵守原则也意味着一国不得以援引其国内法规定为理由而不履行条约。1932 年，常设国际法院在"关于在但泽的波兰国民待遇问题"的咨询意见中指出，住在但泽的波兰国籍人的待遇是由国际法和国际条约所调整的范畴，各国不能援引本国的国内法规定而回避国际法上的义务。

(2) 在遵守有效国际义务的条件下，国家可以决定其履行国际义务的方式和方法。一些国家在宪法中明确规定条约在其国内具有法律效力，一些国家则规定条约属于其国内法的组成部分，还有一些国家规定条约本身并不在其国内发生效力，需要经过制定相应的国内法后方能实施。

(3) 一国的行为或不行为如构成违背该国的国际义务，包括违背其条约义务，即构成该国的国际不法行为。一国对其国际不法行为应负国际责任。

3. 关于国际法与国内法关系的国家实践

国际法调整国家间关系，国家必须以履行其对国际社会的义务来遵守国际法。国际法在国内的实施过程就是国家履行国际义务的过程。国家用何种方式使国际法在其国内生效是由一国自行决定的。各国对国际法在其国内的实施方式，则视其对于国际法与国内法关系学说的态度以及国际法渊源的种类不同而有所不同。国际法在国内的实施主要分为国际条约在国内的实施和国际习惯法在国内的实施。

(1) 国际条约的国内适用

对于国际条约的国内适用，各国在实践中差异很大。从各国的实践来看，国际条约在国内的实施可概括为如下三种方式。① 转化方式(transformation)。只有通过国内立法机关的立法将条约或其内容制定为国内法，条约才能在国内适用；加拿大、澳大利亚、南非、德国、意大利、比利时、丹麦，以色列等国家采取转化方式，如《南非共和国宪法》第二百三十一条第四款规定，国际协议在依据国家立法并入法律时转变为南非共和国的法律。② 并入或采纳方式(adoption)。由国内宪法或部门法做出原则性规定或通过立法机关的行为，如批准条约、公布条约、司法判例等，从总体上承认国际法为国内法的组成部分并可以在国内直接适用；荷兰、瑞士是采取并入方式的典型国家，如《荷兰宪法》第九十三条规定，条约条款及国际机构决定中就其内容对任何人都有约束力的规定，均在公布之后生效。③ 混合方式。一个国家根据条约性质和内容的不同，同时采用转化和采纳适用条约的方式，即要求一些条约只以采纳的方式在国内直接适用，但要求另一些条约必须经过立法机关的立法转化后才能在国内直接适用；美国是运用混合方式的典型代表。[①]

当国际条约与国内法相抵触时，各国的实践也有所不同，主要分为如下三种类型。① 国际条约与宪法具有同等效力。荷兰、秘鲁等国家实行国际条约与宪法具有同等效力的制度。如《荷兰宪法》第九十四条规定，王国的现行法令法规，如与具有普遍约束力的条约规定或国际机构决定相抵触，不得施行。② 国际条约的效力低于宪法但高于国内法。俄罗斯、法国等国家实行国际条约的效力低于宪法但高于国内法的制度。如《俄罗斯联邦宪法》第一百二十五条第二款和第六款规定，俄罗斯联邦宪法法院可以审查尚未生效的条约是否符合宪法，不符合宪法的条约对俄罗斯不能生效和适用。③ 国际条约与国内法具有同等效力。美国、韩国等国家实行国际条约的效力置于同国内法同等效力的地位的制度，并采取后法优于前法的原则处理国际条约和国内法的冲突。如《大韩民国宪法》第六条规定，根据宪法缔结、公布的条约及公认的国际法规范具有与国内的法律同等的效力。

(2) 国际习惯法的国内适用

在国际习惯法的国内适用方面，主要有如下两种实践。① 宪法中规定，把公认的国际习惯法规则(如果并不与现行国内法相抵触)作为国内法的组成部分，由法院加以适用，而不必经过特别的、个案的纳入措施。如包括英国、美国、日本、德国、意大利和法国等在内的许多国家，都明确承认国际习惯法规则的效力并把它作为国内法的一部分来适用。[②] 在这些国家，法院可以直接适用国际习惯法，而无须经特别程序加以纳入。② 国际习惯法须依据成文法纳入国内法后才能在国内实施，如卢森堡等国家采用此方式。

当国际习惯法与国内法相抵触时，主要有如下两种实践。① 国内法优于国际习惯法。英国、荷兰等国家采取国内法优先立场。如在英国，如果遇到国内法用词无模糊之处，并明显与国际习惯法相冲突，法院就只能适用国内法。② 国际习惯法优先于国内法。意大利、德国等国家采取国际习惯法优先立场。如《意大利共和国宪法》第十条规定，意大利的法律制度规范应当符合公认的国际法原则，即符合国际习惯法。

4. 国际法在中国的适用

(1) 国际条约的国内适用

在国际条约的国内适用方面，中国主要采取如下措施。① 直接适用条约。《中华人民共和国宪法》中并没有关于国际条约在国内实施的规定。但是根据分散于中国一些法律、法规当中的有关条款，凡是中国缔结或者加入的国际条约，经全国人民代表大会常务委员会决定批准或经国务院核准的，一般即在中国发生效力，可以直接适用。例如，《中华人民共和国

---

① 江国青：《演变中的国际法问题》，法律出版社，2002，第 21—22 页。

② 杨泽伟：《国际法》，高等教育出版社，2007，第 44 页。

刑法》第九条规定，对于中国缔结或者参加的国际条约所规定的罪行，中国在所承担条约义务的范围内行使刑事管辖权的，适用本法；《中华人民共和国刑事诉讼法》第十八条规定，根据中国缔结或者参加的国际条约，或者按照互惠原则，中国司法机关和外国司法机关可以相互请求刑事司法协助；《中华人民共和国民事诉讼法》第二百七十二条规定，对享有外交特权与豁免的外国人、外国组织或者国际组织提起的民事诉讼，应当依照中国有关法律和中国缔结或者参加的国际条约的规定办理。② 间接适用条约或条款。依照国际条约规定，由立法机关采取必要措施。在现行法律规定与条约规定明显不一致或现行法律没有相应规定的情况下，适用这种方式。例如，中国在加入世界贸易组织前后，修改了《中华人民共和国专利法》《中华人民共和国外资企业法》《中华人民共和国著作权法》《中华人民共和国商标法》《中华人民共和国对外贸易法》等，以符合世界贸易组织的各项协定。

中国在加入《维也纳条约法公约》时，未对该公约与国内法的关系的规定提出保留。对于国际条约与国内法的冲突问题，历次宪法都没有明确的规定。按照现在的规定，国际条约均与全国人民代表大会常务委员会制定的法律具有同等的地位和效力。但是，如果条约规定与法律规定相冲突，一律适用条约规定。例如，《中华人民共和国民事诉讼法》第二百七十一条规定，中国缔结或者参加的国际条约同本法有不同规定的，适用该条约的规定，但中国声明保留的条款除外。以此得出结论，国际条约优于国内法。

（2）国际习惯法的国内适用

《中华人民共和国宪法》中并没有关于国际习惯法在国内实施的规定，但国际习惯法的内容体现在国内法中。如在享有外交特权与豁免的外国人的司法豁免方面，《中华人民共和国刑法》第十一条规定，“享有外交特权和豁免权的外国人的刑事责任，通过外交途径解决”，同外交特权相关国际习惯法相一致。

中国一贯遵守国际习惯法，在立法相关活动中都考虑国际习惯法，因此中国在国内法的解释方面应做出同国际习惯法一致的解释。

九、国际强行法的法律地位

类似题

（1）国际法上强行规范的法律地位问题

（2）国际强行法的概念、特征和内容

1. 有关国际强行法的学说

国际强行法（jus cogens），又称国际强制法、国际绝对法、国际强行规范等，在国际法上是一个争议较多的概念。它作为一个国内法的概念，可以追溯到6世纪的传统罗马法。[①] 在《查士丁尼法律汇编》（*the Digest of Justinian*）中，出现了“jus publicum privatorium pactis mutari non potest”，意思为“私人协定不能克减公法”。其中，“jus publicum”的意思是不容

① 王铁崖：《国际法》，法律出版社，1995，第34页。

克减的规则，甚至是不容通过协议克减的规则，即强制法。[①]

国际强行法在国际法规范中的地位论证，归功于17世纪代表自然法思想的格劳秀斯、瓦特尔等国际法学者。他们主张“自然法则不仅是不可改变的，而且是公正和普遍的”[②]，且“因为必要的自然法则是一成不变的，所以国家既不能通过公约对它做任何修改，又不能在其行为中摒弃它，还不能相互免除遵守它的义务”[③]。

国际法学界普遍承认国际法上存在强行规范。菲德罗斯认为，“虽然一般国际法规则中的大部分没有强行性，但强行规范在一般国际法中是存在的”[④]；麦克奈尔主张，“强行法就是较高的、各国不能抛开或修改的国际习惯法规则，是由于条约的明文接受或习惯默示接受而作为保护各国的社会公共利益或维持其承认的公共道德标准所必需的”[⑤]法律规范；《奥本海国际法（第一卷第一分册）》则认为，“国家可以通过它们之间的协定并在协定范围内变更或完全取消国际法的大部分规则。然而有少数规则却是不允许加以损抑的”[⑥]。布朗利也承认“存在构成一个强行法体系的某些最重要的国际法原则”[⑦]。

2. 国际强行法与《维也纳条约法公约》

强行法正式被引入国际成文法始于1969年《维也纳条约法公约》。在《维也纳条约法公约》的起草过程中，强行法是数个引起较大争议的问题之一。至少到1969年《维也纳条约法公约》通过时，国际法强制性规范的构想一直是国际法的一部分，但强制性规范的内容和标准一直难以确定。在《维也纳条约法公约》的起草过程中，联合国国际法委员会曾试图对强行法规则做出明确的定义，以期使各国在适用时易于识别。但是，因为该委员会的三分之二成员对提出的每个表述都不同意，所以起草委员会不得不放弃制定强行法规则的定义。在1968—1969年制定《维也纳条约法公约》的外交会议上，绝大多数到会代表对把强行法规则明确规定在公约中并无异议，但对草案没有给强行法以明确的定义表示不满，因此提出了一些修正案并为委员会所采纳，最终形成了《维也纳条约法公约》第五十三条的规定。[⑧]

《维也纳条约法公约》第五十三条规定，“条约在缔结时与一般国际法强制规律抵触者无效。就适用本公约而言，一般国际法强制规律指国家之国际社会全体接受并公认为不许损抑且仅有以后具有同等性质之一般国际法规律始得更改之规律”；第六十四条规定，“遇有新一般国际法强制规律产生时，任何现有条约之与该项规律抵触者即成为无效而终止”。除第五十三条和第六十四条之外，《维也纳条约法公约》对规范的强行法地位所产生的法律后果

---

① Carnegie Endowment for International Peace, *The Concept of Jus Cogens in Public International Law in Papers and Proceedings: Report of a Conference in Lagonisi* (Geneva: UN, 1976), p. 18.

② Hugo Grotius, *The Rights of War and Peace* (*Book* 1) (Paris: Liberty Fund, 1652), Chapter 1, Section XVII.1.

③ Emer de Vattel, *The Law of Nations, or, Principles of the Law of Nature, Applied to the Conduct and Affairs of Nations and Sovereigns* (London: MOML, 1758).

④ Alfred von Verdross, "Forbidden Treaties in International Law: Comments on Professor Garner's Report on 'The Law of Treaties'," *American Journal of International Law* 31 (1937): 572.

⑤ Lord McNair, *The Law of Treaties* (Oxford: Clarendon Press, 1961), pp. 213 - 214.

⑥ 詹宁斯、瓦茨：《奥本海国际法（第一卷第一分册）》，王铁崖等译，中国大百科全书出版社，1995，第5页。

⑦ 伊恩·布朗利：《国际公法原理》，曾令良、余敏友等译，法律出版社，2007，第454页。

⑧ 李浩培：《条约法概论》，法律出版社，2003，第244—245页。

基本没有达成一致意见。

3. 国际强行法的概念和特征

国际强行法是指国家之国际社会全体接受并公认为不许损抑且仅有以后具有同等性质之一般国际法规范始得更改之规范。

国际强行法具有如下特征。

(1) 属于一般国际法规范。按照《维也纳条约法公约》起草委员会的解释，公约第五十三条所指的“一般国际法强制规律”是一般国际法规范。一般国际法规范旨在强调其适用的普遍性，任何一个国家不得单方面主张其不受该强行法的约束。

(2) 必须经国际社会全体接受。对于如何理解“国际社会全体”，起草委员会指出，不存在要求一个规则被全体国家接受或承认具有强行性的问题，如果这个规则被大多数国家接受或承认，那就足矣。

(3) 公认为不许损抑。“不许损抑”是国际社会所公认的，体现强行法的强行性和最高效力。“不许损抑”是指国家间不得缔结违反国际强行法的条约，否则所缔结的条约无效；已经缔结的条约与国际强行法相抵触的，该已经缔结的条约也是无效的。如果国家明知违反国际强行法而恶意缔结相关条约，那么应承担国际法上的国家责任。

(4) 只有新的强行法规则方可对其进行更改。任何国际法规范都不得对国际强行法进行修改或废止，除非具有相同效力的、被国际社会全体接受的新的国际强行法产生。

(5) 最高位阶的法律规范。国际强行法是国际法上效力最高的，优于其他国际法原则、规则和制度的国际法规范。

4. 国际强行法的内容

国际法学界对哪些内容属于国际强行法一直议论纷纷。

苏联国际法教授阿列克谢泽(L. Alexidze)主张下列原则具有国际强行法的性质：(1) 确立国家和民族主要主权权利的原则，如民族的平等权、自决权不受干涉的原则等；(2) 保卫国家和平与安全的原则，如禁止使用武力或武力威胁、和平解决争端等；(3) 确立主要的人道主义要求的原则，如不分种族、性别、语言或宗教保护人的自由、平等和尊严，禁止种族隔离、种族歧视或其他一切形式的对人的歧视，禁止奴隶制、贩卖奴隶和贩卖妇女儿童，禁止海盗行为，禁止侵犯个人主要的政治、经济、社会、文化和民事方面的权利等；(4) 禁止反人道主义犯罪的原则；(5) 关于进入对世界各国至关重要的某些部分及空间的原则，如公海及其上空自由的原则、和平利用外层空间的原则、和平利用月球和其他天体的原则、和平利用南极的原则等。

英国国际法学家布朗利(I. Brownlie)则认为，国际强行法包括禁止侵略战争、禁止灭绝种族和种族歧视、禁止反人道主义犯罪、禁止贩卖奴隶、禁止海盗行为。

1963 年，联合国国际法委员会条约法问题专题报告人沃尔多克在其报告中，指出如下行为属于国际强行法：(1) 违反《联合国宪章》的原则，使用武力或以武力相威胁；(2) 国际法规定为犯罪的任何行为或不行为；(3) 国际法要求各国合作加以惩处的任何行为或不行为。同时，联合国国际法委员会的其他委员认为，诸如人权保护、国家平等、条约必须遵守、公海自由、民族自决、禁止奴隶贩卖等规范亦具有国际强行法的性质。在 2014 年第 66 届会议期间，联合国国际法委员会将国际强行法专题列入长期工作方案，在特别报告员特拉第提交的三次报告的基础上，联合国国际法委员会于 2019 年 5 月提交给联合国大会第六委员会讨论的《"一般国际法强制性规范(强行法)"起草委员会一读暂时通过的结论草案》中将如下行为列为一般国际法强制性规范的非详尽无遗的清单：(1) 禁止侵略；(2) 禁止灭绝种族；(3) 禁止危害人类；(4) 国际人道主义法的基本规则；(5) 禁止种族歧视和种族隔离；(6) 禁止奴役；(7) 禁止酷刑；(8) 民族自决权。

总结上述观点，现今国际法学界一般认为以下七种行为属于国际强行法：(1) 禁止侵略战争；(2) 禁止贩卖奴隶和奴隶制；(3) 民族自决权不受干涉；(4) 禁止灭绝种族和种族歧视；(5) 禁止海盗行为；(6) 禁止反人道主义犯罪；(7) 禁止酷刑。

十、国际强行法与普遍义务的联系和区别

类似题

(1) 国际法上的强行规范和普遍义务

(2) 国家的普遍义务同强行规范的关系

1. 两者关系的争议起点

国际强行法和普遍义务(obligation of erga omnes)概念之间的关系始终比较混乱，争议较大。

现代国际法中的强制性规范的性质是由历史决定的，从国际法本身涵盖不容克减的基本规范的角度分析其概念、理念、原则，强制性规范的起源可追溯到 6 世纪的传统罗马法。国际强行法在国际法规范中的地位论证则归功于 17 世纪代表自然法思想的格劳秀斯、瓦特尔等国际法学者。他们主张"自然法则不仅是不可改变的，而且是公正和普遍的"，且"因为必要的自然法则是一成不变的，所以国家既不能通过公约对它做任何修改，又不能在其行为中摒弃它，还不能相互免除遵守它的义务"。

普遍义务的理论基础也可追溯至 17—18 世纪的自然法学理论中的"全球公域(global commons)"概念，即存在着为所有国家的共同利益而存在、应受到所有国家重视和保护的区域和事项，每个国家都有义务防止"全球公域"受到损害。①

尽管国际强行法与普遍义务的哲学基础、理论研究及国际司法实践的历史源远流长，但是两者的相互关系真正受到国际社会关注则始于 1969 年《维也纳条约法公约》和 1970 年国际法院对"巴塞罗那电车公司案"的判决。《维也纳条约法公约》首次明文确定强行法的定义，其第五十三条将强制性规范定义为国家之国际社会全体(the international community of states as a whole)接受并公认为不许损抑且仅有以后具有同等性质之一般国际法始得更改之规范，但并未明确国际强行法的性质、要件及违反后果。在联合国大会通过《维也纳条约法公约》仅 8 个月之后的 1970 年 2 月 5 日，国际法院在对"巴塞罗那电车公司案"的判决中做出了普遍义务的定义，称其为"一个国家对整个国际社会(a state towards the international community as a whole)所负有的义务，是所有国家共同担负的义务。它们是普

① 周露露：《试论普遍义务及其对国际刑法的影响》，《现代法学》2006 年第 2 期。

遍义务”，且把禁止侵略、禁止灭绝种族、免受奴役和禁止种族歧视等四项内容列举为普遍义务，与《维也纳条约法公约》的起草过程中联合国国际法委员会所列举的国际强行法冲突的条约，如违反《联合国宪章》非法使用武力、实施国际法上任何刑事犯罪行为，以及与奴隶贸易和种族灭绝行为相关的条约等，具有较高的重叠度。

2. 两者的联系和区别

国际强行法和普遍义务皆是为了反映和维护国际社会整体基本价值观而引入的，是为了调整国际社会全体与个别国际法主体之间的国际关系所必要的国际法律规范，故两者存在较大的重叠。

但两者存在以下三个区别。(1) 从普遍适用性来讲，国际强行法适用于整个国际社会的所有国家，但普遍义务则根据义务来源可“选择性地普遍适用”，因此可推定普遍义务的范围大于国际强行法，且所有的普遍义务不能总是反映国际强行法。(2) 从法律地位来讲，国际强行法是为了确立国际法律规范的等级、位阶而引入的，是在国际等级体制中高于条约法和习惯法的国际法律规范，而普遍义务是为了解决国际社会全体对个别国家的诉之利益及其主体资格和程序事宜而引入的，属于国际法律程序规范。(3) 从违反后果来讲，国际强行法的违反后果涵盖普遍义务的违反后果。国际强行法除产生普遍义务外，还产生国际社会全体须予以合作制止、不予承认不法行为等初级规则义务，但普遍义务只产生国家不法行为责任等次级规则责任，不再创制其他初级规则义务。①

十一、国际组织决议的法律效力

类似题

(1) 国际组织的单方行为效力

(2) 国际组织的决议是否为国际法渊源？

1. 国际组织的决议

第二次世界大战以后，国际组织的数量剧增，其在国际舞台上的作用不断变大，国际组织的国际法律人格已为许多国际文件、条约及国际司法实践所确认。随着国际组织在处理国际关系和国际问题上的影响力持续扩大，国际组织，尤其是联合国及其专门组织等普遍性国际组织，所做出的决议不仅对该组织具有重要意义，而且对国际社会及国际法的发展也具有重要意义。

国际组织的决议是指国际组织的某一机构依程序规则以书面形式通过的决定，其形式和名称呈多样性，如决定、命令、规章、建议、宣言等②，是国际组织的单方行为。就法律约束力而言，国际组织的决议可以分为有法律拘束力的决议、限制性有法律拘束力的决议和无法律拘束力的决议。

---

① 任虎：《国际强行法和普遍义务关系之争论及其辨析》，《中国政法大学学报》2021 年第 1 期。

② 黄瑶：《国际组织决议的法律效力探源》，《政治与法律》2001 年第 5 期。

2. 有法律拘束力的决议

有法律拘束力的决议是指国际组织按照其创立条约做出的对其成员有法律拘束力的决议，主要分为以下四种。

(1) 属于国际组织“内部法”的决议。此类决议之所以能产生法律拘束力，是因为该国际组织在创立时，根据创立条约所设的规定，由该国际组织及其成员承担其“内部法”上的权利和义务。

(2) 属于技术领域内“准立法”的决议。此类决议是指某些国际组织依据其创立条约，有权以决议形式制定相应领域的技术法规，并对其成员产生拘束力。

(3) 重要普遍性国际组织执行机关做出的对其成员有法律拘束力的决议，如联合国安全理事会的决议。此类决议的法律拘束力也必须是执行机关依据该国际组织的创立条约的授权才能存在的，并不是所有普遍性国际组织执行机关都固然具有的。

(4) 具有立法权的区域一体化组织做出的对其成员有法律拘束力的决议。根据创立条约的规定，区域性国际组织对于特定事项或经过特定程序做出的决议对其成员有法律拘束力。①

因此，对成员有法律拘束力的国际组织的决议，其产生前提是该国际组织创立条约的规定或授权，其效力来源是该国际组织的创立条约。例如，根据《联合国宪章》第二十五条、第三十五条至第四十五条，联合国安全理事会对威胁国际和平与安全的决议有法律拘束力。

3. 限制性有法律拘束力的决议

限制性有法律拘束力的决议，如国际民用航空组织理事会可以以三分之二多数的决议通过有关国际航空的“国际标准”规章，经过 3 个月或更长的时间，即对成员生效，但若半数成员表示不能接受，则对成员无拘束力。

4. 无法律拘束力的决议

无法律拘束力的决议是指国际组织按照其创立条约做出的特定决议，对其成员并不具有法律上的约束力，而是只有相应的建议作用或宣传作用的决议。

根据《联合国宪章》第十条至第十五条做出的联合国大会的绝大多数决议(除涉及托管外)，不具有法律拘束力，只具有建议性质。例如，《联合国宪章》第十条规定，“大会得讨论本宪章范围内之任何问题或事项，或关于本宪章所规定任何机关之职权；并除第十二条所规定外，得向联合国会员国或安全理事会或兼向两者，提出对各该问题或事项之建议”。国际组织的建议(recommendation)是国际组织请求对方完成一定的行为或结果的非强制性行为，其对象一般是国际组织的成员国，但也包括非成员国、其他国际组织，以及其内部机构。而这些不具有法律拘束力的决议广泛存在于人权、环境及经济领域，被学者称为“软性国际法”。

5. 国际组织的决议与国际法渊源

《国际法院规约》第三十八条规定是对国际法渊源的权威说明，但国际组织的决议并未包括在内，其原因是规约草拟之时国际组织尚未形成影响力，对国际组织的决议尚未预计。

其实，国际组织的决议与国际法渊源之间存在许多联系。(1) 国际组织的决议既可以构成各国际组织基本文件的有权解释，也可以奠定条约的原则基础。比如在联合国的实践

---

① 古祖雪：《国际法学》，厦门大学出版社，2007，第 27 页。

中，联合国大会于 1960 年通过的《给予殖民地国家和人民独立宣言》是宪章第十一章"关于非自治领土之宣言"的具体化，可以视为对宪章的权威解释；1946 年联合国大会第 96(Ⅰ)号决议肯定了灭绝种族是国际法上的罪行，1948 年联合国大会依此通过的《防止及惩治灭绝种族罪公约》则是一般性的联合国大会决议成为国际公约或协定基础的典型例子。(2) 国际组织的决议能够影响国际习惯法规则的形成，对国际习惯法规则的产生起到证明作用。例如，《给予殖民地国家和人民独立宣言》宣布"需要迅速和无条件地结束一切形式和表现的殖民主义"，声明"使人民受外国的征服、统治和剥削的这一情况，否认了基本人权，违反了《联合国宪章》，并妨碍了增进世界的和平与合作"，从而实际上修正了宪章建立的国际托管制度，从而突破并发展了宪章和联合国成立后通过的一系列决议中关于民族自决权的概念。这种反复援引先前决议的做法，说明了各国在相当长的时期内坚持同一观点和意见，表明了各国的法律信念，反映了国际组织所属成员国家的集体行为，经过持续的反复和默认之后成为一般国际惯例，并最终取得法律地位。①

因此，尽管国际组织的大部分决议具有建议性质，不具有法律拘束力，不构成法律规范，但其代表了国际社会的否定、认可或者接受，证明了国际社会的主流观念，已被国际法院多次援引，对国际法的发展发挥了重要的作用。因此，即使国际组织的决议无法成为直接的国际法渊源，但其在很大程度上可以作为渊源的"雏形"，因此应肯定其国际法辅助性渊源的法律地位。

十二、国际法上的"软性法"

类似题

(1) 国际软法的效力

(2) 国际组织的决议为什么是"软性法"?

1. "软性法"的概念和特征

"软性法"(soft law)，又称软法，国际法学界对于软法的概念主要有以下几种观点。(1) 软法是指趋向于形成而尚未形成的规则和原则。持这种观点的学者试图论证在法律和非法律之间存在软法，认为在法律的白色区域和非法律的黑色区域之间存在一个软法的灰色区域，并且灰色区域可能强有力地影响白色区域。(2) 软法是介于所谓的硬法与纯粹的政治性承诺之间的规则和原则。持这种观点的学者认为软法是指那些趋向于形成但尚未形成的未确定的规则和原则，或者说是敦促性或纲领性的规定。(3) 软法本身不是法，它不具有法律上的拘束力，一个规则或原则是不是软法取决于国家或当事人的选择。持这种观点的学者认为软法本身没有法律上的拘束力，但却可以通过一定的程序，使之转化为具有法律拘束力的规范性文件。(4) 软法是任意法，理由是软法没有法律拘束力，可以由当事人选

① 杨泽伟：《再论国际组织决议的法律效力问题》，《法商研究》1998 年第 6 期。

择、决定是否适用。①

国际"软性法"是自20世纪70年代以来，随着经济全球化在国际环境法、国际经济法和国际人权法等新兴国际法领域所产生的国际治理规则。很多国家认为国际条约等法律规范将限制国家主权，不愿意签署或者不参与具有拘束力的国际条约的制定，或者不参与国际会议。因此，国际"软性法"在内容上采取比较模糊的权利和义务规定，在形式上主要采取效力较弱的宣言等，以便更多的国家参与国际条约的制定过程，使得国际社会就共同关注问题逐渐形成共识。

国际"软性法"具有如下特点：(1) 大多数由国际会议和国际组织通过；(2) 规范内容不确定，多为原则性的阐述，如采用条件句，或插入"应该""尽可能"之类的词组，不做具体的规定；(3) 通过各国国内立法实践及国家间的合作，逐渐成为国际习惯法的国家实践及"法律确信"的证据；(4) 通过舆论压力对国际社会产生实际影响力。

因此，国际"软性法"是指不具有法律效力，但是在实践中对国际社会产生某种实际效果的行为规范。

2. 国际"软性法"的类型

国际"软性法"的类型大致可以分为以下三类。(1) 国际组织、多边外交会议通过的决议、宣言、声明、指南或行为守则。如1948年12月10日，经联合国大会第217A(Ⅱ)号决议通过的《世界人权宣言》是国际组织通过的国际"软性法"的典型；1992年，在联合国环境与发展大会上通过的《里约热内卢环境与发展宣言》(简称《里约宣言》)、《21世纪议程》等为政府间多边外交会议制定的国际"软性法"的典型。(2) 不具有法律拘束力的国家间协议。如1975年，欧洲国家、苏联、美国、加拿大之间签署的《赫尔辛基协议》是典型的国家间国际"软性法"。《赫尔辛基协议》并未确立具有法律拘束力的国际法规范，但缔约国具有道德和政治义务来确保其行为符合协议条款，有效地缓和了冷战期间东、西方的对立。(3) 跨国公司、非政府组织等非国家行为体创建的行为规范，如经济合作与发展组织发布的《跨国公司行为准则》、国际商会编纂的《国际贸易术语解释通则》，以及国际标准化组织制定和通过的国际标准等。②

3. 国际"软性法"的法律地位

尽管国际"软性法"不具有国际条约、国际习惯法等传统国际"硬法"的法律拘束力，但国际"软性法"在国际秩序中起到一定的法律效果。如"禁止反言""诚实信用"等一般法律原则同样适用于当事方在决议、宣言、声明等国际"软性法"中所做出的各种承诺，从而确保合理预期。同时，国际"软性法"作为《维也纳条约法公约》第三十一条第三款中规定的条约当事方之间在事后达成的关于条约解释及其条款适用方面的任何协议，表明缔约方在理解国际组织的创立条约方面达成了共识，有利于解释、澄清、强化国际公约的法律效力。如联合国大会于1970年10月通过的《国际法原则宣言》，对宪章规定的"各国主权平等""禁止使用武力或武力威胁""以和平方式解决国际争端"等基本原则做出了澄清。

此外，国际"软性法"是作为国际习惯法构成因素的"法律确信"和国家实践存在的重要证据。如国际法院在"关于威胁或使用核武器的合法性"的咨询意见中确认，"联合国大会的

① 牛洪莹：《浅析国际法中软法基本问题》，《南方论刊》2007年第4期。
② 陈海明：《国际软法论纲》，《学习与探索》2018年第11期。

决议可能事实上构成了可以确立某一规则或‘法律确信’存在的重要证据，或表明确立某一新的规则所需‘法律确信’的逐渐发展”[1]；在“尼加拉瓜军事行动案”中，国际法院把联合国大会关于禁止使用武力和非法干涉的决议作为国家实践和“法律确信”存在的证据，从而证明禁止使用武力、非法干涉这一国际习惯法的存在[2]。

总而言之，国际“软性法”是因国际社会的特殊必要性或因立法技术中的限制，在国际法体系中不可避免存在的“不完全”或者“较弱”拘束力的法律规范，但同时是国际习惯法形成过程中所必要的国家实践和“法律确信”形成的有力的证据，故被称为“凝固过程中的法”。

十三、国际法上的国家单方行为

类似题

（1）单方行为在国际法上的意义
（2）国家单方行为的效力

1. 单方行为的概念

在政治、经济和技术发生迅速变革的国际社会，国家的态度与行为的表达手段和传播手段有了重大进步，因此国家在国际社会采取意图产生法律效力的单方行为的意义日趋重要。涉及单方行为的实践在不同的情况下以不同的形式表现出来，历来是许多法律著作的研究课题，在国际法院和国际级别的其他法院的一些判决中也提到过国家涉及单方法律行为的实践。例如，国际法院在 1974 年做出的“核试验案”判决中认为，以单方行为所做的关于法律或事实情况的声明可以具有创造法律义务的效力，且这类声明的生效不需要其他国家的交换条件性质的行动或任何事后的接受，甚至不需要任何反应。[3]

联合国国际法委员会第 48 届会议在审议其长期工作方案时所得出的结论是“国家的单方行为是适合于编纂和逐渐发展”的专题之一，并于第 49 届会议上设立了由恩里克・坎迪奥蒂担任主席的工作组，任命维克托・罗德里格斯・塞德尼奥为特别报告员。特别报告员在 1998—2006 年向国际法委员会提交了九次报告。国际法委员会于 2006 年 7 月 5 日重新设立工作组，由阿兰・佩莱担任主席。

特别报告员塞德尼奥在《关于国家单方法律行为的第一次报告》中将“严格的单方面声明”定义为“一国以明示和公开的方式自发性公布的其明确无误的意愿表示，其目的是在该国和未参与拟定该声明的第三国之间建立一种法律关系，特别是产生一种国际义务，而该第三国无须接受该项声明，以后亦无须以表明接受此项声明的方式行事”[4]。特别报告员在第二次报告中提交的条款草案中则更加含蓄地做出其定义，为“一个或多个国家对其他一个或

---

① ICJ, “Legality of the Treat or Use of Nuclear Weapons” (advisory opinion of July 8, 1996, p. 70).

② ICJ, “Military and Paramilitary Activities In and Against Nicaragua” (Nicaragua v. United States, Merits, judgment of June 27, 1986, pp. 183 - 186).

③ ICJ, “Nuclear Tests Case” (New Zealand v. France, judgment of December 20, 1974, p. 53).

④ ILC, “First Report of Unilateral Acts of States” (A/CN.4/486, March 5, 1998, p. 70).

多个国家、整个国际社会或一国际组织公开做出的一种明确、自发的意愿表示，其意图为取得国际法律义务”[①]。在第三次报告中，特别报告员将其定义进一步修改为“国家意图在与他国或国际组织的关系上产生法律后果的明确的意思表示，并且该意思表示为该他国或国际组织所知”[②]。在第九次报告中，特别报告员将国家单方行为定义为“一国做出的意图所产生的国际法上效果的行为”，并将其纳入一个十一条的《指导原则草案》。[③] 联合国国际法委员会于 2006 年 8 月 10 日通过了一个十条的《指导原则》和评注，其中第一条原则规定“公开做出并表示受拘束的声明可具有创立法律义务的效果”[④]。

综上，国际法上的单方行为是指仅由一方国际法主体依据国际法做出的、意在产生国际法上法律效力的单方意思表示。

2. 国家单方行为的条件

联合国国际法委员会于 2006 年 8 月 10 日通过的《指导原则》提出了适用于能够产生法律义务的国家单方面声明的指导原则：(1) 公开做出的并显示受约束意愿的声明可具有创立法律义务的效力；(2) 任何国家都拥有通过单方面声明承担国际义务的能力；(3) 为确定这类声明的法律效力，有必要考虑其内容、其做出时的所有实际情况及其引起的反应；(4) 单方面声明只有经有权这样做的主管当局做出，才在国际上对国家有约束力；(5) 单方面声明可口头做出，也可书面做出；(6) 单方面声明可针对整个国际社会做出，也可针对一个或数个国家或其他实体做出；(7) 只有以明确、具体的措辞做出的单方面声明，才对声明国产生义务；(8) 与一般国际强行规范冲突的单方面声明无效；(9) 一国的单方面声明不得对其他国家施加义务，然而，其他有关国家如果明确接受这类声明，那么可就这类单方面声明承担义务；(10) 不能任意撤销一项已经对声明国创立了法律义务的单方面声明，在考虑一项单方面声明的撤销是否属于任意时，应考虑声明中与撤销有关的任何具体规定、义务的对象对这类义务的信赖程度，以及在多大程度上发生了根本变化等情况。

3. 国家单方行为的分类和效力

(1) 国家单方行为可以分为自律性单方行为和非自律性单方行为

自律性单方行为是指不问条约或习惯法的规定，其法律行为独立发生效力的单方行为，如承诺、承认、抗议、放弃和通知等。承诺是一方国际法主体单方宣称承担国际法上义务，从而产生国际法上权利的行为。承诺的约束性质产生于行为的条件，是以诚意为基础的，有关国家有权要求遵守该义务。承认是指既存国家表示认可某种事实或情势，并愿意接受由此产生的法律后果的行为，包括对新国家、新政府的承认等。抗议是指一方国际法主体向另一方国际法主体告知其不承认该方所做的某一行为或主张的合法性，并且不承认该行为所已产生的或将产生的效果的行为。放弃是指一方国际法主体对另一方国际法主体所享有的权利或权利主张予以放弃的明确意思表示。通知是指一方国际法主体向其他国际法主体告知特定事实的行为，是赋予其他行为效力的行为条件。

非自律性单方行为是指涉及条约和习惯法规范履行的单方行为，其行为一般受条约规定的明示或模式的限制，如条约的加入、废除、退出和保留等。例如，《国际法院规约》第三十

---

① ILC, “Second Report of Unilateral Acts of States” (A/CN.4/500, April 14, 1999, p. 38).
② ILC, “Third Report of Unilateral Acts of States” (A/CN.4/505, February 17, 2000, p. 80).
③ ILC, “Ninth Report of Unilateral Acts of States” (A/CN.4/569, April 6, 2006, p. 81).
④ UN, “Official Records of General Assembly, Sixty-first Session” (A/61/10, p. 169).

六条规定，各当事国随时声明单方接受法院的强制管辖权。

（2）国家单方行为的效力可以分为规范自己行为的效力和规范他人行为的效力

规范自己行为的效力是指一国赋予自己义务，且在国际法的范围内行使权利时所产生的效力。如1974年，在“核试验案”中，国际法院认为，以单方行为所做的关于法律或事实情况的声明可以具有创造法律义务的效力。

规范他人行为的效力是指给他人产生权利和义务的效力，分为一国因赋予针对他国的义务，他国从而获得相对权利的情形，以及直接给他国设定义务的情形。但除非作为国际共同体的代表，一国直接给他国设定义务时，应取得该国的同意，否则无法对抗他国。例如1945年，德国无条件投降之后，联合国对德国法律体系所做出的宣言则无须德国的同意。

4. 单方行为的国际法意义

单方行为是否构成国际法的法律渊源则存在争议。德国学者沃尔夫冈主张国际法中的单方法律行为在一定程度上能够被视为国际法的一个辅助性法律渊源，“国家间交往中经常采用的单方行为可能成为单独的法律渊源，只要这种单方行为不属于签订国际条约或者发展国际习惯法的一个阶段，或者只要它不属于国际法规范的某个构成要件”①。日本学者松井芳郎认为，“虽有将单方行为作为独立的国际法成立形式的主张，但多数情况下需要国际法事先承认单方意思表示的法律效果（如承认、条约的加入和条约的保留）或推定其他国际法主体的默示同意”②，因此不构成独立的法律渊源。中国学者李浩培则提出折中观点，主张单方行为的法律效力是从国际法渊源中引申出来的，可以作为国际法的第二位渊源来认识。③ 例如1974年，“核试验案”中承认法国停止在大气层中进行核试验的单方宣言的法律效力是基于诚实信用的一般法律原则之上的。单方行为的法律效力在一般情况下都附属于一般法律原则，或依据国际条约或依据国际习惯法而存在。

虽然一些国家的单方行为在国际法上产生法律效果，从而推动国际法的形成和发展，也可能成为国际习惯法存在的依据，但是其尚未被国际法院普遍援引为裁判的依据，因此将国家的单方法律行为视为国际法渊源则条件尚未成熟。但国家单方行为对国际社会所产生的法律效果则从另一面说明，国际法是各国力量的博弈和平衡，而不完全是国家之间的“共同意志”。④

十四、文明各国所承认的一般法律原则

类似题

（1）《国际法院规约》第三十八条第一款（寅）项

（2）国际法的补充法律渊源

---

① W·G·魏智通：《国际法（第五版）》，吴越、毛晓飞译，法律出版社，2012，第94页。

② 松井芳郎、佐分晴夫、坂本茂樹等：《国际法（第四版）》，辛崇阳译，中国政法大学出版社，2004，第29页。

③ 李浩培：《国际法的概念和渊源》，贵州人民出版社，1994，第117页。

④ 《国际公法学》编写组：《国际公法学（第三版）》，高等教育出版社，2022，第60页。

1. 一般法律原则的含义

对于一般法律原则，国际法学界存在不同学说。以童金为代表的苏联学者和东欧学者主张，一般法律原则是国际法的一般原则①；以詹宁斯、瓦茨等为代表的国际法学者则主张，一般法律原则是指"在所有或大多数国家的国内法律体系中占有地位的法律原则自然地成为各国所称许而在国际法律体系中加以适用，作为各国经验内在任何法律体系中几乎必然固有的原则"②，是各国法律体系中共有的原则。还有学者主张，一般法律原则至少有以下七种不同的解释：(1) 一般正义原则；(2) 自然法；(3) 从私法类推出来的原则；(4) 比较法的一般原则；(5) 国际法的一般原则；(6) 法的一般理论；(7) 一般法律概念。③ 一般法律原则是由 1920 年《常设国际法院规约》第三十八条确立的，而从 1920 年规约的准备资料来看，"各国法律体系共同原则"的观点比较符合原来意思，一般法律原则是各国国内法，尤其是私法中所共有的原则。

2. 关于一般法律原则是否为国际法渊源的不同观点

对于一般法律原则是否为国际法渊源，国际法学界存在不同的观点。以童金、周鲠生为代表的学者否认一般法律原则的国际法渊源性。比如周鲠生教授认为，"《国际法院规约》第三十八条列入这样一项规定，只能认为这是准许法院在审判某种案件时，在从习惯和条约中都找不出适用的规范的场合，比照使用一般法律原则，作为变通解决办法；而那并不具有新创一种国际法渊源的作用"④；童金则认为这一规定毫无作用。以李浩培、劳特派特、周忠海为代表的学者则认为，一般法律原则是独立于国际习惯和国际条约的第三种国际法渊源⑤。柳炳华教授也肯定一般法律原则的国际法渊源性，认为"《国际法院规约》第三十八条所规定的内容中，在规定法院的任务是对于陈诉的各项争端，应当根据国际法裁判之后，再列举国际法渊源的内容，表明对一般法律原则的法律渊源性予以肯定"⑥，同时主张其已形成习惯法。王铁崖教授也倾向于承认一般法律原则可以作为国际法渊源，主张"《国际法院规约》第三十八条对于'一般法律原则'加上'为文明各国所承认者'的限制。至于'承认'的规定，似乎意味着一般法律原则应当经过各国的承认才能为国际法院所适用，从而构成国际法渊源。在这个意义上，一般法律原则就融合于两个主要国际法渊源——国际条约和国际习惯之中，而似乎不是独立的国际法渊源。但是，一般法律原则既然是各国法律体系共有的原则，而各国法律体系是各国意志的体现，各国的承认可以说包含在各国的法律体系之中，似乎是无须各国另做承认的表示"⑦。

作为一项条约，一般法律原则是否为《国际法院规约》的法律渊源，则可从条约的规定本身及《国际法院规约》的制定目的来分析。首先，从《国际法院规约》第三十八条规定本身来

① 童金：《国际法》，邵天任等译，法律出版社，1988，第 52—53 页。

② 詹宁斯、瓦茨：《奥本海国际法（第一卷第一分册）》，王铁崖等译，中国大百科全书出版社，1995，第 23 页。

③ I. A. Shearer, *Starke's International Law* (London: Butterworths, 1994), p. 29.

④ 周鲠生：《国际法（上册）》，武汉大学出版社，2007，第 12—13 页；杨泽伟：《国际法》，高等教育出版社，2007，第 39 页。

⑤ 周忠海：《国际法》，中国政法大学出版社，2007，第 71 页；李浩培：《国际法的概念和渊源》，贵州人民出版社，1994，第 114 页。

⑥ 任虎：《国际公法》，华东理工大学出版社，2021，第 14 页。

⑦ 王铁崖：《国际法》，法律出版社，1995，第 12 页。

看，其已被普遍认为是国际法渊源的规定。《国际法院规约》第三十八条第一款由四个部分构成，其中除(卯)项明确将司法判例及各国权威最高法学家的学说作为确定法律原则的“辅助资料”之外，将一般法律原则同国际习惯和国际条约并列在一起，因此其在地位上与国际习惯和国际条约不应有所不同，应当作为国际法的法律渊源之一。其次，从《国际法院规约》规定一般法律原则的目的来看，其目的在于授权国际法院在可以适用于国家之间关系的范围内适用国内法的一般原则①，是使国际法成为一种适用于司法程序的可行制度②，以保证国际法院将国际法司法化，避免出现因缺乏准据法而无法裁判的困境。在出现国际条约和国际习惯法不能调整的国际关系时，“国际法院难免会认为一个国际争端因适用的法律不明而必须拒绝司法，或者认为因无法可以适用而当事国可以任意行动，从而驳回受害国的权利主张，③”一般法律原则的重要作用也在于此。

因此，一般法律原则作为国际法的法律渊源之一是有其重要意义的，从一般法律原则在国际法司法化进程中承担的重要角色来看，一般法律原则是为补充国际法不足的辅助性法律渊源。

十五、国际法上的公平原则

类似题

(1)《国际法院规约》第三十八条第二款

(2)《国际法院规约》的裁判兜底性条款

1. 公平的定义

公平(equity)或者公允，是指考虑具体情况下一切有关因素，最有可能实现正义的决定性因素和情感，通常用于法律解释和补充。④ 国际法院在 1969 年“北海大陆架案”的判决中指出，公平作为一个法律概念乃是正义观念的直接反映。

国际法中的公平观念来自亚里士多德的思想，其将公平定义为法律的矫正。亚里士多德认为，因法律公平能在每个案件里达到预期目的，故在特殊情况下需要由公平加以调和以达到公正结果。⑤

公平原则作为法律规定已成为国际法律规范的一部分，也在海洋划界等国际司法实践中获得援引。比如，1971 年《外空物体所造成损害的国际责任公约》第十二条规定，“发射国依本公约负责给付之损害赔偿额应依照国际法及公正与公平原则(principle of justice and equity)决定”；1982 年《联合国海洋法公约》第八十三条第一款规定，“海岸相向或相邻国家

---

① 詹宁斯、瓦茨：《奥本海国际法(第一卷第一分册)》，王铁崖等译，中国大百科全书出版社，1995，第 23 页。

② 伊恩·布朗利：《国际公法原理》，曾令良、余敏友等译，法律出版社，2007，第 11 页。

③ 李浩培：《国际法的概念和渊源》，贵州人民出版社，1994，第 114 页。

④ 任虎：《国际公法》，华东理工大学出版社，2021，第 14 页。

⑤ M·W·詹尼斯、胡应志：《国际法中的公平原则》，《环球法律评论》1990 年第 5 期。

间大陆架的界限，应在《国际法院规约》第三十八条所指国际法的基础上以协议划定，以便得到公平解决”。国际法院在 1956 年“国际劳动组织行政法院赔偿案”的判决中指出，“国际劳动组织行政法院因缺乏法律依据而根据公平与善良原则确定赔偿额不违背法律原则”[①]；1969 年，在“北海大陆架案”的判决中，国际法院指出，在特殊情况下划界应根据公平原则协商解决；1974 年，在“渔业管辖权案”的判决中，国际法院也要求当事国为谋求公允的解决方案进行诚实信用的谈判。

2. “公允及善良”原则的国际法渊源地位

《国际法院规约》第三十八条第二款规定，“前项规定不妨碍法院经当事国同意本‘公允及善良（ex aequo et bono）’原则裁判案件之权”，其本意是在公允及善良的基础上，在缺乏《国际法院规约》第三十八条第一款规定的法律依据时，授予法官一种自由裁量权，以实现和平解决国家之间争端的《联合国宪章》之目的。然而，这种自由裁量权应当严格使用。正如国际法院在“北海大陆架案”中解释，其在法律规则的范围内适用公平原则，而未依据“公允及善良”原则审案，也没有使用自由裁量权，是因为该案并未满足《国际法院规约》第三十八条第二款所列的条件。[②]《国际法院规约》第三十八条第二款尽管赋予国际法院自由裁量的权利，但其权利限于司法，而不在于造法，故不能依据“公允及善良”原则做出违背现有国际法的判决。实际上，国际法院及其前身常设国际法院从未适用过“公允及善良”原则来裁判案件。

因此，“公允及善良”原则应为《国际法院规约》赋予法官适用法律依据的兜底性条款，是国际法的补充法律渊源。

---

① ICJ, “The Administrative Tribunal of the ILO Upon Complaints Made Against UNESCO” (advisory opinion of October 23, 1956, p. 100).

② ICJ, “North Sea Continental Shelf Cases” (Federal Republic of Germany v. Denmark/Netherlands, judgment of February 20, 1969, pp. 47 - 48).

第二章 条约法

一、条约法的编纂

类似题

(1) 条约法的法律渊源

(2) 条约法的编纂历史

1. 条约法的编纂意义

条约法是规范国际法主体之间缔结条约活动的国际法律规范的总称,是国际法的古老分支之一。即使从真正意义上的近代条约——1648 年的《威斯特伐利亚和约》算起,条约法也经历了几百年的时间。因为条约是国家间关系的主要表现形式,涵盖政治、军事、经济和文化等各个领域,所以缔约程序、条约效力、条约的遵守和实施对国际社会的稳定具有重大影响。但在 1949 年国际法委员会将条约法的编纂列为其工作之前,条约法主要是国际习惯法,如条约必须遵守、条约不溯及既往等原则是由国际实践逐渐发展而来的,若在条约的解释和适用方面产生争议,则将对国际社会的和平与稳定造成重大威胁。因此,自联合国于 1947 年成立国际法委员会之时,条约法的编纂就成为优先完成的工作议题。

国际法委员会先后编纂了《维也纳条约法公约》(1969 年)、《关于国家在条约方面的继承的维也纳公约》(1978 年)、《关于国家和国际组织间或国际组织相互之间条约法的维也纳公约》(1986 年)等确定国际法主体之间条约关系的三项公约,并着手完成了《对条约保留的实践指南》(2011 年)、《武装冲突对条约的影响的条款草案》(2011 年)、《与条约解释相关的嗣后协定和嗣后实践》(2018 年)、《条约的暂时适用指南》(2021 年)等条约法相关的专题工作。

2. 1969 年《维也纳条约法公约》的编纂工作

条约法的编纂最早始于国际法学者,如 1876 年美国国际法学者菲尔德(Field)的《国际法典大纲草案》第一百八十八条至二百零四条、1881 年瑞士国际法学者伯伦知理(Bluntschli)的《国际法典草案》(法文版)第四百零二条至第五百三十八条、1918 年意大利国际法学者菲奥雷(Fiore)的《国际法汇编》第一百五十四条、第一百五十五条、第七百四十四条至第八百四十五条、第一千四百三十八条、第一千四百三十九条等都曾对条约法的编纂做出了贡献。

国际法委员会在 1949 年第 1 届会议上确定了把条约法的编纂作为优先考虑的题目之一,并任命了担任草案工作的特别报告员,先后由詹姆斯·莱斯利·布莱尔利(James Leslie Brierly)、赫希·劳特派特(Hersch Lauterpacht)、杰拉德·菲茨莫里斯(Gerald Fitzmaurice)担任。1961 年,在汉弗莱·沃尔多克(Humphrey Waldock)成为特别报告员后,条约法的编纂才全面展开。自1962年起，特别报告员按不同领域准备草案，收集各国意见。1966年，在国际法委员会第18届会议上，特别报告员准备了75个条款，并且草案的调整对象限定于国家间缔结的条约。基于该草案，联合国大会于1966年12月5日做出决议——召开缔结“条约法公约”的国际会议。通过1968年和1969年的维也纳外交会议，与会各国投票通过了《维也纳条约法公约》。《维也纳条约法公约》于1980年1月27日生效，中国于1997年5月9日加入该公约。

《维也纳条约法公约》由8编85条和1个附件组成，涉及条约的缔结和生效，条约的遵守、适用和解释，多边条约的加入和保留，条约对第三国的效力，条约的修订、修正和修改，条约的失效、终止和停止施行，以及条约的保管机关、通知、更正和登记等内容。尽管《维也纳条约法公约》没有解决条约法的所有问题，但仍然被认为是一部成功的条约法法典，并为后面的条约法编纂奠定了良好的基础。

1986年3月21日通过了《关于国家和国际组织间或国际组织相互之间条约法的维也纳公约》(简称《维也纳公约》)，该公约适用于国家和国际组织间或国际组织相互之间的条约关系，其实质性内容与1969年《维也纳条约法公约》的基本相同。

3. 1978年《关于国家在条约方面的继承的维也纳公约》的编纂工作

国际法委员会虽然在1949年第1届会议上将国家在条约方面的继承问题作为工作方案，但正式启动编纂工作则始于1962年。随着20世纪60年代民族解放运动的迅速扩大，新独立国家提出国家继承问题，联合国大会于1962年做出第1686号决议，优先开展国家继承相关的国际法编纂工作。国际法委员会分别在1967年第19届会议和1973年第25届会议上任命汉弗莱·沃尔多克和弗朗西斯·瓦拉为该专题的特别报告员。国际法委员会分别在1968年第20届会议、1970年第22届会议、1972年第24届会议，以及1974年第26届会议上审议了国家在条约方面的继承条款草案，并在1974年向联合国大会提出了最后条款草案，同时建议大会召开全权代表会议，研究并缔结关于这一主题的公约。联合国大会通过1975年12月15日第3496号决议和1976年11月24日第31/18号决议，在维也纳举行的联合国关于国家在条约方面的继承的会议上审议了上述条款草案。第一次会议于1977年4月4日至5月6日、第二次会议于1978年7月31日至8月23日分别在维也纳召开，1978年8月23日通过了《关于国家在条约方面的继承的维也纳公约》(简称《维也纳条约继承公约》)。

《维也纳条约继承公约》由序言和50个条款以及附件组成，其中50个条款主要规定了用语、领土变更和条约继承、新独立国家和条约继承、国家的合并及分离和条约继承、国家责任、争端解决、终止条款等七部分内容，附件主要规定了调解程序。

4. 2011年《对条约保留的实践指南》的编纂工作

1993年，国际法委员会在第45届会议上决定将“与对条约保留有关的法律和实践”专题列入其工作方案，并在1994年第46届会议上任命阿兰·佩莱为该专题的特别报告员。国际法委员会注意到，1969年《维也纳条约法公约》、1978年《维也纳条约继承公约》和1986年《维也纳公约》均规定了一些关于对条约保留的原则，但这些原则的措辞过于笼统，无法作为国家实践的指南。这些公约对区分保留和解释性声明、解释性声明的范围、保留的有效性(保留的合法性及其对另一国的适用性)和反对保留的制度(特别是对条约既不禁止也不违背条约目的的保留的可接受性和范围)等问题提供了模棱两可的答案。

在国际法委员会于1995年第47届会议上审议了第一次报告之后，特别报告员将专题的标题改为“对条约的保留”，研究结果将采取保留方面的实践指南的形式。这是因为国际法委员会协商一致认为，不应对1969年《维也纳条约法公约》、1978年《维也纳条约继承公约》、1986年《维也纳公约》的相关条款做出任何改动。国际法委员会在1996年第48届会议和1997年第49届会议上收到了特别报告员的第二次报告，审议和通过了关于对包括人权条约在内的规范性多边条约的保留问题的初步结论。自1998年第50届会议至2010年第62届会议，国际法委员会审议了特别报告员提出的另外14份报告和1份说明，以及秘书处编写的关于在国家继承情况下对条约保留的备忘录。在2010年第62届会议上，国际法委员会暂时通过了《对条约保留的实践指南》，于2011年8月11日第63届会议上通过了《对条约保留的实践指南》案文。联合国大会在2013年12月16日第68/111号决议中注意到《对条约保留的实践指南》准则，鼓励联合国会员国尽可能广泛地传播该准则。

《对条约保留的实践指南》由保留的定义、程序，保留和解释性声明的允许性，保留和解释性声明的法律效力，在国家继承情况下的保留、接受保留、反对保留及解释性声明等五个部分以及附件组成，规定了保留必须以书面形式提出，明晰了允许和禁止以及特定保留的区别，明确了保留的法律效力和效果，同时厘清了在国家继承情况下的保留程序和效果。

5. 2011年《武装冲突对条约的影响的条款草案》的编纂工作

国际法委员会在2000年第52届会议上决定将“武装冲突对条约的影响”专题列入其长期工作方案。在2004年第56届会议上，国际法委员会决定将“武装冲突对条约的影响”专题列入其工作方案，并任命伊恩·布朗利为该专题的特别报告员。国际法委员会自2005年第57届会议至2008年第60届会议审议了特别报告员的四次报告，并在第60届会议上一读通过了18个关于武装冲突对条约的影响的条款草案、1个附件和评注。

在伊恩·布朗利辞去国际法委员会职务后，国际法委员会在2009年第61届会议上任命卢修斯·卡弗利施为该专题的特别报告员。在2010年第62届会议上，国际法委员会收到了特别报告员的第一次报告，其中载有特别报告员关于对一读通过的条款草案重新拟订的建议，同时考虑了各国政府的评论和意见。在2011年第63届会议上，国际法委员会继续完成了对《武装冲突对条约的影响的条款草案》的二读，并通过了18个条款草案和1个附件。

联合国大会在2011年12月9日第66/99号决议中注意到《武装冲突对条约的影响的条款草案》，将案文附于决议中，建议各国政府注意这些条款草案。联合国大会在2014年12月10日第69/125号决议中请秘书长邀请各国政府提交书面意见，并决定将该专题列入大会第72届会议临时议程，以便审查条款草案可能采用的形式问题。在2017年12月7日第72/121号决议中，联合国大会强调了《武装冲突对条约的影响的条款草案》在向各国政府提供指导方面的价值，请各国政府酌情使用这些条款草案作为参考，并决定大会将在适当时候重新审议武装冲突对条约的影响问题。

6. 2018年《与条约解释相关的嗣后协定和嗣后实践》的编纂工作

国际法委员会在2008年第60届会议上决定将“条约随时间演变”专题列入其长期工作方案，并在2009年第61届会议上设立一个专题研究组，由格奥尔格·诺尔特担任主席。在2012年第64届会议上，国际法委员会决定在2013年将关于这一专题的工作格式及其标题从“条约随时间演变”改为“与条约解释相关的嗣后协定和嗣后实践”，并任命格奥尔格·诺尔特为专题特别报告员。

从 2013 年第 65 届会议到 2016 年第 68 届会议，国际法委员会在特别报告员接连提交的 4 份报告的基础上审议了这一专题。在 2016 年第 68 届会议上，国际法委员会一读通过了一套关于与条约解释相关的嗣后协定和嗣后实践的结论草案。在 2018 年第 70 届会议上，国际法委员会审议了特别报告员提交的第五次报告，并二读通过了关于与条约解释相关的嗣后协定和嗣后实践的整套结论草案。国际法委员会于 2018 年 8 月 8 日举行的会议上决定建议联合国大会提请各国政府及所有可能受命解释条约者注意该结论草案及其评注。

最终草案由 13 个结论草案组成，包括导言、基本规则和定义、一般方面和具体方面等四个部分。

7. 2021 年《条约的暂时适用指南》的编纂工作

国际法委员会在 2011 年第 63 届会议上决定将“条约的暂时适用”专题列入长期工作方案，在 2012 年第 64 届会议上将其列入工作方案，并任命胡安・曼努埃尔・戈麦斯・罗夫莱多为专题特别报告员。特别报告员在 2013 年第 65 届会议上提交了第一次报告，笼统地论述了与条约的暂时适用有关的主要法律问题；在 2014 年第 66 届会议上提交了第二次报告，对条约的暂时适用的法律效力进行了实质性分析；在 2015 年第 67 届会议上提交了第三次报告，除继续分析了条约的暂时适用的法律效力之外，还提出了 6 条准则草案；在 2016 年第 68 届会议上提交了第四次报告，分析了国际组织在条约的暂时适用方面的实践。国际法委员会在 2017 年第 69 届会议上暂时通过了第一套完整的准则（草案第一条至第十一条）及其各自的评注。在 2018 年第 70 届会议上，特别报告员提交了第五次报告，除继续分析了与会国就该专题发表的意见之外，又提出了 2 条准则草案。国际法委员会在第 70 届会议上一读通过了关于条约的暂时适用的整套准则草案，其中有 12 条准则草案，作为条约的暂时适用指南草案。在 2019 年第 71 届会议上，国际法委员会将示范指南草案的订正提案作为委员会提交给联合国大会的报告的附件，以期在委员会第 72 届会议上二读条约的暂时适用指南草案之前，征求与会国和国际组织的意见。在 2021 年第 72 届会议上，国际法委员会二读通过了《条约的暂时适用指南》，其包括准则草案和载有关于暂时适用的规定实例的附件草案，并建议联合国大会关注《条约的暂时适用指南》，鼓励其尽可能广泛地散发，提请各国和国际组织注意指南及其评注。联合国大会在 2021 年 12 月 9 日第 76/113 号决议中注意到《条约的暂时适用指南》，提请各国和国际组织注意，供其审议，并鼓励其尽可能广泛地散发。

《条约的暂时适用指南》由 12 条准则草案和附件草案组成，包括范围、目的、一般规则、协议形式、启动、法律效力、保留、违约责任、终止，以及各国国内法和国际组织规则与暂时适用条约的遵守等内容。

二、条约的概念和分类

类似题

(1) 条约的名称和种类

(2) 条约的特征和分类

1. 条约的概念

条约是指国际法主体之间，主要是国家之间，依据国际法所缔结的据以确定其相互权利与义务的国际协议。根据《维也纳条约法公约》第二条，条约是国家间所缔结且以国际法为准的国际书面协定，不论其载于一项单独文书或两项以上互相有关的文书内，也不论其特定名称如何。

条约是国际法主体之间通过协商形成的国际协议，因此条约不是国家或国际组织的单方行为。国际协议的形成并不要求必须采取共同一致，可以为其中一方先提出建议，其他一方接受该建议的方式。

条约一经生效，缔约方负有条约必须遵守的义务（pacta sunt servanda），因此条约应区别于君子协定（gentlemen's agreement）。君子协定是国家政治领导人相互之间基于政治信赖而达成的政治承诺，不具有法律约束力，不能约束其下一任政治领导人。1941 年《大西洋宪章》（又称《丘吉尔罗斯福联合宣言》）是最典型的君子协定。

2. 条约的特征

（1）条约是国际法主体之间缔结的协议。根据 1969 年《维也纳条约法公约》及 1986 年《维也纳公约》，条约的缔结主体是国家、国际组织，以及正在争取独立的民族、罗马教廷、交战团体或叛乱团体。此外，国家的特定领土组成单位，如中国的香港、澳门特别行政区，在一定条件下也可以成为条约的缔结主体。

（2）条约受国际法支配。条约的缔结程序和内容必须符合国际法的规则，并且以国际法加以规范。条约的内容是确定国际法主体在某些问题上的权利和义务，或者确立某方面国际法的原则和制度。条约不是没有法律拘束力的政治，或者道义的承诺或声明，也不是受国内法支配的协议。国际法院在 1952 年“英伊石油公司案”的判决中指出，1933 年英伊石油公司与伊朗政府（当时称波斯）的受国内法支配的特许协议不是国际条约，鼓励联盟的调解和两国政府为解决该争端而进行的谈判都不能改变该协议的非条约性质。①

（3）条约的缔结通常采用书面形式。《维也纳条约法公约》以规范书面条约为出发点，将适用于该公约的条约定义为书面形式，但是并没有排除其他形式条约的存在和有效性。

3. 条约的名称

广义的条约名称包括符合条约特征的所有国际协议的名称，狭义的条约名称则是指广义的条约名称中以“条约”命名的那一类国际协议的名称。但无论使用何种名称，其法律拘束力都是没有区别的。

（1）条约（treaty）。条约是指适用于政治、经济、法律等重大事项的协议，通常是须经缔约各方最高权力机关依照正式的法律程序予以确认的名称，是有效期较长，也是最常用的名称，如 1959 年《南极条约》、1968 年《不扩散核武器条约》、1999 年《中华人民共和国和越南社会主义共和国陆地边界条约》等。

（2）公约（convention）。公约通常是指多个国家因共同举行国际会议而缔结的多边条约，其内容多属于造法性的，如 1969 年《维也纳条约法公约》、1982 年《联合国海洋法公约》、

---

① ICJ, “Anglo-Iranian Oil Co. Case” (United Kingdom v. Iran, judgment of July 22, 1952, p. 113).

1992 年《联合国气候变化框架公约》等。

(3) 协定(agreement)。协定多是解决某一专门事项具体问题的条约名称，如 1979 年《关于各国在月球和其他天体上活动的协定》、1994 年《马拉喀什建立世界贸易组织协定》、2015 年《亚洲基础设施投资银行协定》、2015 年《巴黎协定》等。

(4) 议定书(protocol)。议定书多是指辅助性的法律文件，其内容一般比协定的还要具体，有的议定书是一个独立文件，本身就是一项重要条约，如 1925 年《关于禁用毒气或类似毒品及细菌方法作战的日内瓦议定书》、1997 年《联合国气候变化框架公约京都议定书》等。

(5) 宪章(charter)、盟约(covenant)、规约(statute)、章程(constitution)。这些通常是国际组织的创立条约名称，如 1945 年《联合国宪章》、1919 年《国际联盟盟约》、1945 年《国际法院规约》、1945 年《联合国粮食及农业组织章程》等。

(6) 文件(act)。文件通常是指国际会议上通过的规定一般国际法规则或解决一般国际问题的多边条约，如 1890 年《关于禁止非洲奴隶贸易的布鲁塞尔总文件》。

(7) 换文(exchange of notes)。换文是指相互交换外交照会，就有关事项达成的协议，是一方就某一事项以明确的表述发出要约照会，另一方以同样明确的表述发回承诺照会所缔结的条约名称，如 1955 年《中华人民共和国和印度尼西亚共和国关于双重国籍问题的条约的实施办法的换文》。

(8) 谅解备忘录(memorandum of understanding)。谅解备忘录是指有时用于通常条约之外的有法律拘束力的操作性或技术性事项的双边协议、实施框架条约的名称，如 1963 年《美苏关于建立直接通信联络的谅解备忘录》。

(9) 宣言(declaration)。宣言是指规定国家间权利和义务或行为规则的声明，如 1856 年《巴黎海战宣言》、1948 年《世界人权宣言》等。只是单纯的政策声明而没有规定具体权利和义务的宣言则不是条约。

(10) 联合声明(joint declaration)、联合公报(joint communiqué)。它们是指两个以上国际法主体就同一事项发表的声明，如 1984 年《中华人民共和国政府和大不列颠及北爱尔兰联合王国政府关于香港问题的联合声明》。

除此之外，还有补充协定(supplementary arrangement)等名称。

4. 条约的种类

国际上并没有统一的条约分类方法，并且按照一定标准将条约进行完整的分类是比较困难的。

(1) 条约有时分为造法性条约(law-making treaty)和契约性条约(contractual treaty)。造法性条约是指规定在一定时期内当事方对某方面或某事项上的普遍行为规则的条约；契约性条约则限定于特定的交易，规定某个特定事项或特定义务。

(2) 按照缔约方的数量，条约可分为双边条约和多边条约。多边条约还可分为开放性条约和非开放性条约。开放性条约允许单方面加入，或规定一个专门的接纳程序；非开放性条约则在缔结之后不允许其他国际法主体成为缔约方。

(3) 按照缔结条约的程序，条约可分为程序复杂的条约和程序简单的条约。

(4) 根据内容领域来划分，条约可分为政治、经济、文化等各方面或领域的条约。

三、条约的缔结程序

类似题

(1) 条约的认证、批准和登记程序

(2) 条约生效的程序事项

1. 条约缔结程序的定义及依据

条约的缔结程序是指缔结条约所经过的过程和履行的一定手续。条约的缔结程序从古至今经过了许多变化，但是其程序仍然纷繁复杂，在1969年《维也纳条约法公约》签订以前，几乎没有一个统一的缔结程序规范。1969年《维也纳条约法公约》和1986年《维也纳公约》完善了关于条约缔结程序的法律制度。

2. 谈判和议定约文(negotiation and adopting the text of a treaty)

谈判是缔约双方就条约内容达成一致而进行的交涉，是缔结条约的第一步。1969年和1986年的公约没有另行规定谈判程序，只规定了约文的议定，但是在实际操作过程中并没有严格区分这两者，而是采取同时进行。

在谈判开始时，双方全权代表相互交换全权证书，审查对方代表的全权证书的真实性及内容，特别是授权的范围。有时全权证书也可稍迟出示，但最迟在条约签字以前应该相互校阅。根据《维也纳条约法公约》第二条，全权证书是一国主管当局所颁发给其指派的一人或数人，代表该国谈判、议定约文、认证约文，表示该国同意受条约拘束，或完成有关条约的任何其他行为的文件。

在议定约文方面，双边条约是指谈判当事方就其中的一个或几个事前准备的约文草案提出建议，其他谈判方进行审议，审议结束后在他们的立场上提出反建议，通过这些过程对约文达成协议。谈判成熟到某种程度后就议定约文草案，可根据多数表决，也可根据一致表决或协商一致决定约文草案采择与否。双边条约的双方应一致同意才能议定约文草案。多边条约的谈判多是在有关国家或国际组织召集的国际会议上进行的，国家或国际组织的全权代表要出示全权证书。多边条约的约文起草通常有三种方式：(1) 由各方代表共同起草；(2) 由会议组建的专门委员会起草；(3) 交由一个国际组织起草。一些多边公约是由国际法委员会起草的。根据《维也纳条约法公约》第九条，国际会议议定条约约文应以出席及参加表决的国家或国际组织的三分之二多数表决为之，但此等国家或国际组织以同样多数决定适用另一规则者不在此限；如无法适用上述规则，议定条约约文应以所有参加草拟约文的国家或国际组织同意为之。

3. 认证约文(authenticate the text of a treaty)

约文的认证是谈判双方确认共同同意该约文是正确的和作准的，除经修正程序外不得更改的缔约程序。根据《维也纳条约法公约》第十条，条约以下列方式确定作准文本：依约文所载或经参加草拟约文国家或国际组织协议的程序；若无此程序，则由此等国家或国际组织代表在条约约文上，或者在载有约文的会议最后文件上签署、暂签或草签。签署是指全权代表把其全名签于约文的下面。暂签是指附加条件的签署，仅有认证约文的效力，如果谈判当事方事后明确确认，该签字也具有签署的效力。草签时谈判代表将其姓名的第一个字母（中国谈判代表用其姓名的第一个汉字）签在约文的下面，以此表示对约文的认证。

4. 表示同意承受条约拘束

国家表示同意承受条约拘束的方式可以是签署、交换构成条约的文书、批准、接受、核准、加入或以其协议的任何其他方式。

签署（signature）除具有认证约文的意义外，也可以具有表示同意承受条约拘束的意义。《维也纳条约法公约》第十二条规定，在下列情况下，签署也可以表示同意承受条约拘束：(1) 条约规定签署有此效果；(2) 另经谈判国协议确定签署有此效果；(3) 谈判国在全权证书上或在谈判时做出意思表示，使签署有此效果。

批准（ratification）是缔约方的有权机关对其全权代表所签署的条约的认可并同意承受条约拘束的行为。《维也纳条约法公约》第十四条规定，遇有下列情形，一国得以批准表示同意承受条约拘束：(1) 条约有此规定；(2) 另经确定谈判国协议需要批准；(3) 该国代表已对条约做出须经批准的签署；(4) 该国对条约做出须经批准的签署的意思可见于其代表的全权证书或已于谈判时有此表示。条约在签署后需要批准的主要原因如下：(1) 批准使缔约方的权力机关和行政机关有时间对已签署的条约做进一步的全面审查，以便最后做出确定接受条约拘束的结论；(2) 批准可以避免由于谈判代表主观上的错误而对条约进行的签署；(3) 批准可能是缔约方内部法律规定，即“条约的实施依赖于国内立法机关通过相应的国内立法”。由于批准条约属于国家的缔约权利，因而国家对已签署的条约并无批准的义务，通常是给予批准，但也有拒绝批准的实例，如美国参议院就曾拒绝批准威尔逊总统签署的1919年《凡尔赛和约》。

除批准之外，国家还可以采用核准、接受或赞同等方式表示同意承受条约的拘束。在缔约方签署条约或以批准、核准、加入、接受或正式确认等方式表示同意承受条约拘束之后到条约生效之前的期间，条约规定的法律关系仍然处在不确定的状态。根据《维也纳条约法公约》第十八条，缔约方负有不得在条约生效前妨碍其目的及宗旨的义务。

5. 批准书的交换、交存

双边条约在被批准以后，一般需要互换批准书，其意义在于使条约在国际法上约束各缔约方。自批准书交换之日起，条约开始对缔约方产生拘束力。

因多边条约无法采用交换批准书的方式，故一般将批准书交给保存条约正本的某缔约国政府或国际组织。负责保管批准书的机关在接到批准文件后，应向条约的所有缔约方发出通知。

6. 条约的加入（accession）

条约的加入是未签署条约的国家同意受已签署或已生效的开放性多边条约拘束的国际法律行为。双边条约不发生加入的问题，这是因为如果第三国希望接受条约的约束，那么三个国家可以共同签订一个新的条约，而不必采用加入的方式。在加入条约时，可以加入业已生效的条约，也可以加入尚未生效的条约。很多开放性的多边条约都明确规定了加入条约所应遵循的程序；加入的法律效果，除条约另有规定外，应与签署或批准的法律效果相同。在程序上，一般是加入国以书面形式通知条约保存方，由保存方转告其他缔约国。

《维也纳条约法公约》第十五条规定，如有以下三种情况，一国得以加入方式表示同意承受条约的拘束：(1) 条约有此规定，即条约本身规定该国得以加入方式表示此种同意；(2) 另经确定谈判国协议，即另经谈判国协议确定该国得以加入方式表示此种同意；(3) 全体当事国嗣后协议，即通过全体当事国的嗣后协议，该国得以加入方式表示此种同意。

7. 条约的保管、登记和公布

条约的保管机关通常在条约中已指定，可以由国家、国际组织或其行政首长担任。截至目前，由联合国秘书长作为保管机关的条约已有500多项。

条约的登记制度从国际联盟时期就已开始，其目的在于反对秘密外交和秘密条约。这是1918年1月8日美国总统威尔逊宣布的“十四点和平原则”中的一项内容。《联合国宪章》第一百零二条规定，“本宪章发生效力后，联合国任何会员国所缔结之一切条约及国际协定应尽速在秘书处登记，并由秘书处公布之”“当事国对于未经依本条第一项规定登记之条约或国际协定，不得向联合国任何机关援引之”。因此，在联合国秘书处登记条约不是强制性规定，不履行条约登记程序的唯一后果是丧失向联合国任何机关援引该条约的权利。1984年《中华人民共和国政府和大不列颠及北爱尔兰联合王国政府关于香港问题的联合声明》是中国向联合国登记的第一个条约。

四、条约的保留制度

类似题

(1) 条约的保留和完整性

(2) 条约适用的排除及其限制

1. 条约保留的定义

根据《维也纳条约法公约》第二条，条约的保留是一国在签署、批准、接受、赞同或加入条约时所做的片面声明，不论其措辞或名称为何，其目的都在于排除或更改条约中若干规定对该国适用时的法律效果。

双边条约一般不发生保留问题，但多边条约因缔约国较多，难以达成完全一致，故在不妨碍条约的目的、宗旨实现的前提下，允许缔约国提出保留，其目的在于吸引更多的国家成为条约的当事国。

条约的保留制度最早出现于1815年，瑞典暨挪威的全权代表罗文汉姆在签署1815年《维也纳公会最后文件》时提出一项正式声明，声称瑞典政府将不会接受有关卢卡地区主权和承认斐迪南四世为西西里国王的第一百零一条、第一百零二条和第一百零四条，这后被称为历史上第一个对多边条约提出保留的事例。1890年《关于禁止非洲奴隶贸易的布鲁塞尔总文件》是较早承认保留制度的条约之一，法国在批准该条约时对“登临及搜查权”的有关规定提出了保留。

2. 条约保留的可允许性

缔约方只能在允许保留的条约或条款的范围内提出保留。《维也纳条约法公约》第十九条规定，在以下三种情况下不得提出保留：(1) 条约禁止保留，如1956年《废止奴隶制、奴隶贩卖及类似奴隶制的制度与习俗补充公约》第九条规定，不得对本公约做出保留；(2) 条约只允许做出一些特定的保留，而提出的保留不在其内，如 1958 年《大陆架公约》规定，不得对本公约第一条至第三条做出保留，又如 1957 年《已婚妇女国籍公约》规定，可以对本公约第一条和第二条以外的条款提出保留；(3) 保留与条约的目的和宗旨不符，如 1965 年《消除一切形式种族歧视国际公约》第二十条第二款规定，凡与本公约的目标及宗旨抵触的保留不得容许。

根据《对条约保留的实践指南》，条约监督机构为履行其所负的职责，可评估相关保留是否具备可允许性。

3. 条约保留的接受及反对

保留是一个国家的单方行为，其他国家可以做出接受或反对，即有权决定本国是否承受该保留所造成的对有关权利和义务排除或变更的拘束。《维也纳条约法公约》第二十条规定如下。(1) 条约明文允许保留的，一般不需要其他缔约国事后予以接受，除非条约有相反的规定或者相关保留违背条约的目的和宗旨。(2) 当从谈判国数目有限的事实，以及从条约的目的和宗旨可以看出，该条约在全体当事国间全部适用是每一当事国同意受该条约拘束的必要条件时，保留须经全体当事国接受。(3) 条约若是一个国际组织的组织约章，除另有规定外，保留须经该组织的有权机关接受。(4) 凡不属于上述情况的，除条约本身另有规定外：① 当保留经另一缔约国接受时，就该国而言，保留国成为该条约的当事国，但以该条约对保留国和接受国均已生效或开始生效为条件；② 当保留经另一缔约国反对时，并不妨碍该条约在反对国与保留国之间生效，除非反对国明确表示反对该条约在两国间生效；③ 当一国表示同意受该条约拘束而附有保留的行为时，只要至少有一缔约国接受该项保留，该项保留就发生效力。

此外，如果一国在接到保留的通知后 12 个月的期间届满时，或至其表示同意承受条约拘束之日为止，未对保留提出反对意见，该保留就被推定为已为其所接受。上述两个日期中以较后的一个为准。

4. 条约保留的接受及反对的法律效果

根据《维也纳条约法公约》第二十一条，凡是依公约的有关规定对另一国成立的保留，在保留国与该另一国之间的关系上，依保留的范围排除或更改保留所涉及的条约规定；在其他缔约国相互之间，则不受条约保留的影响。

如果反对保留的国家并未反对条约在该国与保留国之间生效，那么在这些国家之间，仅在保留所排除或更改的范围内不适用保留所涉及的条约规定。

5. 条约保留的撤回及撤回对保留提出的反对

根据《维也纳条约法公约》第二十二条，除非条约另有规定，保留可随时撤回，无须经业已接受保留的国家同意；除非条约另有规定，对保留提出的反对也可以随时撤回。

此外，除非条约另有规定或另经协议，保留的撤回，在对另一缔约国关系上，自该国收到撤回保留的通知时起发生效力；对保留提出的反对的撤回，自提出保留的国家收到撤回反对的通知时起发生效力。

6. 条约保留的程序

根据《维也纳条约法公约》第二十三条，保留、明示接受保留及反对保留，都必须以书面形式提出，并通知各缔约国及有权成为条约当事方的其他国家；撤回保留或撤回对保留提出的反对，也必须以书面形式提出。根据《对条约保留的实践指南》，用电子邮件和传真等形式通知条约保留的事项的，随后应以外交照会予以确认。

7. 条约保留中的务实对话

条约的保留有利于实现条约适用的普遍性，但不利于保持条约的完整性。因此，为尽量减少条约的保留对条约完整性的影响，有必要在保护多边条约的完整性与确保尽可能普遍加入条约这两个目标之间达成令人满意的平衡。为此，《对条约保留的实践指南》在"关于保留的对话的结论"中建议，有意提出保留的各国或国际组织应当以尽可能精确和严格的方式提出保留，考虑限制保留的范围，确保保留符合所涉条约的目的和宗旨；提出单方面声明时应当指明它是否等同于保留，如果是，应当说明为何保留有必要，以及该项保留对保留方履行条约义务的影响；应当定期审查保留，以便限制保留范围或酌情撤回保留；积极面对其他国家的关切和反应，并尽可能地充分加以考虑，以期重新考虑、修改或撤回保留。

五、无效条约的处理

类似题

(1) 条约的生效要件
(2) 条约的相对无效和绝对无效

1. 条约无效的情形

《维也纳条约法公约》第五编第二节"条约之失效"罗列了八个条款，规定了可主张条约无效的情形，可归纳为以下三种类型。

(1) 缔约方的缔约能力或缔约权欠缺。

缔约能力(capacity to conclude treaties)是国际法主体作为国际人格者依照国际法所享有的缔结条约的权利能力或法律资格，是与国家主权相联系的国家自身固有的权利能力。《维也纳条约法公约》第六条规定，每一国家皆有缔结条约的能力。如果一个新诞生的国际法实体因不符合国际法规定而不被承认为国际法主体，如被他国武装扶持而成立的傀儡国家，因其成立违背国际习惯法，那么其签署的条约则因其不具备缔约能力而被主张无效。

缔约权(competence to conclude treaties)是国际法主体的特定机构或其授权的人代表该主体缔结条约的权限，其有无应根据缔约方的国内法或内部法来确定。缔约能力与缔约权是相互联系的。缔约能力是缔约权的前提，无缔约能力的实体就不存在由谁行使缔约权的问题；缔约权是实现缔约能力的条件，缔约能力必须通过具体的职能部门行使缔约权来实现。如果一项条约为无缔约权者或越权者所为且事后没有得到有权国的追认，那么该项条约为无效条约。《维也纳条约法公约》规定在以下三种情形下，缔约方因缔约主体的缔约权存在瑕疵而可能导致缔结的条约无效。① 缔约方逾越其国际地位对缔约权产生的限制而缔结条约。如根据某联邦国家的法律规定，其各州有权以州的名义，在经济、贸易、金融、航运、通信、旅游、文化、体育等领域单独地和世界各国、各地区及有关国际组织签订和履行有关协定，但在上述范围之外签订的协定是无效的。② 缔约机关逾越其国内法对缔约权的限制而缔结条约。《维也纳条约法公约》第四十六条第一款规定，一国不得援引其同意承受条约拘束之表示为违反该国国内法关于缔约权之一项规定之事实以撤销其同意，但违反之情事显明且涉及其具有基本重要性之国内法之一项规则者，不在此限。③ 经授权缔结条约的代表逾越其权限缔结条约。《维也纳条约法公约》第四十七条规定，如代表表示一国同意承受某一条约拘束之权力附有特定限制，除非在其表示同意前已将此项限制通知其他谈判国，该国不得援引该代表未遵守限制之事实以撤销其所表示的同意。

(2) 违反自由、真实的意思表示

跟契约一样，条约是缔约方意思自由表示一致的协议，因此缔约方是否自由表示其意思，其意思表示是否真实为条约成立的必要条件。《维也纳条约法公约》规定以下四种类型是违反缔约方自由表示其意思同意的情况，包括错误、诈欺、贿赂、强迫。

① 错误(error)。条约法上的错误是指做出意思表示的当事者不知道条约的内容与其表示的意思有重大区别的情况，即客观存在的事实与主观认识不一致的情况。条约中出现错误有两种情况：一种是文字存在错误；另一种是国家在缔约时假定存在并构成其同意承受条约拘束的必要根据的事实或情势存在错误。《维也纳条约法公约》第四十八条规定，仅与条约约文用字有关的错误，并且不影响条约的效力，缔约国可以按公约第七十九条的规定对约文做适当的更正。若错误关涉国家在缔约时假定存在并构成其同意承受条约拘束的必要根据的事实或情势，则该国可以援引条约的错误撤销其承受条约拘束的同意。但若错误是由该国本身的行为造成的，或者缔约时的情况足以使该国知悉存在错误的可能，则不得以错误为理由主张条约无效。国际法院在 1962 年“隆端寺案”的判决中称，“泰国政府如果不同意地图上所标示的界线，应当在相应的时间内向法国政府提出，但泰国政府以自己的行为接受该地图，则在法律上仍然有拘束力”。② 诈欺(fraud)。条约法上的诈欺是指一国故意以虚伪的陈述或其他诈欺行为欺骗另一国，使其陷于错误，因而取得该国同意与之缔结条约的情况。《维也纳条约法公约》第四十九条规定，如一国因另一谈判国的诈欺行为而缔结条约，该国可援引诈欺为理由撤销其承受条约拘束的同意。③ 贿赂(corruption)。缔约一方可以援引条约是由于另一方直接或间接贿赂该方代表而缔结的为理由主张条约无效。《维也纳条约法公约》第五十条规定，如一国同意承受条约拘束的表示是经另一谈判国直接或间接贿赂其代表而取得，该国可援引贿赂为理由撤销其承受条约拘束的同意。④ 强迫(coercion)。缔约过程中的强迫包括一国对另一国谈判代表的强迫和一国对另一国的强迫。如果一国同意承受条约拘束的表示是因受他国强迫，那么该同意不产生法律效果。《维也纳条约法公约》第五十一条和第五十二条分别规定，以行为或威胁对一国的代表施加强迫而取得的同意承受条约拘束的表示应无任何法律效果；违反《联合国宪章》所体现的国际法原则，以威胁或使用武力而获缔结的条约无效。如 1938 年 9 月德国政府强迫捷克斯洛伐克政府签订同意将苏台德地区割让给德国的《慕尼黑条约》无法律效力。国际法院在 1973 年“渔业管辖权案”的判决中明确肯定，“缔约方所做的真正的同意，而不是在强迫之下所做的同意，是条约有效性的条件之一”。

(3) 条约内容不符合国际强行法

《维也纳条约法公约》第五十三条规定，条约在缔结时与一般国际法强制性规范抵触者无效；就适用本公约而言，一般国际法强制性规范是指国家之国际社会全体接受并公认为不许损抑且仅有以后具有同等性质之一般国际法规范始得更改之规范。国际法院在 1979 年

"美国驻德黑兰外交与领事人员案"的临时措施命令中声明,"任何国家都没有与他国维持外交或领事关系的义务,但要承认这种关系产生的内在的强制性义务。这类强制性义务在1961年和1963年的维也纳公约中已做了明确规定,而美国和伊朗都是该两项公约的当事国"。其中,内在的强制性义务是指外交与领事关系中的特权和豁免的重要内容,属于国际强行法。

2. 条约的相对无效和绝对无效

根据使条约无效的原因,可将条约的无效分为条约的相对无效和条约的绝对无效。不具备缔约能力、错误、诈欺、贿赂等为使条约相对无效的原因,对缔约国或其谈判代表的强迫、违反国际强行法等为使条约绝对无效的原因。当条约存在使之相对无效的原因时,只有受害国有权援引其作为主张条约无效的理由;而当条约存在使之绝对无效的原因时,任何有关的第三国都有权援引其主张条约无效。如果存在使条约相对无效的原因,那么条约可能由于受害国事后明示或默示同意其有效而得到补救,使其成为一项有效的条约;如果存在使条约绝对无效的原因,那么条约不可能通过受害国明示或默示同意而得到补救,使其成为一项有效的条约。

3. 使条约无效的程序

《维也纳条约法公约》第六十五条规定,要使某一项条约无效,主张无效的受害国需先将无效主张通知对方当事国,要用书面形式将自己的主张通报给对方当事国。此项通知应载明对条约所提议采取的措施及其理由。至于何时发通知,公约没做任何规定,因此任何时间通知应均可以。在一非遇特别紧急情形不得短于自收到通知时起算3个月的期间届满后,倘无当事国表示反对,则发出通知的当事国实施其所提议采取的措施。

当一方当事国主张条约无效时,当事国间经常因意见不一致而发生争端,当事国要按照一般国际法原则,适用《联合国宪章》第三十三条所规定的方法力求和平解决争端。如果努力无效,在对方提出异议后12个月内仍未解决争端时,就要根据《维也纳条约法公约》第六十六条提请国际法院诉讼或在联合国秘书长主持下调解解决。

4. 条约无效的结果

《维也纳条约法公约》第六十九条第一款规定,"条约依本公约确定失效者无效。条约无效者,其规定无法律效力"。即,因未能满足法律行为的成立要件,依无效程序确定无效的条约,自始无效,具有溯及效力。

但有时过很长时间后才发现条约缺乏生效条件,而此前由于认为条约已生效,因而根据条约已从事许多法律行为的情况。此时,若主张因条约自始无效而要求恢复原状,则会导致相信该条约有效而做出的合法行为变成无效的问题。因此,《维也纳条约法公约》第六十九条第二款规定,"在援引条约失效之理由前以善意实施之行为并不仅因条约失效而成为不合法",对无效条约的溯及效力做了变通,依据诚实信用原则实施的行为排除在无效溯及力之外。但此规定不适用于因诈欺、贿赂和强迫情况而导致条约无效的情形。

此外,条约的无效在原则上是指其全部规定无效。但实际上,因为条约的内容和性质多种多样,条约的所有内容并非密不可分地组成统一的整体,所以有时存在将一部分内容从整个条约中分离而不影响条约整体效力的情形。因此,《维也纳条约法公约》第四十四条规定了条约的义务性分离和任意性分离。该条第三款规定,义务性分离是指无效只涉及某些条款,在下列情况下,可以仅对该条款进行援引:(1) 有关条款在适用上可以与条约的其余部分分离;(2) 有关条款不构成其他当事国同意承受条约拘束的必要根据;(3) 继续实施条约的剩余条款不致有失公平。该条第四款规定,任意性分离是指援引诈欺或贿赂为理由主张条约无效的情况。当事国可主张整个条约的无效,也可主张特定条款的无效。因强迫或违反国际强行法而致使条约无效时整个条约无效,故该条第五款规定,条约的规定一概不许分离,即不承认条约的可分性。

六、国际规范的冲突及解决

类似题

(1) 国际规范之间冲突的解决原则

(2) 条约和国际习惯法的冲突及其解决

1. 国际规范的冲突

《国际法院规约》第三十八条被国际社会普遍接受为国际法的形式渊源,涵盖了条约、国际习惯法等国际法的主要渊源。在 20 世纪之前,国际法的大多数规范以习惯的方式表现,条约仅占一小部分。但在 20 世纪之后,国际条约的数量迅速增加,其领域涉及领土、贸易、投资、司法协助等国际社会各方面,且绝大多数条约是特别法,而非普遍法。此外,在国际规范中,国际习惯法和条约的效力是相同的,在等级顺序上不存在任何差异。因此,在特定领域发生国际规范竞合时,就不可避免地产生国际规范的冲突,主要体现为条约之间的冲突、条约和国际习惯法的冲突。

2. 条约之间冲突的解决

《维也纳条约法公约》第三十条规定了解决条约之间冲突的基本原则,其将条约之间冲突的解决分为条约订明和条约无约定两种情形。

(1) 条约订明的情形

《维也纳条约法公约》第三十条第一款和第二款分别规定了条约已明确冲突解决的两种情形。①《联合国宪章》的优先地位。《维也纳条约法公约》第三十条第一款规定,以不违反《联合国宪章》第一百零三条为限,从而明确了《联合国宪章》的优先地位,与《联合国宪章》第一百零三条的规定相互一致。《联合国宪章》第一百零三条的规定,联合国会员国在本宪章下的义务与其依任何其他国际协定所负的义务有冲突时,其在本宪章下的义务应居优先。② 其他订明特定条约的优先地位。《维也纳条约法公约》第三十条第二款规定,遇条约订明须不违反先订或后订条约,或者不得视为与先订或后订条约不合时,该先订或后订条约的规定应居优先。即,优先适用先订或后订条约,其他条款则在与其不冲突的范围内解释或适用。

(2) 条约无约定的情形

《维也纳条约法公约》第三十条第三款和第四款分别规定了条约对冲突的解决无约定时所遵循的三种情形。① 国际强行规范的优先地位。根据《维也纳条约法公约》第五十三条,以及国际法委员会于 2020 年通过的《关于一般国际法强制性规范的结论草案》,不管是条约还是国际习惯法，如果同国际强行规范产生冲突，那么该条约或国际习惯法无效。1970 年，国际法院在“巴塞罗那电车公司案”的判决中确立了国际强行规范的优先地位。① ② 同为当事国的先后条约。《维也纳条约法公约》第三十条第三款规定了同为当事国的条约之间后法优先原则，即遇先订条约全体当事国亦为后订条约当事国，先订条约仅在其规定与后订条约规定相符合的范围内适用。但其适用前提是前、后条约为同一个领域的条约，且不存在因违反国际强行规范而终止或停止的情形。如果某项条约具有特殊性，那么会出现特别法优先适用的情形，从而导致特别法优先原则和后法优先原则竞合的问题，此时应视情况具体分析。③ 不同当事国之间的先后条约。《维也纳条约法公约》第三十条第四款规定，遇后订条约的当事国不包括先订条约的全体当事国时，在同为两条约的当事国间，采用后订条约优先适用原则；在两条约的当事国和仅为其中一条约的当事国之间，其彼此之间的权利和义务则依两国均为当事国的条约来确定。即，同为两条约的当事国间适用后订条约；在两条约的当事国和仅为其中一条约的当事国之间，两条约的当事国和先订条约的当事国之间适用先订条约，而两条约的当事国和后订条约的当事国之间适用后订条约。

3. 条约和国际习惯法的冲突解决

当条约与国际习惯法发生冲突时，一般遵循以下规则。(1) 若国际习惯法为国际强行规范，则承认其绝对优先，按国际习惯法形成的时间先后确定优先适用问题。(2) 一般国际习惯法和条约冲突时，因为没有等级标准，所以不是一方使另一方无效的问题，而是两个规范中适用哪一个的问题。在决定两个规范的优先适用时，国际法并没有规定可遵循的一般标准，视具体情况做出具体决定。因为国际习惯法和条约的冲突及其解决办法，大致上与不同当事国之间的条约冲突及优先顺序分别类似，所以可以类推适用《维也纳条约法公约》第三十条第三款和第四款的规定。在特别国际条约和一般国际习惯法相互对立时，同为两个规范的当事国之间采用后法优先原则；如果当事国不相同，那么适用当事国共同的条约；如果无法区分两个规范，那么优先适用一般国际习惯法。但在实际案例中，应该考虑具体情况的特殊性。②

七、条约对第三方的效力

类似题

(1) 条约相对性原则
(2) 条约对第三方设定权利和义务的条件

1. 条约相对性原则

条约相对性原则，或称条约相对效力原则，是指条约仅对各当事国有拘束力，而对第三

① ICJ, “Case Concerning the Barcelona Traction, Light and Power Company, Limited” (Belgium v. Spain, judgment of February 5, 1970, p. 32).

② 任虎：《国际公法》，华东理工大学出版社，2021，第 13 页。

国不发生法律效力。《维也纳条约法公约》第三十四条规定，条约非经第三国同意，不为该国创设义务或权利。这是罗马法中的“约定对第三者既无损也无益(pacta tertiis nec nocent nec prosunt)”一般法律原则的具体体现，也是国家主权原则的具体体现。

条约相对性原则在国际法院的司法实践中获得普遍认可。例如，常设国际法院在1926年“波兰上西里西亚的某些德国利益案”的判决中指出，条约仅在缔约国之间创设权利①；1955年，国际法院在“航空案”中再次确认了条约相对性原则②。

条约相对性原则是一项被普遍接受的国际法原则，但是在实践中不可避免地存在条约对第三方创设权利和义务的情形。

2. 条约为第三方创设权利

在国际实践中，条约为第三方创设权利的情形并不少见。根据《联合国宪章》第三十五条第二款，非联合国会员国的争端当事国有权将争端提请大会或安全理事会注意；根据该宪章第五十条，如果由于安全理事会采取执行行动给非联合国会员国造成特殊经济问题，那么该国有权与安全理事会会商解决。此外，依据最惠国待遇条款享有最惠国待遇的国家，其实际也是条约为第三方创设权利的情形。

《维也纳条约法公约》第三十六条规定了条约为第三国创设权利时所必须具备的三个条件：(1) 条约当事国有意以条约的规定为第三国或其所属一组国家或所有国家给予一项权利，即当事国有为第三国创设权利的意图；(2) 第三国表示同意，如果第三国没有相反的表示，那么可以推定其同意；(3) 第三国同意接受有关权利后，应按照条约的规定行使该项权利。

3. 条约为第三方创设义务

根据国家主权平等原则，条约当事国不能为第三方创设义务，但在严格的限制下，允许有例外。例如，《联合国宪章》第二条第六款明确规定，联合国在维持国际和平与安全的必要范围内，应保证非联合国会员国遵行主权平等、善意履行宪章义务、以和平方法解决国际争端、禁止使用威胁或武力等原则。在关涉整个国际社会的根本利益的情况下，如条约的目的和宗旨是创设国际社会的“公共产品”并为实现条约的目的和宗旨所必需，条约也可以例外地为第三国创设某种一般性义务。

《维也纳条约法公约》第三十五条规定了条约为第三国创设义务时所必须具备的两个条件：(1) 条约当事国有意以条约的一项规定作为确立一项义务的方法，即当事国有此意思表示；(2) 第三国以书面形式明示接受。

同时，《维也纳条约法公约》第三十八条规定了国际习惯法的遵守义务，即如果条约所载义务已经构成一项公认的国际习惯规则，那么第三国有予以尊重的义务。例如，纽伦堡国际军事法庭判决认为到1939年，1899年和1907年的海牙公约中的陆战规则已被视为“宣告了战争的法律和惯例”。但值得注意的是，在此种情形下，条约对第三国的拘束力来自一般国际习惯法，而并不来自条约。

---

① PCIJ, “Case Concerning Certain German Interests in Polish Upper Silesia” (collection of judgments, 1926, p. 25).

② ICJ, “Case Concerning the Aerial Incidents of July 27th, 1955” (Israel v. Bulgaria, judgment of May 26, 1959, p. 144).

4. 第三方权利和义务的取消或变更

《维也纳条约法公约》第三十七条规定：(1) 除非原条约当事国和第三国另有协议，要取消或变更该第三国已负担的义务，须经条约当事国和该第三国同意；(2) 如果经确定原意为不经该第三国同意不得取消或变更已享有的权利，当事国就不得取消或变更。

八、条约的解释

类似题

(1) 条约的解释原则

(2) 条约的解释主体及原则

1. 条约解释的含义

条约的解释是指条约当事方或其授权的解释主体按照一定的规则对有分歧的条约条款或其他条约适用问题做出明确、具体的说明。

条约是国家主权行为的具体表现，但因缔约时的主、客观条件限制，故会出现不具体或不明确规定的情形。例如，《联合国海洋法公约》第十七条规定了船舶在领海享有无害通过的权利，但该"船舶"是否包括军舰，各国则有不同的解释。

2. 条约的解释主体

条约当事方、经条约授权的国际组织有关机关、有管辖权的国际仲裁或司法机构有权解释条约，其所做解释有拘束力。

(1) 条约当事方以协议方式做出的解释。这是所有缔约方进行协商并解释条约的方式，包括：① 缔约方拟定约文时，起草关于解释条约的协定书；② 由缔约的一方做出单方面声明，其他缔约方表示承认；③ 条约生效后，另行缔结解释协定；④ 由部分主要缔约方通过协商解释条约。例如，关于 1906 年《阿尔赫西拉斯会议最后议定书》的效力范围，法国和德国于 1909 年 2 月 9 日发表了共同宣言。

(2) 经条约授权的国际组织有关机关的解释。例如，1944 年《国际民用航空公约》第八十四条规定，如出现解释争议且不能协商解决，经任何与争议有关的一国申请，应由理事会裁决。

(3) 有管辖权的国际仲裁或司法机构的解释。国际仲裁或司法机构依据争议双方达成的协议或条约争议解决条款获得对该条约解释争议的管辖权，但该解释权仅对提交争议的当事方有效。此外，根据《国际法院规约》第六十二条和第六十三条，如果条约的其他当事国经申请参加诉讼的，法院的解释对该诉讼参加国也有拘束力。

3. 条约的解释原则

关于条约的解释，国际法学界存在客观论、主观论和目的论等三种理论。客观论主张严格依据条约用语的通常意思进行解释，主观论主张通过探寻当事国缔约时的真实意图进行解释，而目的论主张从条约的目的和宗旨出发进行解释。《维也纳条约法公约》第三十一条关于条约解释的规定则吸收了上述三种理论。

《维也纳条约法公约》第三十一条第一款规定，“条约应依其用语按其上下文并参照条约之目的及宗旨所具有之通常意义，善意解释之”。第二款规定，“就解释条约而言，上下文除指连同弁言及附件在内之约文外，并应包括：(甲) 全体当事国间因缔结条约所订与条约有关之任何协定；(乙) 一个以上当事国因缔结条约所订并经其他当事国接受为条约有关文书之任何文书”。第三款规定，“应与上下文一并考虑者尚有：(甲) 当事国嗣后所订关于条约之解释或其规定之适用之任何协定；(乙) 嗣后在条约适用方面确定各当事国对条约解释之协定之任何惯例；(丙) 适用于当事国间关系之任何有关国际法规则”。第四款规定，“倘经确定当事国有此原意，条约用语应使其具有特殊意义”。第三十二条规定，“为证实由适用第三十一条所得之意义起见，或遇依第三十一条作解释而：(甲) 意义仍属不明或难解；或(乙) 所获结果显属荒谬或不合理时，为确定其意义起见，得使用解释之补充资料，包括条约之准备工作及缔约之情况在内”。

根据《维也纳条约法公约》第三十一条和第三十二条，可归纳出条约解释的四个原则：善意解释原则、整体解释原则、目的解释原则，以及通常意义原则。

(1) 善意解释原则，即诚实、公正和合理的解释。善意解释原则是解释任何规则时都适用的原则。善意解释意味着即使条约用语含义清楚，但如果导致了明显荒谬和不合理的结果，那么应该寻找其他解释，比如解释应该服从缔约方之间真实的共同意图。

(2) 整体解释原则，即依照条约用语在上下文中的含义解释，推定为上下文一致，把条约作为一个整体来解释，避免孤立、片面，以及断章取义的解释。同一条约中的字句应做前后一致的解释，同一字句在不同条款中应做一贯解释，解释不得违反国际法原则及条约法规则。根据条约的全部条款而不拘泥于个别字句进行解释；上下文中有矛盾的，应结合上下文的整体意思；特殊用语与一般用语有矛盾的，先依特殊用语；有明显错误的，应依正确的意思。整体解释原则适用于条约的准备工作等补充资料。上下文包括条约的序言、正文和附件在内的全部约文，全体当事国间因缔结条约所订与条约有关的任何协定和文书。同时，应与上下文一并考虑的还有嗣后协定和惯例，以及适用于当事国间关系的任何有关国际法规则。

(3) 目的解释原则，即条约用语的解释应参考条约的目的和宗旨，有两种以上解释时应采用最符合条约的目的和宗旨的解释。国际组织宪章性条约的解释尤其需要参照相关组织的宗旨，比如“国际人权宪章”的解释中经常诉诸目的解释方法，以实现有效保护人权的宗旨。

(4) 通常意义原则，即条约应按照其用语的自然的、通常的含义进行解释，是条约解释的基本出发点。这是因为条约用语的通常意义被认为反映了当事国真实的共同意图。

4. 以两种以上文字认证的条约的解释

《维也纳条约法公约》第三十三条规定了以两种以上文字认证作准的条约的解释原则：(1) 条约明确作准文本时以该文本为准，若未认证作准文本，则每种文字的约文应同一作准；(2) 在作准文本和译文之间，以认证作准文字以外的他种文字做成条约译本，仅于条约有此规定或当事国有此协议时，始得视为作准约文，条约用语推定在各作准约文内意义相同；(3) 如果作准约文之间发现意义有差别而非适用条约解释原则所能消除时，应采用顾及条约的目的和宗旨，且最能调和各约文意义的方式解决。

九、条约的修订

类似题

(1) 条约的修订、修正和修改

(2) 多边条约的修订

1. 条约修订的概念

条约的修订(revision)是指条约当事国在缔结条约后于该条约有效期间内改变其规定的行为。条约的修订主要涉及多边条约,双边条约的修订实际上与缔结一新的条约并无二致。

《维也纳条约法公约》将条约的修订分为修正(amendment)和修改(modification)两种,前者是指条约全体当事国对条约的修订,而后者是指条约一部分当事国对条约的修订。

2. 条约的修正

《维也纳条约法公约》第三十九条规定,"条约得以当事国之协议修正之"。该条只要求当事国之间的协议,而并不要求全体当事国的一致同意。这是基于国际社会在修正条约方面不经原条约全体当事国同意的广泛国际实践。

《维也纳条约法公约》第四十条则规定了修正规则,但仅适用于对条约的修正未做规定的多边条约。(1) 在全体当事国间修正多边条约的任何提议必须通知全体缔约国,各缔约国均有权参加对提议采取行动的决定、修正条约的谈判和缔结。原缔约国因与条约的修正都有利害关系,所以应享有参加修正条约的谈判等上述权利。但并不是原条约的一切当事国享有上述权利,而是原条约的一切缔约国享有上述权利。当事国是同意承受条约的拘束,且条约对其已生效的国家,而缔约国是不论条约是否已生效,都同意承受条约拘束的国家。《维也纳条约法公约》没有明文规定提议的权利,既然原条约的一切缔约国都有权的话,那么该条约的一切缔约国和当事国均有权提议,但是正在为加入该条约而进行谈判的国家显然没有此种权利。(2) 凡有权成为条约当事国的国家也应有权成为修正后条约的当事国。有权成为一个多边条约的当事国,包括曾参加草拟和议定该条约约文的国家及有权加入该条约的国家,虽然这些国家因尚未同意承受该条约的拘束而不是条约当事国,但该项规定承认其与修正后的条约有利益关系,从而允许该国同意同时承受两个条约的拘束而成为条约当事国。(3) 未参加修正协定的原条约当事国不受修正协定的约束。这些国家与既是原条约当事国又是修正后条约的当事国之间的权利和义务,适用原条约的规定。(4) 修正条约的协定生效后成为条约当事国的国家,如无相反表示,应视为修正后条约的当事国,并就其与不受修正协定拘束的原条约当事国的关系而言,应视为未修正条约的当事国。如果按照修正后的条约,原条约并不因该条约的缔结而废止,那么第三国自然可以自由选择,或者仅加入原条约,或者仅加入修正后的条约,或者同时加入两个条约。但是,如果第三国加入时并未明示加入哪个条约,那么按照该项规定,该第三国如于修正后的条约生效后加入,就其与已接受修正的那些国家的关系来说,其应该被推定为加入了修正后的条约,而就其与未接受修正的那些国家的关系来说,其应同时被推定为加入了原条约。

因为多边条约一般明文规定修正的程序、条件和效力等事项,所以这些多边条约适用各自条约中有关条约修正的规定。例如,《联合国宪章》第一百零八条规定,本宪章的修正案经大会会员国三分之二表决并由联合国会员国三分之二,包括安全理事会全体常任理事国,各依其宪法程序批准后,对于联合国所有会员国发生效力。

3. 多边条约的修改

多边条约的修改在实践上并非罕见,因为其有利于一些关系特别密切的国家之间的合作。有些多边条约还明文规定当事国之间可以缔结特别协定。例如,《联合国宪章》第五十二条规定,联合国会员国显然有权缔结不违反联合国宗旨和原则的区域协定;1944 年《国际民用航空公约》第八十三条明文规定,该公约当事国可以缔结双边协定,但须通知国际民用航空组织,由该组织公布双边协定。因为原条约一部分当事国相互间缔结修改原条约的协定可能有损该条约的其他当事国,所以《维也纳条约法公约》第四十一条对原条约的修改问题采取较为严格的规定,以保护后者。

《维也纳条约法公约》第四十一条规定,在以下情形下,多边条约的两个或多个当事国仅在彼此间可缔结修改条约的协定。(1) 条约内规定有做此种修改的可能,或者此种修改不为条约所禁止,而且不影响其他当事国享有条约上的权利或履行其义务,也不涉及任何如予减损即与有效执行整个条约的目的和宗旨不相容的规定。违反上述规定所缔结的修改原条约的协定,在进行修改的当事国之间仍然有效,其理由是上述条款并非强制性规范。但此种修改原条约的协定属于违反原条约规定的不法行为,其不法行为会引起国家责任,只有废除该协定,才能解除其国家责任。(2) 有关当事国应将其缔结协定的意思及修改内容通知其他当事国。本条款的目的在于,其他当事国在及时知悉修改的意思和内容后,可以表示其对修改的立场,从而可能导致各有关国家之间就修改问题进行谈判,必要时其他当事国也可以参与修改协定的缔结。因此,该款规定既保护了其他当事国的利益,也有助于国际间良好关系的维持。

十、条约法中的情势变更原则

类似题

(1) 信守条约原则的例外

(2) 情势变更原则的适用条件和限制

1. 情势变更原则的定义

情势变更(rebus sic stantibus)原则是指当事方以缔约时存在的基本情况为依据做出承受条约拘束的同意,如此种情况发生缔约时预料不到的根本改变,条约当事方则有权单方终止条约。如果在情况发生根本改变的情况下仍然要求履行过时的条约义务是不公平的。

情势变更原则作为信守条约原则的例外,就其依据,存在主观说、客观说和条约基础丧失说等三种学说。主观说认为,情势变更原则赖以存在的基础是缔约国的意思,当客观情势的发展超过缔约时各方的意思时,允许变更条约的情势。客观说认为,条约的缔结和维持是以一定的客观情势为基础的,一旦客观情势发生改变,并且给缔约一方带来过分的负担,基于公平原则,该条约应予以终止或修改。条约基础丧失说则折中上述两种观点,认为情势变更只发生在导致条约的主、客观基础丧失时，即情势变更超出当事国预料，根本改变缔约国所承担的条约义务，并因此给缔约一方带来不公平的过重负担时，条约依法得以补救。1969 年《维也纳条约法公约》第六十二条最终采纳条约基础丧失说，但没有使用“情势变更”传统术语，而且规定了严格的限制条件。

2. 情势变更原则相关国际实践

在国际社会中，国家和国际组织经常援引情势变更原则。比如，2001 年，美国政府宣布退出其于 1972 年与苏联签订的《限制反弹道导弹系统条约》，美国认为该条约是两国冷战时期签订的，已不再适应当前的国际形势。

1973 年，在英国和冰岛的“渔业管辖权案”的判决中，一方面，国际法院承认国际法上的情势变更原则，在缔约方决定接受条约时的状况发生根本改变后，缔约方就有了主张终止或暂停施行条约的根据。另一方面，国际法院认为传统观点上的根本的情势变更是指情势的变更危及缔约一方的生存与发展。在本案中，冰岛在主张把渔业区的范围扩大到 50 海里时援引了情势变更原则。冰岛主张的情势变更使冰岛沿岸海域的渔业资源开发持续增加，影响了冰岛的重大利益。1997 年，在匈牙利和斯洛伐克的“盖巴斯科夫-纳吉玛洛水利枢纽工程案”的判决中，国际法院认为匈牙利所主张的情势变更无论是单独的还是整体的都不具有这样的性质，即其影响将根本改变为完成该工程尚待履行义务的范围。

3. 情势变更原则的适用条件和限制

《维也纳条约法公约》第六十二条第一款规定，条约缔结时存在的情况发生根本改变而非当事国所预料者，不得援引为终止或退出条约的理由，除非此等情况的存在构成当事国同意承受条约拘束的必要根据，以及该项改变的影响将根本变动依条约尚待履行的义务的范围。因此，适用情势变更原则终止条约的条件为以下几点：(1) 存在缔结条约时情况的变化；(2) 变化是根本性的；(3) 变化是缔约方无法预料的；(4) 该情势的存在构成缔约方承受条约拘束的必要基础；(5) 情势变更给条约义务的范围带来根本改变，即可将情势变更作为主张终止或退出条约的根据，但并不因为存在着情势变更，条约便自动终止或无效。在“渔业管辖权案”中，国际法院指出，根本改变是危及缔约方之一的生存和发展情况的变化。但这种标准过于严格，只要能够从客观上承认情势变更和由此引起的条约义务范围严重改变，且继续维持条约规定不符合公平和正义，则可视为根本改变。

此外，《维也纳条约法公约》第六十二条第二款对适用情势变更原则做了两个限制：(1) 当事国不得援引情势变更作为终止或退出边界条约的理由；(2) 如果情势的根本改变是援引此项理由的当事国自己违反条约义务或者违反其对该条约任何其他当事国所负的任何国际义务造成的，该当事国不得援引情势变更终止或退出条约。这反映了“任何人不能从自身错误中获得利益”的古老法律原则。

十一、中国的缔结条约程序

类似题

(1) 中国缔结条约程序法律制度

(2) 中国缔结条约程序法的主要内容

1. 中国缔结条约程序法的法律渊源

1982年《中华人民共和国宪法》第六十七条第十四项规定，全国人民代表大会常务委员会决定同外国缔结的条约和重要协定的批准和废除；第八十一条规定，中华人民共和国主席根据全国人民代表大会常务委员会的决定，派遣和召回驻外全权代表，批准和废除同外国缔结的条约和重要协定；第八十九条第九项规定，国务院管理对外事务，同外国缔结条约和协定。

1990年12月28日通过的《中华人民共和国缔结条约程序法》（主席令第三十七号）（简称《缔结条约程序法》）根据《中华人民共和国宪法》规定了中国的缔约权、缔约名义、缔约步骤等缔约程序事项问题。该法适用于中国同外国缔结的双边和多边条约、协定和其他具有条约、协定性质的文件。

2022年10月16日通过国务院常务会议，并于2023年1月1日起施行的《缔结条约管理办法》则进一步规范了国务院或者国务院有关部门缔结条约的工作程序。

2. 缔约主体和缔约权限

《缔结条约程序法》第四条规定了中国以下列名义同外国缔结条约和协定：中华人民共和国；中华人民共和国政府；中华人民共和国政府部门。

（1）以中华人民共和国名义缔结的条约

根据《缔结条约管理办法》第五条，除法律另有规定外，以下条约应当以中华人民共和国名义缔结：① 友好合作条约、和平条约等政治性条约；② 有关领土和划定边界的条约，包括划定陆地边界和海域边界的条约；③ 有关司法合作的条约，包括司法协助、引渡、被判刑人移管、承认与执行外国法院判决或者仲裁裁决的条约；④ 其他涉及重大国家利益的条约。特殊情况下，经国务院审核决定，前款所列条约可以中华人民共和国政府名义缔结。

（2）以中华人民共和国政府名义缔结的条约

根据《缔结条约管理办法》第六条，以下条约应当以中华人民共和国政府名义缔结：① 涉及国务院职权范围的条约；② 涉及两个以上国务院有关部门职权范围的条约；③ 其他需要以中华人民共和国政府名义缔结的条约。特殊情况下，经国务院审核决定，前款所列条约可以中华人民共和国政府部门名义缔结。

（3）以中华人民共和国政府部门名义缔结的条约

根据《缔结条约管理办法》第七条，国务院各部、委员会、中国人民银行、审计署、具有行政管理职能的直属机构、根据法律规定或者国务院授权承担行政管理职能的国务院其他机构，可以就本部门职权范围内的事项，以中华人民共和国政府部门名义缔结条约。

地方各级政府无权缔结条约，中华人民共和国宪法、法律和国务院另有授权的除外。例如，根据《中华人民共和国香港特别行政区基本法》第一百五十一条和《中华人民共和国澳门特别行政区基本法》第一百三十六条，香港特别行政区和澳门特别行政区在国防、外交以外的特定领域享有缔约权。

以中华人民共和国名义或以中华人民共和国政府名义缔结条约，由外交部等委派代表，其全权证书由国务院总理或外交部部长签署；以中华人民共和国政府部门名义缔结协定，由部门首长委派代表，其全权证书由国务院总理或外交部部长签署。

3. 缔结条约程序

根据《缔结条约程序法》和《缔结条约管理办法》，主要采取以下程序。

(1) 谈判启动的决定

根据《缔结条约管理办法》第九条和第十条，以中华人民共和国名义或者中华人民共和国政府名义谈判条约的，由外交部或者国务院有关部门会同外交部在启动谈判前不少于 20 个工作日报请国务院决定。如以中华人民共和国政府部门名义谈判条约，有下列情形之一的，由国务院有关部门会同外交部在启动谈判前不少于 20 个工作日报请国务院决定：① 条约内容涉及外交、经济、安全等领域的重大国家利益；② 条约内容涉及国务院其他部门职权范围；③ 其他应当报请国务院决定的情形。

(2) 谈判草案的决定

根据《缔结条约管理办法》第八条和第十一条，条约内容涉及政治、外交、经济、社会、安全等领域重大国家利益的，应当将条约草案及条约草案涉及的重大问题按照有关规定报告党中央。条约谈判中，对经国务院决定的条约中方草案所作改动有下列情形之一的，应当重新报请国务院决定：① 对中华人民共和国依据该条约享有的权利或者承担的义务有重大影响；② 对中华人民共和国在有关重大问题上的立场有影响；③ 与中华人民共和国法律、行政法规或者中华人民共和国依据其他条约承担的国际义务不一致；④ 其他应当报请国务院决定的情形。

根据《缔结条约管理办法》第十三条，条约签署前，国务院有关部门法制机构应当从法律角度对条约进行审查。以中华人民共和国名义或者中华人民共和国政府名义签署，且根据缔约程序法或者有关规定应当报请国务院审核并建议提请全国人民代表大会常务委员会决定批准或者加入，或者报请国务院核准、决定加入或者接受的条约，内容与中华人民共和国法律、行政法规或者与中华人民共和国依据其他条约承担的国际义务不一致的，国务院有关部门应当在条约签署前不少于 30 个工作日征求司法部的意见。

(3) 条约的批准、核准

《缔结条约管理办法》第十六条规定了建议提请全国人民代表大会常务委员会决定批准的条约，并且其应当自签署之日起 180 日内报请国务院审核：① 友好合作条约、和平条约等政治性条约；② 有关领土和划定边界的条约，包括划定陆地边界和海域边界的条约；③ 有关司法合作的条约，包括司法协助、引渡、被判刑人移管、承认与执行外国法院判决或者仲裁裁决的条约；④ 与中华人民共和国法律有不同规定或者履行条约需要新制定法律的条约；⑤ 涉及中央预算调整的条约；⑥ 内容涉及立法法第八条规定的只能制定法律的条约；⑦ 有关参加政治、经济、安全等领域重要国际组织的条约；⑧ 对外交、经济、安全等领域国家利益有重大影响的条约；⑨ 条约规定或者缔约各方议定须经批准的条约；⑩ 外交部或者国务院有关部门向外交部建议须经批准的条约。加入上述多边条约，应当由外交部或者国务院有关部门会同外交部报请国务院审核，并建议提请全国人民代表大会常务委员会决定。

《缔结条约管理办法》第十七条规定了应当由外交部或者国务院有关部门会同外交部自签署之日起 180 日内报请国务院核准的条约：① 有关边界管理和边防事务的条约；② 有关管制物资贸易或者技术合作的条约；③ 有关军工贸易和军控的条约；④ 与中华人民共和国行政法规有不同规定或者履行条约需要新制定行政法规的条约；⑤ 影响中央预算执行但不涉及预算调整的条约；⑥ 涉及中华人民共和国行政法规规定的税收制度的条约；⑦ 涉及扩大重要和关键行业外资准入的条约；⑧ 对外交、经济、安全等领域国家利益有较大影响的条约；⑨ 条约规定或者缔约各方议定须经核准的条约；⑩ 外交部或者国务院有关部门向外交部建议须经核准的条约。接受多边条约或者加入上述多边条约，应当由外交部或者国务院有关部门会同外交部报请国务院决定。

（4）条约的保存、公布和登记

根据《缔结条约程序法》第十四条，以中华人民共和国或者中华人民共和国政府名义缔结的双边条约、协定的签字正本，以及经条约、协定的保存国或者国际组织核证无误的多边条约、协定的副本，由外交部保存；以中华人民共和国政府部门名义缔结的双边协定的签字正本，由本部门保存。

根据《缔结条约程序法》第十五条和《缔结条约管理办法》第三十三条，经全国人民代表大会常务委员会决定批准或者加入的条约和重要协定，由全国人民代表大会常务委员会公报公布；国务院核准、决定加入或者接受的条约或者向国务院备案的条约，应当及时由国务院公报予以公布；以中华人民共和国政府部门名义缔结的条约，国务院有关部门应当及时予以公布。

根据《缔结条约程序法》第十七条，外交部负责按照《联合国宪章》的有关规定向联合国秘书处登记中国缔结的条约和协定；需要向其他国际组织登记的，由外交部或国务院有关部门按照该国际组织章程的规定办理。

第三章 国际法上的国家

一、国家的要素和形态

类似题

(1) 国际法上国家的构成要素
(2) 国际法上国家的类型

1. 国际法上国家的定义和要素

国际法上的国家是指由定居的居民和特定的领土组成的、有一定的政府组织和对外独立交往能力的政治实体。

1933年签订的《蒙特维多国家权利义务公约》第一条规定,国家作为一个国际人格者必须具备固定的居民、确定的领土、政府、与他国交往的能力等四个条件。

(1) 长久定居的居民(permanent population)

长久定居的居民是国家的基本要素。构成一个国家的人口必须是永久性的人口,即在一个国家领土上长久定居的人口。有长久定居的或固定的人口,不分其种族和民族的构成,才能形成社会和一定的经济及政治结构,进而构成国家。但一个国家人口的多寡、种族和民族的构成并不影响一个国家的存在。

(2) 确定的领土(defined territory)

确定的领土是国家存在和发展的物质基础。领土是国家行使排他性权力的空间,是确立国家属地管辖权的基础。一个没有固定领土、漂泊不定的民族或部落不能形成现代意义上的国家。尽管国家的领土有多少之别,但领土面积的大小并不妨碍国家的存在,其在国际法上的地位是平等的。

(3) 一定的政权组织或政府(government)

在特定领土上存在建立和维持法律秩序的有效政府是证明该领土构成国家的最佳证据,也是国家区别于部落的重要依据。政府代表国家对内实行管辖,对外进行国际交往。国家一旦建立,无论是受到他国的军事占领,还是爆发内战,都不影响该国作为国家的法律地位,即便该国政府无力控制其大部分领土,也并不因此丧失国家地位。

(4) 主权(sovereignty)

主权是国家的根本属性,意味着不依赖他国,独立自主地处理对内和对外事务的能力。主权不但是区分国家和其他国际法主体的重要标志,而且是区分国家和其他地方行政单位的重要标志。主权是国家具有的对内的最高权力和对外的独立地位。

2. 国际法上国家的形态

按照不同的标准可以将国家分为不同的类型。

(1) 单一国家(unitary state)

单一国家是指由若干行政区域构成的拥有单一主权的国家。单一国家在国际上是统一的主权国家,只有一个在对外关系上代表国家的中央最高权力,其各行政区域一般没有对外职能,不是国际法主体。单一国家一般是中央集权制国家,国家设有统一的立法、司法和行政体系,其人民拥有统一的国籍。

(2) 复合国家(composite state)

复合国家,也称国家的联合,是指由两个或两个以上成员邦组合起来形成具有复合结构的国家或由国家依协议组成的国家联合体,目前有联邦(federation)和邦联(confederation)两种形式。

联邦是指由若干成员单位根据联邦宪法组成的国家。联邦国家拥有统一的宪法和法律,联邦人民拥有统一的联邦国籍。在国际关系上,联邦是代表其全体联邦成员的国家,具有国际法主体资格。至于联邦成员的国际交往权,取决于各联邦国家的宪法规定。

邦联则为两个或两个以上国家通过签订条约而建立的国家联合体。邦联本身不是国际法主体,而组成邦联的成员国才是国际法主体。邦联虽然有自己的组织机构并被赋予一定的权力,但该机构的权力仅给予各成员国,而不给予各国的公民。公民没有邦联的共同国籍,各自拥有本国的国籍。如苏联解体之后,由十几个原苏联加盟共和国组成的独立国家联合体在性质上属于邦联。

(3) 永久中立国(permanent neutralized state)

永久中立国是指以国际条约为根据,在对外关系上承担永久中立义务的国家。

永久中立国的存在必须满足以下两个条件。第一,有关国家要明确宣布自愿承担永久中立义务,包括除自卫外不得对他国进行战争或参加其他国家之间的战争;不得缔结与其中立义务相抵触的条约,如军事同盟条约、共同防御条约等;不得采取任何可能使自己卷入战争的行动或承担这方面的义务,如允许外国军队过境或允许其在本国境内建立军事基地和组织军队。第二,永久中立地位由国际条约加以保证。实践中通常由一些强国通过缔结国际条约来保证永久中立国的永久中立地位不受侵犯。

目前,受到广泛承认的永久中立国有瑞士、奥地利和土库曼斯坦等三国。瑞士永久中立国的地位始于1815年的维也纳会议,英国、俄罗斯、法国等国家通过签署《巴黎条约》,承认并集体保障瑞士的永久中立地位。第一次世界大战之后,瑞士永久中立国的地位被1919年《凡尔赛和约》再次确认。奥地利是受1955年《重建独立和民主的奥地利国家条约》及其宪法的约束而成为永久中立国,该条约规定禁止在奥地利领土上结成军事联盟和建立外国军事基地,所有与奥地利有外交关系的国家都批准了该条约。1995年12月,联合国大会第50届会议通过了"关于土库曼斯坦永久中立"的特别决议,确认了土库曼斯坦永久中立不会影响其履行《联合国宪章》规定的义务,并吁请联合国各会员国尊重和支持土库曼斯坦的永久中立地位及其独立、主权和领土完整。

(4) 附属国(dependent state)

附属国是指对他国居于从属地位的国家,其对外交往权不同程度地受到他国的控制,主要有附庸国(vassal state)和被保护国(protected state)两种类型。前者是指在对内事务上有自主权,但对外关系完全或主要由宗主国行使的国家,如19世纪的埃及和保加利亚是土耳其的附庸国。后者是指根据条约将自己重要的国际事务交由他国处理,其则处于被保护地位的国家。因被保护国把重要的对外事务交给保护国处理，故被保护国的主权是不完整的，但仍是国际法主体。并且被保护国不是保护国的一部分，若保护国与第三国进行战争不会使被保护国处于战争地位，如埃及曾在1914—1922年受英国保护。

二、国家的领土主权及其限制

类似题

(1) 国家领土的排他性权力

(2) 国家的领土主权及边界

1. 国家领土的构成和边界

(1) 国家领土的构成

国家领土是指地球上隶属于国家主权的特定部分，由领陆、领水、领陆和领水之下的底土及其之上的领空组成。领陆是指国家疆界以内的全部陆地，包括大陆和岛屿，是国家领土的最基本的组成部分。国家可以没有领水，但不可以没有领陆。领水是指国家陆地疆界以内的水域和与陆地疆界邻接的一带海域，即内水和领海两大部分。领海基线向陆地一面的全部水域构成一个国家的内水，领海基线向海洋一面的、受国家主权管辖和支配的12海里海水带是领海。底层领土是指包括地下水、水床和资源等的领陆和领水之下的底土，是完全受国家主权管辖和支配的国家领土的组成部分。领空是指领陆和领水之上的空气空间，是国家拥有完全的、排他的，国家领土不可分割的主权空间。

(2) 国家领土的边界

国家边界是划分国家领土范围的界线，也是国家行使领土主权的界线。由于国家的领土是由各个部分组成的，因而国家边界可以分为陆地边界、水域边界、海上边界、空中边界和地下边界等。

在大多数情况下，国家边界通过条约来划分的，以保证边界线更加稳定，减少边界争端。国家间陆地边界的划分主要采用地形边界、几何学边界和天文学边界等三种方法及其规则，海上边界、空中边界和地下边界则属于无形边界。① 地形边界法，也称自然划界法，是利用天然地势，如河流、湖泊、山脉、沙漠等来划定边界线的方法。国家间在适用地形边界法的过程中形成了一些国际习惯法规则：以山脉为界时，一般以分水岭为准；以河流为界时，通航河流以主航道中心线为界，不通航河流则以中间线为界；界河上的桥梁以桥的中间为界；湖泊以中间为界。② 几何学边界法，是以两个固定点之间的直线作为边界线的方法。非洲国家间采用几何学边界法的较多，美国和加拿大之间也存在部分几何学边界。③ 天文学边界法，是以一定经纬度确定国家边界的方法。朝鲜和韩国以北纬38°线为边界线就是一例。

2. 国家的领土主权及其性质

领土主权是指国家对其领土范围内的人和事物所行使的最高权力和排他性权力。国家的领土主权不仅包括领土管辖权、领土所有权，还包括领土完整不可侵犯的权利。

(1) 领土管辖权,又称属地最高权或属地优越权。领土管辖权是指国家对其领土范围内的人、事、物拥有排他的管辖权,是领土主权的主要内容和标志。

(2) 领土所有权。领土所有权是指国家对其领土范围内的一切土地和资源拥有占有、使用、收益和处分的权利。不能因一些国家在国内法上实行土地私有制而否定国家在国际法上对其领土的所有权,如 1962 年联合国大会通过的《关于自然资源永久主权的宣言》和 1974 年《各国经济权利和义务宪章》等都明确了国家对其领土内自然资源的使用和处分的权利。在国际实践中,自古就有国家之间交换、买卖、赠予领土的情况存在。

(3) 领土完整不可侵犯的权利。领土主权和领土完整是国家独立的重要标志,是现代国际法的基本原则。领土完整不可侵犯的权利是国家的领土主权必须受到尊重,除依据国际法所限制之外,任何时候都不可被侵犯的权利,是国际强行规范"禁止侵略战争"的具体表现。

3. 国家领土主权的限制

虽然国家对其领土具有排他性主权,但领土主权并不是绝对的。根据一般国际法的原则和规则,国家在行使领土主权时通常受到一般和特殊两种限制。

一般限制是指根据一般国际法规则对所有国家或大多数国家领土主权的限制,如享有外交特权与豁免的人员在接受国不受其管辖、任何国家在开发和利用其领土时不得损害他国利益和国际社会的整体利益,以及领海的无害通过制度等。特殊限制是指依据国际条约对缔约国的领土主权在某些特定领域或事项所进行的限制,如共管、租借和国际地役等。

(1) 共管(condominium)。共管是指两个以上国家依据国际条约对某一领土共同行使主权,共管的国家对该领土的主权互为限制。共管的概念最早出现在神圣罗马帝国时期,当时两个或两个以上君主对特定的城镇或土地行使共同的所有权。国际法实践中出现过若干共管领土的事例,如英国和埃及在 1899—1955 年对苏丹的共管,英国、澳大利亚和新西兰自第一次世界大战以后直到 1968 年对瑙鲁的共管等。

(2) 租借(lease)。租借是指依据国际条约,一国将某部分领土租借给另一国,供其在租期内用于该条约所规定的目的。租借领土只有以平等、自愿为前提,通过租借条约进行才是合法的。承租国取得对租借地范围内某事项的管辖权,但出租国仍保留对租借地的主权。例如,苏联根据 1947 年和平条约第四条,以每年 500 万芬兰马克的租金使用和管理芬兰波卡拉半岛地区的领土和水域 50 年,用以建造苏联海军基地是合法的领土租借行为。

(3) 国际地役(international servitude)。国际地役是指依据国际条约,一国有关领土在一定范围内满足他国需要或为他国利益服务。国际地役作为一项对物的权利,并不因有关领土归于另一国的领土管辖权之下而消灭,但可根据有关国家的同意而予以终止,也可因需役地国家的明示或默示放弃而消灭。国际地役必须是根据国际条约对领土主权的特殊限制,如果是依据一般国际法规则所设定的限制,其就不是国际地役。国际地役的主体是国家,客体是国家领土。一国给予外国人或法人的特别权利不构成国际地役,同样,条约对缔约方所规定的与领土无直接关系的限制不是国际地役。国际地役可分为积极地役和消极地役。前者是指国家承担允许别国在其有关领土上从事某种行为的义务,如别国在其领土上建设并经营铁路、别国渔民在其领海的特定区域捕鱼等。后者是指国家承担承诺不在其有关领土上从事某种行为的义务,如不在靠近边界地区建造有可能污染环境的工厂。国际法院在 1960 年"印度领土通行权案"的判决中承认了葡萄牙平民、官员和货物通过印度领土的权利，肯定了国际地役的存在。

三、国际法上国家的管辖权

类似题

(1) 国际法上管辖权的类型

(2) 国家管辖权

1. 国家管辖权的定义

国家的管辖权是指国家对特定的人、事、物进行管理或施加影响的权利。作为国家的一项基本权利，国际法上国家的管辖权反映了国家主权平等原则和不干涉内政原则。

国际法上国家的管辖权不同于国内法上国家的管辖权，后者从国家的职能上可分为立法管辖权、执行管辖权和司法管辖权。其中，立法管辖权是一国制定国内法时用以规范特定的人、物、行为的权限；执行管辖权是一国主管机关采取征税、搜查、没收、逮捕等强制措施的权限；司法管辖权是一国对事件或人依法审理、判决或决定的权限。

2. 国家管辖权的类型

根据国际条约和国际习惯，国际法上一般存在属地管辖权、属人管辖权、保护性管辖权和普遍性管辖权等四种管辖权。

(1) 属地管辖权(territorial jurisdiction)。属地管辖权是指国家对其领土范围内的一切人、事、物所享有的完全的、排他的管辖权。如1929年《防止伪造货币国际公约》规定，伪造货币的行为发生地国都应将该行为按照普通犯罪办理。属地管辖权是国家主权的具体表现，是国家领土主权的重要内容，因此在各种管辖权类型中，属地管辖权往往居于优先地位。除领土以外，一国可以对处于其属地领域以外具有该国国籍的航空器、船舶等交通工具上的人、物或事件行使管辖权。如《中华人民共和国刑法》第六条规定，凡在中国船舶或者航空器内犯罪的，也适用本法。但这种情况下行使管辖权的依据不是属地原则，而是基于登记国管辖原则这一特殊的管辖权安排。

(2) 属人管辖权(personal jurisdiction)。属人管辖权是指国家对于具有本国国籍的人，不论其是在国内还是在国外，都具有管辖的权利。如《中华人民共和国刑法》第七条规定，中国公民在中国领域外犯本法规定之罪的，适用本法，但是按本法规定的最高刑为三年以下有期徒刑的，可以不予追究。属人管辖权的行使受到所在国属地管辖权的限制，如对于在外国境内的本国人，如果没有当地国有关当局的协助，就不能采取强制措施。

对于当属地管辖权与属人管辖权分属不同的主权者时，在对同一对象上因同时行使属地管辖权和属人管辖权而造成管辖权冲突的情形，常设国际法院在1927年“荷花号案”的判决中指出，“一个国家不得以任何方式在另一个国家的领土上行使它的权力，除非依据国际习惯或一项公约所产生的允许性规则”，从而确立了属地管辖权优先原则。

(3) 保护性管辖权(protective jurisdiction)。保护性管辖权是指国家对外国人在本国领域外侵害该国的国家或公民的重大利益的犯罪行为所行使的管辖权。这种管辖是受害国针对外国人的严重罪行,如伪造货币罪、诽谤罪、杀人罪、纵火罪等而实施的。如《中华人民共和国刑法》第八条规定,外国人在中国领域外对中国国家或者公民犯罪,而按本法规定的最低刑为三年以上有期徒刑的,可以适用本法,但是按照犯罪地的法律不受处罚的除外。因保护性管辖权的行使受到罪行发生地国的属地管辖权的限制,故一般通过对犯罪嫌疑人的引渡,或者缺席判决,或者在罪犯进入受害国领土时将其逮捕等途径实现。

(4) 普遍性管辖权(universal jurisdiction)。普遍性管辖权是指对国际法上规定的严重危害国际和平与安全以及全人类利益的国际犯罪行为,任何国家均可以行使的管辖权。由于普遍性管辖权突破了地域、国籍和利益保护这三种传统管辖的因素,因而它在国际法上历来受到严格的限制。已获得明确公认的犯罪有公海上的海盗行为、奴隶贸易和战争罪等,其他如灭绝种族罪、种族隔离罪、空中劫持罪、走私和贩卖毒品罪、危害人类罪等也被较多的国家和学者认为是各国行使普遍性管辖权的犯罪。如《中华人民共和国刑法》第九条规定,对于中国缔结或者参加的国际条约所规定的罪行,中国在所承担条约义务的范围内行使刑事管辖权的,适用本法。随着国际社会对有效防止和惩治各种国际罪行的日趋关注及国际人权事业的迅速发展,普遍性管辖权的重要性日益得以增强,对传统国际法中豁免权理论造成了冲击。如在"皮诺切特案"中,作为智利前总统的皮诺切特在 1998 年到英国治病时,被西班牙以犯有酷刑罪等国际罪行为由,要求英国政府将他引渡到西班牙进行审判。西班牙请求引渡皮诺切特的依据是普遍性管辖权,而皮诺切特则以外交豁免权进行抗辩。英国法院在最后判决中指出,一国的前国家元首犯有酷刑罪,不能要求享有司法豁免权而免于引渡或起诉,皮诺切特应引渡到西班牙受审。与此相反,国际法院在"刚果诉比利时逮捕令案"的判决中,坚持国际法上权威人士的管辖豁免原则,认定比利时发布国际逮捕令的行为违反国际习惯法所规定的外交部部长享有的刑事管辖豁免权和不可侵犯性,裁定比利时必须撤销该逮捕令并通知其他收到通缉令的国家。

四、国家的自卫权

类似题

(1) 国际法上的正当防卫

(2)《联合国宪章》下的自卫权

1. 自卫权的定义

自卫权是指国家为了保卫自己的生存和独立而具有的权利。广义的自卫权包括国家平时进行国防建设的权利,即国防权。狭义的自卫权是指当国家遭到外来的武力攻击时,实施单独的或集体的武装自卫以打击侵略者、保卫国家的权利,也是一般意义上的自卫权。《联合国宪章》第五十一条规定,"联合国任何会员国受武力攻击时……本宪章不得认为禁止行使单独或集体自卫之自然权利"。

2. 自卫权的行使条件

自卫权是国际习惯法的重要内容之一。在 1837 年美国和英国的"加罗林号案"中,美国国务卿韦伯斯特致英国驻华盛顿的外交照会中提出了国家实施自卫权的前提必须是遭到直接或间接的武力攻击(armed attack)、刻不容缓的(instant)、压倒一切的(overwhelming,不可对抗的)、没有选择手段的余地和考虑的时间(leaving no choice of means, and no moment for deliberation),且不包括任何不合理和过分的行为(the proportionality rule,相称性原则)。①

根据《联合国宪章》第五十一条和国际习惯法,自卫权行使须满足以下条件。(1) 自卫权行使的前提条件必须是受到武力攻击。武力攻击不仅包括一国正规部队跨越边界的直接攻击行为,还包括一国或以其名义派遣武装小分队、武装团体、非正规军或雇佣兵对另一国使用武力,如其严重性等同于正规部队进行的实际攻击,也属于武力攻击。但武力攻击不包括向反对派提供武器或后勤、财政或其他支持的援助行为,尽管这种行为可能构成使用武力或武力威胁,或造成对一国内部或外部事务的干涉。(2) 自卫权行使的时间应在联合国安全理事会"采取必要办法,以维持国际和平及安全"之前。即,一旦联合国安全理事会采取了维持国际和平与安全的必要措施,自卫行动即告结束。在《联合国宪章》的规定下,自卫是受制于联合国安全理事会的临时性补救办法。(3) 联合国会员国行使自卫权所采取的行动应向安全理事会报告,并不得影响安全理事会行使维持国际和平与安全的职权。(4) 自卫权行使的武力限度须遵守必要性和相称性原则。前者是指受攻击国必须是在没有其他切实可行的和平手段可供选择来做出反应的情况下,才不得不使用武力诉诸自卫。后者是指自卫所使用武力的强度和规模要与所遭受的武力攻击大体一致。根据国际法和《联合国宪章》,国家在行使自卫权时要承担相应的义务,不得对他国造成威胁。国际法院在 1986 年"尼加拉瓜军事行动案"的判决中也指出,自卫是否合法,取决于自卫行动的必要性和相称性。

3. 集体自卫权和预防性自卫权

根据《联合国宪章》第五十一条,其不仅承认了国家单独自卫的权利(individual self-defense),而且承认了集体自卫的权利(collective self-defense)。集体自卫权是指当通过缔结集体防卫条约或互助条约而形成集体防卫体系的缔约国之一遭受第三国武力攻击时,任何一方缔约国都有权针对第三国采取自卫的权利。集体自卫权行使要具备自卫权行使的一般条件,如只有针对武力攻击才能行使集体自卫权,且集体自卫权只有在受到武力攻击的国家提出请求时才可行使。② 除此之外,行使集体自卫权的国家还要具备确定的集体防卫体系。1947 年《美洲国家间互助条约》是美洲国家签订的地区性军事同盟条约,该条约规定"任何一国对美洲一国的武力攻击,应视为对全体美洲国家的武力攻击,确认每一缔约国承诺行使《联合国宪章》第五十一条所承认的单独或集体自卫的固有权利"。

预防性自卫权是指国家对迫在眉睫或即将来临的武力威胁率先使用武力,其目的是防止紧迫的武力威胁转变为现实的武力攻击,是传统国际法上一种正当使用武力的方式。在《联合国宪章》制定之前,预防性自卫权是一项国际社会普遍承认的国际法权利,然而在《联合国宪章》颁布之后,预防性自卫却成为一个极具争议性的问题。否定论者认为,《联合国宪

---

① Hunter Miller, *Treaties and Other International Acts of the United States of America. Volume IV, Documents 80－121: 1836—1846* (Washington: Government Printing Office, 1934).

② ICJ, "Case Concerning Military and Paramilitary Activities in and Against Nicaragua" (Nicaragua v. United States of America, judgment of June 27, 1986).

章》第五十一条规定的自卫权适用对象是武力攻击，不包括“迫在眉睫”的武力威胁[①]，其主观判断的依赖性强，常常被用作西方国家干涉他国内政的借口，不应被国际法肯定[②]。肯定论者则认为，《联合国宪章》第五十一条并没有对自卫权相关国际习惯法做出任何限制，在符合必要性和即刻性的严格条件下承认预防性自卫作为一种例外情况，其法律依据可视为是符合《联合国宪章》的国际习惯法。[③] 国际法院在“尼加拉瓜军事行动案”的判决中则指出“对于尚未构成武力攻击的行为，现行国际法不允许采取集体对抗措施”[④]，从而采取了严格条件下的肯定论。

预防性自卫权是否符合国际法与其是否容易被滥用为武力侵犯他国主权、干涉他国内政的借口之间并不存在必然的因果关系。[⑤] 因此，是否肯定预防性自卫权不是问题，如何评价预防性自卫权的行使条件才是关键。作为自卫权的一种形态，预防性自卫权应遵守自卫权行使的前提条件、原则等自卫权构成要件。尤其在“迫在眉睫”的武力攻击或威胁的判断方面，应当有充分的证据证明武力攻击已经着手或威胁是现实紧迫的，仅仅根据一国武装部队的调动情势而采取先发制人的武力攻击并不符合预防性自卫权的适用条件。当然，为了防止出现国家滥用预防性自卫权的情形，有关“迫在眉睫”的武力威胁是否存在的判断仍需由联合国安全理事会最终认定。

五、国际法上的不干涉内政原则

类似题

(1) 国际法上的不干涉内政义务

(2) 不干涉内政原则和“保护的责任”

1. 不干涉内政原则的含义

不干涉内政原则，又称禁止干涉原则(the principle of non-intervention)，是指任何国家或国际组织在国际关系中不得以任何理由或方式干涉其他国家在本质上属于该国主权范围内的一切内、外事务。

国际联盟和联合国都曾对“内政”做出定义，但都不确切。例如，1919 年《国际联盟盟约》第十五条第八款规定“内政”是“按诸国际法纯属该方国内管辖之事件”，1945 年《联合国宪章》第二条第七款规定“内政”是“在本质上属于任何国家国内管辖之事件”，联合国大会于1965 年 12 月 21 日通过的《关于各国内政不容干涉及其独立与主权之保护宣言》第五条则规

---

① 黄瑶：《国际反恐与先发制人军事行动》，《法学研究》2006 年第 1 期。

② 王献枢：《伊拉克战争的非法性》，《法学评论》2004 年第 1 期。

③ Michael Bothe, "Terrorism and the Legality of Pre-emptive Force," *European Journal of International Law* 14, no. 2 (2003): 227 - 240.

④ ICJ, "Case Concerning Military and Paramilitary Activities in and Against Nicaragua" (Nicaragua v. United States of America, Judgment of June 27, 1986).

⑤ 袁发强、刘沁予：《“预防性自卫”之合法性再思考》，《长江论坛》2020 年第 3 期。

定“内政”是“自择其政治、经济、社会及文化制度”。同“内政”的定义相反，联合国并未对“干涉”做出定义，但从联合国做出的决议及《联合国宪章》的精神来看，国际法上的干涉是指国家或国际组织为了实现某种意图或达到某种目的，通过强制性的或非强制性的手段，运用直接的或间接的方式，在没有征得被干涉国家同意的前提下，使得该国不能自由地或者被剥夺按照其自身意志处理其主权管辖范围内事务能力的一种非法行为。① 在国际法上，同“干涉”一词有相近意义的词还有“干预(interference)”。较之于“干预”，“干涉”一词多含贬义，且语气更强烈。“干涉”多指以强凌弱、以大欺小的情形；而“干预”一词相对偏中性，国际组织发起的维持和平行动常用“国际干预”来描述。

2. 不干涉内政原则的权利和义务内涵

自 1957 年以来，联合国大会至少通过了 35 项专门涉及不干涉和不干预事项的决议，确认、重申和强调国家负有不得以任何形式干涉别国内政的义务。其中，联合国大会于 1981 年 12 月 9 日第 91 次全体会议上通过的《不容干涉和干预别国内政宣言》具体界定了不干涉内政原则所包含的权利和义务。

(1) 不干涉内政原则所包含的权利。主要包括：① 一切国家享有主权、政治独立、领土完整、国家统一和安全，以及其人民的民族特性和文化遗产；② 各国都享有在不受任何形式的外来干涉、干预、颠覆、压力或威胁的情况下，按照自己人民的意志自由确定自己的政治、经济、社会和文化制度，发展其国际关系和对其自然资源行使永久主权的主权权利和不可分割的权利；③ 各个国家及其人民都有权自由获得新闻与在不受干预的情况下充分发展新闻和大众传播媒介系统，特别是(inter alia)，根据《世界人权宣言》有关条文和新的国际新闻秩序各项原则，利用自己的新闻工具以促进政治、经济、社会和文化建设与发展。

(2) 不干涉内政原则所包含的义务。主要包括：① 各国在其国际关系上有义务不以任何方式威胁或使用武力侵犯其他国家已经获得国际公认的现有国界，破坏其他国家的政治、经济或社会秩序，推翻或改变其他国家的政治制度或政府，在各国之间制造紧张局势，或剥夺他国人民的民族特性和文化遗产；② 各国有义务确保其领土不被以任何方式用来侵犯其他国家的主权、政治独立、领土完整和国家统一，或扰乱其政治、经济和社会稳定，这项义务也适用于负责管理尚未实现自决和国家独立的领土的国家；③ 各国有义务避免对其他国家或国家集团进行武装干涉、颠覆、军事占领或任何其他形式的公开的或隐蔽的干涉或干预，或对其他国家的内政采取任何军事、政治或经济干预行动，包括涉及使用武力的报复行动；④ 各国有义务避免采取任何强暴行动以剥夺处于殖民统治或外国占领下人民的自决、自治和独立权利；⑤ 各国有义务避免以任何形式或任何借口采取任何动摇或破坏其他国家稳定或其任何制度的行动或企图；⑥ 各国有义务避免以任何借口直接或间接地促进、鼓励或支持其他国家内部的叛乱或分离主义活动，也避免采取任何谋求破坏其他国家统一或者破坏或颠覆其政治秩序的行动；⑦ 各国有义务制止在其领土内招募、资助、训练雇佣军或派遣雇佣军进入其他国家领土，并拒绝提供包括资助雇佣军装备和允许雇佣军过境在内的便利；⑧ 各国有义务避免同其他国家缔结旨在干涉或干预第三国内政或外交事务的协定；⑨ 各国有义务避免采取任何措施来加强现有军事集团或者建立或加强新的军事同盟、联防安排、部

① 李伯军：《论国际法上界定“干涉”存在的问题——以〈联合国宪章〉为视角》，《湘潭大学学报(哲学社会科学版)》2007 年第 4 期。

署干涉军队，或为了争霸而设立军事基地或其他有关军事设施；⑩ 各国有义务避免从事任何旨在干涉或干预别国内政的诽谤运动、诬蔑或敌意宣传；⑪ 各国有义务在处理其经济、社会、技术和贸易领域的国际关系上避免采取任何措施以干涉或干预其他国家的内政或外交事务，从而妨碍该国自由决定其政治、经济和社会发展，此项义务特别是（inter alia），还包括不得在违反《联合国宪章》的情况下利用其经济外援方案，或实行任何多边或单边经济报复或封锁，或利用其管辖或控制下的跨国公司或多国公司，作为向其他国家施加政治压力或进行胁迫的手段；⑫ 各国有义务避免利用和歪曲人权问题，以此作为对其他国家施加压力，或在其他国家或国家集团内部或彼此之间制造猜疑或混乱的手段；⑬ 各国有义务避免使用恐怖主义做法作为对付其他国家或处于殖民统治、外国占领或种族主义统治下人民的国家政策，并避免援助、利用或容忍恐怖主义集团、破坏分子或颠覆分子对付第三国；⑭ 各国有义务避免组织、资助、训练或武装其本国领土或其他国家领土内蓄意在其他国家进行颠覆或制造混乱和动乱的政治或种族集团；⑮ 各国有义务避免在其他国家领土内进行未经同意的任何军事、政治或经济活动。

3. “保护的责任”对不干涉内政原则的挑战

冷战结束之后的20世纪90年代，西方国家自视人道主义干涉为“原则”，以制止“人道主义灾难”为名，对伊拉克、南斯拉夫、科索沃等危机推行干涉主义。然而，西方国家主导下的上述干涉实践严重违反了不干涉内政原则，遭到了诸多国家的坚决反对。有鉴于此，西方国家开始改变将人道主义干涉制度化的策略，谋求从“干涉的权利”到“保护的责任（the responsibility to protect）”的话语转化。[①]

2001年12月，加拿大“干预和国家主权国际委员会”向联合国秘书长安南提交了一份题为《保护的责任》的报告，首次系统阐述了“保护的责任”的概念，即“主权国家有责任保护本国公民免遭大规模屠杀、强奸、饥饿等灾难，当这些主权国家不愿或无力这样做的时候，国际社会必须承担这一责任”，并建议联合国安全理事会在履行“保护的责任”，批准或同意使用武力时采纳威胁的严重性、正当的目的、万不得已的办法、相称的手段和权衡后果等具有“规范”属性的五项标准。

2004年12月，联合国秘书长安南委任的“威胁、挑战和改革问题高级别小组”向第59届联合国大会提交了题为《一个更安全的世界：我们共同的责任》的报告，接受并确认了“保护的责任”这一概念，进一步明确了每个国家都有责任保护那些身陷本来可以避免灾难的人，如果主权国家无力或者不愿承担这一责任，那么国际社会应该为此开展一系列工作。在2005年10月举行的第60届联合国大会上，通过的世界首脑会议成果文件将“保护的责任”写进该成果文件第一百三十八条和第一百三十九条，规定：每个国家均有保护本国人民免遭灭绝种族、战争罪、族裔清洗和危害人类罪的国际责任。国际社会通过联合国也有责任根据《联合国宪章》第六章和第八章，使用适当的外交、人道主义和其他和平手段，帮助保护人民免遭上述四种罪行之害。如果和平手段不足以解决问题，而且有关国家当局显然无法保护其人民免遭上述四种罪行之害，那么联合国随时准备根据《联合国宪章》第七章，通过安全理事会逐案处理，并酌情与相关区域组织合作，及时、果断地采取集体行动。这是联合国第一次以正式文件的形式确认“保护的责任”的概念，标志着该概念获得了国际社会大多数国家的认可。2009年1月，联合国秘书

① 徐崇利：《“保护的责任”：制度化进程之夭折》，《法律科学（西北政法大学学报）》2018年第6期。

长潘基文在第63届联合国大会上做了题为《履行保护的责任》的报告，明确提出“保护的责任”的三大支柱：一是每个国家都有责任保护其人民免受暴行罪的侵害；二是国际社会有责任鼓励和协助各国履行保护责任；三是如一国明显不能保护其人民，国际社会必须准备根据《联合国宪章》，采取及时、果断、适当的集体行动。

简而言之，只要一国国内发生了上述罪行，该情势不再属于一国内政的范畴，而是国际社会必须关注和解决的事项。如果该国没有能力或不愿意承担对国民的保护责任，国际社会就有权进行干预，甚至进行军事干涉。因此，“保护的责任”不仅缩小了“内政”的含义和“不干涉内政原则”的使用范围，而且加剧了关于同不干涉内政原则的争论。

那么，“保护的责任”是否已形成国际法律规范以代替不干涉内政原则？其实，“保护的责任”根本不具有“规范”的属性。“保护的责任”的主要推动者两任联合国秘书长都对“保护的责任”的定性方面比较谨慎。例如，安南在2005年《大自由：实现人人共享的发展、安全和人权》报告中指出，“保护的责任”是“正在出现的规范”，而非“已经出现的规范”；潘基文在2009年《履行保护的责任》报告中指出，“阻止各国或国家集团为不当目的滥用‘保护的责任’的最佳途径是全面地制定联合国的‘保护的责任’的战略、标准、程序、工具和做法”，“保护的责任”项下的“规范”尚待订立，实际上并未形成。因此，在2011年3月叙利亚危机爆发之后，国际社会在针对叙利亚危机上适用“保护的责任”出现严重分歧。美国只接受一个模糊、宽泛的“保护的责任”的概念，并始终反对赋予“保护的责任”以法律效力。英国和法国自始就将“保护的责任”诠释为一个与其人道主义干涉理念相配适的“修辞性的工具”，既不能用以限制其在联合国安全理事会中的运作自由，也不能用以排除其在未获联合国安全理事会批准的情形下具有实施武力干涉的自我认定的权利。美、英、法三国为保证其以单边主义实施人道主义武力干涉的自由，自始反对或基本上反对将“保护的责任”项下的人道主义武力干涉“标准化”的立场，最终导致在联合国框架内无法完成“保护的责任”规范化进程的结果。①

“保护的责任”是在联合国框架内为了解决种族灭绝、种族清洗等严重罪行而拟推行的政策主张，其前提是对过去西方滥用人道主义干涉的否定，但行使“保护的责任”应根据《联合国宪章》，通过联合国安全理事会逐案处理，采取集体行动，否则是对不干涉内政原则的严重侵害。

六、国家主权的豁免制度

类似题

（1）国家及其财产的管辖豁免

（2）国家管辖豁免

1. 国家豁免的定义

国家豁免（state immunity），也称国家主权豁免、主权豁免、国家管辖豁免，是指国家根

① 徐崇利：《“保护的责任”：制度化进程之夭折》，《法律科学（西北政法大学学报）》2018年第6期。

据国家主权平等原则不受他国管辖的特权，是一个国家及其机构和财产在外国法院享有的管辖豁免权。国家豁免是相对于司法管辖而言的，即免除所在国法律的管辖，主要包括以下三个方面：(1) 一国法院不得受理以外国国家为被告或以外国国家财产为标的的诉讼，即外国国家不能被诉，除非经其同意；(2) 国家可以作为原告在另一国法院起诉，在这种情况下，该法院可受理被告提出的同本诉有直接关系的反诉；(3) 即使国家在外国法院败诉，该国也不受强制执行的约束，即国家财产不受所在国法院的扣押和强制执行。

正如国际法院在 2012 年"德国诉意大利的国家豁免案"的判决中所确认，国家豁免是一项程序性抗辩①，即性质上属于程序性问题。因此，国家豁免规则适用于确定有关管辖权的行使问题，同国家的行为不当性、救济和责任问题无关，所以给予某一外国管辖豁免，并不等于认同该国的国际不法行为。

2. 国家豁免的发展沿革

国家豁免是 19 世纪逐渐形成的一项国际习惯法规则，其理论依据是国家主权平等原则，主张绝对的国家豁免。国际法院在"德国诉意大利的国家豁免案"的判决中也确认了尊重国家根据国际习惯法所享有的豁免的义务②。但在 20 世纪中期以后，国家大量地参与了跨国贸易、金融、投资等商业活动，其交易对方包括了大量的外国自然人和法人。国家享有普遍的管辖豁免权，使得外国人或法人在与国家进行交易中处于不利地位。因此，越来越多的国家将国家行为分为商业行为和非商业行为，并对国家的商业行为采取有限豁免原则。有限豁免原则或限制豁免理论是联合国国际法委员会在 1991 年二读通过、2004 年 12 月第 59 届联合国大会决议通过的《联合国国家及其财产管辖豁免公约》中的观点。在限制性国家豁免的国际实践方面，1926 年《统一国有船舶豁免的某些规则的公约》是国家豁免领域的第一个国际公约，1972 年《欧洲国家豁免公约》是国家豁免领域的第一个区域性国际公约。

截至目前，不少发达国家已立法限制其他国家在本国的主权豁免，如美国 1976 年《外国主权豁免法》、英国 1978 年《国家豁免法》、加拿大 1982 年《外国国家在加拿大法院豁免法》、澳大利亚 1985 年《外国国家豁免法》等。中国政府于 2005 年 9 月签署了《联合国国家及其财产管辖豁免公约》，但至今尚未批准。但在国内立法方面，中国一直坚持绝对豁免原则，例如，2005 年 10 月 25 日第十届全国人民代表大会常务委员会通过的《中华人民共和国外国中央银行财产司法强制措施豁免法》第一条规定，中国对外国中央银行财产给予财产保全和执行的司法强制措施的豁免；2023 年 6 月 28 日第十四届全国人民代表大会常务委员会通过的《中华人民共和国对外关系法》第三十六条规定，中国依据有关法律和缔结或者参加的条约和协定，给予外国国家及其财产豁免。第十四届全国人民代表大会常务委员会于 2023 年 9 月 1 日颁布、自 2024 年 1 月 1 日起实施的《中华人民共和国外国国家豁免法》第三条规定，"外国国家及其财产在中华人民共和国的法院享有管辖豁免，本法另有规定的除外"，从而采取限制性国家豁免原则。

3. 享有国家豁免的主体

享有国家豁免的主体理应为国家，但国家行为是由代表国家的个人或机构完成的，因此

① ICJ, "Jurisdictional Immunities of the State" (Germany v. Italy, Greece intervening, judgment of February 3, 2012, p. 93).

② ICJ, "Jurisdictional Immunities of the State" (Germany v. Italy, Greece intervening, judgment of February 3, 2012, p. 56).

需要确定哪些个人或机构可以代表国家。《联合国国家及其财产管辖豁免公约》第二条规定，享有国家豁免的主体包括以下四种：(1) 国家及其政府的各种机关；(2) 有权行使主权权利并以该身份行事的联邦国家的组成单位或国家政治区分单位；(3) 国家机构、部门或其他实体，但须它们有权行使并实际在行使国家的主权权利；(4) 以国家代表身份行事的国家代表。

此外，根据《联合国国家及其财产管辖豁免公约》第十条第三款，当国家企业或国家所设其他实体具有独立的法人资格，并有能力起诉或被诉，以及获得、拥有或占有和处置财产，包括国家授权其经营或管理的财产，其卷入与其从事的商业交易有关的诉讼时，该国享有的管辖豁免不应受影响。即，国家豁免不因那些具有独立法律人格的国有企业涉诉而受影响。同时，《联合国国家及其财产管辖豁免公约》的附件《对公约若干规定的理解》指出，第十条第三款规定并不预断“掀开公司面纱”的问题，包括涉及国家实体故意虚报其财务状况或继而减少其资产，以避免清偿索赔要求的问题，以及其他有关问题。因此，公约第十条第三款规定并不影响“掀开公司面纱”原则的适用。

4. 国家豁免的例外情形

《联合国国家及其财产管辖豁免公约》第十条至第十七条列举了国家不得援引管辖豁免的八种情况，即国家豁免的例外情形。

(1) 商业交易。一国如与外国一自然人或法人进行一项商业交易，根据国际私法适用的规则，有关该商业交易的争议应由另一国法院管辖，则该国不得在该商业交易引起的诉讼中援引管辖豁免。商业交易是指为销售货物或提供服务而订立的任何商业合同或交易；任何贷款或其他金融性质的交易的合同，包括涉及任何此类贷款或交易的任何担保义务或补偿义务；商业、工业、贸易或专业性质的任何其他合同或交易，但不包括雇用人员的合同。根据公约第二条第二款，在确定一项合同或交易是否为商业交易时，应主要参考该合同或交易的性质，但若合同或交易的当事方已达成一致，或者根据法院地国的实践，合同或交易的目的与确定其非商业性质有关，则其目的也应予以考虑。

但是对于国家之间进行的商业交易，或当该商业交易的当事方另有明确协议时，不适用国家豁免的例外原则；当国家企业或国家所设其他实体具有独立的法人资格，并有能力起诉或被诉，以及获得、拥有或占有和处置包括国家授权其经营或管理的财产在内的财产，其卷入与其从事的商业交易有关的诉讼时，该国享有的管辖豁免不应受影响。

(2) 雇用合同。除有关国家间另有协议外，一国在该国和个人间关于已全部或部分在另一国领土进行或将进行的工作的雇用合同的诉讼中，不得向该另一国原应管辖的法院援引管辖豁免。

但雇用合同情形不适用于如下情况：招聘该雇员是为了履行行使政府权力方面的特定职能；该雇员是外交代表，领事官员，常驻国际组织代表团的外交工作人员、特别使团成员或获招聘代表一国出席国际会议的人员，以及享有外交豁免的任何其他人员；诉讼的事由是个人的招聘、雇用期限的延长或复职；诉讼的事由是解雇个人或终止对其雇用，且雇用国的国家元首、政府首脑或外交部长认定该诉讼有碍该国安全利益；该雇员在诉讼提起时是雇用国的国民，除非此人长期居住在法院地国；该雇员和雇用国另有书面协议，但由于公共政策的任何考虑，因该诉讼的事由内容而赋予法院地国法院专属管辖权者不在此限。

(3) 人身伤害和财产损害。除有关国家间另有协议外，一国在对主张由可归因于该国的作为或不作为引起的死亡或人身伤害,或有形财产的损害或灭失要求金钱赔偿的诉讼中,若该作为或不作为全部或部分发生在法院地国领土内,而且作为或不作为的行为人在作为或不作为发生时处于法院地国领土内,则不得向另一国原应管辖的法院援引管辖豁免。

(4) 财产的所有、占有和使用。除有关国家间另有协议外,一国在该国对位于法院地国的不动产的任何权利或利益,或该国对该不动产的占有或使用,或该国由于对该不动产的利益或占有或使用而产生的任何义务的诉讼中,或者在该国对动产或不动产由于继承、赠予或无人继承而产生的任何权利或利益的诉讼中,或者在该国对托管财产、破产者财产或公司解散前清理的财产的管理的任何权利或利益的诉讼中,不得向另一国原应管辖的法院援引管辖豁免。

(5) 知识产权和工业产权。除有关国家间另有协议外,一国在确定该国对在法院地国享受某种程度的,即使是暂时的法律保护的专利、工业设计、商业名称或企业名称、商标、版权或任何其他形式的知识产权或工业产权的任何权利的诉讼中,或者据称该国在法院地国领土内侵犯在法院地国受到保护的、属于第三者的上述性质的权利的诉讼中,不得向另一国原应管辖的法院援引管辖豁免。

(6) 参加公司或其他集体机构。一国在有关该国参加具有或不具有法人资格的公司或其他集体机构的诉讼中,即在关于该国与该机构或该机构其他参加者之间关系的诉讼中,不得向另一国原应管辖的法院援引管辖豁免,但有以下条件:该机构的参加者不限于国家或国际组织;该机构是按照法院地国法律注册或组成的,或其所在地或主要营业地位于法院地国。但是,若有关国家同意,或争端当事方之间的书面协议作此规定,或建立或管理有关机构的文书中载有此规定,则一国可以在此诉讼中援引管辖豁免。

(7) 国家拥有或经营的船舶。除有关国家间另有协议外,拥有或经营一艘船舶的一国,在另一国原应管辖的法院有关该船舶的经营的一项诉讼中,只要在诉讼事由产生时该船舶是用于政府非商业性用途以外的目的,就不得向另一国原应管辖的法院援引管辖豁免。但军舰或辅助舰艇,以及一国拥有或经营的、专门用于政府非商业性活动的其他船舶,仍可主张主权管辖豁免。

此外,除有关国家间另有协议外,一国在有关该国拥有或经营的船舶所载货物的运输的一项诉讼中,只要在诉讼事由产生时该船舶是用于政府非商业性用途以外的目的,就不得向另一国原应管辖的法院援引管辖豁免。但军舰或辅助舰艇,以及一国拥有或经营的、专门用于政府非商业性活动的其他船舶所载运的任何货物,以及国家拥有的、专门用于或意图专门用于政府非商业性用途的任何货物,仍可主张主权管辖豁免。

(8) 仲裁协定的效力。若一国与外国一自然人或法人订立书面协议,将有关商业交易的争议提交仲裁,则该国不得在另一国原应管辖的法院就仲裁协议的有效性、解释或适用,仲裁程序,以及裁决的确认或撤销相关诉讼中援引管辖豁免,除非仲裁协议另有规定。

5. 国家豁免的放弃

国家豁免的放弃是指国家同意在外国法院不援引管辖豁免,接受外国法院管辖。国家豁免之所以可以放弃,是因为国家豁免的放弃本身是一种主权行为,但这种放弃必须是自愿的和清楚确定的。

根据《联合国国家及其财产管辖豁免公约》，国家可以采取国际协定、书面合同，或在法院发表声明或在特定诉讼中提出书面函件等形式明示放弃国家豁免。国家也可以通过在外国法院提起诉讼、介入该诉讼或采取与案件实体有关的任何其他步骤、提起反诉等方式默示放弃国家豁免。

同时，《联合国国家及其财产管辖豁免公约》还规定了一国的行为不应被解释为同意另一国的法院对其行使管辖权的情形：(1) 一国同意适用另一国的法律；(2) 一国仅为援引豁免，或仅以对诉讼中有待裁决的财产主张一项权利或利益为目的而介入诉讼或采取任何其他步骤；(3) 一国代表在另一国法院出庭作证；(4) 一国未在另一国法院的诉讼中出庭。

国家在外国法院放弃管辖豁免，并不意味着也放弃在诉讼中对国家财产采取判决后查封、扣押、执行等强制措施的豁免，除非有以下情况：(1) 该国以国际协定、仲裁协议或书面合同，或在法院发表声明或在当事方发生争端后提出书面函件等方式明示同意采取此类措施；(2) 该国已经拨出或专门指定该财产用于清偿该诉讼标的的请求；(3) 已经证明该财产被该国具体用于或意图用于政府非商业性用途以外的目的，并且处于法院地国领土内，但条件是只可对与被诉实体有联系的财产采取判决后强制措施。一国明示放弃管辖豁免，并不构成该国默示同意对其国家财产采取强制措施。《联合国国家及其财产管辖豁免公约》第二十一条进一步明确了不应被视为被一国具体用于或意图用于政府非商业性用途以外目的的财产范围：(1) 该国外交代表机构、领事机构、特别使团、驻国际组织代表团、派往国际组织的机关或国际会议的代表团履行公务所用或意图所用的财产，包括任何银行账户款项；(2) 属于军事性质，或用于或意图用于军事目的的财产；(3) 该国中央银行或其他货币当局的财产；(4) 构成该国文化遗产的一部分或该国档案的一部分，且非供出售或意图出售的财产；(5) 构成具有科学、文化或历史价值的物品展览的一部分，且非供出售或意图出售的财产。即，除非以明示的方式放弃或以偿还债务为目的而专门拨出，上述五种国家财产在任何情况下都不能被他国法院采取查封、扣押、执行等强制措施。

七、国际法上国家的承认

类似题

(1) 国家的成立和承认

(2) 国家承认的法律效果

1. 国家承认的概念和性质

国家承认(recognition of states)是指既存国家以明示或默示的方式对新国家出现的事实给予确认、接受由此产生的法律后果和愿意与新国家建立外交关系的单方面政治和法律行为。

关于国家承认的法律性质和作用，国际法学界有以下两种学说。第一，构成说。该学说认为，国家承认的作用在于使国家成为国际人格者，成为国际社会的成员。持此种观点的学者有奥本海、劳特派特、凯尔森等。但该学说存在以下问题：(1) 无法说明未被承认国的领土与主权是不得侵犯的一般国际法原则；(2) 无法说明未被承认国的领土是不得先占的一般国际法原则；(3) 新国家一产生就是客观存在的，就具有国际法主体资格。第二，宣告说。该学说则认为，国家承认只是既存国家对新国家存在的事实的确认或宣告而已，并不具有创造国际人格的作用，新国家的国际法主体资格取决于其成为国家的事实。持此种观点的主要学者是布莱尔利、威廉等。但该学说没有对国家承认使一个新国家能与承认国进行正常国际交往方面的作用给予应有的注意。在"波黑诉南斯拉夫的《防止及惩治灭绝种族罪公约》适用案"中，南斯拉夫主张其与波黑在 1993 年没有相互承认，公约还没有在两国间生效，波黑无权根据该公约起诉。对此，国际法院在初步反对意见中指出，没有必要考虑多边条约成员国之间没有承认关系是否影响该多边条约效力的问题，只要波黑被接受为联合国会员国，就有资格成为该公约的成员国。①

2. 国家承认须满足的条件

根据国际法原则和规则，既存国家要对新国家给予承认必须符合两个条件，这两个条件缺一不可。(1) 新产生的实体具备国际法意义上的国家要素，即长久定居的居民、确定的领土、中央集权的有效政府和主权。当一个政治实体尚未完全形成一个国家，或者某一叛乱团体尚未建立起一个有效统治的地区时，第三国给予其作为"国家"的承认，属于过早承认，是对有关现有国家的内部事务的干涉。(2) 新国家必须是符合国际法原则而产生的。既存国家对于不符合两个条件的新国家不予承认是一项不承认的国际义务，是各国应遵守的国际义务。例如，在 1931 年日本侵占东北三省，一手制造伪满洲国傀儡政权时，美国国务卿史汀生在中、日两国政府的照会中声明不承认用违反 1928 年《关于废弃战争作为国家政策工具的一般条约》(又称《巴黎非战公约》)的手段所造成的任何情势、条约或协定，后被称为"史汀生不承认主义"。"史汀生不承认主义"是基于"不法行为不产生权利"的一般法律原则，不承认武力造成的国家领土变更。

3. 国家承认的形式

在国际实践中，国家承认有法律上的承认和事实上的承认之分。前者是完全的、无保留的承认；后者是对于被承认国是否巩固不很肯定，但因愿意与其建立关系以处理实际问题而给予的承认。往往在事实上的承认之后继之以法律上的承认。法律上的承认是最完全的一种承认，而事实上的承认是在临时基础上考虑目前实际情况后给予的程度上较小的承认。因此，如果在承认国看来，新的当局虽然在实际上是独立的，并且在其控制的领土内掌握着有效的权力，但是还没有充分稳定，或者还看不出能符合关于国家承认的其他条件，那么发生事实上的承认。一般来讲，法律上的承认不能撤销，而事实上的承认却是可以撤销的。从政治意义上讲，任何一种承认都是可以撤销的；从法律意义上说，除非保证情况发生变化，否则承认是不能撤销的。

4. 国家承认的法律效果

对新国家的承认将产生以下几方面的法律效果。(1) 奠定两国全面交往的基础。两

① ICJ, "Application of the Conventions on the Prevention and Punishment of the Crime of Genocide" (Bosnia and Herzegovina v. Yugoslavia, preliminary objections, judgments of July 11, 1996, pp. 595, 612 - 613).

国间可以建立正常的外交关系和领事关系，但承认本身并不等于建交。因为承认是国家的单方行为，建立外交关系则是双方的行为，所以需要经过建交谈判、缔结外交关系条约等一系列程序。同时，被承认国取得同其他承认国缔结政治、经济、文化等各方面条约的能力。(2) 承认国承认被承认国的立法、司法和行政行为的效力，以及在承认国的诉讼权和豁免权，如被承认国在承认国的法院中进行诉讼的权利。(3) 在国际法上，承认有溯及效力的效果。因此，新国家在未被承认之前完成的法律行为的效力，承认国应予以承认。比如，在承认以前被法院认为无效的某些财产转移或其他交易行为会因承认的溯及效力而有效。

八、国际法上政府的承认

类似题

(1) 托巴主义和艾斯特拉达主义

(2) 政府承认的法律效果

1. 政府承认的概念

政府承认(recognition of governments)是指承认一个新政府为本国的合法代表，并表明愿意同其建立或继续保持正常关系的行为。

政府承认一般在以下两种情况下发生：(1) 同时承认国家及其合法代表的政府的情势，因国家的产生须满足政府要件，故承认了新国家也就承认了其政府；(2) 一个既存国家的内部发生革命或叛乱等非宪法手段所造成的政府更迭的情势，但一国按照宪法程序所进行的政权变动，如王位的继承、选举产生新政府等，则不发生政府承认问题。

政府承认和国家承认主要的区别在于：前者不涉及或影响国家的国际人格，国家的国际法主体资格不因政府更迭而有所改变；后者承认一个新产生的国际法主体，其结果是国际社会的国际法主体数量有所增加。例如，1949 年 10 月 2 日晚 9 时 45 分，苏联外交部副部长葛罗米柯致电周恩来外交部长，苏联政府决定同中华人民共和国建立外交关系，承认中华人民共和国政府为中国的合法代表，但中国作为国际法主体依然继续存在且不受影响。又如，1978 年 12 月 16 日中、美双方签署的《中华人民共和国和美利坚合众国关于建立外交关系的联合公报》，美国承认中华人民共和国政府是中国的唯一合法政府，承认只有一个中国，台湾是中国的一部分。

2. 政府承认的条件

根据国际实践，一个新政府获得承认的必要条件是“有效统治”，即一个新政府要获得别国的承认必须是该新政府已经在其国家的全部或绝大部分领土内行使了有效统治，并且得到了大部分居民的支持和服从。政府承认不取决于新政府依据本国国内法所具有的合宪性或合法性，而只取决于该新政府对本国的有效统治。但是，一个新政府是由于得到在其领土上的另一国家的武装部队的支持而控制着国家的，则不应被承认。

政府承认也分为法律上的承认和事实上的承认，政府承认的方式有明示和默示，但国际上一般倾向于以默示的方式承认新政府。例如,1950 年 1 月 6 日,英国政府宣布承认中华人民共和国,致电称:"察悉中央人民政府已有效控制中国绝大部分之领土,今日业已承认此政府为中国法律上之政府";1950 年 1 月 14 日,瑞典政府宣布承认中华人民共和国,致电称:"鉴于中华人民共和国中央人民政府已有效控制着中国大部分领土的事实,现决定在法律上承认中央人民政府为中国政府。"

3. 政府承认的性质

历史上,出现过有些国家以新政府系由革命所产生及革命所用暴力过于激烈为理由而拒绝予以承认的情形。例如,1907 年,厄瓜多尔外交部长托巴提出,凡是依宪法之外的手段掌握政权的政府,只有在其得到全民广泛选举承认之后,才可予以承认。后被称为"托巴主义(Tobar doctrine)"的上述政府承认标准被纳入 1907 年中美洲 5 个国家之间的条约中,"各缔约国承认新政府直至自由选出的全民代表……依据宪法改组国家的时候为止,不承认任何一个不择手段建立起来的政府"。又如,1913 年,美国总统威尔逊采取托巴主义,拒绝承认 1913 年墨西哥维克托里亚诺·韦尔塔叛乱。

但历史上长期受大国干涉的墨西哥则否认通过宣言承认他国政府的权力。1930 年 9 月 27 日,墨西哥外交部长艾斯特拉达发表声明,宣称"鉴于承认的给予意味着对外国内政的判断,墨西哥今后只限于继续保持或不保持与外国政府的外交关系,而不采用承认的形式"。该声明后被称为"艾斯特拉达主义(Estrada doctrine)"。

从国际社会的国家实践来看,政府承认属于国家的自由裁量权,只要新政府的产生不违反国际法,其他国家就可以对该新政府予以或不予以承认,但不得用承认干涉别国内政。

4. 政府承认的法律效果

政府承认的效果同国家承认的效果类似。例如,既存国家对一个新政府的承认,往往成为双方建立或保持外交关系的基础。但政府承认并不意味着双方随之建立外交关系,有时承认与建交之间可能相隔较长的时间。例如,英国政府在 1950 年就承认了中华人民共和国政府,但一直到 1972 年才同中华人民共和国建立大使级外交关系。

对新政府的承认是对新政府拥有的、作为国家合法代表的一切资格和权利的承认,包括位于国内外的国家财产的权利及在国际组织或国际会议中的代表权等,并且政府承认的效果在原则上可追溯到新政府成立之时。

九、国际法上的国家继承

类似题

(1) 国家继承和政府继承

(2) 领土变更与权利和义务的继承

1. 国际法上的继承

国际法上的继承是指国际法上的权利和义务由一个承受者转移给另一个承受者所发生的法律关系。根据参加继承关系的主体不同,国际法上的继承可分为国家继承、政府继承和国际组织的继承；根据继承的客体不同，国际法上的继承可分为条约继承、财产继承、债务继承、档案继承，以及国家责任的继承。

(1) 国家继承及其条件

国家继承是指因国家的领土变更而引起一国的权利和义务转移给另一国的法律关系。国家继承的发生是由于国家的领土变更，包括国家部分领土转移、国家领土合并、国家领土分离、国家领土分立，以及殖民地、附属地或非自治领土因获得独立地位而成为新独立国家。

根据国际法，国家继承必须具备两个条件：(1) 国家继承的合法性，即国家继承必须符合国际法，尤其是《联合国宪章》所体现的国际法原则，不合法的权利和义务不属于国家继承范围；(2) 国家继承的权利和义务必须与所涉领土有关联，与领土变更无关的权利和义务不在国家继承之列。

关于国家继承的法律渊源，目前主要是国际习惯法和国际条约。其中，1978 年联合国大会通过的《维也纳条约继承公约》已于 1996 年生效，1983 年联合国大会通过的《关于国家对国家财产、档案和债务的继承的维也纳公约》则至今尚未生效。这两项公约的许多规定反映了国家继承的习惯规则，尽管 1983 年公约尚未生效，但南斯拉夫解体时普遍遵循了上述两项公约的原则。此外，联合国国际法委员会 2017 年委任的特别报告员帕维尔·斯图尔马已着手起草关于国家责任方面的国家继承公约，该起草工作仍在进行中。

(2) 政府继承及其同国家继承的区别

政府继承是指由革命或政变所导致的政权更迭、旧政府在国际法上的权利和义务由新政府取代的法律关系。政府继承一般遵循以下原则：① 新政府通常根据条约的具体内容决定是否继承，对一切不平等的掠夺性秘密条约及与新政府所代表的国家利益根本对立的条约则不予继承；② 旧政府的一切国家财产及权益都应转属新政府；③ 对旧政府的债务不予继承或者根据具体情况区别对待，但新政府可无条件地废除一切恶意债务。

国家继承与政府继承的不同主要表现在以下三方面。① 发生继承的原因不同。前者是由领土变更的事实引起的，后者则是政府的更迭。只有在因社会革命而引起根本性政府变动，新政府在本质上不同于旧政府的情况下，才发生政府继承问题。② 参加继承关系的主体不同。前者是两个不同的国际法主体，后者则发生在同一国际法主体内部的新、旧两个政府之间。③ 国家继承因领土变更的情况不同而在范围上有全部继承和部分继承之分，而政府继承一般是全部继承。

2. 条约的继承

条约的继承在实质上是被继承国缔结或参加的国际条约对继承国是否继续有效的问题。国际条约对继承国有效与否的一般判断原则有以下两点。(1) 凡是与国际法主体资格相关联的(又称人身条约)，如参加国际组织的条约，一般都不继承。此外，政治性条约，诸如和平友好条约、同盟条约、共同防御条约等，由于情势变迁，因而一般不继承。(2) 关于处分性条约或非人身条约，如领土划界、河流使用、水利灌溉、道路交通等，原则上要继承。但上述原则并不排除有关国家达成协议或通过谈判来解决条约的继承问题。1978 年《维也纳条约继承公约》第十一条规定，国家继承本身不影响条约规定的边界，以及条约规定的同边界制度有关的义务和权利。1986 年，在“布基纳法索诉马里的边界案”的判决中，国际法院的一个分庭指出，疆界不变更原则(principle of uti possidetis)构成一般性质的原则，其旨在防止新独立国家的独立和稳定受到因边界争议而引起的手足断杀的危险。

此外，1978年《维也纳条约继承公约》根据国家领土变更的不同情况作出了如下规定。(1) 关于国家部分领土转移情况下的条约继承。出让国的条约对该部分领土失效，而受让国的条约对所涉领土生效。(2) 关于国家领土合并情况下的条约继承。对其中任何一个国家有效的任何条约继续对继承国有效，但原则上仅对原来适用该条约的那部分领土有效，而不适用于合并后的全部领土。(3) 关于国家领土分离或分立的条约继承。不论被继承国是否存在，原来对被继承国全部领土有效的条约对所有继承国继续有效，原来仅对被继承国部分领土有效的条约只对由该领土组成的继承国有效。(4) 因殖民地或附属领土取得独立而建立的新国家的条约继承采取特殊规则。新独立国家没有义务继承所有的条约或成为其当事国，原则上可以自主决定是否继承条约。例如，1978年《维也纳条约继承公约》第十七条规定，新独立国家对于所涉领土有效的多边条约，可发出继承通知，确立其成为该条约当事国的地位；第二十四条规定，对于有效的双边条约，在新独立国家与别的当事国之间做出明示同意的情况下被视为有效。

3. 国家财产方面的继承

财产继承是指被继承国的国家财产转属继承国。其中，国家财产是指国家继承发生时按照被继承国国内法为该国所拥有的财产、权利和利益。

国家财产分为不动产和动产，不动产随领土转移，动产继承则遵循以下原则：(1) 被继承国的国家财产必须与变更的国家领土相关联；(2) 处理国家财产的继承必须根据所涉领土的实际生存原则并顾及公平。根据1983年《关于国家对国家财产、档案和债务的继承的维也纳公约》，财产继承因国家领土变更的不同情况而有不同的规则：国家部分领土转移时一般按协议解决，如无协议，该部分领土内不动产各自继承；国家领土合并时全部继承；国家领土分离或分立时也按协议解决，如无协议，各自继承，因分立而不存在被继承国时，海外资产应按公平比例继承；新独立国对于殖民国家和宗主国的财产，按照财产与独立领土相关联和领土实际生存原则，予以继承。所涉领土实际生存原则是以动产是否与所涉领土的活动有关为依据，与所涉领土的活动有关的国家动产，应转属继承国的原则。

4. 国家债务方面的继承

债务继承是指被继承国的国家债务转属继承国。其中，国家债务是公共债务，是指一国对另一国、某一国际组织或任何其他国际法主体所负的财政义务。国家债务通常包括以国家名义所借并用于全国的债务之国债，以及以国家名义所借但用于国家领土的某一部分的债务之地方债务，这两者都属于继承的范围。而由地方当局所借并用于该地区的债务，则不属于国家债务范围的地方债务，国家对此不承担责任。此外，国家违反国际法基本原则所举的债，即国家恶债，不属继承的范围。

根据1983年《关于国家对国家财产、档案和债务的继承的维也纳公约》，债务继承因国家领土变更的不同情况而有不同的规则：国家部分领土转移时应按协议继承，如无协议，应按公平比例分担；国家领土合并时全部承担；国家领土分离或分立时也按协议继承，如无协议，应按公平比例分担；新独立国一般不继承，但另有协议的除外。

5. 国家档案方面的继承

档案继承是指被继承国的国家档案转属继承国。其中，国家档案是指被继承国为执行其职能而编制或收藏，在国家继承之日按照被继承国国内法的规定属其所有，并作为档案保存或控制的一切文件。国家档案不同于国家财产和国家债务，一般不能分割，因此不能按比例分配，但国家档案可以复制以供使用。除了新独立国家作为继承国这一特殊情况，一般按协议继承，如无协议，一般将与所涉领土有关的档案转属继承国。当新独立国家作为继承国时，在领土附属期间成为被继承国的国家档案，应归还新独立国家；被继承国的国家档案中与所涉领土有关部分的转属或复制问题，应由被继承国与新独立国家协议解决。

第四章 国际法上的国际组织

一、国际组织的法律人格

类似题

(1) 国际组织的法律制度

(2) 国际组织的议事规则

1. 国际组织的定义和特征

国际组织是两个以上国家的政府、民间团体或个人为特定的国际合作目的,通过协议或条约的形式而创设的常设机构,包括政府间国际组织和非政府间国际组织。但是由国际法规范调整的国际组织是政府间国际组织,如 1975 年《维也纳关于国家在其对普遍性国际组织关系上的代表权公约》和 1986 年《关于国家和国际组织间或国际组织相互之间条约法的维也纳公约》所规定的国际组织是政府间国际组织,并不规范非政府间国际组织的行为。

2011 年,联合国国际法委员会通过的《国际组织责任条款草案》第二条规定,"国际组织是指根据条约或其他受国际法调整的文件所建立,并具有自己的国际法律人格的组织。国际组织的成员除了国家也可以包括其他实体"。即,为实现特定的合作目的,具有国际法律人格,以条约或其他国际法文件为创设依据,且受国际法调整的常设机构是国际组织。相比而言,非政府间国际组织通常是由注册地国家的国内法所调整的主体,一般国际法对其法律地位并无具体规定。

国际法意义上的国际组织具有以下特征。(1) 国际组织是国家之间的组织,其成员是主权国家或其政府,但也有例外。在实践中,有些国际组织允许一些非国家实体作为其成员或准成员,如中国香港(Hongkong, China)以单独关税区的身份作为世界贸易组织的正式成员。国际组织无权干涉成员国的内政,国际组织的成员一律平等。(2) 国际组织是依据国家间协议或条约而建立的,该协议或条约是国际组织的基本文件或章程。国际组织的基本文件或章程应符合一般国际法和条约法的准则。(3) 国际组织具有特定的目的或宗旨,其权力具有职能性的特征。国际组织的权力是建立该组织的国家赋予的,受建立该组织的国家所认可的特定领域共同利益的限制。(4) 国际组织具有连续性工作机制的常设机构,规定具体的运作机制。国际组织具有比较完整的结构体系,拥有常设性的工作地点,在国际社会中具有稳定性、持续性的特征,区别于国家之间的临时性国际会议。(5) 国际组织具有独立的法律人格。国际组织一旦成立,独立开展活动,以独立的国际法律人格参加国际法律关系,享有和承担国际法上的权利和义务。但国际组织的独立法律人格并不意味着国际组织是凌驾于国家之上的国际法主体,其意志或法律人格仍然受成员国国家意志的限制。即使国际组织在某些方面具有一定的超国家因素,也并不损抑国家主权的主要属性,而是国家主权在国际范围内作用的结果。

2. 国际组织的法律人格

国际组织的法律人格是指国际组织具有的，可以作为国际法权利的承受者和义务的履行者的主体资格。大部分国际组织在其基本文件中承认了国际组织的法律人格，如《国际劳工组织章程》第三十九条、《欧洲经济共同体条约》第二百一十条、《欧洲原子能共同体条约》第一百八十四条等。但有的设立宪章不做规定，而根据特别条约予以承认。例如，1946 年 2 月 13 日通过的《联合国外交特权及豁免公约》第一条第一节规定，联合国具有法律人格；1947 年 11 月 21 日通过的《联合国专门机构特权和豁免公约》第二条第三节规定，联合国专门机构具有法律人格。

国际组织的法律人格可分为国内法律人格和国际法律人格。国际组织的国内法律人格是指国际组织在特定国家享有的国内法上的权利和义务能力，如签订国内法上的合同、取得或转让动产和不动产等。例如，《联合国宪章》第一百零四条规定，"本组织于每一会员国之领土内，应享受与执行其职务及达成其宗旨所必需之法律行为能力"；《马拉喀什建立世界贸易组织协定》第八条第一款规定，世界贸易组织具有法人资格，各成员均应给予世界贸易组织履行其职能所必需的法律资格。

国际组织的国际法律人格是指国际组织在国际关系上享有权利、承担义务、实施法律行为，且为国际法所承认的资格。但各个国家往往对承认国际组织的地位感到困难，对承认国际组织的国际法律人格也一向表现消极，因此在设立宪章中承认国际组织的国际法律人格非常罕见。例如，1951 年 4 月 18 日通过的《欧洲煤钢共同体条约》第六条规定，欧洲煤钢共同体为在国际关系中行使其职能和实现其宗旨享有必要的法律能力。

在国际社会普遍确立国际组织的国际法律人格的国际判例是"执行联合国职务时所受损害赔偿案"的咨询意见，国际法院于 1949 年 4 月 11 日在判决中肯定了联合国的国际法律人格。"联合国旨在行使并享有，而且事实上正在行使并享有各种职权。如果不赋予其国际法律人格，就不可能贯彻其创立的宗旨。联合国是一个国际法律人格者，但其既然不是国家，在法律人格与权利和义务方面就与国家不是一样的。联合国作为国际法的主体，有资格通过国际求偿维护自己的权利。"国际法院进一步宣布，"联合国不仅可以就对其本身受到的损害提起赔偿请求，也可以就受害人或通过其授权的人遭受的损害提起赔偿请求。尽管根据国际习惯法，外交保护必须由国籍国行使，但在国际法中应将联合国视为被国籍国赋予行使这些权利"。因此，国际法院认为，"联合国有能力要求适当的赔偿，包括对受害人或有权利的人所遭受的损害的赔偿"。①

关于国际组织的法律人格的来源主要存在主观人格说和客观人格说两种学说。主观人格说（又称"约章授权论"）主张，国际组织所赖以存在的基础是国际组织约章或设立宪章，而该约章就是国际组织成员国意志的体现，是国际组织成员国授予的一种权力。国际组织的人格来源于其组织约章，如果一国际组织的约章中没有规定其享有国际人格，那么该国际组织不具有法律人格。客观人格说（又称"隐含权力论"）则主张，国际组织的法律人格是国际组织客观存在的必然结果，甚至是其所固有的权力。国际组织的法律人格并非来源于其组

---

① ICJ, "Reparation for Injuries Suffered in the Service of the United Nations" (advisory opinion of April 11, 1949).

织约章，而是来源于既定的国际秩序。只要一国际组织满足一定的客观因素，其便享有法律人格。这些客观因素一般由国际法所确定，诸如该国际组织由各国组成的具有合法目的、配备常设机构，并存在于国际层面而非仅限于一个或一个以上国家国内制度的可行使的法律权力。①

其实，国际组织一般是为了一定的目的或职能而建立的，其除了需要维持组织内部的工作职能，还需要在职能范围内对外开展活动。而国际组织对外开展有效活动的基础是在其活动的领域内具有必要的法律地位，是独立于其成员国的一定的法律人格。国际组织不仅需要在其成员国(甚至非成员国)领域内，即在国内法上，而且需要在国际社会内，即在国际法上，都具有独立的法律人格。② 因此，一个国际组织是否具有法律人格，首先要满足创立该国际组织的条约明文规定，其次要具备作为国际社会主体应具有的资格。正如 1986 年《关于国家和国际组织间或国际组织相互之间条约法的维也纳公约》第六条规定，国际组织缔结条约的能力依照该组织的规则。在创立条约没有明文规定的情况下，从该国际组织的组织章程和组织实践中做出推断。

3. 国际组织成员资格的取得和丧失

国际组织成员资格的取得和丧失一般由国际组织的设立宪章予以规定，其内容不尽相同。

国际组织成员资格的取得由其组织文件规定，不同类型的成员，其加入的条件与程序也不尽相同。国际组织成员资格的取得一般分为创始会员取得和纳入成员取得。有关国家只要参加了组织的创建会议或在建立组织的基本文件上签字，并在某一特定日期之前批准、接受或加入了该组织章程，即取得创始会员资格。而就纳入成员而言，则需要按照国际组织章程所规定的条件与程序办理，即首先由有关国家提出申请，然后经该组织有关机关审议、核准后才能取得纳入成员资格，有的还需要申请国和组织签署加入条约或议定书。

国际组织成员资格的丧失原因一般有两种，即成员的自愿退出和被开除。大多数国际组织的组织文件中明文规定了退出条款。国际组织对成员退出组织的权利没有太多条件限制，但一般要求退出国提前通知和清偿债务。除自愿退出以外，国际组织章程还规定了成员资格的开除，即一成员国如果严重或屡次违反组织章程和国际法基本规范，就有可能受到被开除的后果。例如，《联合国宪章》第六条规定，联合国会员国中，有屡次违反本宪章所载之原则者，大会经安全理事会之建议，得将其由本组织除名。

国际组织使用开除来制裁其成员的情况实际上并不多见，比较普遍采用的是中止行使权力或暂停成员资格的办法，而被中止的权利在一定条件下是可以恢复原状的。

4. 国际组织的议事规则

国际组织的议事规则是指国际组织的各机关在行使其职能和日常活动过程中所遵循的程序性规则和制度，主要包括会议制度和表决程序等内容。

国际组织各机关召开的会议，大致可以概括为经常会议、定期会议和特别会议等三种类型，通常有确定、具体的会议议题和讨论次序的会议议程，且为确保会议的有效和顺利进行，通常实行会议主席制度。会议主席一般可以由组织的上一级机关任命、成员国选举、由成员

① 伊恩·布朗利：《国际公法原理》，曾令良、余敏友等译，法律出版社，2007，第 602 页。

② 梁西：《国际组织法(修订第四版)》，武汉大学出版社，1998，第 9 页。

国轮流担任等几种方式产生。

国际组织的表决程序通常涉及两个基本问题：投票权的分配问题和表决权的集中问题。前者是表决的前提条件，分配方法主要有一国一票制和加权投票制；后者是表决的有效结果，其方法主要有全体通过制、多数通过制和协商一致等。

在投票权的分配问题中，加权投票制是第二次世界大战以后为了实现成员国，特别是国际经济组织的特殊利益而采用的，是一种按照成员方的实力大小、责任和贡献的多少来分配投票权的方法。例如，国际货币基金组织和世界银行集团等国际金融组织的加权投票权，分别是根据成员方在组织中认缴的份额和出资比例来确定的。

在表决权的集中问题中，协商一致是指经过协商，只要在有关问题的基本点上达成一致，而在非基本点上即使存在分歧，如成员方不提出反对，决议也可通过的决策方式。例如，1994 年《马拉喀什建立世界贸易组织协定》第九条规定，世界贸易组织应继续沿用 1947 年《关税与贸易总协定》以协商一致进行决策的方法。协商一致可以通过避免易于引发对抗的生硬投票方式做出基本上能为大家所接受的决议，因此只有当不能以协商一致做出决议时，才采用投票方法。

5. 国际组织的决议

国际组织的决议可以采取决定、命令、建议、宣言、规则和标准等不同的形式，各种决议的法律效力也有所不同，可分为有法律拘束力的决议、限制性有法律拘束力的决议和无法律拘束力的决议。有法律拘束力的决议，主要是对其组织本身、下属机关和成员有拘束力的国际组织内部规则，以及联合国安全理事会和美洲国家组织在有关维持国际和平与安全方面可以做出对成员国有拘束力的决议。限制性有法律拘束力的决议，如国际民用航空组织理事会可以以三分之二多数的决议通过有关国际航空的“国际标准”规章，经过 3 个月或更长的时间，即对成员生效，但若半数成员表示不能接受，则对成员无拘束力。无法律拘束力的决议则有以下两类。一类是对其成员国，有时也对组织的其他机关或其他国际组织做出的，目的是希望改变一种存在的情势。此类决议没有法律拘束力，但是在实践中，当被建议者正式接受时，接受建议的行为就为其创设了法律义务，而对其具有法律拘束力。另一类是虽然没有法律拘束力，但是作为“软性法”对习惯法的形成起到重要作用。

二、国际组织的组织结构

类似题

(1) 国际组织的主要机关
(2) 国际组织的组织结构及其职责

由于各个国际组织的宗旨不同，活动领域和方式存在差异，因而不同国际组织的内部机构也千差万别。国际法学界对国际组织内部结构的分类标准无统一认识①，但通常来讲，国

① 饶戈平：《国际组织法》，北京大学出版社，1996，第 153 页。

际组织有普遍公认的决策机构、执行机构、行政机构等三大标准的主要机构(the standard principal organs)[①]。此外,有些国际组织还设有争端解决机构。

1. 决策机构

决策机构,或称权力机构,是国际组织根据基本文件设立的最高权力机关。决策机构由全体成员国组成,通常被称为"大会""代表大会""全体会议"等。近年来,许多重要的国际组织的大会代表机构发生了变化,更多地由成员国的国家元首、政府首脑或专业、行业的负责人来担任,因此其也被称为首脑会议、部长会议等。

决策机构不是常设机构,一般每年定期举行一次会议,也有组织规定间隔的时间更长些,如国际电信联盟的大会每五年召开一次。出于工作的需要,决策机构之下一般设有各专门委员会和辅助机关。

决策机构作为国际组织的最高权力机关,为所有成员国提供了一个讨论和商议国际重大问题或各种专业问题的平台,具有制定组织的方针政策、审议组织的财政预决算、接纳新成员国、选举执行机关成员并审议其报告、选举秘书长、制定和修订有关约章、实行内部监督等职能。

2. 执行机构

执行机构一般称为"执行局""理事会""执行委员会"等,是国际组织的常设机构。执行机构一般由国际组织中的一部分成员国组成,由决策机构根据公平分配原则确定各地区的配额,选举产生并在一定的任期内轮流上任。但也有些国际组织的执行机构成员不是经选举产生的,如联合国安全理事会由中国、美国、英国、法国、俄罗斯5个永久性的常任理事国,以及10个由联合国大会选出的非常任理事国组成。

执行机构负责在决策机构休会期间对现实问题做出决定,并执行决策机构的决议,监督秘书处(行政机构)的工作。有些国际组织设有多个此类机构,分管和负责组织在不同领域内的事务。例如,联合国设有三个执行机构,除了联合国托管理事会已完成其历史使命,[②]联合国安全理事会和联合国经济及社会理事会在当今国际事务中仍发挥着重大作用。联合国安全理事会维持国际和平与安全,可以做出全体成员国都有义务接受并执行的决定;联合国经济及社会理事会负责协调和指导联合国成员国在经济、社会、人道主义和文化等方面的活动。

3. 行政机构

行政机构是国际组织处理日常工作的常设机构,通常称为"秘书处",它是一个国际组织经常存在的象征。[③] 行政机构由从事专门工作的人员组成,他们不代表任何国家,属于国际公务员。秘书长或称为执行秘书、总裁、主席、总干事等,是该机构的最高行政长官,也是国际组织的最高行政首脑和对外代表。秘书长通常由决策机构选举产生,有一定的任期。

秘书处的基本职能是处理组织的日常事务,为其他机构提供服务,以保持组织活动的持续性和稳定性。其具体的主要职责是执行各机构的政策、方案,负责行政和日常事务管理,为各机构的各项工作提供后勤服务,如提供会议场所,复制、翻译、整理和保管文件,对外宣

---

① Ivan Shearer, *Starke's International Law* (London: Butterworths, 11th ed, 1994), p. 555.

② 随着联合国剩下的最后一个托管领土帕劳于1994年10月1日取得独立,联合国托管理事会于1994年11月1日停止运作。

③ 陈世材:《国际组织:联合国体系的研究》,中国友谊出版公司,1986,第87页。

传,协调各机构的工作等。

4. 争端解决机构

争端解决机构虽然不具有普遍性,但在国际组织成员之间、国际组织与其成员之间、国际组织之间常发生摩擦、引起争端时,有些国际组织即使没有设立专门的争端解决机构,一般也在章程中规定一定程序来防止和解决此类情况。

随着国际组织在国际社会的地位越来越显著,其处理问题的领域越来越宽泛,防止和解决各方之间的争端就成了国际组织的重要职能之一。一些国际组织专门设立解决争端的司法机构,如联合国的国际法院;一些国际组织在内部设立调停、调查、和解、仲裁委员会,或者直接委托理事会来受理和解决国际组织的争端问题,如美洲国家组织由常设理事会及其下属的泛美和平解决争端委员会负责处理该事务;一些国际组织的章程规定若遇到争端,可经由当事方请求,临时成立争端解决小组、委员会或仲裁法庭,一旦争端解决,该临时机构就完成使命而解散。

三、联合国的宗旨和原则

类似题

(1)《联合国宪章》第一条和第二条

(2)联合国的成立及其基本原则

1. 联合国的成立过程

联合国是继国际联盟之后,又一个以集体安全、和平解决争端原则为基础的维持国际和平、发展国际合作的普遍性国际组织。作为联合国前身的国际联盟,是1920年1月10日在美国总统威尔逊倡导下成立的,其宗旨是保障国际和平与促进国际合作。但国际联盟没有禁止战争,只规定了限制战争的程序,并设置了3个月的缓冲期。虽然国际联盟未能阻止第二次世界大战的爆发,但战争的悲剧证明了国际联盟宗旨的正确性,国际社会更加认识到创立一个更加完善的普遍性政治组织的必要性。

主张在战后建立一个国际安全体系的思潮,早在第二次世界大战中期就已经出现。1941年8月13日,英国和美国首脑共同签署了《大西洋宪章》,宣布尊重各国人民选择其政府形式的权利,恢复被暴力剥夺的各国人民的主权,各国在贸易和原料方面享受平等待遇,促成一切国家在经济方面最全面的合作。1942年1月1日,正在与轴心国作战的26个同盟国的代表在美国华盛顿签署了《联合国家宣言》,赞同了《大西洋宪章》的宗旨和原则,第一次正式采用了美国总统罗斯福提出的"联合国"名称。但这还不是一个定型的国际组织,只是对与德国、意大利、日本法西斯作战的各个国家的总称。1943年10月30日,中国、苏联、美国、英国等四国代表在莫斯科签署了《普遍安全宣言》,确定了战后建立普遍安全组织的共同方针和基本原则。

1944年秋,中国、苏联、美国、英国等四国代表在美国华盛顿敦巴顿橡树园开始着手建立联合国,形成了《关于建立普遍性国际组织的建议案》("联合国宪章草案"),建议将该国际组织命名为“联合国”。在此会议上确定了五大常任理事国和安全理事会的主要职权，但是未确定安全理事会的表决程序。1945 年 2 月，在雅尔塔会议上，苏联、美国、英国等三国达成了安全理事会关于非程序性事项需“五大国一致同意”的表决程序。

1945 年 4 月 25 日，50 个国家的代表在旧金山参加了联合国国际组织会议并一致通过了《联合国宪章》，对 1944 年在美国华盛顿敦巴顿橡树园里提出的建议案进行了审议。1945 年 6 月 26 日，50 个国家的代表签署了《联合国宪章》。当时波兰没有派代表参加此次会议，但后来签署了《联合国宪章》，因而成为联合国 51 个创始成员国之一。在中国、法国、苏联、英国和美国以及其他签字国批准《联合国宪章》以后，《联合国宪章》于 1945 年 10 月 24 日生效，宣告联合国正式成立，包括 51 个创始成员国，总部设在美国纽约。

2. 联合国的四项宗旨

《联合国宪章》第一条规定了联合国的四项宗旨。

(1) 维持国际和平与安全。这是联合国的首要目的。为了达到这一首要目的，《联合国宪章》规定了两项措施：采取有效集体办法，以防止和消除对和平的威胁，制止侵略行为或其他破坏和平的行为；用和平方法并依据正义及国际法原则，调整或解决足以破坏和平的国际争端或情势。

(2) 发展各国之间的友好关系。《联合国宪章》规定，发展国际间以尊重人民平等权利及自决原则为根据的友好关系，并采取其他适当办法，以增强普遍和平。各国人民平等及民族自决原则是发展各国间友好关系的基础，是维持国际和平与安全的前提，是维护各国间友好关系、全世界和平的切实保证。

(3) 促进国际合作。《联合国宪章》规定，促进国际合作，以解决国际间属于经济、社会、文化及人类福利性质的国际问题，并且不分种族、性别、语言或宗教，增进并鼓励对于一切人的人权和基本自由的尊重。促进经济、社会、文化等领域的合作，尊重全人类的人权和基本自由，不进行任何歧视是消除引起战争的经济和其他因素的重要措施。

(4) 协调各国行动。《联合国宪章》规定，联合国构成协调各国行动的中心，以达成上述共同目的。《联合国宪章》之所以如此规定，是为了强调联合国应当成为一个协调一切国家的行动并使之进行协作的重要场所。其主要活动方式是通过彼此协商，取得协调，以实现上述各项宗旨。

3. 联合国的七项原则

《联合国宪章》第二条规定了联合国本身及其会员国应遵循的七项原则。

(1) 主权平等原则。联合国是在各会员国主权平等的基础上形成的国际组织。国家不管其大小、强弱，社会制度和发展水平如何，各国在国际社会上的法律地位一律平等。主权平等原则主要体现在以下方面：① 国家在国际组织和国际会议中享有平等的代表权和投票权；② 国家享有平等的缔约权；③ 国家在外国享有司法豁免权；④ 国家享有平等的尊荣权；⑤ 国家享有平等的位次权。

(2) 善意履行宪章义务原则。各会员国应一秉善意，履行其依宪章所担负的义务，以保证全体会员国由加入本组织而发生的权益。善意履行宪章义务不仅是加入联合国会员国的条件，而且是保证全体会员国权益的前提。宪章义务主要包括和平解决争端的义务，以及供给为维持国际和平与安全所必需的军队、协助及便利，包括过境权的义务等。

(3) 和平解决国际争端原则。各会员国应以和平方法解决其国际争端，避免危及国际和平、安全及正义。和平解决国际争端是成立联合国的初衷，是总结第一次世界大战、第二次世界大战沉痛教训的结果，也是《联合国宪章》所规定的联合国会员国的基本义务。《联合国宪章》不仅规定了联合国会员国和平解决国际争端的义务，而且规定了在安全理事会的参与下积极谋求和平解决危及国际和平、安全及正义的情势的程序事项。

(4) 禁止使用武力原则。各会员国在其国际关系上不得使用威胁或武力，或以与联合国宗旨不符的任何其他方法，侵害任何会员国或国家的领土完整或政治独立。《联合国宪章》是第一个明文规定禁止武力威胁或使用武力的国际公约，也是当今国际法所确定的国际强行规范之一，因此与该原则不符或相冲突的任何协议均属无效，违反该原则的行为将引起国际法责任，包括国际法上的国家责任和个人的国际刑事责任。但《联合国宪章》也规定了禁止使用武力原则的两种例外情形，即对武力攻击的单独或集体自卫，以及联合国安全理事会为维持国际和平与安全而采取的行动。

(5) 集体协助原则。各会员国对于联合国依宪章规定所采取的行动，应尽力予以协助；联合国对任何国家正在采取防止或执行行动时，各会员国对该国不得给予协助。《联合国宪章》序言指出，为维持国际和平与安全，促进人类经济与社会的进步和发展，会员国“务当同心协力”。尤其在联合国为维持国际和平与安全方面采取行动时，会员国应负有供给军队等积极协助义务，同时应负有针对被采取措施的国家不予协助的消极义务。

(6) 保证非会员国遵守宪章原则。联合国在维持国际和平与安全的必要范围内，应保证非会员遵行上述原则。维持国际和平与安全是关涉整个国际社会的根本利益的重要情势，如果条约的目的和宗旨是创设国际社会的“公共产品”并为实现条约的目的和宗旨所必需的，那么条约可例外地为第三国创设某种一般性义务，符合《维也纳条约法公约》第三十五条的条约为第三国创设义务的情形。

(7) 不干涉内政原则。《联合国宪章》中的任何规定都不得视为授权联合国干涉本质上属于任何国家国内管辖权的事项，且并不要求会员国将该事项依宪章提请解决。

四、联合国的组织结构

类似题

(1) 联合国的主要机关
(2) 联合国的组织结构及其职责

联合国为了实现其宗旨和履行其职责，设有联合国大会、安全理事会、经济及社会理事会、托管理事会、国际法院及秘书处等六个主要机关。

1. 联合国大会

联合国大会是联合国最具代表性，其职能及权限最为广泛的机关。根据《联合国宪章》第四章，大会由全体会员国组成。观察员在联合国大会没有投票权和发言权，但经大会主席允许，可就与其有关的问题发言。

《联合国宪章》规定，联合国大会具有广泛的职权。(1) 国际方面的职权。联合国大会可审议为维持国际和平与安全而进行合作的一般原则，并提出相关建议；讨论会员国、安全理事会或一定条件下的非会员国提出的涉及国际和平与安全的任何问题，除安全理事会正在处理的外，并可提出建议；提请安全理事会注意足以危及国际和平与安全的情势；除安全理事会正在处理的外，可就和平解决任何其认为足以妨碍国际公共福利或友好关系的情势，建议应采取的调整措施；发动研究并提出建议，以促进政治方面的国际合作，提倡国际法的进一步发展与编纂；促进经济、社会、文化、教育和卫生方面的国际合作，帮助实现全人类的人权和基本自由；行使有关托管职能，核准、更改或修正托管协定。(2) 组织监督方面的职权。联合国大会接受并审议安全理事会和其他机构的报告；选举安全理事会的非常任理事国、经济及社会理事会的所有理事国、托管理事会的须经选举的理事国，同安全理事会平行并彼此独立投票选举国际法院的法官；依据安全理事会的推荐委派联合国秘书长；根据安全理事会的推荐通过决议接纳新会员国；根据安全理事会的建议中止会员国的权利或开除会员国。(3) 内部行政方面的职权。审议和批准联合国的预算；分配会员国的经费负担；审查各专门机构的行政预算。

联合国大会虽然在政治、经济、社会、文化、教育、卫生等领域享有极为广泛的职权，但这些职权多属于建议性质，其中政治方面的讨论和建议权还受到安全理事会职能的制约。

《联合国宪章》规定，联合国大会在表决方面遵循如下规定：大会实行一国一票制，各会员国不论大小，在大会每一会员国都享有一个投票权；对于重要问题，应以到会并投票的会员国三分之二多数决定；对于其他问题的决议，包括另有何种事项应以三分之二多数决定的问题，应以到会并投票的会员国过半数决定。在实践中，以协商一致方式通过决议的比例不断提高。

2. 安全理事会

安全理事会是联合国维持国际和平与安全的主要机关，在联合国的六大主要机关中占有首要的政治地位。

安全理事会由中国、美国、英国、俄罗斯、法国等 5 个常任理事国和 10 个非常任理事国组成。非常任理事国由联合国大会选举，任期为 2 年，交替改选，每年改选 5 个，改选时不得连选连任。联合国大会在选举非常任理事国时，首先应特别考虑到联合国各会员国对维持国际和平与安全以及联合国其他宗旨的贡献，也需顾及地理上的公平分配。

作为联合国中唯一有权采取行动来维持国际和平与安全的机关，安全理事会的主要责任为维持国际和平与安全，其有关决议对会员国具有约束力，所有会员国都有义务按照宪章的规定执行安全理事会的决定。(1) 和平解决争端方面的职权。安全理事会可促请各争端当事国用和平方法解决争端；可调查任何争端或情势，以断定其继续存在是否足以危及国际和平与安全；对于上述性质的争端或情势，可在任何阶段建议采用适当的调整方法；任何会员国、一定条件下的非会员国、联合国大会或秘书长，均可就可能危及国际和平与安全的争端提请安全理事会注意。(2) 维持和平与制止侵略方面的职权。安全理事会应断定任何对和平的威胁、破坏和平的行为或侵略行为是否存在；可促请有关当事国遵行安全理事会认为必要或适当的临时措施，以防止情势恶化；可建议或决定采取不牵涉使用武力的措施，并促请会员国执行此等措施；如认为上述措施不够用，可采取必要的武力行动(包括会员国的空、海、陆军示威，封锁或其他军事行动)，以维持或恢复国际和平与安全。(3) 其他方面的职权。安全理事会负责拟定军备管制方案；在战略性地区行使联合国的托管职能；选举国际法院的法官；建议或决定应采取的措施以执行国际法院的判决;向联合国大会推荐新会员国和联合国秘书长;联合国向大会建议停止会员国的权利或开除会员国;参加宪章规定的修正程序。

安全理事会的每一理事国都享有一个投票权,其表决程序如下:(1) 关于程序事项的决议,由15个理事国中的9个理事国投票决定;(2) 对于程序事项以外的事项的决议,由包括全体常任理事国在内的9个理事国投票决定。在有必要决定某一事项"是否属于程序性这一先决问题"时,常任理事国也有否决权。

常任理事国不参加投票或者弃权,不构成否决。即,如果一常任理事国不支持某项决定,但又无意阻止该决定的通过,则可弃权。关于和平解决争端及区域办法或区域机关提交解决的争端的决议,争端当事国不得投票,以防止大国滥用否决权。

3. 经济及社会理事会

经济及社会理事会是负责协调联合国及联合国系统各组织的经济和社会工作的主要机关。经济及社会理事会由54个理事国组成。理事国由联合国大会选举,任期为3年,交替改选,每年改选三分之一。理事国的名额基本上按地区分配,但5个常任理事国通常为经济及社会理事会的理事国。

《联合国宪章》规定,经济及社会理事会的职权如下:(1) 做成或启动关于国际间经济、社会、教育、卫生等事项的研究与报告,并向联合国大会、会员国和有关专门机构提出建议;(2) 为尊重和遵守增进一切人的人权和基本自由起见,提出建议;(3) 就其职权范围内的事项拟定公约草案并提交给联合国大会;(4) 召开国际会议,讨论其职权范围内的事项;(5) 同由各国政府间协定所成立的各种专门机构订立协定,使其同联合国建立关系,并通过磋商和各种协议来协调专门机构的活动;(6) 同各有关的非政府(间)组织磋商各种有关事项等。

经济及社会理事会的每一理事国都享有一个投票权。理事会的决议,按照到会并投票的理事国以简单多数原则进行表决。

4. 托管理事会

托管理事会是监督联合国负责监督托管领土行政管理的机关,负责监督非战略地区托管领土的行政管理。托管理事会没有规定固定的理事国名额,仅规定理事国由下述三类会员国组成:(1) 管理托管领土的联合国会员国;(2) 未管理托管领土的联合国安全理事会常任理事国;(3) 由联合国大会选举、任期为3年的必要数额的其他非管理国的会员国。

《联合国宪章》规定,托管理事会的职权如下:审查并讨论管理当局就托管领土人民的政治、经济、社会和教育方面进展提出的报告,会同管理当局审查托管领土的请愿书,并对托管领土进行定期的和其他特别的视察。

自联合国成立以来共有11块托管领土,其中10块由托管理事会负责,1块由安全理事会负责。随着联合国剩下的最后一个托管领土帕劳于1994年10月1日取得独立,托管理事会于1994年11月1日停止运作。

5. 国际法院

国际法院是联合国的主要司法机关。[①]

6. 秘书处

秘书处是联合国的行政管理机关,其任务是为联合国其他机关服务,执行联合国各机关

---

① 详见第十三章"四、国际争端的司法解决方法"。

制定的计划和政策。秘书处的职责范围覆盖从管理维持和平行动到调停国际争端，从调查经济及社会趋势和问题到编写关于人权和可持续发展问题的研究报告。

秘书处的首长是秘书长，秘书长由联合国大会根据安全理事会包括 5 个常任理事国在内的 9 个理事国的推荐来委任，任期为 5 年，届满后可连选连任一次。秘书长带领着秘书处的国际公务员对联合国负责，并宣誓不寻求或接受联合国以外任何政府或其他当局的指示。根据《联合国宪章》，各会员国承诺尊重秘书长和工作人员职责的专属国际性，决不设法不当影响其职责的履行。

五、联合国的辅助机关

类似题

(1) 联合国辅助机关的法律地位

(2) 联合国的主要辅助机关及其职能

1. 联合国辅助机关的定义

联合国辅助机关(subsidiary organ)是指联合国机构在行使宪章所确定的职务过程中，根据职务的需要而单方面创设的机构，是联合国大会、安全理事会、经济及社会理事会和秘书处的下属机构。《联合国宪章》第七条规定，"兹设联合国之主要机关如下：大会、安全理事会、经济及社会理事会、托管理事会、国际法院及秘书处。联合国得依本宪章设立认为必需之辅助机关"；第二十二条规定，"(联合国)大会得设立其认为于行使职务所必需之辅助机关"；第二十九条规定，"(联合国)安全理事会得设立其认为于行使职务所必需之辅助机关"；第六十八条规定，"(联合国)经济及社会理事会应设立经济与社会部门及以提倡人权为目的之各种委员会，并得设立于行使职务所必需之其他委员会"。因此，《联合国宪章》赋予了联合国各主要机关设立其认为于行使职务所必需的辅助机关的权力，但对具体应设立何种辅助机关没有明文规定。

联合国辅助机关不同于根据《联合国宪章》所直接设立的联合国主要机关，因为其是联合国成立后在行使宪章所确定的职务过程中，因职务的需要所设立的下属机构。此外，联合国辅助机关由于是联合国主要机关单方面创设的机构，因而区别于根据条约设立并具有独立法人资格的联合国专门机构。

在联合国辅助机关中，以联合国大会和经济及社会理事会设立的辅助机关最多。除有联合国大会的各主要委员会、程序委员会以及其他一些会期和常设委员会以外，还有在各不同时期设立的临时机关，如联合国维持和平部队，也存在具备类似于国际组织形态的联合国贸易和发展会议(United Nations Conference on Trade and Development, UNCTAD)、联合国开发计划署(United Nations Development Programme, UNDP)等辅助机关。联合国工业发展组织(United Nations Industrial Development Organization, UNIDO)原为联合国的一个辅助机关，后根据 1979 年 4 月 8 日的多边条约成为联合国的一个专门机构。

2. 联合国辅助机关的职能和法律地位

联合国各辅助机关的作用、组织形式、职权范围与活动程序等差别甚大。联合国各主要机关对其所设立的辅助机关的组织结构与职能，亦可随时加以变更或终止。一般来讲，联合国辅助机关是为了行使宪章所确定的职务的需要而创设的机构，是联合国的组成部分，故在联合国的职权范围内行使其职能，但其权限应限于其创设目的。

因为联合国辅助机关是联合国主要机关单方面创设的机构，所以其不具备法人资格，也不是国际组织。联合国贸易和发展会议、联合国开发计划署等尽管具备类似于国际组织的形态，但仍然不是国际组织。因此，联合国辅助机关一直以联合国的身份从事法律行为。

3. 联合国的主要辅助机关

(1) 国际法委员会

联合国国际法委员会(International Law Commission of the United Nations)是根据联合国大会第 174(Ⅱ)号决议于 1947 年 11 月 21 日设立的联合国的常设辅助机关。《联合国宪章》第十三条第一款是国际法委员会的成立依据，也确定了国际法委员会的宗旨，即大会应启动研究并做出建议，以促进政治上的国际合作，并提倡国际法的逐渐发展与编纂。因此，国际法委员会的主要工作是参与国际法的起草工作，包括编写公约草案，以及更精确、更系统地阐述国际法规则，以推动国际法的逐渐发展。

国际法委员会目前共有 34 名委员。国际法委员会的委员是由各国政府提名，经联合国大会选举产生的。国际法委员会的工作程序一般包括：先就所要编纂的专题内容列出问题清单，提请各国政府提出意见，收回后经综合研究提出一部分或全部初步条款草案，再发给各国政府征求意见。如此反复若干次，经国际法委员会三读通过，形成最终草案。最终草案经联合国大会认可，并召开外交会议讨论通过，最终形成公约。

(2) 联合国贸易和发展会议

联合国贸易和发展会议成立于 1964 年 12 月 30 日，联合国大会通过第 1995(ⅩⅨ)号决议确定联合国贸易和发展会议为联合国大会的常设机关，是联合国秘书处的一部分。联合国贸易和发展会议向联合国大会和经济及社会理事会报告，但有自己的成员、组织和预算。

联合国贸易和发展会议负责审议有关国家的贸易与经济发展问题，综合处理发展和贸易、资金、技术、投资和可持续发展领域相关问题，支持发展中国家更公平和有效地获得全球化经济的成果，帮助发展中国家有能力应对经济一体化的潜在弊端。

(3) 联合国开发计划署

联合国开发计划署是联合国大会于 1965 年 11 月 22 日通过第 2029 号决议，将 1949 年设立的联合国技术援助扩大方案和 1958 年设立的联合国特别基金合并而成的。作为联合国在国际发展方面的牵头机构，联合国开发计划署在 170 多个国家和地区开展工作，以消除贫穷和减少不平等。联合国开发计划署帮助各国制定政策，提高领导技能、合作能力、机构能力，并建立韧性，以实现可持续发展目标，主要工作集中在可持续发展、民主治理与和平建设，以及气候和抗灾能力等领域。

(4) 联合国环境规划署

联合国环境规划署(United Nations Environment Programme, UNEP)是联合国大会于 1972 年 12 月 15 日通过决议，于 1973 年 1 月作为联合国统筹全世界环境保护工作的组织而正式成立的，是联合国系统内负责环境事务的权威机构。联合国环境规划署的主要工作是激发、提倡、教育和促进全球环境资源的合理利用,并推动全球环境的可持续发展。

六、联合国的专门机构

类似题

(1) 联合国专门机构的特征
(2) 联合国专门机构的主要职责

1. 联合国专门机构的定义和特征

根据《联合国宪章》第五十七条和第六十三条,联合国专门机构是指依据各国政府间协议所创立,并以特别协定同联合国建立关系,且在某一特定业务领域负有广大国际责任的专门性国际组织。

联合国专门机构具有如下特征。(1) 政府间国际组织。构成联合国专门机构的组织必须是“政府间”性质的,而不是民间的或政府之上的组织。非政府组织可以在联合国经济及社会理事会获得咨询地位,但不是联合国专门机构。(2) 具有独立的国际法律人格。联合国专门机构均有各自独立的组织章程、组织体系、运作体制和成员国,不是联合国的附属机构。(3) 成员构成具有普遍性。联合国专门机构在某一特定领域负有“广大国际责任”,是全球性专门组织,区域性国际组织不能成为联合国专门机构。(4) 同联合国具有特殊法律关系。联合国专门机构根据同联合国经济及社会理事会签订的关系协定与联合国建立工作联系,从而使各专门机构正式被纳入联合国体系。

2. 联合国的专门机构及其职责

目前,共有 16 个专门机构与联合国缔结关系协定。其中,国际电信联盟(International Telecommunication Union, ITU),国际劳工组织(International Labour Organization, ILO),世界卫生组织(World Health Organization, WHO),世界气象组织(World Meteorological Organization, WMO),世界知识产权组织(World Intellectual Property Organization, WIPO),国际货币基金组织(International Monetary Fund, IMF),世界银行集团(World Bank Group),万国邮政联盟(Universal Postal Union, UPU),联合国粮食及农业组织(Food and Agriculture Organization of the United Nations, FAO),联合国教育、科学及文化组织(United Nations Educational, Scientific and Cultural Organization, UNESCO),国际民用航空组织(International Civil Aviation Organization, ICAO),国际海事组织(International Maritime Organization, IMO),国际农业发展基金(International Fund for Agricultural Development, IFAD),联合国工业发展组织(United Nations Industrial Development Organization, UNIDO),联合国旅游组织(United Nations World Tourism, UN Tourism)等 15 个机构通过经济及社会理事会同联合国发生法律关系;而国际原子能机构(International Atomic Energy Agency, IAEA)直接通过联合国大会缔结关系协定,并直接向联合国大会提交报告,在某些特殊情况下也向安全理事会和经济及社会理事会提交报告。中国已加入上述全部 16 个联合国专门机构。

(1) 国际电信联盟

国际电信联盟的前身是根据 1865 年签订的《国际电报公约》成立的国际电报联盟。1906 年，德国、英国、法国、美国和日本等 27 个国家的代表在德国柏林签订了《国际无线电公约》。1932 年，70 多个国家的代表在西班牙马德里开会，决定将原有的两项公约合并为《国际电信公约》，并将国际电报联盟改名为国际电信联盟。1934 年 1 月 1 日，《国际电信公约》生效，该联盟正式成立。1947 年，国际电信联盟成为联合国的一个专门机构。中国于 1920 年加入了国际电信联盟，1972 年恢复了中国政府在国际电信联盟的合法权利，1973 年中国被选为该组织的理事国。

国际电信联盟的宗旨是维护和扩大各成员国之间的合作，以改进和合理使用各种电信资源；促进并提供对发展中国家的技术援助；促进技术和设施的发展及其最有效的运营，以提高电信业务的效率；扩大技术和设施的用途并尽量使之为公众所普遍利用；促进电信业务的使用，为和平联系提供方便。

(2) 国际劳工组织

在 1919 年 4 月第一次世界大战结束后召开的和平大会上，通过了《国际劳工组织章程》，成立了国际劳工组织。1946 年 12 月，国际劳工组织与联合国签订协定，成为联合国的一个专门机构。中国是该组织的创始成员国之一，1971 年恢复了中国政府在国际劳工组织的合法权利，1983 年中国正式恢复了在该组织的活动。

国际劳工组织的宗旨是促进充分就业和提高生活水平；促进劳资双方合作；扩大社会保障措施；保护工人生活与健康；主张通过劳工立法来改善劳工状况，进而获得世界持久和平，建立社会正义。

(3) 世界卫生组织

世界卫生组织于 1948 年 4 月 7 日成立，同年 9 月成为联合国专门机构。中国是该组织的创始成员国之一，1972 年 5 月 10 日恢复了中国在世界卫生组织的合法席位。

世界卫生组织的宗旨是使全世界人民达到尽可能高的健康水平。世界卫生组织充当国际卫生工作的指导和协调机构，协助各国政府加强卫生业务，提供适当的技术援助和必要的救济；促进防治和消灭流行病、地方病及其他疾病；提议国际卫生公约、协定和规章的签订；提供卫生领域的情报、咨询及协助；发展建立食品、药物等的国际标准。

(4) 世界气象组织

世界气象组织的前身是成立于 1873 年的国际气象组织。1947 年 9 月，国际气象组织在美国华盛顿召开大会，通过了《世界气象组织公约》，决定成立世界气象组织。1950 年 3 月 23 日，《世界气象组织公约》正式生效。1951 年，世界气象组织成为联合国的一个专门机构。中国是该组织的创始成员国之一，1972 年 2 月 25 日恢复了中国在世界气象组织的合法席位。

世界气象组织的宗旨是促进设置站网方面的合作和提供气象及与其有关的服务，促进有关气象情报的快速交换和气象及有关观测的标准化，推动气象学的应用，以及鼓励气象学方面的研究和培训。

(5) 世界知识产权组织

1967 年 7 月 14 日，国际保护工业产权联盟（又称巴黎联盟）和国际保护文学艺术作品联盟（又称伯尔尼联盟）的 51 个成员国在瑞典首都斯德哥尔摩共同建立了世界知识产权组织，以便进一步促进全世界对知识产权的保护，加强各国和各知识产权组织间的合作。1970 年 4 月 26 日，《建立世界知识产权组织公约》生效，该组织正式成立。1974 年 12 月，世界知识产权组织成为联合国的一个专门机构。中国于 1980 年 6 月加入了世界知识产权组织。

世界知识产权组织的宗旨是通过国家之间的合作并与其他国际组织配合，促进在全世界保护知识产权，保证各联盟之间的行政合作。其主要职责是协调各国在知识产权保护方面的立法措施，鼓励缔结保护知识产权的国际协定，提供知识产权方面的法律和技术援助；收集和传播保护知识产权的信息，维持有助于知识产权国际保护的服务。

(6) 国际货币基金组织

国际货币基金组织于 1945 年 12 月 27 日正式成立，1947 年 3 月 1 日开始运作，1947 年 11 月 15 日成为联合国专门机构。中国是该组织的创始成员国之一，1980 年 4 月 17 日恢复了中国的代表权。

国际货币基金组织的宗旨是通过国家之间货币合作和汇兑的稳定与自由化，谋求国际贸易的平衡发展；通过贷款，调节成员国的国际收支的暂时不平衡。当成员国出现暂时的收支困难时，国际货币基金组织给予财政、资金的援助，帮助成员国克服困难；同时，向受出口收入变动影响、生产初级产品的国家提供特别的补偿贷款。

(7) 世界银行集团

世界银行集团由国际复兴开发银行(International Bank for Reconstruction and Development, IBRD)、国际开发协会(International Development Association, IDA)、国际金融公司(International Finance Corporation, IFC)、多边投资担保机构(Multilateral Investment Guarantee Agency, MIGA)和国际投资争端解决中心(International Centre for Settlement of Investment Disputes, ICSID)等五个紧密相关的机构组成。“世界银行”具体是指其中的国际复兴开发银行和国际开发协会。

国际复兴开发银行成立于 1944 年 7 月，1946 年 6 月开始营业，1947 年 11 月成为联合国专门机构。国际复兴开发银行旨在通过提供贷款、担保和非贷款服务(包括分析和咨询服务)来促进可持续的发展，以此减少中等收入国家和有信誉的较贫穷国家的贫困。国际复兴开发银行向成员国提供发展经济的中长期贷款，贷款对象为成员国政府、国营企业和私营企业。

国际开发协会成立于 1960 年 9 月，是世界上规模最大的向最贫困国家提供无息贷款及赠款援助的资金来源。其资金由 40 个捐赠国每 3 年回补一次。

国际金融公司成立于 1956 年 7 月。其宗旨是鼓励发展中国家私人部门的发展，从而促进发展中国家的经济增长，并以此作为世界银行集团其他成员活动的补充。

多边投资担保机构成立于 1988 年 6 月。其通过向外国投资者提供担保，使其免受非商业性风险(如征收、货币不可兑换、转移限制以及战争和内乱)造成的损失，以此鼓励在其成员国之间，特别是向发展中国家成员国融通生产性资金。同时，其还提供技术援助，帮助有关国家传播关于其投资机会的信息。

国际投资争端解决中心成立于 1966 年 10 月，是专门为各缔约国和其他缔约国国民之间的投资争端提供调解和仲裁的机构。其通过对投资争端提供国际调解和仲裁，鼓励外国投资，以此增进各国与外国投资者之间的相互信任。

(8) 万国邮政联盟

万国邮政联盟的前身是1863年成立的国际邮政委员会，1874年更名为邮政总联盟，1878年改为现名，1948年7月成为联合国的一个专门机构。中国于1914年3月加入了万国邮政联盟，1972年4月恢复了中国在万国邮政联盟的合法席位。

万国邮政联盟的宗旨是组织和改进国际邮政业务，促进邮政方面的国际合作，并向成员国提供可能的邮政技术援助。其主要活动是通过定期修改邮政法规，协调成员国邮政管理在国际邮政服务方面的工作。

(9) 联合国粮食及农业组织

联合国粮食及农业组织于1945年10月16日正式成立，1946年12月14日成为联合国专门机构。中国是该组织的创始成员国之一，1973年4月恢复了中国在联合国粮食及农业组织的合法席位，同年中国当选为理事国。

联合国粮食及农业组织的宗旨是提高人民的营养水平和生活标准，改进粮农产品的生产和分配效率，改善农村人口的生活状况，促进世界经济的发展，并最终消除饥饿和贫困。其主要担负收集、分析、阐明和传播关于营养、粮食和农业的情况，促进各国采取有关营养、粮农科学技术和经济方面的国内和国际行动，并向各国提出适当建议、提供技术援助等工作。

(10) 联合国教育、科学及文化组织

联合国教育、科学及文化组织正式成立于1946年11月，同年12月成为联合国专门机构。中国是该组织的创始成员国之一，1971年10月恢复了中国在联合国教育、科学及文化组织的合法席位。

联合国教育、科学及文化组织的宗旨是通过教育、科学及文化促进各国之间的合作，对和平与安全作出贡献，以增进对正义、法治以及人权与基本自由的普遍尊重。为实现其宗旨，该组织建议订立必要的国际协定，以促进思想的自由交流；成员国协作开展各种教育活动，以推动教育的普及和文化的传播；通过保护世界文化遗产、文化交流来维护、增进及传播知识。

(11) 国际民用航空组织

国际民用航空组织正式成立于1947年4月，同年5月成为联合国专门机构。中国是该组织的创始成员国之一，1971年11月恢复了中国在国际民用航空组织的合法席位，1974年9月中国当选为理事国。

国际民用航空组织主要从事国际民用航空问题的研究、民用航空的国际标准和规章的制定，以及鼓励使用安全措施、统一的业务规章和简化国际边界手续等工作。

(12) 国际海事组织

国际海事组织的前身是成立于1959年1月的政府间海事协商组织，1982年改为现名，并成为联合国专门机构。中国于1973年3月加入该组织。

国际海事组织的主要职能是制定和修改有关海上安全、防止海洋受船舶污染、便利海上运输、提高航行效率及与之有关的海事责任方面的公约；交流上述有关方面的实际经验和海事报告；为成员国提供本组织所研究问题的情报和科技报告；用联合国开发计划署等国际组织提供的经费和捐助国提供的捐款为发展中国家提供一定的技术援助。

(13) 国际农业发展基金

国际农业发展基金正式成立于1977年11月，同年12月成为联合国专门机构。中国于

1980 年 1 月加入该组织。

国际农业发展基金专注于农村减贫工作，与发展中国家的农村贫困人口合作，以消除贫困、饥饿和营养不良，提高他们的生产力和收入，并提升他们的生活质量。

(14) 联合国工业发展组织

联合国工业发展组织是 1966 年 11 月 17 日根据联合国大会决议成立的，原为联合国的一个辅助机关，但根据联合国工业发展组织 1975 年第二次大会建议，于 1985 年 6 月成为联合国专门机构。中国于 1972 年 12 月加入该组织，同年当选为理事国并连任至今。

联合国工业发展组织鼓励向发展中国家提供援助，发起和协调联合国系统的活动并检查其进行情况，创造新的和发展现有的关于工业发展的概念和实施办法，为发展中国家和工业化国家的接触、协商提供平台，帮助发展中国家建立和经营各种工业；从事工业情报交换所的工作，促进技术转让，组织和支持工业培训计划，向发展中国家提供咨询意见并给予帮助，促进发展中国家间和发展中国家与发达国家间的合作，帮助发展中国家的具体工业项目筹集外来资金等。

(15) 联合国旅游组织

联合国旅游组织的前身是 1925 年 5 月成立于荷兰海牙的国际官方旅游宣传组织联盟，1975 年 1 月更名为联合国世界旅游组织，2024 年 1 月改为现名，2003 年 11 月成为联合国专门机构。中国于 1983 年 10 月正式成为其成员国。

联合国旅游组织的宗旨是促进和发展旅游事业，使之有利于经济发展、国际间相互了解、和平与繁荣。其主要负责收集和分析旅游数据，定期向成员国提供统计资料、研究报告，制定国际性旅游公约、宣言、规则、范本，研究全球旅游政策。

七、区域性国际组织

类似题

(1) 区域性国际组织的特征

(2) 区域性国际组织和联合国的关系

1. 区域性国际组织的定义和特征

区域性国际组织是指在由相同的地域内的国家，或者虽不在相同的地域内但以维护区域性利益为目的的国家组成的国际组织与集团。

区域性国际组织是与全球性国际组织相对而言的国际组织，同全球性国际组织平行发展，是当代国际社会的重要成员。美洲渊源最早、规模最大的区域性国际组织是美洲国家组织；非洲最大的区域性国际组织是非洲联盟；欧洲最早的区域性国际组织是 19 世纪初建立的莱茵河委员会和多瑙河委员会，最重要的区域性国际组织则是欧洲联盟；亚洲地区尚未形成统一的区域性国际组织，但东南亚国家联盟、上海合作组织等的影响较大。

区域性国际组织具有如下特征。(1) 成员一般限于特定区域内的国家或地区。区域性国际组织不一定包括该区域内的所有国家，有的区域性国际组织可能接纳本区域外的有关国家参加该组织的活动。(2) 成员之间往往基于民族、历史、文化等原因有某种共同意识，或在政治、经济、军事或社会方面互相依赖。因此，同其他类型的国际组织相比，区域性国际组织具有更加稳定的政治、经济及社会基础。(3) 在职能方面，具有维持区域和平，促进区域内社会、经济、文化等方面发展的作用，具有较明显的集团性。

2. 区域性国际组织与全球性国际组织的法律关系

鉴于区域性国际组织在国际事务中的地位和影响，《联合国宪章》第八章各条款专门确认了区域性国际组织的法律地位。《联合国宪章》将区域性国际组织纳入联合国的维持和平与安全体制。用区域性国际组织应对有关国际和平与安全问题采取办法，但这种办法应以符合联合国的宗旨和原则为限。参加区域性国际组织的联合国成员国，在将地方争端提交给联合国安全理事会之前，应先由区域性国际组织力求和平解决。联合国安全理事会可利用区域性国际组织实施执行行动，但是没有联合国安全理事会的授权，区域性国际组织不得采取执行行动。区域性国际组织已采取或正在考虑的维持国际和平与安全的活动，不论何时应向联合国安全理事会充分报告。但是，区域性国际组织不构成联合国的组成部分，具有独立的法律地位，其有自己的组织章程、机关、成员和预算等。

除一般政治领域中的区域性国际组织与联合国建立法律关系外，专门领域中的区域性国际组织与全球性国际组织之间也存在法律关系，且呈现互相渗透的趋势。例如，世界贸易组织与区域性贸易集团的关系主要通过 1994 年《关税与贸易总协定》第二十四条及 1979 年授权条款、《服务贸易总协定》、贸易政策审查机制和区域贸易协定委员会予以协调。欧洲联盟成为世界贸易组织的成员就体现出区域性国际组织与全球性国际组织之间良好的合作、互补关系。

第五章 国际法上的个人

一、国籍与国家的属人管辖权

类似题

(1) 国籍与国家的管辖权

(2) 国籍的冲突及解决

1. 国籍与国家的属人管辖权的关系

国籍是指一个人作为某一特定国家的国民或公民，而隶属于该国家的一种法律上的资格或身份。国家的属人管辖权是指国家对具有本国国籍的人，不论其是在国内还是在国外，都具有管辖的权利。国籍是一种法律上的纽带，其基础是一种依附的社会事实，一种真正的生存、利益和情感的联系，并伴随相互的权利和义务。

国籍与国家的属人管辖权的关系体现在如下方面。(1) 国籍是国家区分本国人和外国人、确定自然人法律地位的依据。国籍是个人与国际法联系的纽带，国际法并不直接对个人赋予权利和施加义务，而是通过国家同个人发生联系。国家与个人的争端可以通过个人国籍所属国的介入转变成国家之间的争端。(2) 国籍是确定国家属人管辖权的依据。属人管辖权的行使只对本国人而不能对外国人；属地管辖权的行使对本国人和外国人不同；保护性管辖权的行使只对在国外的本国人。(3) 国籍是国家对国民提供外交保护的依据。国家对在外国的本国人有权予以外交保护，并且有义务接纳其回国。(4) 国籍是区分本国人和外国人以及给予境内居民不同待遇的前提。具有本国国籍的个人享有本国公民的权利，承担本国公民的义务；不具有本国国籍的外国人或无国籍人，国家无权予以外交保护，也无义务接纳其入境。

2. 国籍的取得

依现代国际法，国籍问题在原则上属于国内管辖事项。即，一国是否允许本国人放弃本国国籍或外国人、无国籍人加入本国国籍，以及需要什么条件、程序，纯属一国主权范围内的事项。但是，一国关于国籍问题的国内法必须符合公认的国际法原则和该国承担的有效国际义务，否则其他国家或者有关国际仲裁或国际司法机构就没有承认它的义务，即一国的国籍法不应违背该国所加入的国际公约、习惯法及普遍承认的国际法原则。特别是，为消除国籍的冲突问题而签订的双边条约和多边条约是该国国籍法的渊源和补充。1930 年《关于国籍法冲突的若干问题的公约》第一条规定，每一国家依照其本国法律断定是否为其国民。此项法律如符合国际公约、国际惯例及一般承认关于国籍的法律原则，其他国家应予以承认。

根据各国的国籍法及其实践，国籍的取得主要有出生取得和入籍取得两种方式。

出生取得是指一个人基于出生事实而取得一国的国籍，所得国籍称为固有国籍或原始国籍。各国的国籍法关于因出生而取得国籍的规定，采取以下三种方式。(1) 血统主义。以父母任何一方的国籍或仅以父亲的国籍决定出生者的国籍，不问其出生地何在。血统主义可进一步划分为单系(父系)血统主义和双系(父母)血统主义两种，前者以父亲的国籍确定其子女的国籍，后者以父母的国籍决定其子女的国籍。(2) 出生地主义。以出生者的出生地决定其国籍，不问其父母具有哪国国籍。(3) 混合主义。血统关系和出生地都是决定出生者国籍的根据。具体地，或采取以血统主义为主，以出生地主义为辅，或平衡兼顾两种主义。

入籍取得是指根据加入国籍者本人的意志或某种事实，并符合入籍国的法定条件和履行法定的程序而取得国籍。狭义的入籍是指外国人或无国籍人按一国法律规定，通过本人自愿申请并经批准而取得该国国籍；广义的入籍是指由于婚姻、收养、准婚生、领土变更等原因而取得某国国籍。(1) 自愿申请入籍，俗称归化。一个国家是否允许外国人或无国籍人加入本国国籍，是一国主权范围内的事情，别国无权干涉，任何人没有权利主张一国必须接受其入籍。(2) 基于婚姻、收养、认领、领土变更等法律事实而入籍。在婚姻入籍方面，主要考虑婚姻对女子国籍产生影响的问题，各国对婚姻给女子国籍带来的变化做了不同的规定。但现代大多数国家，确立了男女平等原则和妇女国籍独立原则，规定婚姻不影响国籍。

3. 国籍的冲突

国籍的冲突是指一个人同时具有两个或两个以上国籍，或一个人不具有任何国籍的法律状态，前者为国籍的积极冲突，后者为国籍的消极冲突。由于国籍的取得和丧失是由国内法规定的，且各国的法律规定不尽相同，因而不可避免地会产生国籍的冲突问题。

如何解决双重国籍问题是国际法和国际私法共同面临的问题。前者的侧重点在于认可事实、选择国籍，即存在双重国籍时如何选择、确定相关个人的国籍；后者则主要侧重于解决问题本身、避免问题发生，即消除已经存在的个人的双重国籍及防止今后产生双重国籍。主要有进行国内立法来防止或减少双重国籍的产生，签订双边条约来解决两国间存在的双重国籍问题，签订多边条约来解决双重国籍问题等三种途径。例如，1955 年缔结的《中华人民共和国和印度尼西亚共和国关于双重国籍问题的条约》第一条规定，凡属同时具有中国国籍和印度尼西亚国籍的人，都应根据本人自愿的原则，从中国国籍和印度尼西亚国籍中选择一种国籍。

对于解决无国籍问题，本着减少无国籍状态的原则，一般通过双边条约或国际条约来解决。1954 年《关于无国籍人地位的公约》和 1961 年《减少无国籍状态公约》是目前有效的国籍公约。

4. 属人管辖权的行使

属人管辖权的行使要受到所在国属地管辖权的限制，如对在外国境内的本国人，如果没有当地国有关当局的协助，那么一般不能采取强制措施。如果在同一对象上有属地管辖权与属人管辖权的现象，且当属地管辖权与属人管辖权分属不同的主权者时，属地管辖权处于优先地位。1927 年，常设国际法院在“荷花号案”的判决中指出，“一个国家不得以任何方式在另一个国家的领土上行使它的权力，除非依据国际习惯或一项公约所产生的允许性规则”。

但是，由于国际社会纷繁复杂的特性，因而存在一些对外国人优先适用其国籍国属人管辖权等例外情形。(1) 属人管辖权优先属地管辖权的情形,如外交和领事人员的司法管辖豁免权的行使情形。根据1961年《维也纳外交关系公约》第三十一条,外交代表对接受国的刑事管辖享有豁免,对接受国的民事和行政管辖在原则上也享有豁免。(2) 属人管辖权限制属地管辖权的情形,如外交保护权的行使情形。外交保护是指一国对在外国的国民(包括法人)的合法权益遭到所在国非法侵害而得不到救济或者适当救济时,通过外交途径向加害国进行交涉和寻求补偿的行为。居住在外国的国民的国籍国行使外交保护权,意味着外国人居住国的属地管辖权受限制。(3) 属人管辖权和属地管辖权交叉的情形,如在税收方面容易出现双重征税或与其相反的偷税漏税的现象。此时,国家之间通过签订双边协定予以解决。(4) 属人管辖权受属地管辖权限制的情形,如国籍国对潜逃至他国的罪犯行使管辖权的情形。在刑事法律方面,不论国家对其在海外的国民主张刑事管辖权到什么程度,由于国家不能在外国行使其主权权利,通常必须获得居住地国家的协助,或者等待该国民回到国内。

二、国际法上个人的法律地位及保护

类似题

(1) 个人的国际法主体资格
(2) 国际法上个人的保护

1. 国际法上个人的主体资格问题

国际法的主体是指有能力享有国际法上权利和承担国际法上义务,有能力进行国际关系活动的实体。① 国际法上个人的主体资格问题在国际法学界上一直存在争议。第一种观点是否定个人的国际法主体资格,第二种观点是肯定个人具有国际法上的主体资格,第三种观点是个人的国际法主体资格尚未确立。

(1) 个人的国际法主体资格否定论。持否定论的学者主张,依据传统的主权理论,只有国家才是国际法的主体,而个人绝不可能享有国际法主体资格。如德国学者李斯特主张,"国际法上的权利和义务仅归于国家本身,与组成国家的人民无关——后者除依本国的中介外,与国际社会中的其他国家不发生关系,唯国家是国际人格者"②。此外,国内学者主张,个人不是国际法的主体是由国际法的自身的特点和特性决定的。国际法的实施需要国内法的补充,并且国际法是间接适用于个人的。国际法间接对个人发生效力,就不能直接引起个人的权利和义务。③

(2) 个人的国际法主体资格肯定论。持肯定论的学者主张,随着国际法的发展,不断丰富的国际法在不同的领域将个人纳入了国际法主体的范围。《奥本海国际法(第一卷第二分

---

① 邵津:《国际法(第二版)》,北京大学出版社,2005,第8页。
② von Liszt F, Gidel G, Alcindor L, *Le Droit International* (Paris: A. Pédone, 1927), pp. 47-48.
③ 慕亚平:《国际法原理》,人民法院出版社,2005,第114页。

册)》就认为,“国际法应不再仅仅与国家有关,国际法有许多规则是直接规定个人的地位和活动的,还有更多的规则则间接影响着个人。在某些领域,从个人(或私营公司及其法人)在国际上直接与国家建立法律关系,而且作为个人直接具有的来自国际法的权利和义务的实施来看,个人作为国际法主体的资格是明显的”①。

(3) 个人的国际法主体资格尚未确立论。持尚未确立论的学者主张,虽然国家不是唯一的国际法主体,但也不明确肯定个人在国际法上的主体资格,而是在重视国际实践新进展的前提下,保持个人主体地位尚未确立论。如瑞士学者潘逊主张,“个人是国际法主体的主张不是那么确定的。依据国际习惯法和协定国际法,个人享有的权利只能由个人所属的国家来维护。在这些场合,个人的权利纯粹系以国家间的条约为根据,也可以由国家间的一项新的协定予以取消,而无须取得个人的同意。因此,除极少数例外,个人似乎仍然是国际法的客体”②。

2. 国际法上个人的主体资格相关实践

国际法主体的类型和范围并不是一成不变的。第一次世界大战以前,只有国家才是国际法的主体。第二次世界大战以后,国际组织、正在争取解放的民族或民族解放运动组织的国际法主体地位才被确立。不断丰富和发展的国际法在不同的领域将个人纳入了国际法主体的范围。

(1) 国际人权法中个人的主体地位。第一次世界大战以后,在国际联盟的主持下,国际社会缔结了几项有关人权的国际公约,如 1926 年《禁奴公约》和 1930 年《强迫劳动公约》;在联合国的推动下,联合国大会通过了 1948 年《世界人权宣言》,与 1966 年《经济、社会及文化权利国际公约》、1966 年《公民权利和政治权利国际公约》及其任择议定书一起被称为“国际人权宪章”,对个人的基本权利和自由等内容做了明确的规定。这些都标志着各国对于个人权利的保护在国际法上达成了一致,国际上个人权利的保护进入了有法可依的状态。

(2) 国际环境法中个人的主体地位。1972 年《联合国人类环境会议宣言》(简称《人类环境宣言》)、1982 年《内罗毕宣言》,还有 1992 年《里约宣言》都承认了个人享有的环境权。1971 年《外空物体所造成损害的国际责任公约》第八条第一款规定,遭受损害的国家,或遭受损害的任一国家的自然人或法人,可向发射国提出赔偿损害的要求。此外,国际环境法中还规定了个人为自己的污染行为承担责任。

(3) 国际刑法中个人的主体地位。个人能够直接承受国际法上的义务已在纽伦堡国际军事法庭审判中明白无误地确立起来。1998 年 7 月,国际刑法领域的里程碑——《国际刑事法院罗马规约》的通过,具有划时代的意义。《国际刑事法院罗马规约》第二十五条第二款确立了个人承担刑事责任,“实施本法院管辖权内的犯罪的人,应依照本规约的规定负个人责任,并受到处罚”。第二十七条规定了官职无关性,把个人从国家的庇护之下脱离出来,使其直接承担对特定国际犯罪的刑事责任。此外,个人在国际刑事领域也享有权利。《国际刑事法院罗马规约》第五十五条规定了调查期间的个人权利,包括:不被强迫证明自己有罪或认罪;不受任何形式的强迫、胁迫或威胁,不受酷刑,或任何其他形式的残忍、不人道或有辱人

---

① 詹宁斯、瓦茨:《奥本海国际法(第一卷第二分册)》,王铁崖等译,中国大百科全书出版社,1995,第 292—293 页。

② 潘逊:《国际公法(和平法)和国际组织术语手册》,马洪力等译,中国对外翻译出版公司,1989,第 26 页。

格的待遇或处罚；在讯问语言不是个人所通晓和使用的语言时，免费获得合格口译员的协助，以及为求公正而需要的文件译本；不得被任意逮捕或羁押；等等。

综上所述，随着国际法和国际关系的发展，个人在国际法上的主体资格和地位已逐渐得以确立。

3. 国际法上个人的保护

国际法上个人的保护问题，长期以来一直被看成是一国国内主权管辖事项，但在国际法某些领域，逐渐出现对个人保护的规定。

(1) 少数者保护制度。对少数者的国际保护是在第一次世界大战之后出现的，一些双边条约中开始规定保护少数者的条款，涉及许多国家特定的少数人群体，如犹太人、穆斯林人等群体的权利。少数者的范畴，由最初的宗教上的少数者扩及种族上，甚至语言上的少数者，少数者被保护的权利随之发展到某些公民和政治的平等权利。

(2) 禁止奴隶贸易和奴隶制。第一次世界大战之前，涉及奴隶问题的国际条约主要是禁止奴隶贸易。1890 年，19 国在比利时布鲁塞尔开会并制定了《关于禁止非洲奴隶制贸易的布鲁塞尔总文件》，该文件是第一次世界大战前有关禁止奴隶贸易的最详尽、最完备的多边条约。1926 年，在国际联盟的主持下签订了《禁奴公约》，各签字国承诺禁止和防止奴隶贩卖，并逐步和尽快地完全禁止一切形式的奴隶制。

(3) 国际劳工保护制度。1919 年，国际劳工组织成立，使个人的国际保护获得了巨大发展。至第二次世界大战之前，国际劳工组织共通过了 67 个条约，内容涉及劳动者就业权、健康权、休息权、安全保障权、劳动时间、劳动强度以及女工、童工的保护等。同时，《国际劳工组织章程》还规定了一些执行有关劳动保护公约的实施和监督机制。

(4) 战争受难者保护制度。在战争期间保护个人的公约主要包括对战俘、战争当中的伤病员及平民的保护条约，涉及对战时人权保护的条约，如 1864 年 12 国在日内瓦签订的《改善战地武装部队伤者境遇的公约》，以及限制残酷的战争手段的条约，如 1868 年《关于在战争中放弃使用某些爆炸性弹丸的宣言》(简称《圣彼得堡宣言》)、1899 年《陆战法规和惯例公约》等。

4. 国籍国对其国民个人的外交保护

外交保护是国家的一项权利，可以由国家的国内外交机关或其外交代表机关来行使。外交保护的基础是国家的属人管辖权，将国民的权利视为国家权益的组成部分，因此对其在外的国民具有保护的权利。个人不能拒绝本国的外交保护，也不能有效地放弃本国的外交保护权。

外交保护在原则上适用于一国的国家行为已经或必将侵害外国人合法权益的各种事项，主要包括在外国民无辜受到逮捕或拘留、在司法程序中被拒绝司法处理、财产或利益被非法剥夺、所在国不给予足够的保护以防范私人或团伙的暴力行为，以及在外国民受到歧视性待遇，无故受到所在国的驱赶和野蛮迫害。

尽管外交保护是国家的一项权利，但一国实施外交保护须满足以下条件。(1) 本国国民的合法权益因所在国的国际不法行为而受到侵害。(2) 受害人持续具有保护国的实际国籍，即符合国籍持续原则和国籍实际联系原则。前者是指从受害人受害之日起到国家提出求偿时，其必须连续具有保护国的国籍；后者是指个人的国籍必须反映出其与国籍国的真实联系，个人属于该国实际人口，与该国保持实际的权利和义务关系。(3) 受害人已用尽当地救济措施，且未能获得合理的补偿。“用尽当地救济措施”是指用尽所在国的行政和司法的全部实质性保护办法与充分、正确地使用所在国的法律规定的一切程序上的可利用的办法。国际法院在“诺特鲍姆案”的裁决中精确地指出国籍与外交保护的关系，称“国籍是个人与一个国家的实际人口有密切联系的事实的法律表述，只有当国籍把个人与赋予国籍的国家的这种密切联系转变为法律关系时，它才使该国有行使外交保护的权利。国家行使外交保护权的根据是一国国籍，这个国籍是基于国籍国与个人最密切的实际联系的事实。所谓最密切的实际联系的事实包括惯常居所地和利益中心地、家庭联系、参加公共生活、对子女的灌输，以及对特定国家流露出的依恋等”。国际法院认为，诺特鲍姆取得列支敦士登的国籍只是为了取得法律上承认他是列支敦士登人，想以中立国的国民身份取代他的敌侨地位，寻求列支敦士登的保护是他的唯一目的，没有改变他的任何生活方式，列支敦士登没有权利行使外交保护权。①

三、国际法上外国人待遇的一般原则

类似题

（1）国际法上外国人的法律地位

（2）外国人待遇及其法律地位

1. 外国人及其法律地位

外国人是指在一国境内不具有居留国国籍的人，无国籍人也归为外国人范畴。根据国家主权原则，国家享有对本国境内一切人（包括外国人）和事务以及对境外的本国人实施管辖的权利，即属地管辖权和属人管辖权。

（1）外国人的入境

国家并没有接纳外国人入境和居留的义务，但是一般都允许外国人以合法目的入境，一般都要求其持有护照和签证。一些可能危害国家安全、公共秩序或利益的，或危害境内居民健康的人，如精神病患者、传染病患者、刑事罪犯、从事不正当职业者等人员禁止入境，但不得实施种族歧视。

（2）外国人的居留

国家没有允许外国人居留的义务，任何外国人没有主张接受国必须准予居留的权利。合法进入一国境内的外国人，根据居留国法律和有关国际条约，可在该国短期、长期或永久居住。外国人的民事权利和诉讼权等都受到居留国的保护，但不享受本国人的政治权利。外国人须遵守居留国的法律，缴纳捐税，接受居留国的属地管辖，但一般没有服兵役的义务。

（3）外国人的出境

一国不得禁止其境内的外国人合法离境。外国人出境，必须没有未了结的司法案件或债务，缴清应缴纳的捐税，并办理出境手续。但在特定情况下，可以限令外国人离境，或将其

① ICJ, “Nottebohm Case” (Liechtenstein v. Guatemala, judgment of April 6, 1955).

驱逐出境。例如，危害居留国的公共秩序或公共安全；侮辱居留国；危害或侮辱其他国家；在居留国或在外国犯有可罚的行为，如妨害公务、妨害传染病防治等；在经济上损害居留国；违反禁止居留义务而居住在居留国。

2. 外国人待遇的一般原则

对于外国人的待遇，国际上并无统一要求，除非受国际条约和国际习惯法的约束，国家可以自行决定给予外国人何种待遇。各国在实践中一般给予外国人待遇的原则有如下四种。

(1) 国民待遇原则。国民待遇是指国家在一定范围内给予外国人与本国公民同等的待遇。国家间基于互惠原则相互给予国民待遇，但一般只限于民事权利、诉讼权利，不包括公民权利和政治权利。

(2) 最惠国待遇原则。最惠国待遇是指一国给予另一国的国民、法人、商船等的待遇不低于现时或将来给予任何第三国的国民、法人、商船等的待遇。最惠国待遇一般通过条约中的最惠国条款给予，是在国家间互惠原则基础上相互给予的待遇。最惠国待遇原则主要适用于外国人的经济、贸易和投资活动方面，但也有一些例外的规定：给予邻国的利益、特惠、特权和豁免，特别是为了方便边境贸易而给予邻国的优惠；关税同盟、自由贸易区或经济共同体范围内的优惠；双边或多边的互免签证协议，如《申根协定》；经济货币联盟，如欧盟；历史性安排，如英联邦。

(3) 互惠待遇原则。互惠待遇是指一国给予外国人的某种权利、利益或优惠须以该外国人的国籍国给予该国在其境内的国民同等的权利、利益或优惠为前提。互惠待遇原则是外国人待遇的基础性原则，国家间根据平等互惠的原则，相互给对方公民在税收优惠、免入境签证、免收签证费等方面的待遇。

(4) 差别待遇原则。差别待遇是指国家在外国人与本国人之间或在不同国籍的外国人之间给予不同的待遇。差别待遇包括两种：一是国家给予外国公民或法人的民事权利在某些方面少于本国公民或法人；二是对不同国籍的外国公民或法人给予不同的待遇，如国际贸易领域的普惠制只要求发达国家单方面给予发展中国家某些减免关税的待遇，但不要求发展中国家给予发达国家同样的待遇。

3. 中国的外国人管理制度

外国人在中国的法律地位由一系列法律和法规予以规定，如1982年《中华人民共和国宪法》第三十二条第一款规定，“中华人民共和国保护在中国境内的外国人的合法权利和利益，在中国境内的外国人必须遵守中华人民共和国的法律”。因此，外国人的人身、财产及其他正当权益受中国法律的保护。例如，非经检察院批准、决定或者人民法院决定，并由公安机关执行，外国人不受逮捕；人身权、财产权、知识产权、经营权、贸易权等基于中国国内法，或者中国缔结和参加的国际条约，享有互惠或对等待遇原则、国民待遇原则、最惠国待遇原则等。同时，外国人亦负有遵守中国法律的义务，如依照《中华人民共和国刑法》的规定，外国人在中国犯罪的，除对享有外交特权和豁免的刑事责任者须通过外交途径解决外，依中国刑法处罚。

(1) 外国人入境管理。外国人入境须向驻外签证机关申请办理签证。如有下列情形之一的，中国驻外签证机关不予签发签证：被处驱逐出境或者被决定遣送出境，未满不准入境规定年限；患有严重精神障碍、传染性肺结核病或者有可能对公共卫生造成重大危害的其他传染病；可能危害中国国家安全和利益、破坏社会公共秩序或者从事其他违法犯罪活动；在申请签证过程中弄虚作假或者不能保障在中国境内期间所需费用；不能提交签证机关要求提交的相关材料；签证机关认为不宜签发签证的其他情形。同中国政府签订互免签证协议国家的人员、持有效的外国人居留证件的人员，以及搭乘国际航空器、船舶、列车并在中国境内停留不超过 24 小时的人员，可以免办签证。

(2) 外国人在中国境内的停留居留管理。外国人所持签证注明的停留期限不超过 180 日的，持证人凭签证并按照签证注明的停留期限在中国境内停留。需要延长签证停留期限的，应当在签证注明的停留期限届满 7 日前向停留地县级以上地方人民政府公安机关出入境管理机构申请，按照要求提交申请事由的相关材料。对于符合国家规定的专门人才、投资者或者出于人道等原因确需由停留变更为居留的外国人，经设区的市级以上地方人民政府公安机关出入境管理机构批准可以办理外国人居留证件。外国人有下列情形之一的，可以遣送出境：被处限期出境，未在规定期限内离境；有不准入境情形；非法居留、非法就业；违反《中华人民共和国出境入境管理法》或其他法律、行政法规而需要遣送出境。被遣送出境的人员，自被遣送出境之日起 1～5 年内不准入境。

(3) 外国人在中国境内的永久居留管理。对中国经济社会发展作出突出贡献或者符合其他在中国境内永久居留条件的外国人，经申请、批准，取得永久居留资格。在中国经济、教育、研究等企事业单位任职，具有副高级职称以上及享受同等待遇，已连续任职满 4 年，4 年内在中国居留累计不少于 3 年且纳税记录良好的外国人，可申请永久居留。

(4) 外国人出境管理。外国人出境须持有效证件，履行规定的手续，经查验准许，方可出境。但外国人有下列情形之一的，不准出境：被判处刑罚尚未执行完毕或者属于刑事案件被告人、犯罪嫌疑人(按照双边协议移管被判刑人的情形除外)；有未了结的民事案件，人民法院决定不准出境；拖欠劳动者的劳动报酬，经国务院有关部门或者省、自治区、直辖市人民政府决定不准出境；法律、行政法规规定不准出境的其他情形。

四、国际法上犯人的引渡制度

类似题

(1) 国家间的刑事司法协助制度

(2) 政治犯不予引渡原则

1. 引渡的概念

引渡是指国家根据条约或基于其他理由把在其境内而被别国指控或判定犯罪的人，应该国的请求移交给该国审判或执行处罚的国际司法协助行为。

引渡是国家间刑事司法协助的一种形式。引渡的目的是使请求国能对被请求引渡人行使刑事管辖权，追究其刑事责任或对其执行刑罚。但国家没有一般性的引渡义务，是基于国际条约确定引渡的内容和程序的，如 1970 年《制止非法劫持航空器的公约》第七条和第八条中关于劫机犯引渡的规定。引渡通常以条约为依据，引渡的对象只限于普通刑事犯，不包括政治犯和宗教犯，轻微犯罪也不予引渡。

2. 引渡的主体和对象

引渡的主体是请求引渡的国家，一般是对罪犯主张管辖权的国家，主要有犯罪行为发生地国、受害国，以及犯罪人的国籍国。这三类国家分别依据保护性管辖权、属地管辖权和属人管辖权提出引渡请求。接受引渡请求的国家通常基于三种情况加以决定：(1) 与请求国是否签订了引渡条约；(2) 是否共同参加引渡条约或者具有引渡规则的国际公约；(3) 基于互惠和对等的考虑。但是，如果这三类国家同时对同一罪犯提出引渡请求，那么原则上，被请求国有权决定把罪犯引渡给哪一国家。

引渡的对象是严重犯罪的嫌疑人或已判刑的犯人。被引渡的对象既为本国国民，也为请求国国民，亦为第三国国民，但大多数国家一般不予引渡本国国民，只有英国、美国等极少数国家不拒绝引渡本国国民。《中华人民共和国引渡法》第八条规定，根据中国法律，被请求引渡人具有中国国籍的，中国政府拒绝引渡。此外，若管辖权重复，则一般不予引渡，但是如果是已判刑的犯人，还是以引渡为原则，要在本国内判刑的犯罪嫌疑人则可以不予引渡。

3. 引渡的条件

引渡需要满足以下三个条件。(1) 符合相同原则，又称双重犯罪原则，即被指控的人所实施的行为按照请求国的法律和被请求国的法律都构成犯罪，任何一方的法律不认为是犯罪都不构成引渡理由。对所指控的罪行的惩罚达到一定的严厉程度，能判处若干年有期徒刑以上；若引渡旨在执行刑罚，则要求尚未执行的刑期在一定的时间以上。(2) 政治犯例外原则，又称政治犯不予引渡原则，即国家对由于政治原因而遭受外国追诉的外国人不予引渡。但因政治犯的含义和范围缺乏明确性，且其决定权属于被请求引渡的国家，故该原则的适用存在一定的困难或有可能被歪曲或滥用。但国际社会对如下犯罪则不以政治犯处理：违反和平罪、战争罪、危害人类罪、灭绝种族罪或种族隔离罪、侵害外交代表等应受国际保护人员罪、劫机罪、贩毒罪、海盗罪。(3) 罪名特定原则，又称同一原则，即请求国在将被引渡人引渡回国后，只能以请求引渡时所主张的罪名进行审判或处罚，不得以不同于引渡罪名的其他罪名进行审判或惩处。

此外，各国会基于基本人权或者本国司法体制的考虑而拒绝引渡。例如，被请求国有管辖权，被请求引渡人的年龄、健康或其他个人原因使引渡该人不符合人道主义原则，或已经对该人提起刑事诉讼，以及废除死刑的国家对可能在引渡后被判处死刑的人等，则可以拒绝引渡。

4. 引渡的程序和后果

引渡的程序通常在引渡条约或有关引渡的国内立法中加以规定，一般程序如下：(1) 被请求国应请求国的要求对被引渡人临时逮捕；(2) 请求国提出正式的引渡请求；(3) 被请求国有关机关对引渡请求进行审查并将决定交由有关机关批准；(4) 被请求国按约定的时间、地点、方式与请求国完成对被引渡人的移交。

引渡成功后，根据罪名特定原则，对于该罪犯，请求国只能就其请求引渡时所指控的罪名加以审判或处罚，未经被请求国同意，不得再次将该罪犯引渡到第三国。

5. 中国的引渡制度

中国参加了一系列含有引渡条款的多边条约，如 1980 年加入了《制止非法劫持航空器的公约》和《制止危害民用航空安全的非法行为的公约》，1989 年批准了《联合国禁止非法贩运麻醉药品和精神药物公约》,同时与泰国、俄罗斯、白俄罗斯、保加利亚、罗马尼亚、哈萨克斯坦等国家缔结了双边引渡条约。

2000 年 12 月 28 日,全国人民代表大会常务委员会通过了《中华人民共和国引渡法》(简称《引渡法》),按照国际通行做法确立了中国接受和提出引渡请求的一般规则。

外国向中国提出的引渡请求必须同时符合下列条件,才能准予引渡。(1) 引渡请求所指的行为,依照中国法律和请求国法律均构成犯罪。如果引渡请求中有多种犯罪,只要其中有一种犯罪符合双重犯罪原则,就可以对上述各种犯罪准予引渡。(2) 为了提起刑事诉讼而请求引渡的,根据中国法律和请求国法律,对于引渡请求所指的犯罪均可判处一年以上有期徒刑或者其他更重的刑罚;为了执行刑罚而请求引渡的,在提出引渡请求时,被请求引渡人尚未服完的刑期至少为 6 个月。

中国拒绝外国提出的引渡请求的规则,除有政治犯不引渡、本国人不引渡之外,其他不予引渡的情形有:(1) 在收到引渡请求时,中国的司法机关对于引渡请求所指的犯罪已经做出生效判决,或者已经终止刑事诉讼程序;(2) 被请求引渡人可能因其种族、宗教、国籍、性别、政治见解或者身份等方面的原因而被提起刑事诉讼或者执行刑罚,或者被请求引渡人在司法程序中可能由于上述原因受到不公正待遇;(3) 根据中国或者请求国法律,引渡请求所指的犯罪纯属军事犯罪;(4) 根据中国或者请求国法律,在收到引渡请求时,由于犯罪已过追诉时效期限或者被请求引渡人已被赦免等原因,不应当追究被请求引渡人的刑事责任;(5) 被请求引渡人在请求国曾经遭受或者可能遭受酷刑或者其他残忍、不人道或者有辱人格的待遇或者处罚;(6) 请求国根据缺席判决提出引渡请求,但请求国承诺在引渡后对被请求引渡人给予在其出庭的情况下进行重新审判机会的除外。

此外,外国向中国提出的引渡请求,有下列情形之一的,可以拒绝引渡:(1) 中国对于引渡请求所指的犯罪具有刑事管辖权,并且对被请求引渡人正在进行刑事诉讼或者准备提起刑事诉讼;(2) 由于被请求引渡人的年龄、健康等原因,根据人道主义原则不宜引渡。

请求国的引渡请求应当向中国外交部提出。请求国提交的引渡请求书或者其他有关文件,应当由请求国的主管机关正式签署或者盖章,并应当附有中文译本或者经中国外交部同意使用的其他文字的译本。请求国请求引渡,应当做出如下保证:(1) 请求国不对被引渡人在引渡前实施的其他未准予引渡的犯罪追究刑事责任,也不将该人再引渡给第三国,但经中国同意,或者被引渡人在其引渡罪行诉讼终结、服刑期满或者提前释放之日起 30 日内没有离开请求国,或者离开后又自愿返回的除外;(2) 请求国提出请求后撤销、放弃引渡请求,或者提出引渡请求错误的,由请求国承担因请求引渡对被请求引渡人造成损害的责任。

外交部收到请求国提出的引渡请求后,应当对引渡请求书及其所附文件、材料是否符合《引渡法》和引渡条约的规定进行审查。外交部对请求国提出的引渡请求进行审查,认为符合《引渡法》和引渡条约的规定的,应当将引渡请求书及其所附文件、材料转交给最高人民法院、最高人民检察院。最高人民法院指定的高级人民法院对请求国提出的引渡请求是否符合《引渡法》和引渡条约关于引渡条件等规定进行审查并做出裁定。最高人民法院对高级人民法院做出的裁定进行复核。高级人民法院经审查后,做出引渡或不引渡的裁定。高级人民法院做出符合引渡条件或者不引渡的裁定后,应当向被请求引渡人宣读,并在做出裁定之日起 7 日内将裁定书连同有关材料报请最高人民法院复核。最高人民法院做出核准或者变更的裁定后,应当在做出裁定之日起 7 日内将裁定书送交外交部,并同时送达被请求引渡人。最高人民法院核准或者做出不引渡裁定的，应当立即通知公安机关解除对被请求引渡人采取的强制措施。外交部接到最高人民法院不引渡的裁定后，应当及时通知请求国。外交部接到最高人民法院符合引渡条件的裁定后，应当报送国务院决定是否引渡。对于国务院决定不引渡的，外交部应当及时通知请求国，人民法院应当立即通知公安机关解除对被请求引渡人采取的强制措施。引渡由公安机关执行。对于国务院决定准予引渡的，外交部应当及时通知公安部，并通知请求国与公安部约定移交被请求引渡人的时间、地点、方式及执行引渡有关的其他事宜。

请求外国准予引渡或者引渡过境的，应当由负责办理有关案件的省、自治区或者直辖市的审判、检察、公安、国家安全或者监狱管理机关分别向最高人民法院、最高人民检察院、公安部、国家安全部、司法部提出意见书，并附有关文件和材料及其经证明无误的译文。最高人民法院、最高人民检察院、公安部、国家安全部、司法部分别会同外交部审核同意后，通过外交部向外国提出请求。被请求国就准予引渡附加条件的，对于不损害中国主权、国家利益、公共利益的，可以由外交部代表中国政府向被请求国做出承诺。对于限制追诉的承诺，由最高人民检察院决定；对于量刑的承诺，由最高人民法院决定。在对被引渡人追究刑事责任时，司法机关应当受所做出的承诺的约束。

五、国际法上的外交庇护

类似题

(1) 外交庇护制度的合法性

(2) 国际法上的庇护制度

1. 庇护的概念

庇护是指国家对因政治或科学研究被追诉或受迫害而请求避难的外国人，准其入境、居留并给予保护的行为。根据国际法，国家庇护外国人是国家领土管辖权的体现，属于领土庇护(territorial asylum)。国家自由决定庇护的给予与否。庇护的主要法律依据是国内法，但也有国际法渊源，即1948年《世界人权宣言》和1967年《领土庇护宣言》。前者肯定了庇护权，并以因政治性罪行而被起诉的人为庇护对象；后者则进一步规定了庇护问题上国际社会应予遵循的一般原则。

除领土庇护以外，还有一种域外庇护，又称外交庇护，是指国家在其驻外使领馆中对包括接受国国民在内的外国人给予庇护，或在位于其境外的本国军舰、军用飞机或军事基地内对外国人给予其他形式的庇护。国际法不承认国家在其领域外庇护外国人的权利。仅少数美洲国家间根据区域性国际公约和国际习惯法互相承认各自的外交庇护权，如1928年《哈瓦那庇护公约》和1933年《蒙得维的亚政治庇护公约》，但公约仅适用于拉丁美洲，也只是在“紧急情况”下作为一种例外来适用。

1950年，国际法院在“哥伦比亚和秘鲁的庇护权案”的判决中指出，“与领土庇护不同，在外交庇护的情况下，避难者置身于犯罪行为发生地国境内。决定对避难者给予外交庇护有损领土国的主权，它使犯罪者逃脱领土国的管辖，并构成对纯属该国管辖事项的干涉。如果庇护国有权单方面确定避难者的犯罪行为的性质，那么将对领土国的主权造成更大的损害。因此，不能承认这种有损领土主权的外交庇护，除非在某一特定情况下，它的法律依据得到了确立”①。

2. 庇护的规则

受庇护的外国人主要是被外国追诉的政治犯或因从事政治活动而遭到迫害的人，限于政治犯，反对殖民统治、维护公共利益、从事科学进步事业和创作活动而受迫害的人士（包括争取民族解放的士兵），政治避难者。但一般犯有以下罪行的罪犯不能给予庇护：破坏和平罪、战争罪、反人道罪、灭绝种族罪、种族隔离罪、非法劫持航空器罪及其他各种危害国际航空安全罪、侵害受国际保护人员罪、劫持人质罪、酷刑罪、危害海上安全罪、贩卖奴隶罪。

受庇护的外国人在庇护国享有合法的居留权，与一般外国人相同，要服从居留国的管辖。但受庇护者不得因其有受庇护的地位而从事违反联合国宗旨与原则的活动，不得从事反对他国（包括其国籍国）的活动。庇护国负有防止受庇护者从事这种活动的义务。如《领土庇护宣言》第四条规定，给予庇护的国家不得准许享受庇护的人从事违反联合国宗旨与原则的活动。

3. 中国关于庇护的法律依据和实践

1949 年《中国人民政治协商会议共同纲领》第六十条规定，“中华人民共和国对于外国人民因拥护人民利益参加和平民主斗争受其本国政府压迫而避难于中国境内者，应予以居留权”。1978 年《中华人民共和国宪法》第五十九条规定，“中华人民共和国对于任何由于拥护正义事业、参加革命运动、进行科学工作而受到迫害的外国人，给以居留权利”。1982 年《中华人民共和国宪法》第三十二条第二款规定，“中华人民共和国对于因为政治原因要求避难的外国人，可以给予受庇护的权利”。1985 年《中华人民共和国外国人入境出境管理法》第十五条规定，“对因为政治原因要求避难的外国人，经中国政府主管机关批准，准许在中国居留”。但 2012 年《中华人民共和国出境入境管理法》第四十六条则从难民的角度对庇护作了规定，即“申请难民地位的外国人，在难民地位甄别期间，可以凭公安机关签发的临时身份证明在中国境内停留；被认定为难民的外国人，可以凭公安机关签发的难民身份证件在中国境内停留居留”，从而调整了我国的庇护制度。例如，1978 年 10 月 13 日，中国政府给予前来要求避难的越南共产党中央组织部阮庭荫提供政治庇护。

六、难民的法律地位及其保护

类似题

(1) 国际法上难民的保护

(2) 难民身份的确定及其保护原则

---

① ICJ, “Asylum Case” (Colombia v. Peru, judgment of November 20, 1950).

1. 难民的概念

难民(refugee)是指那些由于战争、种族、宗教、国籍、属于某一社会团体或持有某种政治见解等遭受迫害而逃离到其本国之外,并由于这种迫害不能或不愿受其本国保护的人,或者不具有任何国籍的人,包括战争难民、政治难民、经济难民。

难民问题在历史上很早就出现,但直到第一次世界大战结束后才引起国际社会的关注。1921年,国际联盟成立了难民事务高级专员公署,由挪威人弗里德约夫·南森担任高级专员,负责保护和救援战后滞留在各国的难民,并发放具有国际效力的"南森护照";1933年,国际联盟通过了《关于难民国际地位的公约》。

第二次世界大战结束后,在联合国的组织下,1946年通过了《国际难民组织章程》。1950年,联合国大会做出决议成立联合国难民事务高级专员公署(简称联合国难民署),并于1951年通过联合国难民署章程任命了高级专员。1951年,联合国通过了《关于难民地位的公约》,但该公约规定的难民仅限于因1951年1月1日以前发生的事情而成为难民的人。1967年通过的《关于难民地位的议定书》则废除了有关时间的限制。除全球性条约之外,还有一些关于难民的区域性条约,如1969年非洲统一组织首脑会议通过的《关于非洲难民问题某些特定方面的公约》,以及1984年拉丁美洲国家通过的《关于中美洲难民国际保护的卡塔赫纳宣言》等。

在实践中,联合国难民署在20世纪70年代以后的职权和工作范围实际上超出了其章程所规定的难民的范围,包括流离失所者和寻求庇护者等。近年来又出现环境难民,由于干旱、土壤侵蚀、土壤沙漠化、对森林的过度砍伐、海平面上升等环境问题和气候变化问题而丧失家园,到处寻求避难的人被称为环境难民。

2. 难民身份的确定

根据1951年《关于难民地位的公约》和1967年《关于难民地位的议定书》,取得难民身份须符合以下三个条件。(1) 该人迁移或滞留于本国或经常居住国之外。其中,具有国籍的人必须处于其国籍国之外,包括在外国领土内和在不属于任何国家的领土范围内;无国籍人必须处于其经常居住国之外。(2) 该人不能或不愿受本国保护,或者不能或不愿返回经常居住国。不能或不愿受本国保护是指具有国籍的人在其国籍国内发生了迫害他们的事件,本国不保护他们,或者他们因畏惧迫害或其他理由而不愿受本国保护。不能或不愿返回经常居住国是针对无国籍人而言的,是指其经常居住国发生了迫害他们的情况,使他们逃离,并且该国不再接受他们,或者他们由于畏惧迫害等原因而不愿意再返回该国。(3) 该人因正当理由而畏惧迫害。畏惧迫害是指个人在思想上或心理上对他们受到的侵害或迫害产生惧怕或忧虑。正当理由则是指个人产生畏惧迫害是由于他们的种族、宗教、国籍、属于某一社会团体或持有某种政治见解。

但有下列情形之一的,不能取得难民身份:(1) 犯有国际文件中已做出规定的破坏和平罪、战争罪或违反人道罪;(2) 在以难民身份进入避难国之前,曾在避难国以外犯过严重的非政治罪;(3) 曾有违反联合国宗旨和原则的行为并被认为有罪;(4) 已经获得联合国难民署以外的其他机构保护和援助;(5) 被其居住地国家认为具有附着于该国国籍的权利和义务。

国际上并无明确的关于难民身份确认的规定,联合国难民署于1979年发布的《根据关于难民地位的1951年公约和1967年议定书确定难民身份的程序和标准手册》是其自身工作的依据，各国可以参考，也可以基于主权自行处理。

3. 难民的法律地位

1951 年《关于难民地位的公约》和 1967 年《关于难民地位的议定书》的缔约国并不负有主动接受难民入境并准其在本国居留的积极义务，但应具有宽容态度并提供便利，不应以一般外国人的标准要求难民。

(1) 边界不拒绝。对于未经许可进入或逗留于缔约国领土，但毫不迟延地自动向有关当局说明了正当理由的难民，该国不得因该难民非法入境或逗留的事实本身而对其加以惩罚；该国如决定不予接纳，应给他们以获得另一国入境许可的合理期间和必要的便利；在此期间，该国不得对其施以不必要的限制。

(2) 关于难民的驱逐应遵循两项原则。除因国家安全或公共秩序理由外，不得将难民驱逐出境。除非有正当理由认为难民足以危害该国安全，或者难民已被生效的判决确认有特别严重的罪行，从而构成该国社会的危险，否则不得驱逐出境。

(3) 不推回原则。作为国际难民法的核心原则，其要求缔约国不得以任何方式将难民推回至其生命或自由受威胁的领土边界。1951 年《关于难民地位的公约》第三十三条规定，"任何缔约国不得以任何方式将难民驱逐或送回（'推回'）至其生命或自由因为他的种族、宗教、国籍、参加某一社会团体或持有某种政治见解而受威胁的领土边界。但如有正当理由认为难民足以危害所在国的安全，或者难民已被确定判决认为犯过特别严重罪行从而构成对该国社会的危险，则该难民不得要求本条规定的利益"。

经申请获准取得难民身份后，难民本人及其家庭成员便可在缔约国境内负有服从接受国管辖，遵守所在国法律、规章及为维护公共秩序所采取的措施的一般义务；同时享有国民待遇或最惠国待遇，不低于一般外国人待遇，不应受到歧视。

第六章 国际人权法

一、人权国际保护的法律体系

类似题

(1) 国际人权法的法律体系

(2) 国际人权法的发展沿革

1. 国际人权法的形成与发展

国际人权法是指关于人权保护的国际法。一般认为,人权理论是在17—18世纪资产阶级革命时期被提出来的。格劳秀斯认为,自然法的基础是自然理性,人拥有一种自然的权利,是不能废除的。他主张人的生命权和人身自由是不可侵犯的,并在其著作《战争与和平法》一书中首次使用了“人的普遍权利”和“人权”的概念。

人权本属于国内法讨论的范畴,较早的人权立法应属1689年英国《权利法案》(全称为《国民权利与自由和王位继承宣言》),而真正掀起人权保护浪潮的当属洛克、卢梭等启蒙思想家。他们的追随者以实际行动表明了对人权理念的追求,在立法上表现为1789年法国《人权宣言》(全称为《人权与公民权利宣言》)及同年美国宪法第一修正案。

但人权问题从国内法领域进入国际法领域则始于第一次世界大战以后,由于战争期间和战后国际上出现了一系列严重违反人权的情形,因而人权问题引起了世界各国的普遍关注,国际上出现了一些关于人权国际保护的公约和规定,如1926年国际联盟主持制定的《禁奴公约》和1930年国际劳工大会通过的《强迫劳动公约》等。但是,当时的人权概念并没有形成公认的国际法原则。而且从总体上讲,人权的国际保护还仅限于人权的个别领域,并带有非普遍的性质。

在第二次世界大战期间,德国、意大利、日本法西斯大规模践踏基本人权、残酷屠杀人民的暴行激起了世界各国人民的极大愤慨,人权的国际保护成为国际社会面临的重要任务。1945年,《联合国宪章》首次将人权规定在具有普遍性的国际组织宪章中,并将“增进并激励对于全体人类之人权及基本自由之尊重”规定为联合国的宗旨之一,但并没有列举人权的具体内容。1948年,联合国大会通过了《世界人权宣言》,第一次在世界范围内系统地提出了人权的基本内容和共同的奋斗目标,成为有组织的国际社会第一次对人权和基本自由做出的国际宣言。这个宣言是人权保护事业发展史上的一座里程碑,标志着人权问题全面进入国际法领域。1966年,在联合国主持下,世界各国签署了《经济、社会及文化权利国际公约》《公民权利和政治权利国际公约》《公民权利和政治权利国际公约任择议定书》三个人权法律文件,构成了“国际人权公约”,标志着国际人权法的初步形成。上述两项公约分别于1976年1月3日、1976年3月23日生效,中国分别于1997年10月27日和1998年10月5日签署该两项公约。

从此，“国际人权公约”与《世界人权宣言》一起构成了“国际人权宪章”，成为现代国际人权法的基本规范。

2. 国际法上人权的限制和克减

（1）人权的限制

人权作为权利，是相对于义务而言的。人人在享有权利的同时，必须履行相应的义务。例如，《世界人权宣言》第二十九条规定，“人人对社会负有义务”“人人在行使他的权利和自由时，只受法律所确定的限制，确定此种限制的唯一目的在于保证对旁人的权利和自由给予应有的承认和尊重”“这些权利和自由的行使，无论在任何情形下均不得违背联合国的宗旨和原则”。《经济、社会及文化权利国际公约》《公民权利和政治权利国际公约》在前文中均规定，个人对其他个人和他所属的社会负有义务，应为促进和遵行本公约所承认的权利而努力。但是为了防止国家对人权有过度的限制，《公民权利和政治权利国际公约》第五条规定，禁止缔约国对本公约所规定的权利加以本公约所规定的范围更广的限制；《经济、社会及文化权利国际公约》第四条规定，国家对此类权利只能加以同这些权利的性质不相违背且只是为了促进民主社会中的公共福利的法律所确定的限制。国家可以对人权加以限制，但只能以法律形式，有正当的目的，以及在国际人权法允许的范围内。

（2）人权的克减

根据《公民权利和政治权利国际公约》第四条第一款，人权的克减权是指在社会紧急状态威胁到国家的生命时，国家可以采取措施来降低其依该公约承担的某些人权保障义务的权利。例如，国家可以不像正常时期那样保障公民的言论自由、集会自由等人权。

《公民权利和政治权利国际公约》第四条同时规定了国家行使人权的克减权的限制：须经正式宣布；克减程度以紧急情势所严格需要为限；克减措施不得与其根据国际法所负有的其他义务相矛盾；克减措施不得包含纯粹基于种族、肤色、性别、语言、宗教或社会出身的理由的歧视；立即经由联合国秘书长将其已克减的各项规定、实行克减的理由和终止这种克减的日期通知本公约的其他缔约国；不得克减本公约所规定的生命权、免于酷刑和不人道待遇、免于奴役和强迫劳动、免于因债务而被监禁、免受有溯及效力的刑法的追究、法律前的人格权、思想和良心等自由。

3. 国际人权法的保护对象和范围

（1）个人及其权利

个人无可厚非为国际人权法的主要保护对象，每个人享有的人权是与生俱来的，不能有任何歧视，不能因个人的家庭出身、社会地位、财产状况、宗教信仰或政治见解等而有任何区别。《公民权利和政治权利国际公约》中明确的个人权利有生命权、人身自由和安全权、免遭酷刑的权利、公正审判权、言论自由、思想和良心等自由、参与公共事务权、选举权和被选举权、参与本国公务权等；《经济、社会及文化权利国际公约》中明确的个人权利有工作权、适当生活水准权、受教育权、健康权、组织和参加工会权、社会保障权、婚姻自由、免受饥饿权、食物权、住房权、文化权等。

（2）集体及其权利

国际人权法保护的集体人权分为两种：第一种是在主权国家内存在的诸如种族、宗教或语言的少数人群体，或者残疾人、妇女和儿童等弱势群体，基于特殊身份而由组成群体的个人所享有的权利，如少数民族的权利、残疾人的权利、妇女的权利、儿童的权利等；第二种是作为集体所持有和享有的权利，如享有自决权的集体是殖民地人民、被外国压迫的民族、被外国占领的领土上的人民。发展权作为一项集体人权，1986 年《发展权利宣言》指出，"发展权利是一项不可剥夺的人权，由于这种权利，每个人和所有各国人民均有权参与、促进并享受经济、社会、文化和政治发展，在这种发展中，所有人权和基本自由都能获得充分实现"。

4. 国际人权的保护条约体系

人权国际保护机制从多个维度、多个方面、从一般到特殊对人权进行了全面的保护。在联合国层面，以《联合国宪章》为基础，由《世界人权宣言》《公民权利和政治权利国际公约》和《经济、社会及文化权利国际公约》及其任择议定书构成了"国际人权宪章"；在专门领域，则有《防止及惩治灭绝种族罪公约》《消除一切形式种族歧视国际公约》《禁止并惩治种族隔离罪行国际公约》《关于难民地位的公约》《禁止酷刑和其他残忍、不人道或有辱人格的待遇或处罚公约》《消除对妇女一切形式歧视公约》《儿童权利公约》等普遍性人权条约；此外，还有《欧洲人权公约》《美洲人权公约》《非洲人权和民族权宪章》等区域性人权公约。它们共同构成了国际人权的保护条约体系。

二、人权国际保护的实施制度

类似题

（1）人权国际保护的监督机制

（2）普遍性人权条约的监督机制

1. 普遍性国际人权机构

由于人权保护是联合国的宗旨之一，因而联合国的主要机关在实施联合国的宗旨和原则时，都直接或间接地具有人权保护的职能。联合国体系内主要的人权机构包括人权理事会、人权事务高级专员办公室，以及一些专门的人权机构。

（1）联合国人权理事会

联合国人权理事会(United Nations Human Rights Council)是 2006 年 3 月 15 日联合国大会通过决议而设立的联合国大会的附属机构，直接向联合国所有会员国负责，而其前身联合国人权委员会则归联合国经济及社会理事会管辖。联合国人权理事会负责对联合国所有成员国做出阶段性人权状况回顾报告，理事会成员国在任期内必须接受普遍定期审议机制的审查。审查的原则如下：范围普遍；平等对待；被审查国充分参与；补充其他人权机制；以客观、透明、非选择性、建设性、非对抗性、非政治化方式；充分的社会性别视角；包括非政府组织和国家人权机构在内的所有利益相关者参与。审查的最终结果包括：客观、透明的评价；最好的实践；强调在促进和保护人权方面的合作；在与相关国家商议并取得其同意的前提下，建议提供技术援助和能力建设；被审查国的自愿承诺；等等。

（2）联合国人权事务高级专员办公室

联合国人权事务高级专员办公室(United Nations Office of the High Commissioner for

Human Rights）于 1993 年设立，1997 年与原联合国人权中心合并。其主要职能是促进普遍享有人权并在人权领域扮演主要或领导角色，促进人权国际合作，激励和协调联合国系统的人权行动，促进普遍批准和实施国际人权标准，以及对严重侵犯人权事件做出反应。

（3）专门负责监督特定人权条约实施的各个委员会

联合国对九个核心人权条约都已设立监督条约实施的机构，由其受理缔约国的报告、处理有关国家或个人的来文。具体包括监督《公民权利和政治权利国际公约》实施的人权事务委员会，监督《经济、社会及文化权利国际公约》实施的经济、社会和文化权利委员会，监督《消除一切形式种族歧视国际公约》实施的消除种族歧视委员会，监督《消除对妇女一切形式歧视公约》实施的消除对妇女歧视委员会，监督《禁止酷刑和其他残忍、不人道或有辱人格的待遇或处罚公约》实施的禁止酷刑委员会和防范酷刑小组委员会，以及监督《儿童权利公约》实施的儿童权利委员会等。

这些针对特定人权条约的委员会具有如下特点。（1）独立性。依据人权条约设立的由人权专家组成的人权条约实施监督机构具有相对的独立性。（2）专业性。除了 1966 年《公民权利和政治权利国际公约》和 1966 年《经济、社会及文化权利国际公约》两项公约，其他公约都涉及人权的某一特殊领域，其专业性相对突出。（3）规范性。因这些委员会是在相关人权条约的基础上建立的，其职权、决策程序都必须以该条约为基础，故比较规范。

针对特定人权条约的委员会同联合国人权机构的异同主要体现在两方面。（1）前者是以人权条约为基础而建立的机构，其职权范围仅限于参加该条约或任择议定书的缔约国，对第三国没有管辖权；后者是以《联合国宪章》及联合国主要机关的决议而建立的机构，其职责所涉及的范围及于联合国所有会员国。（2）前者由以个人身份工作的人权专家组成，不代表任何国家或组织，但后者由联合国会员国指派的代表组成，是政府间官方机构。（3）两者皆不是司法机构，对审理的案件所做出的决定或意见不具有法律约束力。

除上述国际人权机构之外，联合国还有一些专门从事人权国际保护的机构，如国际劳工组织，联合国教育、科学及文化组织，世界卫生组织，世界知识产权组织，联合国难民署，联合国儿童基金会，联合国妇女署，联合国开发计划署，联合国艾滋病规划署等，都将人权保护确定为其目的或宗旨，从事国际人权条约的主持制定和监督实施，以及其他人权保护活动。

2. 普遍性人权条约的人权监督和补救制度

（1）报告及审查制度

报告及审查制度是国际人权机构普遍实行的制度，如《公民权利和政治权利国际公约》第四十条、《消除一切形式种族歧视国际公约》第九条等，都要求缔约国通过联合国秘书长向负责监督条约实施的委员会提出报告，并由该委员会审议缔约国的报告。

各缔约国负有提交报告的义务，报告制度是一项具有强制性的制度。有关机构可以在审议报告的基础上提出一般性意见或建议，对公约的某些条款的范围和含义做出解释。这些意见或建议虽然对缔约国不具有法律拘束力，但具有一定的权威性。

（2）来文及和解制度

来文制度或指控制度是一些国际人权机构实行的一项制度，对于是否为任择条款，则有不同规定。如《公民权利和政治权利国际公约》第四十一条规定，缔约国可以随时声明承认人权事务委员会有权接受和审议一缔约国指控另一缔约国不履行本公约义务的来文。人权事务委员会在认定用尽了国内救济措施之后，有权处理已接受任择条款的缔约国之间的指控及进行斡旋。如未能取得友好解决，经各有关缔约国同意后，人权事务委员会可以指派一个由 5 名委员组成的专设和解委员会进行和解。若和解不成，则和解委员会应在其报告中说明关于各有关缔约国间争执事件的一切有关事实问题的结论，以及和睦解决该事件的建议。各有关缔约国应于接到报告后 3 个月内通知人权事务委员会主席其是否接受和解委员会的报告。但《消除一切形式种族歧视国际公约》则规定，根据本公约成立的消除种族歧视委员会有权处理任何缔约国之间的指控，而无须依据任择条款，从而在处理缔约国之间的指控方面，给予了更有力的机制。

(3) 个人申诉制度

个人申诉制度或个人来文制度是由《消除一切形式种族歧视国际公约》首先建立起来的制度，现已基本上在九个核心人权条约中得以普及。但是一般都要基于任择议定书或条约中的任择条款，并且必须是在确认用尽了国内救济措施以后才受理个人申诉。1966 年 12 月 16 日通过、1976 年 3 月 23 日生效的《公民权利和政治权利国际公约任择议定书》第一条规定，"成为本议定书缔约国的盟约缔约国承认委员会有权接受并审查该国管辖下的个人声称为该缔约国侵害公约所载任何权利的受害者的来文"。根据该议定书，人权事务委员会只受理该议定书缔约国所管辖的个人提出的申诉。人权事务委员会受理后，应将来文提请被控违反公约的该议定书缔约国注意，该缔约国应于 6 个月内面向委员会提出解释或声明，说明原委，若业已采取补救措施，则应一并说明。人权事务委员会应参照该个人及有关缔约国所提出的一切书面资料，审查根据议定书所收到的来文，并向该个人及有关缔约国提出意见。

三、区域性人权保护制度

类似题

(1) 区域性人权公约及其实施机制

(2) 区域性人权保护制度的比较

1.《欧洲人权公约》及其实施制度

1950 年 11 月签署的《欧洲人权公约》是第一个区域性人权公约，于 1953 年 9 月生效。该公约缔约国先后通过了 16 项附加议定书，其增设了保护的权利，修改了人权保护实施机制的程序，调整了人权保护的实施机构。

(1) 欧洲人权委员会

根据《欧洲人权公约》第十九条，设立常设机构欧洲人权委员会，由同缔约国数目相等的委员组成。每个缔约国只能有一个国民当选该委员会的委员，委员不是作为国家的代表，而是以个人的身份行使职权。

欧洲人权委员会有权受理、调解和调查关于缔约国违反公约的申诉，包括国家提出的申诉和个人、非政府组织或个别团体提出的申诉。但是欧洲人权委员会受理个人、非政府组织或个别团体对缔约国提出的申诉，根据《欧洲人权公约》第二十五条，以被指控的缔约国事先已声明它承认委员会具有此种权限为前提条件。

欧洲人权委员会只能在用尽了国内救济措施后，自国内机关做出最后决定之日起 6 个月内处理申诉事项。

(2) 欧洲人权法院

欧洲人权法院是根据《欧洲人权公约》第十九条，于 1959 年 1 月在法国斯特拉斯堡成立的一个常设司法机构。欧洲人权法院由同欧洲理事会成员国数目相等的法官组成。缔约国可根据《欧洲人权公约》任择条款第四十六条表示全面地承认欧洲人权法院的管辖权，也可就某一个案件接受欧洲人权法院的管辖。欧洲人权法院只有在欧洲人权委员会承认友好解决或调解的努力失败后，并在规定的期限内，才有权受理有关的案件。

根据《欧洲人权公约》第四十四条，只有缔约国和欧洲人权委员会才有权将案件提交给法院。即，个人无权直接向欧洲人权法院提起诉讼。但是在 1990 年 11 月签署的《欧洲人权公约：第九议定书》中，《欧洲人权公约》的上述规定被修改，允许个人、非政府组织或个别团体将案件提交给法院。欧洲人权法院的判决为缔约国承允服从的终审或确定的判决，欧洲理事会部长委员会有权监督判决的执行。

2.《美洲人权公约》及其实施制度

1948 年 5 月，美洲国家通过了《美洲人的权利和义务宣言》，在此基础上，1969 年 11 月，美洲国家通过了《美洲人权公约》。《美洲人权公约》是继《欧洲人权公约》之后的第二个区域性人权公约，于 1978 年 7 月生效。根据《美洲人权公约》成立了美洲人权委员会和美洲人权法院。

(1) 美洲人权委员会

美洲人权委员会是美洲国家组织的附属机构，早在《美洲人权公约》制定之前就已经依据《美洲国家组织宪章》而成立。美洲人权委员会由 7 人组成，有权受理来自任何个人或一群人或合法的非政府实体谴责或控诉某一缔约国破坏公约的请愿书。美洲人权委员会受理个人的申诉时，不以缔约国事先声明同意为前提，但当事人须事先在国内用尽当地救济措施。但是对于缔约国的来文，则实行任择管辖，美洲人权委员会只有在有关缔约国双方事先都已接受任择条款之后才有权受理。

美洲人权委员会决定受理某项指控后，应首先在查明事实的基础上谋求争议的友好解决。如无法友好解决，美洲人权委员会应起草一份包括事实和结论的报告，提交给各有关国家。在提交报告后 3 个月内，如争议仍未得到解决，且美洲人权委员会或有关国家也未将争议提交给美洲人权法院，则应由美洲人权委员会提出结论性意见和建议，缔约国应采取美洲人权委员会所建议的相关措施。

(2) 美洲人权法院

美洲人权法院是根据《美洲人权公约》设立的司法机构，由 7 名法官组成，享有诉讼管辖权和咨询管辖权。美洲人权法院的管辖权只及于根据《美洲人权公约》的任择条款第六十二条做出声明或根据特别协议接受法院管辖权的缔约国之间。在诉讼管辖权方面，只有缔约国和美洲人权委员会有权向美洲人权法院提交案件，个人没有诉讼权。在咨询管辖权方面，缔约国、美洲国家组织成员国及其机构均可就公约本身或者与美洲国家保护人权问题有关的其他条约的解释等问题，提请法院发表咨询意见。

3.《非洲人权和民族权宪章》及其实施制度

1981 年 6 月，非洲统一组织通过了《非洲人权和民族权宪章》，该宪章于 1986 年 10 月生效。《非洲人权和民族权宪章》以非洲人权和民族权委员会为监督机构，建立了以调查和来文审查程序为执行措施的非洲人权法律保护机制。

根据《非洲人权和民族权宪章》第三十条，在非洲统一组织内部设立非洲人权和民族权委员会，由 11 名委员组成。非洲人权和民族权委员会可以诉诸任何适当的调查方法，并有权处理各缔约国的来文。非洲人权和民族权委员会在查明一切当地救济措施已用尽无疑后，方可处理。非洲人权和民族权委员会审查发现有严重或大肆侵犯人权和民族权的特殊案件时，应提请国家或政府首脑会议注意。对于其他来文，包括个人来文，如经非洲人权和民族权委员会过半数决定表示接受，也可以进行审议，而无须缔约国另行接受《非洲人权和民族权宪章》的任何规定或另行同意。非洲人权和民族权委员会本身并非司法机构，且《非洲人权和民族权宪章》也未设立非洲人权法院。

四、人权的普遍性和特殊性

类似题

（1）人权的普遍性与特殊性相统一原则

（2）人权的共性和特殊性的辩证关系

1. 人权的普遍性

人权的普遍性或人权的共性是指人人都享有基本人权，不分种族、肤色、性别、语言、宗教、政治或其他见解、国籍或社会出身、财产、出生或其他身份等任何区别。

人权的普遍性中的“普遍”有多层含义。（1）人权主体的普遍性，即所有的人，不分种族、年龄、性别、宗教、语言、国籍、能力、政治见解等，都应当享有基本人权。《世界人权宣言》第一条和第二条分别指出，“人人生而自由，在尊严和权利上一律平等。他们赋有理性和良心，并应以兄弟关系的精神相对待”“人人有资格享有本宣言所载的一切权利和自由，不分种族、肤色、性别、语言、宗教、政治或其他见解、国籍或社会出身、财产、出生或其他身份等任何区别”。这里的主体“人人”是指物理上的每个个体。同样，《公民权利和政治权利国际公约》《经济、社会及文化权利国际公约》《维也纳宣言和行动纲领》也明确规定享有人权的主体是“人人”。关于人权主体的普遍性，所针对的问题和要解决的问题是人权中“人”的问题，要谨防“欧洲中心主义”“男性中心主义”“种族主义”的讹误。[①]（2）人权内容的普遍性，即虽然社会的发展程度有差别，不同地区人们所处的具体环境也有很大的不同，但是人权所包含的内容却是人类共同需要的，是人人不可缺少的。[②]《世界人权宣言》最早且最全面地列举了人权的内容，将人权分为两大类，第一类为公民权利和政治权利，第二类为经济、社会和文化权利。随后通过的《公民权利和政治权利国际公约》《经济、社会及文化权利国际公约》又分别对《世界人权宣言》所确定的人权做了确认并进行了详细的规定。（3）保护人权目标的普

① 齐延平：《论普遍人权》，《法学论坛》2002 年第 3 期。

② 方立新、夏立安：《人权法导论》，浙江大学出版社，2007，第 5 页。

遍性,即全世界所有人民都充分享有人权是人类共同理想。《联合国宪章》第一条宣称其宗旨之一为“促成国际合作,以解决国际间属于经济、社会、文化及人类福利性质之国际问题,且不分种族、性别、语言或宗教,增进并激励对于全体人类之人权及基本自由之尊重”。联合国将尊重人权作为其自身宗旨,同时也是国际社会共同努力的目标。《公民权利和政治权利国际公约》《经济、社会及文化权利国际公约》都在前文中宣称,考虑到各国根据《联合国宪章》负有义务促进对人的权利和自由的普遍尊重和遵行。《经济、社会及文化权利国际公约》第二条规定,各国应当尽最大努力实施本公约……发展中国家在适当顾及人权及它们的民族经济的情况下,得决定它们对非本国国民的享受本公约所承认的经济权利,给予什么程度的保证。世界上每一国家,无论其是否为联合国会员国,无论其是否为《国际人权公约》的缔约国,应毫无例外地将人权保护作为其长期的目标。

2. 人权的特殊性

人权的特殊性是指由各国的发展程度、文化传统、人权观念和具体社会制度的差异引起的在实际享有人权的内容、范围及保障程度上的不同。人权是人类文化发展的结果,人类文化具有多元性的显著特征,文化和文明传统的差异对人权的影响被认为是“最深刻、最广泛和最严重的”。①

人权的特殊性是客观存在的,个人实际享受到的权利不仅受到国内文化和文明传统的影响,而且受到政治、经济状况的制约,并且还受到国内道德观念和价值观念的限制。例如,伊斯兰传统注重个人与社会的“平衡关系”,强调个人、社会、秩序和自由的平衡。伊斯兰教教义中规定,“伊斯兰教认为每个人的无限制的自由必将剥夺他人的自由,伊斯兰社会生活中个人和社会是相互补充并相互依赖的”。

人权的特殊性也获得了人权国际保护相关国际文书的认可。例如,1993年《曼谷宣言》第八款规定,“虽然人权具有普遍性,但是应当铭记各国及各地区之间存在特殊性,且存在不同的文化、历史及宗教背景”;1993年《维也纳宣言和行动纲领》第一部分第五款规定,“一切人权均为普遍的、不可分割的、相互依存的、相互联系的。国际社会必须站在同样地位上,用同样重视的眼光,以公平、平等的态度全面看待人权。固然,民族特性和地域特征的意义,以及不同的历史、文化和宗教背景都必须要考虑,但是各个国家,不论其政治、经济和文化体系如何,都有义务促进和保护一切人权和基本自由”;1992年《突尼斯宣言》第一部分第二款和第五款分别规定,“人权的普遍性不容怀疑。人权的保护和增进与政治、经济、文化制度无关,是所有国家的义务”“普遍人权不存在任何既存的模式,因为不能忽视各国的历史的、文化的实践,传统、标准以及每个人的价值”。

3. 人权的普遍性和特殊性的关系

人权的普遍性与特殊性不是相互独立的,而是统一共存的。人权的特殊性是人权理论的实践及必要的补充。人权不能变成政治外交的手段,不能成为经济援助的条件;人权的特殊性不能成为镇压人权的狡辩。

(1)人权的普遍性与特殊性不是相互独立的,而是统一共存的。人权源于人的本性、尊严和价值,是人的内在需求的外在表现。人的自由权、生命权和人格尊严等最基本的人权具

① 徐显明:《文化与人权的主体》,载王家福、刘海年、李林主编《人权与21世纪》,中国法制出版社,2000,第43页。

有普遍性，在任何国家和社会都应得以承认。同时，应当客观地认识宗教信仰和伦理道德等传统文化对人权观的形成的影响，因为其影响深融于社会之中，体现社会的普遍需求。长期以来，西方国家或学者只承认或过分强调人权的普遍性，而忽视人权的特殊性，经常以人权保护为由干涉他国内政；也有些发展中国家或学者则一味强调人权的特殊性，不承认人权的普遍性，为其国内的恶劣人权状况进行狡辩。这两种做法皆为片面的、不正确的，将人权的普遍性与特殊性人为地进行割裂。其实，人权的普遍性与特殊性都是为促进人权而存在的。人权的普遍性旨在促进人的普遍权利，并为人权设定最低的保护底线。人权的特殊性则旨在保障特殊人权，在普遍人权的基础上实现人权的特殊性，有利于充分尊重不同社会条件、文化背景下的人权。因此，两者并不是相互独立的，而是统一共存的、相互配合的、各司其职的。

(2) 人权的特殊性是人权理论及其实践的必要补充。西方社会的主流人权理论是在人权的普遍性上发展起来的。从古典自然法学派的“天赋人权”，到第二次世界大战后形成的“国际人权宪章”，尽管其中“人”的含义发生了变化，但是人权内容的普遍性则是一脉相承的，因此人权理论以人权的普遍性为基础。但是，只注重人权的普遍性，将会损害特殊群体的人权，无法实现对人权的普遍保护。人权特殊性理论是人权理论不可缺少的组成部分，是对人权普遍性理论的必要补充。

(3) 人权不能变成政治外交的手段，人权的特殊性也不能成为侵犯人权的狡辩。人权是人作为人本身应该享有的基本权利，是人的一种“权利”，而不应成为政治斗争的工具。同时，主权者不能以人权的特殊性作为挡箭牌，实施侵犯人权的行为。人权的特殊性必须是客观存在的，而不应成为侵犯人权者的狡辩。人权保护应当是人权的普遍性与特殊性的辩证统一，不能以人权的普遍性为由否定人权的特殊性，也不能以人权的特殊性为借口侵犯普遍人权。应当在普遍人权的最大限度实现基础之上，促进特殊人权的有效实现，从而实现对人的权利、自由、尊严的充分尊重。

五、人权的国际保护与国家主权的关系

类似题

(1) 人权与主权的辩证关系

(2) 人权与主权的相互关系

1. 人权与主权相互关系的论争

西方学者在人权与国家主权之间的关系上有以下两种观点：第一种是人权高于主权，认为主权从属于人权；第二种认为人权改变了主权的含义，国家主权受到人权国际保护原则的限制。但是也有一些学者，特别是主张绝对的主权原则的学者，认为主权绝对高于人权。

(1) 人权高于主权论。英国著名国际法学者劳特派特在《奥本海国际法》中指出，“当主权国家的法律的制定或适用违反了起码的人权，从而可以正当地被解释为震动人类良知时，人道法则是高于主权国家的法律的”，国家主权妨碍人权。事实上，主张人权高于主权过于

极端,因为我们所处的国际社会毕竟还是由主权国家组成的。美国国际法学者亨金在《权利的时代》一书中指出,“对美国来说,它被指责将人权视为一种‘白人的责任’;国际人权仅仅被用于‘供出口’。国会援引国际人权标准仅仅是作为制裁其他国家的根据。美国人被指责接受国际人权只是针对别人的而不是针对自己的”。

(2) 主权受人权限制论。英国学者詹宁斯和瓦茨在《奥本海国际法》中指出,“国家可以自由对待本国国民,但受国际法和特别人权的要求的限制”。奥地利维也纳大学公法教授厄马克拉在《人权与国内管辖权》一文中指出,“联合国的宗旨是在各地增进并激励对人权的尊重。联合国已经成功地制定了现代的人权标准,这就自动地暗含了一种对国内管辖权的限制”。

(3) 主权绝对高于人权论。王虎华教授在《论国家主权与国际人权的辩证关系》一文中,通过对《联合国宪章》及联合国大会一系列文件的分析,指出国家主权高于国际人权。王虎华教授认为,《联合国宪章》关于主权问题是作为国际法的基本原则来规定的,但是对人权问题只做了一般性的规定。同时从内容角度来分析,关于人权问题的规定仅采用“增进”“促成”“提倡”等比较暧昧的表达方式,主要是号召式的表述,不具有强制性的内涵。

2. 人权与主权的相互关系

其实,人权与国家主权不是相互对立的,而是有统一性的、相辅相成的。简单地、笼统地认为人权高于主权,或视人权从属于主权,都不符合现实。

(1) 国家主权是享有人权的基础或保证。只有一个国家享有主权,其国民的基本权利和自由的实现才有保障。相反,如果一个国家丧失了主权,无论是个人人权还是集体人权都将缺乏保障。

(2) 国家主权的行使,应有利于保护人权。国家主权的行使,不能剥夺或危害人权;盗用主权侵犯人权是不允许的。

(3) 人权国际保护不得违背国际法基本原则,尤其不得违背国家主权和不干涉内政原则。国际人权法是国际法的一个分支,国际法的基本原则同样是国际人权法的基本原则。以人道主义干涉为借口,干涉别国内政是绝对不允许的,特别是采取武力干涉别国内政,无论在何时、何地都是违法的,应该被禁止。

第七章 海洋法

一、1982年联合国海洋法会议及《联合国海洋法公约》

类似题

(1) 国际海洋法的产生与发展
(2)《联合国海洋法公约》的编纂

1. 海洋法的概念及特征

海洋法是关于各种海域的法律地位和调整国与国之间在海洋活动中发生的种种关系的原则、规则和制度的总称。海洋法对于维护海洋秩序、规范国家及其他国际法主体的海洋行为，以及促进海洋合作具有重要作用。

海洋法具有如下特征。(1) 海洋法是国际法中古老的部门法之一，也是较新的部门法之一，是不断发展和演变的法律。早期的海洋法原则和规则大多来自习惯法，例如，领海的距离早期一般主张为3海里，是在海岸线上布防的大炮最远射程距离。但现代的海洋法是随着科学技术的进步和发展中国家的兴起，在发展中国家与帝国主义、霸权主义国家的长期较量中发展起来的。现代海洋法扩大了沿海国的管辖范围，减少了公海海域的面积，同时将传统的公海海底从公海制度中分离，确定其人类共同继承财产的法律地位。(2) 海洋法是国际法的一个分支，具有国际法的一般特征。国际法的基本原则都是国际海洋法的基本原则。但是，国际海洋法调整的国际关系与国际法其他分支调整的国际关系有所不同，因此国际海洋法具有一些比较特殊的概念、原则、规则等。

2. 早期海洋法的产生

古罗马时期，海洋是"共有物"，海上航行是自由的。在我国明朝，郑和下西洋，海上自由航行的历史就是例证。但是到中世纪后半叶，随着海上贸易和航海技术的发展，君主对土地的领有权开始向海洋扩张。1493年，在罗马教皇的主持下，葡萄牙和西班牙将大西洋上的一条子午线作为两国的海上实行控制权力的分界线，随后于1494年订立《托德西里亚斯条约》和于1529年订立《萨拉格萨条约》，将全球海域一分为二，限制海上航行自由。为了打破葡萄牙和西班牙的海洋垄断，格劳秀斯于1609年发表《海洋自由论》，主张海洋应当向所有国家的所有人民开放，供其自由利用，而不能被任何国家垄断。同时，为了维护沿海国家的安全，宾刻舒克于1702年在《海洋主权论》一书中主张，以"大炮射程规则"确定其领海宽度。因为当时在海岸线上布防的大炮最远射程距离为3海里，所以早期领海的宽度被确定为3海里。

3. 国际海洋法的编纂及发展

国际海洋法的编纂活动始于20世纪。1930年，在国际联盟的主持下召开的国际法编纂会议就领水等三个问题进行编纂。由于在领海宽度以及与领海有密切联系的毗连区、历史性海湾等问题上意见分歧，未能通过领海制度相关国际公约。

第二次世界大战以后，海洋法的发展有了重大的突破，不仅为传统海洋法的公海与领海增添了许多新的内容，而且增加了许多新领域。联合国国际法委员会在1949年第1届会议上选定了14个编纂项目，其中包括与海洋法有关的公海和领海制度。1954年，联合国大会要求国际法委员会将其所拟的关于公海、领海、毗连区、大陆架和海洋生物资源的保全等条文系统化。1958年，第一次联合国海洋法会议在日内瓦召开，会议通过了《领海及毗连区公约》《公海公约》《捕鱼与养护公海生物资源公约》《大陆架公约》《关于强制解决争端的任意议定书》，但是对领海的宽度没有做出规定。为了解决领海宽度，于1960年召开了第二次会议，但仍然未能解决。

第三次联合国海洋法会议从1973年12月3日至1982年9月24日，共召开了11期16次会议，167个国家的代表及近50个国际组织的代表出席了会议。会议经过了长期而激烈的讨论，终于在1982年4月30日以130票赞成、4票反对(美国、土耳其、以色列、委内瑞拉)、19票弃权(英国、苏联、意大利等)通过了《联合国海洋法公约》。1982年12月6—10日，在牙买加蒙特哥湾市举行的最后会议上包括中国在内的117个国家以及太平洋上的库克群岛和联合国纳米比亚理事会的代表，在《联合国海洋法公约》上签字。《联合国海洋法公约》于1994年11月16日生效，欧盟国家、加拿大和日本等重要海洋国家批准了该公约。中国于1996年5月15日正式批准该公约。

4.《联合国海洋法公约》的主要内容

《联合国海洋法公约》主要在以下方面推动了海洋法的发展：(1) 规定领海宽度不得超过12海里；(2) 允许沿海国设立200海里专属经济区；(3) 确立基于自然延伸原则的大陆架制度；(4) 确认国家管辖范围以外的海床洋底及其资源为“人类共同继承财产”；(5) 确认新的公海自由；(6) 确立群岛水域的法律地位及相关法律制度；(7) 确保内陆国家出入海洋的权利；(8) 确立各国在海洋环境保护和保全方面的权利与义务；(9) 确立海洋争端解决机制，设立国际海洋法法庭。

5. 国际海洋法的新发展

自公约签署以来，海洋法取得快速进展，特别是自20世纪90年代以来，国际海洋法有新的发展。作为一个法律框架，《联合国海洋法公约》进一步发展和完善，吸收相关政府间国际组织通过的更加详细的规定，包括区域政府间国际组织。

1990年7月，在联合国秘书长的发起下，多个国家就《联合国海洋法公约》有关深海底采矿规定中的一些问题展开协商。经过四年的磋商，《关于执行1982年12月10日〈联合国海洋法公约〉第十一部分的协定》于1994年7月28日通过，并于1996年7月28日生效。1995年12月4日，《关于执行〈联合国海洋法公约〉有关养护和管理跨界鱼类种群和高度洄游鱼类种群的规定的协定》通过，从而形成了《联合国海洋法公约》有关养护公海渔业资源的规定，确立了关于养护和管理上述两种资源的一般制度，要求各国对公海渔业管理和专属经济区渔业管理均采取预防办法、合作办法，是迄今关于公海渔业问题最全面的公约。上述两个协定体现了国际社会为进一步发展《联合国海洋法公约》、填补空缺和应对新问题进行合作的能力。

在国际海底管理方面，2000年、2010年和2012年，国际海底管理局对国家海底区域内的三种矿产资源，即多金属结核、多金属硫化物和富钴铁锰结壳等分别制定了探矿和勘探规章，即《“区域”内多金属结核探矿和勘探规章》《“区域”内多金属硫化物探矿和勘探规章》《“区域”内富钴铁锰结壳探矿和勘探规章》，从而为在国际海底区域相关资源的勘探活动规定了一套系统的程序和规则。

此外，就国家管辖范围以外区域海洋生物多样性的养护和可持续利用问题，联合国大会于 2023 年 6 月 19 日通过了《〈联合国海洋法公约〉下国家管辖范围以外区域海洋生物多样性的养护和可持续利用协定》，为国家和其他利益攸关方之间的跨部门合作提供了一个重要框架，以促进海洋及其资源的可持续发展，并解决海洋面临的多方面压力。《〈联合国海洋法公约〉下国家管辖范围以外区域海洋生物多样性的养护和可持续利用协定》主要应对四个关键问题。(1) 协定为公正和公平分享国家管辖范围以外区域海洋遗传资源和海洋遗传资源数字序列信息方面的活动产生的惠益建立了一个框架，确保这类活动造福全人类。(2) 协定将有助于建立包括海洋保护区在内的划区管理工具，以养护和可持续管理公海和国际海底区域的重要生境和物种。(3) 协定将确保在国家管辖范围以外区域的活动对环境的影响在决策时得到评估和考虑。协定还首次提供了一个国际法律框架，用于评估国家管辖范围以外区域内各项活动以及气候变化、海洋酸化和有关影响的后果造成的累积影响。(4) 协定将便于在能力建设和海洋技术转让方面开展合作，以协助缔约方，特别是发展中国家缔约方实现协定目标，从而为所有国家提供公平的参与环境，以便负责任地利用国家管辖范围以外区域海洋生物多样性并从中获益。(5) 协定处理若干跨领域问题，例如，与《联合国海洋法公约》和相关法律文书和框架以及相关全球、区域、次区域和领域机构的关系，以及筹资和争端解决。协定还建立了体制安排，包括缔约方大会、科学和技术机构以及缔约方大会其他附属机构、信息交换机制和秘书处。

二、领海及其法律地位

类似题

(1) 领海的法律制度
(2) 领海主权及限制

1. 领海的概念及特征

《联合国海洋法公约》第二条将领海定义为“国家主权扩展于其陆地领土及其内水以外邻接其海岸的一带海域，在群岛国的情形下则及于群岛水域以外邻接的一带海域”。领海具有如下特征。(1) 受一定宽度的限制。《联合国海洋法公约》将领海宽度限制在 12 海里以内。(2) 邻接着一国领陆或内水。拥有领海的只能是沿海国，领海不能远离海岸或内水，而应与海岸、内水相邻。群岛国则可邻接群岛水域。(3) 受国家主权管辖和支配。领海属于一国领土，国家拥有排他的管辖权。领海主权是仅受无害通过权限制的完全主权，除了外国船舶在领海内享有无害通过权，领海主权的行使受公约和其他国际法律的限制。

2. 沿海国在其领海的权利和义务

沿海国对其领海享有领土主权，享有与其陆地领土相似的权利。

(1) 对资源的专属权利。沿海国对其领海水域、海床及其底土的一切自然资源，无论是生物资源还是非生物资源，享有专属权利，其他任何国家及其国民未经沿海国许可都不得进行开发和利用。

(2) 对海上航行和空中飞行的管辖权。在领海水域内，沿海国主权及相应的管辖权的行使须受外国船舶无害通过权的限制；但对其领海上空则享有完全的排他的主权及相应的管辖权，外国航空器未经许可不得飞越沿海国的领海上空。

(3) 属地管辖权。沿海国对其领海内的人、物及所发生的事件，除依照国际法应当豁免者外，享有排他的立法、司法和行政的管辖权。沿海国有制定和执行有关领海航行、缉私、移民、卫生等方面的法律和法规的权利；对其领海内进行科学研究、海洋作业等活动的管辖权；对其领海内发生的刑事、民事案件的管辖权。《联合国海洋法公约》第二十七条规定，为了航行方面的利益，习惯上沿海国一般不对通过其领海的外国船舶行使刑事管辖权，但以下则除外：罪行的后果及于沿海国；罪行扰乱当地安宁或领海的良好秩序；经船长或船旗国外交代表或领事官员请求；取缔违法贩运麻醉药品或精神调理物质所必要。《联合国海洋法公约》第二十八条规定，沿海国不得为对船上某人行使民事管辖权的目的而停止其航行或改变其航向；沿海国不得为任何民事诉讼的目的而对船舶从事执行或加以逮捕，但涉及该船舶本身在通过沿海国水域的航行中或为该航行的目的而承担的义务或因而负担的责任，则不在此限。但是，对在领海内停泊或驶离内水后通过领海的外国船舶，沿海国为了任何民事诉讼的目的而从事执行或逮捕。军舰和其他用于非商业目的的政府船舶享有豁免权。

(4) 对沿海航运及贸易的专属权利。沿海国为了保障主权和经济利益，只准许本国船舶从事沿岸港口之间的航运和贸易的权利。除非在互惠原则下给予这种权利，外国船舶不得从事此类事务，否则视为侵犯一国主权。1993 年 7 月 1 日起生效施行的《中华人民共和国海商法》第四条明确规定，“中华人民共和国港口之间的海上运输和拖航，由悬挂中华人民共和国国旗的船舶经营”“非经国务院交通主管部门批准，外国籍船舶不得经营中华人民共和国港口之间的海上运输和拖航”。沿海国行使其在领海的权利时，有义务遵守《联合国海洋法公约》和其他国际法规则限制，如沿海国不应妨碍外国船舶的无害通过权。

《联合国海洋法公约》第二十四条和第二十五条还规定了沿海国的义务。(1) 沿海国不应妨碍外国船舶无害通过领海，不得歧视任何船舶；沿海国应当将其所知的在其领海内对航行有危险的任何情况妥为公布。(2) 沿海国可依公约规定制定关于无害通过领海的法律和规章，行使无害通过领海权利的外国船舶应遵守所有沿海国法律和规章。国际法院在“科孚海峡案”的判决中认为，阿尔巴尼亚政府对于在其领海中存在的可知晓的危险有向一般航行船只通知的义务。这种危险通知的义务产生于一般普遍承认的原则：人道主义的考虑；海上交通自由原则；一国不得允许其领土被用于损害他国权利的行为。

3. 领海的无害通过制度

无害通过权(right of innocent passage)是指在不损害沿海国和平、安全与良好秩序的情况下，所有国家的船舶，不论为沿海国或内陆国，无须事先通知或征得许可而继续不停、迅速地穿越外国领海的权利。其中，“通过”指为下列目的通过领海的航行：(1) 穿过领海但不进入内水或停靠内水以外的泊船处或港口设施；(2) 驶往或驶出内水或停靠这种泊船处或港口设施。通过应继续不停和迅速进行。通过包括停船和下锚在内，但以通常航行所附带发生或由于不可抗力或遇难所必要或为救助遇险或遇难人员、船舶或飞机的目的为限。

无害通过须满足如下几项条件。(1) 外国船舶通过领海必须是无害的。“无害”指不损害沿岸国的和平、良好秩序或安全，也不违反国际法规则。1982 年《联合国海洋法公约》规定，损害沿岸国的和平、良好秩序或安全的行为包括非法使用武力、进行军事演习、搜集沿岸国的防务情报、影响沿岸国安全的宣传行为、在船上起落飞机、发射或降落军事装置、故意污染海洋、非法捕鱼、进行研究或测量活动、干扰沿岸国通信系统等。(2) 外国船舶通过一国领海时，应当遵守沿岸国的有关法令，例如关于海关、财政、移民、卫生、航行安全、养护海洋生物资源、环保、科研与测量等事项的法律规章。中国政府发表的领海声明中就明确规定："任何外国船舶在中国领海航行，必须遵守中国政府的有关法令。"(3) 潜水艇和其他潜水器也可以无害通过领海，但是必须在海面上航行并展示其旗帜。公约并没有规定军舰不享有无害通过权，只规定如果任何军舰不遵守沿海国关于通过领海的法律和规章，而且不顾沿海国向其提出遵守法律和规章的任何要求，沿海国可要求该军舰立即离开领海。《中华人民共和国领海及毗连区法》规定，外国军用船舶进入中国领海，须经中国政府批准。

4. 领海宽度与领海界限

《联合国海洋法公约》规定，每一国家有权确定其领海的宽度，直至从按照本公约确定的基线量起不超过 12 海里的界限为止。领海的外部界限是一条其每一点同基线最近点的距离等于领海宽度的线。如果两国海岸彼此相向或相邻，两国中任何一国在彼此没有相反协议的情形下，均无权将其领海伸延至一条其每一点都同测算两国中每一国领海宽度的基线上最近各点距离相等的中间线以外。但如因历史性所有权或其他特殊情况而有必要按照与上述规定不同的方法划定两国领海的界限，则不适用上述规定。

三、领海基线及其划定

类似题

(1) 领海基线的划定方法

(2) 直线基线划定时注意事项

领海基线(baseline)是指测算领海宽度的起始线，是陆地与海洋、内水和领海的分界线。虽然名称上是领海基线，但同时为测算毗连区、专属经济区、群岛水域或大陆架等所有水域宽度的起始线。根据《联合国海洋法公约》第五条、第七条和第十四条，领海基线有正常基线、直线基线和混合基线等三种。

1. 正常基线

正常基线是指沿海国海岸在海水处于低潮时，海水与海岸自然形成的一条分界线。《联合国海洋法公约》第五条规定，除本公约另有规定外，测算领海宽度的正常基线是沿海国官方承认的大比例尺海图所标明的沿岸低潮线。如果是岛屿(公约第一百二十一条第二款)，岛屿的领海、毗连区、专属经济区和大陆架应按照本公约适用于其他陆地领土的规定加以确定。说明岛屿的正常基线也应是低潮线，如果岛屿周围有礁石或珊瑚礁，则应将该礁石的低潮线视为基线。

2. 直线基线

直线基线是指沿海国以在海岸的陆地上、岛屿上或礁石上选定的特殊点为基点，将这些点用直线连接起来而成的领海基线。《联合国海洋法公约》第七条规定，在海岸线极为曲折的地方，或者如果紧接海岸有一系列岛屿，测算领海宽度的基线的划定可采用连接各适当点的直线基线法。国际法院在1951年"英挪渔业案"的判决中承认，挪威因特殊地理条件而历史上长期采用直线基线以维护其渔业经济利益的做法不违背国际法。①

沿岸国采用直线基线时应注意以下几点。(1) 直线基线的划定应在任何明显的程度上偏离海岸的一般方向，而且基线内的海域必须充分接近陆地领土，使其受内水制度的支配。(2) 除构筑有永久性设施并为国际上所承认外，不得以低潮高地作为基点。《联合国海洋法公约》第十三条规定，低潮高地是指在低潮时四面环水并高于水面，但在满潮时没入水中的自然形成的陆地。如果低潮高地全部或一部分与大陆或岛屿的距离不超过领海的宽度，该高地的低潮线可作为测算领海宽度的基线；如果低潮高地全部与大陆或岛屿的距离超过领海的宽度，则该高地没有其自己的领海。(3) 使用直线基线时应适当考虑传统的习惯经济利益和情况。(4) 海岸发生变化时，在沿海国重新修改公布新的基线之前，原基线仍然有效。不得因使用直线基线致使另一国的领海同公海或专属经济区割断。使用直线基线，重新划入内水的水域或原有的无害通过权仍然有效。

3. 混合基线

混合基线是指采用正常基线和直线基线混合和交替使用所确定的领海基线。《联合国海洋法公约》第十四条规定，沿海国为适应不同情况，可交替使用两种方法以确定基线。目前，大部分国家采取混合方式确定其领海基线。

4. 河口、港口和海湾的基线划定

(1) 河口。如果河流直接流入海洋，那么基线应是一条在两岸低潮线上的两点之间横越河口的直线。(2) 港口。为了划定领海的目的，构成海港体系组成部分的最外部永久海港工程视为海岸的一部分。整个港口水域都是国家内水。但近岸设施和人工岛屿不应视为永久海港工程。(3) 海湾。《联合国海洋法公约》第十条规定，海湾是指被一国陆地所环抱，面积等于或大于横越曲口所划直线作为直径的半圆形面积的水曲。水曲是指凹入海岸的海水水域。《联合国海洋法公约》仅涉及沿岸同属一个国家的海湾。如果海湾天然入口两端的低潮标之间的距离不超过24海里，可在两个低潮标之间划定直线基线；如果海湾天然入口两端的低潮标之间的距离超过24海里，则该24海里的直线基线应划在海湾内，以划入该线所可能划入的最大水域。上述规定不适用于所谓"历史性"海湾，但没有关于"历史性"海湾的具体规定。根据国际实践，历史上长期处于沿岸国的主权管辖之下的海湾，即使湾口宽度超过24海里，整个海湾水域都是沿岸国的内水，如中国的渤海湾。

四、国际海峡及其通行权

类似题

(1) 用于国际航行的海峡通行权

(2) 国际海峡的通行权

---

① ICJ, "Fisheries Case" (UK v. Norway, judgment of December 18, 1951).

1. 国际海峡的概念及特征

根据《联合国海洋法公约》,国际海峡是指在公海或专属经济区的一部分和公海或专属经济区的另一部分之间的用于国际航行的海峡。国际法院在1949年“科孚海峡案”的判决中认定,是否属于必须给予外国船舶以通过权的国际通路,决定性因素是其连接公海两部分的地理位置,以及其被作为国际航行之用的事实。

国际海峡具有如下特征:(1) 国际海峡两端连接公海或专属经济区,或一端为公海或专属经济区,另一端为领海的海峡;(2) 除通过制度外,沿岸国对国际海峡水域、上空、海床和底土仍行使其主权;(3) 国际海峡经常用于国际航行,其地理位置非常重要,构成世界性的海洋通道,排除用于国内航行的海峡;(4) 国际海峡沿岸国的主权或管辖权的行使受《联合国海洋法公约》和其他国际法规则的限制。

2. 国际海峡的通行制度

《联合国海洋法公约》将用于国际航行的海峡分为三类,并分别实行不同的通行制度。

(1) 航行和飞越自由的国际海峡

《联合国海洋法公约》第三十六条规定,如果穿过某一用于国际航行的海峡有在航行和水文特征方面同样方便的一条穿过公海或专属经济区的航道,适用本公约其他有关航行和飞越自由的规定。这种国际海峡是宽度超过24海里的海峡。

(2) 过境通行的国际海峡

《联合国海洋法公约》第三十七条规定,在公海或专属经济区一个部分与公海或专属经济区另一部分之间的海峡,实行过境通行制度。过境通行权是指所有船舶和飞机,在公海或专属经济区一个部分与公海或专属经济区另一部分之间用于国际航行的海峡中,不受阻碍地为继续不停和迅速过境的目的而行使航行和飞越自由的权利。对继续不停和迅速过境的要求,并不排除在一个海峡沿岸国入境条件的限制下,为驶入、驶离该国或自该国返回的目的而通过海峡。

《联合国海洋法公约》第三十九条规定,船舶和飞机在过境通行时应承担以下义务。① 船舶和飞机在行使过境通行权时应毫不迟延地通过或飞越海峡;不对海峡沿岸国的主权、领土完整或政治独立进行任何武力威胁或使用武力,或以任何其他违反《联合国宪章》所体现的国际法原则的方式进行武力威胁或使用武力;除因不可抗力或遇难而有必要外,不从事其继续不停和迅速过境的通常方式所附带发生的活动以外的任何活动;遵守本部分的其他有关规定。② 过境通行的船舶应遵守一般接受的关于海上安全的国际规章、程序和惯例,包括《国际海上避碰规则》;遵守一般接受的关于防止、减少和控制来自船舶的污染的国际规章、程序和惯例。③ 过境通行的飞机应遵守国际民用航空组织制定的适用于民用飞机的航空规则;国有飞机通常应遵守这种安全措施,并在操作时随时适当顾及航行安全;随时监听国际上指定的空中交通管制主管机构所分配的无线电频率或有关的国际呼救无线电频率。

(3) 无害通过的国际海峡

《联合国海洋法公约》第四十五条规定,在公海或专属经济区一部分与外国领海之间的海峡,适用无害通过制;如果海峡是由海峡沿岸国的一个岛屿和该国的大陆形成的,而且该岛屿向海一面有在航行和水文特征方面同样方便的一条穿过公海或穿过专属经济区的航道的海峡,适用无害通过制。科孚海峡就属于后一种情形。

过境通行与航行自由、无害通过存在如下区别。① 过境通行和航行自由的界限。航行自由是指在不属于沿海国管辖的海域内船舶自由行动，可缓行，可停驶，甚至可从事军事行动；不仅包括在水面航行，而且包括对水体、海床洋底及其上空的使用权利。过境通行仅限于以继续不停和迅速过境为目的而行使的航行和飞越自由，而不包括其他任何方面的活动和权利。② 过境通行和无害通过的界限。过境通行适用于所有船舶和飞机，包括潜水艇水下潜行通过和军用船舶飞机通过；而无害通过主要适用于非军用船舶，潜艇要浮出水面。

此外，由于历史和地理的原因存在由专门国际条约规定通行制度的国际海峡。比如，两岸分属于西班牙、英国和摩洛哥的直布罗陀海峡，英国和法国于 1904 年签署协定以保证直布罗陀海峡航行自由，两国在沿海峡的摩洛哥岸上不修筑防御工事。同年，西班牙也加入了该协定。1907 年，英国、法国、西班牙三国重申了上述义务。同样，位于阿根廷与智利之间的麦哲伦海峡的法律地位也是阿根廷和智利两国于 1881 年通过缔结条约而确立的，条约宣布麦哲伦海峡中立化，缔约双方承担义务不在海峡两岸修筑任何防御工事，一切国家的商船和军用船舶均可自由航行。《联合国海洋法公约》承认这类国际海峡通行制度的有效性，排除公约的适用。

五、毗连区及其法律地位

类似题

（1）毗连区的管制和惩治制度
（2）海洋法上毗连区的法律制度

1. 毗连区的概念及法律地位

毗连区（contiguous zone）是指在毗连领海的一定范围以内，沿海国对海关、财政、卫生、移民等特定事项行使管制权的一种特别区域。其从测算领海宽度的基线量起，不得超过 24 海里。

毗连区的法律地位和领海有明显区别。毗连区不是沿海国领土的一部分，不是领海也不是公海的一部分，不受其主权支配，沿海国只在毗连区行使某些方面的权利，而且这种管制不包括毗连区的上空。毗连区的法律地位取决于其依附的海域，或接近于公海，或接近于专属经济区。

2. 沿海国在毗连区的权利

根据 1958 年《领海及毗连区公约》和 1982 年《联合国海洋法公约》，在该区域以内，沿海国可以行使为下列事项所必要的管制：(1) 防止在其领土或领海内违反其海关、财政、移民或卫生的法律和规章；(2) 惩治在其领土或领海内违反其海关、财政、移民或卫生的法律和规章的行为。毗连区是邻接领海的海域，沿海国可将其在领海内对某些事项的管辖权延伸至毗连区；沿海国在毗连区内有权针对发生在特定地域范围的特定事项的违法行为采取管制措施，即有权防止和惩治在其陆地领土或领海内发生的违反海关、财政、移民或卫生的法律和规章的行为。

3. 中国的毗连区制度

1992年《中华人民共和国领海及毗连区法》规定，中国的毗连区为领海以外邻接领海的一带海域，其宽度为12海里；毗连区的外部界限为一条其每一点与领海基线的最近点距离等于24海里的线。中国有权在毗连区内，为防止和惩处在其陆地领土、内水或者领海内违反有关安全、海关、财政、卫生或者入境出境管理的法律、法规的行为行使管制权。有关主管机关有充分理由认为外国船舶违反中华人民共和国法律、法规时，可以对该外国船舶行使紧追权。追逐须在外国船舶或者其小艇之一或者以被追逐的船舶为母船进行活动的其他船艇在中国的内水、领海或者毗连区内时开始。如果外国船舶在中国毗连区内，追逐只有在有关法律、法规规定的权利受到侵犯时方可进行。追逐只要没有中断，可以在中国领海或者毗连区外继续进行。在被追逐的船舶进入其本国领海或者第三国领海时，追逐终止。紧追权由中国军用船舶、军用航空器或者中国政府授权的执行政府公务的船舶、航空器行使。

六、专属经济区及其法律地位

类似题

(1) 专属经济区的权利义务制度

(2) 海洋法上专属经济区法律制度

1. 专属经济区的概念

专属经济区是领海以外且邻接领海、自领海基线量起宽不超过200海里的一个新的海洋区域，包括水体和海床及底土。专属经济区既不是公海，也不是领海，是由《联合国海洋法公约》确立的一项新的海洋法律制度。

2. 沿海国在专属经济区内的权利和义务

《联合国海洋法公约》规定，沿海国在专属经济区内有如下权利和义务。(1) 沿海国拥有以勘探、开发、养护、管理海床和底土及其上覆水域的自然资源为目的的主权权利，以及从事利用海水、海流和风力生产能等经济性开发和勘探活动的主权权利。(2) 沿海国对专属经济区内生物资源有养护和管理的权利，同时承担义务促进其最适度利用；对专属经济区内生物资源实行养护和管理，沿海国可制定符合公约规定的法律和规章；对违反法律和规章的外国渔民，沿海国可以采取包括登临、检查、逮捕和进行司法程序在内的一切必要措施。在有关国家间没有相反协议的情形下，处罚不得包括监禁或任何方式的体罚。(3) 沿海国对人工岛屿、设施和结构的建造和使用的专属权利和管辖权。非经沿海国的同意，其他国家不得在其专属经济区内建造和使用人工岛屿、设施和结构。沿海国可在人工岛屿、设施和结构周围设置宽度不超过500米的安全地带，并在该地带中采取适当措施，以确保航行安全和人工岛屿、设施和结构的安全和正常工作。(4) 沿海国在专属经济区对海洋科学研究具有专属管辖权，其他国家在专属经济区内进行海洋科学研究需经沿海国的明示同意。(5) 沿海国对海洋环境的保护和保全的管辖权。沿海国有权根据本国的实际情况制定有关法律和规章，并有权强制执行本国所订立的防止污染的标准，以及保护和保全该区海洋环境的法律规章。(6) 国际法所赋予的其他权利和管辖。沿海国在其主权权利和管辖权范围内，在其专属经济区内享有行政、民事以及刑事管辖权，和国际法所赋予的其他应由沿海国行使的权利和管辖权。(7) 沿海国在勘探、开发专属经济区生物资源时，就有保全、养护、管理该区域内生物资源的义务，有防止、减少和控制专属经济区环境污染，保全和保护环境的义务等。

3. 其他国家在专属经济区内的权利和义务

《联合国海洋法公约》规定，其他国家在专属经济区享有航行和飞越自由，铺设海底电缆和管道的自由，以及有关的海洋其他合法权益。但行使上述权利时，应当顾及沿海国的权利和义务，并应遵守沿海国所制定的与公约不相互抵触的法律和规章。

4. 专属经济区的划界

《联合国海洋法公约》第七十四条规定，海岸相向或相邻的国家间专属经济区的界限，应在《国际法院规约》第三十八条所指国际法的基础上以协议划定，以便得到公平解决。

5. 中国的专属经济区制度

1998 年《中华人民共和国专属经济区和大陆架法》规定，中国对专属经济区做出如下规定。(1) 中国的专属经济区，为中国领海以外并邻接领海的区域，从测算领海宽度的基线量起延至 200 海里。(2) 中国在专属经济区为勘查、开发、养护和管理海床上覆水域、海床及其底土的自然资源，以及进行其他经济性开发和勘查，如利用海水、海流和风力生产能等活动，行使主权权利。中国对专属经济区的人工岛屿、设施和结构的建造、使用和海洋科学研究、海洋环境的保护和保全，行使管辖权。(3) 任何国际组织、外国的组织或者个人进入中国的专属经济区从事渔业活动，必须经中国主管机关批准，并遵守中国的法律、法规及中国与有关国家签订的条约、协定。中国主管机关有权采取各种必要的养护和管理措施，确保专属经济区的生物资源不受过度开发的危害。(4) 中国主管机关有权对专属经济区的跨界种群、高度洄游鱼种、海洋哺乳动物、源自中国河流的溯河产卵种群、在中国水域内度过大部分生命周期的降河产卵鱼种，进行养护和管理。(5) 任何国际组织、外国的组织或者个人对中国的专属经济区的自然资源进行勘查、开发活动，必须经中国主管机关批准，并遵守中国的法律、法规。(6) 中国在专属经济区有专属权利建造并授权和管理建造、操作和使用人工岛屿、设施和结构，并对其行使专属管辖权，包括有关海关、财政、卫生、安全和出境入境的法律和法规方面的管辖权。中国主管机关有权在专属经济区的人工岛屿、设施和结构周围设置安全地带，并可以在该地带采取适当措施，确保航行安全以及人工岛屿、设施和结构的安全。(7) 中国主管机关有权采取必要的措施，防止、减少和控制海洋环境的污染，保护和保全专属经济区的海洋环境。(8) 任何国家在遵守国际法和中国的法律、法规的前提下，在中国的专属经济区享有航行、飞越的自由，铺设海底电缆和管道的自由，以及与上述自由有关的其他合法使用海洋的便利。铺设海底电缆和管道的路线，必须经中国主管机关同意。(9) 中国在行使勘查、开发、养护和管理专属经济区的生物资源的主权权利时，为确保中国的法律、法规得到遵守，可以采取登临、检查、逮捕、扣留和进行司法程序等必要的措施。中国对在专属经济区违反中国法律、法规的行为，有权采取必要措施，依法追究法律责任，并可以行使紧追权。(10) 中国与海岸相邻或者相向国家关于专属经济区的主张重叠的，在国际法的基础上按照公平原则以协议划定界限。

七、大陆架及其法律地位

类似题

（1）大陆架的权利义务制度

（2）海洋法上大陆架法律制度

1. 大陆架的概念及制度沿革

地质学意义上的大陆架是指从大陆海岸向外自然延伸，直至大陆坡的坡度平缓的海底区域。

第一次联合国海洋法会议通过的《大陆架公约》将大陆架定义为邻接海岸但在领海范围以外，深度达200米或超过此限度而上覆水域的深度容许开采其自然资源的海底区域的海床和底土。在此基础上，《联合国海洋法公约》第七十六条第一款规定，“沿海国的大陆架包括其领海以外依其陆地领土的全部自然延伸，扩展到大陆边外缘的海底区域的海床和底土，如果从测算领海宽度的基线量起到大陆边的外缘的距离不到200海里，则扩展到200海里的距离”。《联合国海洋法公约》第七十六条的规定，一个沿海国不论是否有自然意义上的领土向海自然延伸，都可以主张从领海宽度的基线量起远至200海里的大陆架。但是事实上，200海里以内的大陆架没有实际意义，因为沿海国可以宣布比大陆架的范围更广泛的专属经济区。

2. 沿海国和其他国家在大陆架内享有的权利

《联合国海洋法公约》第七十七条和第七十八规定，沿海国对大陆架享有如下权利：(1) 沿海国为勘探大陆架和开发其自然资源的目的，对大陆架行使主权权利；(2) 沿海国对大陆架的权利不影响上覆水域或水域上空的法律地位；(3) 沿海国对大陆架权利的行使，绝对不得对航行和本公约规定的其他国家的其他权利和自由有所侵害，或造成不当的干扰。

《联合国海洋法公约》第七十九条规定，其他国家对大陆架享有如下权利：(1) 所有国家按照公约的规定都有在大陆架上铺设海底电缆和管道的权利；(2) 沿海国除为了勘探大陆架，开发其自然资源和防止、减少和控制管道造成的污染有权采取合理措施外，对于铺设或维持这种海底电缆或管道不得加以阻碍；(3) 在大陆架上铺设管道，路线的划定须经沿海国同意。

3. 大陆架的划界

如果大陆边外缘从测算领海宽度的基线量起超过200海里，沿海国根据以下复杂的条件或标准划定其外部界限。(1) 以离大陆坡脚的距离不超过60海里的各定点为准划定界线或以最外各定点为准划定界线，但每一定点上沉积岩厚度至少为从该点至大陆坡脚最短距离的1%，在没有相反证明的情形下，大陆坡脚应定为大陆坡坡度变动最大点。(2) 大陆架在海床上的外部界线的各定点，不应超过从测算领海宽度的基线量起350海里，或不应超过连接2 500米深度各点的2 500米等深线外100海里。

《联合国海洋法公约》第八十三条对海岸相向或相邻国家间大陆架界限的划定做出了如

下规定。(1) 海岸相向或相邻国家间大陆架的界限，应在《国际法院规约》第三十八条所指国际法的基础上以协议划定，以便得到公平解决。(2) 有关国家如在合理期间内未能达成任何协议，应诉诸本公约第十五部分所规定的程序。(3) 在达成第一款规定的协议以前，有关各国应基于谅解和合作的精神，尽一切努力做出实际性的临时安排，并在此过渡期间内，不危害或阻碍最后协议的达成。这种安排不妨害最后界限的划定。(4) 如果有关国家间存在现行有效的协定，关于划定大陆架界限的问题，应按照该协定的规定加以决定。即，划界所依据的是《国际法院规约》第三十八条所指国际条约、国际习惯法、一般法律原则、公认国际法学家的著作、国际法判例和资料；有关国家如在合理期间内未能达成任何协定，应诉诸本公约第十五部分所规定的程序，即提交调解、强制调解、仲裁和司法程序等。

《联合国海洋法公约》第八十三条第一款规定了大陆架划界的基本要求，即划界要依据国际法及其原则规则、须遵循协议原则，其结果为实现公平，国际法院在 1982 年"突尼斯和利比亚大陆架案"、1985 年"利比亚和马耳他大陆架案"的判决中都体现了上述基本要求。尤其在 2009 年"罗马尼亚和乌克兰黑海案"中，国际法院首次明确提出实现公平原则的三个阶段：(1) 使用对划界区域的地理情况在几何学上客观且合适的方法，确定一条临时等距离线或中间线；(2) 本着公平原则，考虑各种相关情况，对临时等距离线或中间线做出调整或移动；(3) 对前两个阶段得出的结果与争端当事方的海岸线长度和海域面积是否成比例进行验证，使其成比例，以便最终达到公平原则的要求。① 三阶段办法在 2012 年"孟加拉国和缅甸孟加拉湾海洋划界案"中再次得以确认。国际海洋法法庭称，"考虑到国际法院和国际海洋法法庭相关问题的判例，法庭将遵循最近关于这个问题的判例法所制定的三阶段办法。第一阶段，法庭将根据双方海岸的地理情况和数学计算，确定一条临时等距线。一旦绘制了临时等距线，将进入第二阶段，该阶段包括确定是否有任何相关情况需要调整预期等距线。如果是这样，将进行调整，以产生公平结果。第三阶段，法庭将检查调整后的界线是否导致各自沿海长度的比率与分配给每一缔约方的有关海域的比率之间出现任何重大不成比例"②。

4. 中国的大陆架法律制度

1998 年《中华人民共和国专属经济区和大陆架法》规定，中国对大陆架作出如下规定。(1) 中国的大陆架，为中国领海以外依本国陆地领土的全部自然延伸，扩展到大陆边外缘的海底区域的海床和底土；如果从测算领海宽度的基线量起至大陆边外缘的距离不足 200 海里，则扩展至 200 海里。(2) 中国为勘查大陆架和开发大陆架的自然资源，对大陆架行使主权权利；对大陆架的人工岛屿、设施和结构的建造、使用和海洋科学研究、海洋环境的保护和保全，行使管辖权；拥有授权和管理为一切目的在大陆架上进行钻探的专属权利。(3) 任何国际组织、外国的组织或者个人对中国的大陆架的自然资源进行勘查、开发活动或者在中国的大陆架上为任何目的进行钻探，以及在大陆架进行海洋科学研究，必须经中国主管机关批准，并遵守中国的法律、法规。(4) 任何国家在遵守国际法和中国的法律、法规的前提下，在中国的大陆架享有铺设海底电缆和管道的自由，以及与上述自由有关的其他合法使用海洋

---

① ICJ, "Maritime Delimitation in the Black Sea" (Romania v. Ukraine, judgement of February 3, 2009, pp. 115 - 122).

② ITLOS, "Dispute Concerning Delimitation of the Maritime Boundary Between Bangladesh and Myanmar in the Bay of Bengal" (Bangladesh v. Myanmar, judgment of March 14, 2012, p. 240).

的便利。铺设海底电缆和管道的路线，必须经中国主管机关同意。(5) 中国对在大陆架违反中国法律、法规的行为，有权采取必要措施，依法追究法律责任，并可以行使紧追权。(6) 中国与海岸相邻或者相向国家关于大陆架的主张重叠的，在国际法的基础上按照公平原则以协议划定界限。

八、群岛水域及其法律地位

类似题

(1) 群岛国家在群岛水域的权利和义务

(2) 海洋法上群岛水域的法律制度

1. 群岛及群岛国制度

群岛国制度是《联合国海洋法公约》所新建立的一项重要制度。群岛是指一群岛屿，包括若干岛屿的若干部分、相连的水域和其他自然地形，彼此密切相关，使得岛屿、水域和其他自然地形在本质上构成一个地理、经济和政治的实体，或在历史上已被视为一个实体。群岛国是指全部由一个或多个群岛构成的国家，并可包括其他岛屿。

群岛国制度具有如下基本特点：一是群岛国可以用直线基线连接群岛最外缘各点的方法划定群岛水域，从而扩大国家管辖海域的范围；二是群岛国应保证其他国家在群岛水域的航行权益。

2. 群岛水域的划定

群岛水域是指群岛国根据公约规定的方法划定的群岛基线所包围的水域。《联合国海洋法公约》第四十七条对划定群岛基线的标准做出了如下规定。(1) 群岛基线由连接群岛最外缘各岛和各干礁的最外缘各点的一系列直线基线组成，这种基线所包围的水域面积和包括环礁在内的陆地面积的比例应为 1∶1～9∶1。(2) 每一基线的长度不应超过 100 海里。但是，围绕任何群岛的基线总数中至多 3% 可超过这一长度，最长以 125 海里为限。(3) 群岛的主要岛屿应包括在基线以内。(4) 基线的划定不应在任何明显的程度上偏离群岛的一般轮廓。(5) 除在低潮高地上筑有永久高于海平面的灯塔或类似设施，或者低潮高地全部或部分与最近的岛屿的距离不超过领海的宽度外，这种基线的划定不应以低潮高地为起讫点。(6) 这种基线不应以隔断另一国领海同公海或专属经济区联系的方法划定。(7) 群岛基线应在大比例尺的海图上标出，并连同地理坐标表一起妥为公布，并应将各该海图或坐标表的一份副本交存于联合国秘书长处。

《联合国海洋法公约》第五十条规定，尽管群岛水域在基线以内，但其地位并非内水。群岛国的内水界限可在河口、海湾、港口等处用封闭线划定。

3. 群岛水域的法律地位及法律制度

群岛水域与领海极为相似，但它既不属于领海，也不是内水，而是介于群岛国的内水和领海之间的具有特殊法律地位的水域。

群岛国对其享有的权利和被赋予的义务包括以下方面：(1) 群岛国的主权及于群岛水

域及其上空、海床和底土以及其中的资源；(2) 群岛国应尊重与其他国家间的现有协定，并应承认直接相邻国家在群岛水域范围内的某些区域内的传统捕鱼权利和其他合法活动；(3) 群岛国应尊重其他国家所铺设的通过其水域而不靠岸的现有海底电缆；(4) 所有国家的船舶均享有通过群岛水域特定区域内的无害通过权。如为保护国家安全所必要，群岛国可在对外国船舶之间在形式上或事实上不加歧视的条件下，暂时停止外国船舶在其群岛水域特定区域内的无害通过。这种停止仅应在正式公布后发生效力。

4. 群岛水域的群岛海道通过权

群岛国可指定适当的海道和其上的空中航道，以便外国船舶和飞机继续不停和迅速通过或飞越其群岛水域和邻接的领海。这种海道和空中航道应穿过群岛水域和邻接的领海，并应包括用作通过群岛水域或其上空的国际航行或飞越的航道的所有正常通道，并且在这种航道内，就船舶而言，包括所有正常航行水道，但无须在相同的进出点之间另设同样方便的其他航道。如果群岛国没有指定海道或空中航道，可通过正常用于国际航行的航道，行使群岛海道通过权。

所有船舶和飞机均享有在这种海道和空中航道内的群岛海道通过权。群岛海道通过是指按照《联合国海洋法公约》规定，专为在公海或专属经济区的一部分和公海或专属经济区的另一部分之间继续不停、迅速和无障碍地过境的目的，行使正常方式的航行和飞越的权利。

群岛属于的群岛海道和空中航道应以通道进出点之间的一系列连续不断的中心线划定，通过群岛海道和空中航道的船舶和飞机在通过时不应偏离这种中心线 25 海里以外，但这种船舶和飞机在航行时与海岸的距离不应小于海道边缘各岛最近各点之间的距离的百分之十。

群岛国根据《联合国海洋法公约》指定海道时，为了使船舶安全通过这种海道内的狭窄水道，也可规定分道通航制，这种海道或分道通航制应符合一般接受的国际规章。群岛国经妥为公布后，以其他的海道或分道通航制替换任何其原先指定或规定的海道或分道通航制。群岛国应在海图上清楚地标出其指定或规定的海道中心线和分道通航制，并应将该海图妥为公布。群岛国在指定或替换海道或在规定或替换分道通航制时，应向主管国际组织提出建议，以期得到采纳。该组织仅可采纳同群岛国议定的海道和分道通航制，在此以后，群岛国可对这些海道和分道通航制予以指定、规定或替换。

九、海洋法上岛屿的法律地位

类似题

(1) 海洋法上岛屿的法律制度

(2) 海洋法上岛屿的海域范围

1. 岛屿及其海域范围

岛屿(island)在海洋法中具有较重要的地位，其中岛屿的定义直接涉及岛屿的法律地位。《联合国海洋法公约》第一百二十一条第一款规定，岛屿是四面环水并在高潮时高于水面的自然形成的陆地区域。

岛屿具有四面环水、高潮时高于水面，以及自然形成的陆地区域等自然特征，从而有别于低潮高地、人工设施，以及其他海洋漂浮物。

《联合国海洋法公约》第一百二十一条第二款规定，岛屿的领海、毗连区、专属经济区和大陆架应按照本公约适用于其他陆地领土的规定加以确定。每个岛屿都可以有自己的领海，岛屿领海与陆地领海的划界方法是一样的。无论岛屿全部或部分位于陆地所生成的领海之内，它就因此会在该陆地领海的外部界线产生一个凸出部分。另外，每个岛屿都有领海的规则并不意味着每个岛屿都有全部的领海；一个岛屿拥有全部领海，只在这个岛屿到其他岛屿或陆地海岸或低潮高地的距离至少要有其领海宽度的两倍以上时才可能。①

2. 岩礁的海域范围

《联合国海洋法公约》第一百二十一条第三款规定，不能维持人类居住或其本身的经济生活的岩礁(rocks)，不应有专属经济区或大陆架。由于《联合国海洋法公约》未对"不能维持人类居住或其本身的经济生活"的条件给出具体标准，对其条款的解释和适用产生争议，有待国际社会进一步解释和具体实践。

3. 岛屿在海洋法中的作用

(1) 在测算海湾水曲面积中的作用

《联合国海洋法公约》第十条第三款规定，位于水曲的岛屿对曲口的划定及其面积产生重要影响。"为测算的目的，水曲的面积是位于水曲陆岸周围的低潮标和一条连接水曲天然入口两端低潮标的线之间的面积。如果因有岛屿而水曲有一个以上的曲口，该半圆形应划在与横越各曲口的各线总长度相等的一条线上。水曲内的岛屿应视为水曲水域的一部分而包括在内。"但上述规定不适用于"历史性"海湾，也不适用于《联合国海洋法公约》所规定的直线基线法的任何情形。

(2) 对用于国际航行的海峡过境通行权的影响

《联合国海洋法公约》第三十七条和第三十八条规定，在"适用于在公海或专属经济区的一个部分和公海或专属经济区的另一部分之间的用于国际航行的海峡"中，"所有船舶和飞机均享有过境通行的权利，过境通行不应受阻碍；但如果海峡由海峡沿岸国的一个岛屿和该国大陆形成，而且该岛向海一面有在航行和水文特征方面同样方便的一条穿过公海，或穿过专属经济区的航道，过境通行就不应适用"。

(3) 在确定直线基线中的作用

《联合国海洋法公约》第七条第一款规定了岛屿在测算领海宽度的直线基线划定中的作用，即"在海岸线极为曲折的地方，或者如果紧接海岸有一系列岛屿，测算领海宽度的基线的划定可采用连接各适当点的直线基线法"。

国际法院在"英挪渔业案"的判决中认为，挪威西海岸比较复杂，如果划界时，领海界限还试图循着海岸的所有曲折是明显困难的，因此采用直线基线法是根据"地理现实"所决定

① 詹宁斯、瓦茨：《奥本海国际法(第一卷第二分册)》，王铁崖等译，中国大百科全书出版社，1995，第25页。

的一种解决方法。其法律依据是这样包围起来的水域是"以与陆地领土充分连接起来的从而受内水制度的支配"。[①] 岛屿在直线基线划定中发挥作用的条件是"紧接海岸有一系列岛屿",而采用直线基线的后果是能使沿岸国在划分领海时,圈入更多的水域,扩大沿岸国的领海面积。但是"紧接海岸有一系列岛屿"这一规定不十分明确,岛屿离海岸多近才算是紧接,岛屿有多少才算是一系列,这些都是模糊的,没有具体标准来检验。一些国家和学者主张对《联合国海洋法公约》的有关规定加以严格的解释,并试图为之确立某种数字标准。如采用正常基线的美国政府认为"紧接海岸有一系列岛屿"意味着,岛屿必须遮盖有关大陆海岸50%以上,且距离大陆海岸不得超过 24 海里。[②] 但是并没有得到国际社会的广泛承认。实际上,多数国家在采用直线基线时对《联合国海洋法公约》中的规定做了较为宽泛的解释。但是,无论如何,对这些领海基点岛屿的清点和维护是极为必要的,已经引起国际社会的广泛重视。[③]

十、公海自由及其限制

类似题

(1) 公海的法律地位

(2) 试论公海的自由

1. 公海的概念

《联合国海洋法公约》第八十六条规定,公海是指"不包括在国家的专属经济区、领海或内水或群岛国的群岛水域内的全部海域",是不受任何国家主权支配的海域。任何国家不得有效地声称将公海的任何部分置于其主权之下,公海只应用于和平目的。

在早期的海洋法中,全球海域绝大部分是公海,领海相对较窄。1958 年《公海公约》第一条规定公海是"不包括在一国领海或内水内的全部海域",第二条规定"公海对各国一律开放,任何国家不得有效主张公海任何部分属其主权范围",从而确定了公海自由原则。但公海自由实际上是海洋强国才能享有的权利,因此伴随着 20 世纪 60 年代非殖民化运动的推进,发展中国家掀起了在海洋法领域的革命,确立了群岛水域、专属经济区制度,扩大了领海的宽度,导致公海面积相应缩小。

2. 公海自由及其限制

公海自由是指公海对所有国家开放,无论是沿海国还是内陆国,都有在公海上从事国际法所不禁止的活动的自由。公海自由是公海法律制度的基础。

1958 年《公海公约》规定,公海自由主要包括航行自由、捕鱼自由、铺设海底电缆和管道的自由,以及上空飞行自由。1982 年《联合国海洋法公约》将这四项权利扩大为六项权利,

---

① 詹宁斯、瓦茨:《奥本海国际法(第一卷第二分册)》,王铁崖等译,中国大百科全书出版社,1995,第 26 页。

② 蒋新宁:《有关领海基线的国际法规则》,《求实》2005 年第 S2 期。

③ 许敏、张丹:《对国际海洋法中岛屿问题的认识》,《云南警官学院学报》2008 年第 4 期。

具体如下。(1) 航行自由。每个国家,无论是沿海国还是内陆国,均有权在公海上行驶悬挂其旗帜的船舶。航行在任何公海上的船舶都应具有国籍。至于船舶取得国籍的条件,由各国自行决定。(2) 飞越自由。各国的航空器,不论民用或军用,均享有在公海上空飞行的自由。任何国家对这种自由不得加以限制或妨碍。(3) 铺设海底电缆和管道的自由,但受关于大陆架规定的限制。所有国家均有权在大陆架以外的公海海底上铺设海底电缆和管道,但应当顾及他国已经铺设的电缆和管道。特别是,修理现有电缆或管道的可能性不应受妨碍。(4) 建造国际法所容许的人工岛屿和其他设施的自由,必要时可以在人工岛屿和设施的周围设置宽度为一般接受的国际标准所许可的安全地带。人工岛屿和设施及其周围的安全地带不得设在对工人海道可能有干扰的地方。(5) 捕鱼自由,但受公海生物资源的养护和管理方面的限制,如单独或合作采取养护和管理包括海洋哺乳动物在内的公海生物资源的义务限制。(6) 科学研究的自由,要遵循以下原则:专为和平目的;以适当科学方法和工具进行;不应对海洋其他正当用途不当干扰;遵守包括关于保护和保全海洋环境的规章在内的一切有关国际规章。

3. 公海自由的限制

公海自由的行使受如下限制:(1) 公海自由应在公约和其他国际法规则所规定的条件下行使;(2) 各国在行使公海自由时,除应遵守有关的国际法规则外,还必须顾及其他国家行使公海自由的利益;(3) 各国在行使公海自由时,应适当顾及《联合国海洋法公约》所规定的同国际海底区域内的活动有关的权利。

十一、公海的管辖权

类似题

(1) 公海上制止犯罪的法律制度

(2) 公海上的登临权

1. 所有国家进行合作以制止非法行为的义务

《联合国海洋法公约》第九十九条规定了禁止贩运奴隶,"每个国家应采取有效措施,防止和惩罚准予悬挂该国旗帜的船舶贩运奴隶,并防止为此目的而非法使用其旗帜。在任何船舶上避难的任何奴隶,不论该船悬挂何国旗帜,均当然获得自由"。

《联合国海洋法公约》第一百零八条规定了所有国家应进行合作,以制止船舶违反国际公约在海上从事非法贩运麻醉药品或精神调理物质。任何国家如有合理根据认为一艘悬挂其旗帜的船舶从事非法贩运麻醉药品或精神调理物质,可要求其他国家合作,制止这种贩运。

《联合国海洋法公约》第一百零九条规定了所有国家应进行合作,以制止在公海从事未经许可的广播。"未经许可的广播"是指船舶或设施违反国际规章在公海上播送旨在使公众收听或收看的无线电传音或电视广播,但遇难呼号的播送除外。对于在公海从事未经许可的广播的任何人,均可向下列国家的法院起诉:(1) 船旗国;(2) 设施登记国;(3) 广播人所属国;(4) 可以收到这种广播的任何国家;(5) 得到许可的无线电通信受到干扰的任何国家。在公海上享有管辖权的国家，可行使登临权，逮捕从事未经许可的广播的任何人或船舶，并扣押广播器材。

2. 公海上管辖权

(1) 船旗国管辖

船旗国对公海上航行的、悬挂其旗帜的船舶和船舶上的一切人和事务进行管辖是传统的国际法原则。《联合国海洋法公约》第九十二条和第九十四条规定，船舶航行应仅悬挂一国的旗帜，而且除国际条约或本公约明文规定的例外情形外，在公海上应受该国的专属管辖。除所有权确实转移或变更登记的情形外，船舶在航程中或在停泊港内不得更换其旗帜。悬挂两国或两国以上旗帜航行并视方便而换用旗帜的船舶，对任何其他国家不得主张其中的任一国籍，并可视同无国籍的船舶。每个国家应对悬挂该国旗帜的船舶有效地行使行政、技术及社会事项上的管辖和控制。即船旗国管辖，包括对船舶上的人和事务的司法和行政管辖。

《联合国海洋法公约》第九十五条和第九十六条规定，在公海上行驶的军舰和专用于政府非商业性服务的船舶仅受船旗国管辖，不受任何其他国家管辖。即，军舰和专用于政府非商业性服务的船舶享有不受船旗国管辖以外的完全豁免权。

(2) 普遍管辖

《联合国海洋法公约》第一百条规定，所有国家应尽最大可能进行合作，以制止在公海上或任何国家管辖范围以外的任何其他地方的海盗行为。

海盗行为是指私人船舶或私人飞机的船员、机组成员或乘客为私人目的，在公海上或在任何国家管辖范围以外的地方对船舶、飞机或船舶、飞机上的人或物所从事的任何非法的暴力或扣留行为或掠夺行为。军舰、政府船舶或政府飞机由于其船员或机组成员发生叛变并控制该船舶或飞机从事上述行为，视同私人船舶或飞机所从事的行为。

《联合国海洋法公约》第一百零五条、第一百零六条和第一百零七条规定，每个国家均有权扣押海盗船舶或飞机或为海盗所夺取并在海盗控制下的船舶或飞机，以及逮捕船上或机上人员并扣押船上或机上财物。扣押国的法院可判定应处的刑罚，并可决定对船舶、飞机或财产所应采取的行动，但受善意第三者的权利的限制。如果扣押涉有海盗行为嫌疑的船舶或飞机并无足够的理由，扣押国应向船舶或飞机所属的国家负担因扣押而造成的任何损失或损害的赔偿责任。由于发生海盗行为而进行的扣押，只可由军舰、军用飞机或其他有清楚标志可以识别的为政府服务并经授权的船舶或飞机实施。

3. 登临权

登临权是指各国军舰或经授权的政府船舶在公海上遇到船舶(享有豁免权的除外)有从事公约所列违反国际法的行为嫌疑时，可以靠近和登上该船进行检查的权利。

《联合国海洋法公约》第一百一十条规定，军舰在公海上对享有完全豁免权的船舶以外的外国船舶，非有合理根据认为有下列嫌疑，不得登临该船或在必要时进行检查：(1) 该船从事海盗行为；(2) 该船从事奴隶贩卖；(3) 该船从事未经许可的广播而且军舰的船旗国享有管辖权；(4) 该船没有国籍；(5) 该船虽悬挂外国旗帜或拒不展示旗帜，而事实上与该军舰属同一国籍。

在上述的情形下，军舰有可查核该船悬挂其旗帜的权利。为此目的，军舰可派一艘由一名军官指挥的小艇到该嫌疑船舶。如果检验船舶文件后仍有嫌疑，军舰可进一步在该船上进行检查，但检查须尽量审慎进行。如果嫌疑经证明为无根据，而且被登临的船舶并未从事嫌疑的任何行为，对该船舶可能遭受的任何损失或损害应予赔偿。

上述规定比照适用于军用飞机，也适用于经正式授权并有清楚标志可以识别的为政府服务的任何其他船舶或飞机。

十二、公海的紧追权

类似题

(1) 公海上行使紧追权的条件

(2) 公海上行使紧追权应注意的问题

1. 紧追权的定义

紧追权是指外国船舶违反沿海国的法规后逃走时，沿海国军舰可以从其管辖水域开始追赶，并在公海上继续进行，直至将其缉捕并强制拖回的权利。紧追权是由国家主权引申出来的一项国家属地管辖权，是公海自由的一种例外。

2. 行使紧追权的条件

《联合国海洋法公约》第一百一十一条规定，沿海国主管当局有充分理由认为外国船舶违反本国法律和规章时，可对该外国船舶进行紧追，但须满足以下条件。(1) 追逐必须在外国船舶或其小艇之一在追逐国的内水、群岛水域、领海或毗连区内时开始，而且只有追逐未曾中断，才可在领海或毗连区外继续进行。当外国船舶在领海或毗连区内接获停驶命令时，发出命令的船舶并无必要也在领海或毗连区内。如果外国船舶是在毗连区内，追逐只能在设立该区所保护的权利遭到侵犯的情形下才可进行。(2) 对于在专属经济区内或大陆架上，包括大陆架上设施周围的安全地带内，违反沿海国按照本公约适用于专属经济区或大陆架包括这种安全地带的法律和规章的行为，应比照适用紧追权。(3) 紧追权在被追逐的船舶进入其本国领海或第三国领海时立即终止。(4) 外国船舶在公海上，而使用其小船到沿海国领海内或在毗连区或专属经济区内或在大陆架上从事违法活动，沿海国可以逮捕外国船舶，并可行使紧追权。

3. 行使紧追权应注意的问题

行使紧追权时，应注意如下问题：(1) 紧追权只可由军舰、军用飞机或其他有清楚标志可以识别的为政府服务并经授权紧追的船舶或飞机行使；(2) 紧追必须在外国船舶视听能及范围内发出视觉或听觉停驶信号后才可开始；(3) 紧追必须是紧急和连续不断的，紧追过程中可以接替船舶或飞机，但不得间断；(4) 行使紧追权的船舶在必要时可以合理地使用武力，有效地逮捕被追船舶，击沉也可以；(5) 沿海国在无正当理由行使紧追权的情形下，在领海外被命令停驶或被逮捕的船舶，对于可能因此遭受的任何损失或损害应获赔偿。

4. 关于紧追权的经典案例：1999 年"塞加号"案①

"塞加号"是一艘在圣文森特和格林纳丁斯(Saint Vincent and the Grenadines，以下简

① 邵沙平：《国际法》，高等教育出版社，2008，第 311—312 页。

称“圣文森特”）登记的油轮。1997年10月27日，“塞加号”进入几内亚专属经济区向三艘渔船供应汽油。1997年10月28日，“塞加号”跨过几内亚专属经济区的南界，被几内亚巡逻艇扣押。在扣船过程中，两名船员受伤。该船及其船员被带往科纳克里，船长被拘留。几内亚法院以违反其刑法、海商法和海关法为由，判决“塞加号”船长犯有关禁运、欺诈和逃税罪，并处以罚金，没收该船及其货物。

圣文森特声称，几内亚将其海关法延伸到专属经济区是违反《联合国海洋法公约》的，“塞加号”在几内亚专属经济区向渔船加油并未违反其任何法律。几内亚不仅未按照《联合国海洋法公约》第一百一十一条合法行使紧追权，而且在逮捕“塞加号”使用了过分、不合理的武力。几内亚逮捕“塞加号”和其后的行为都是非法的，侵犯了它在专属经济区内享有航行自由或海洋其他国际合法用途的权利。因此，几内亚应赔偿“塞加号”出售石油的价款及利息损失。

几内亚则反驳说，将其海关法适用于其专属经济区不违反《联合国海洋法公约》，“塞加号”在其专属经济区出售汽油的行为不属于《联合国海洋法公约》航行自由的一部分或与自由有关的海洋国际合法用途，而是商业活动。几内亚实施追逐的官员是遵照第一百一十一条规定的一切要求进行紧追的，他们在登船、停驶和逮捕时没有使用过分的或不合理的武力。相反，他们使用武力是别无选择的。因此要求法庭驳回圣文森特的请求，并宣布它没有侵犯圣文森特的任何权利及没有赔偿的义务。

1999年7月1日，国际海洋法法庭做出判决，支持了圣文森特的请求。法庭认为，沿海国有权在其领海和毗连区内适用海关法律规章。在专属经济区，沿海国也有权对人工岛屿、设施和结构适用海关法律规章，但《联合国海洋法公约》没有授权沿海国可在专属经济区的任何其他部分适用其海关法。几内亚禁止在其专属经济区内向渔船供应汽油的行为不符合《联合国海洋法公约》第五十六条和第五十八条有关沿海国在专属经济区内权利的规定。因此，几内亚将其海关法适用于包括专属经济区之一部分的海关区，是违反《联合国海洋法公约》的。

国际海洋法法庭还认为，根据《联合国海洋法公约》第一百一十一条行使紧追权的条件是累积的。紧追要合法必须满足每个条件。其中条件之一是沿海国当局须有“充分理由”认为外国船舶违反其按照《联合国海洋法公约》可适用的法律和规章。既然“塞加号”没有违反按照《联合国海洋法公约》可适用的几内亚法律和规章，扣押该船当然没有法律依据。几内亚提供的证据不足以证明其在追逐开始前发出了必要的视觉或听觉的停驶信号。而且，无论其开始可能存在的法律根据如何，追逐船被召回构成了任何追逐的明显中断。

对于使用武力，国际海洋法法庭认为，尽管《联合国海洋法公约》没有关于逮捕时使用武力的明文规定，但一般国际法要求，为捍卫权利或实施法律而使用武力，考虑到每一案件的具体情况应当是合理的和成比例的。人道主义的考虑也适用于海洋法。按照国际法的基本准则，必须尽可能地避免使用武力，武力不可避免时，不得超出当时情况下合理的和必要的限度。几内亚在登船前和登船后使用了过分的武力，并危及人命，这是违反国际法的。因此，法庭判定几内亚在逮捕“塞加号”时违反了《联合国海洋法公约》行使紧追权的规定，侵犯了圣文森特的权利，应赔偿圣文森特所遭受的损失。

十三、国际海底区域的法律制度

类似题

(1) 国际海底区域的勘探和开发制度

(2) 国际海底区域的法律地位

1. 国际海底区域的概念

国际海底区域是指国家管辖范围以外的海床、洋底及其底土。《联合国海洋法公约》第一百五十条规定,国际海底区域及其资源为全人类的利益开发共同继承财产。

国际海底区域不具有公海的“公”的性质,而具有“共”的特征。其包括:(1) 共同所有和管理国家管辖范围以外的海床、洋底及其资源;(2) 任何国家或国家集体不得占有或分割国家管辖范围以外的海床、洋底及其资源;(3) 在所有国家间公平分配所有利益,应特别考虑发展中国家的特别需要和利益。

2. 国际海底区域的法律地位

《联合国海洋法公约》对国际海底区域的法律地位做出如下规定。(1) 国际海底区域及其资源是全人类的共同继承财产。无论是国家还是自然人或法人,都不能把区域及其资源据为己有。任何主权和主权权利的主张或行使,或据为己有的行为,均应不予承认。(2) 国际海底区域及其资源由国际海底管理局代表全人类进行管理。该区域的资源不得让渡。但从“区域”内回收的矿物,只可按照本部分和国际海底管理局的规则、规章和程序予以让渡。任何国家或自然人或法人,除按照本部分外,不应对“区域”矿物主张、取得或行使权利。否则,对于任何这种权利的主张、取得或行使,应不予承认。(3) 各国在“区域”内的一切行为应符合国际法。各国对于“区域”的一切行为,应按照本部分的规定、《联合国宪章》所载原则,以及其他国际法规则,以利维持和平与安全,促进国际合作和相互了解。(4) 国际海底区域及其资源要为全人类的利益而利用,特别要照顾发展中国家的利益。国际海底管理局在无歧视的基础上公平分享从“区域”内活动取得的财政及其他经济利益。(5) 国际海底区域的法律地位不影响上覆水域和水域上空的法律地位。

3. 国际海底区域的勘探和开发制度

国际海底区域的勘探和开发,由国际海底管理局代表全人类予以安排、进行和控制。所有有关活动必须遵守公约和国际海底管理局规定的规则、规章和程序。

区域的开发制度是平行开发制度,即《联合国海洋法公约》第一百五十三条第二款规定,由国际海底管理局企业部和缔约国或国营企业,或在缔约国担保下的具有缔约国国籍或由这类国家或其国民有效控制的自然人或法人,或符合公约和附件三规定的条件的上述各方的任何组合,与国际海底管理局以协作方式进行。

《联合国海洋法公约》第一百五十条规定了“区域”内活动的政策,“区域”内活动应按照本部分的明确规定进行,以求有助于世界经济的健全发展和国际贸易的均衡增长,并促进国际合作,以谋所有国家特别是发展中国家的全面发展,并且为了确保:(1)“区域”资源的开发;(2) 对“区域”资源进行有秩序、安全和合理的管理,包括有效地进行“区域”内活动,并按照健全的养护原则,避免不必要的浪费;(3) 扩大参加这种活动的机会,以符合特别是第一百四十四和第一百四十八条的规定;(4) 按照本公约的规定使国际海底管理局分享收益,以及对企业部和发展中国家做技术转让;(5) 按照需要增加从“区域”取得的矿物的供应量,连同从其他来源取得的矿物,以保证这类矿物的消费者获得供应;(6) 促进从“区域”和从其他来源取得的矿物的价格合理而又稳定,对生产者有利,对消费者也公平,并促进供求的长期平衡;(7) 增进所有缔约国,不论其经济社会制度或地理位置如何,参加开发“区域”内资源的机会,并防止垄断“区域”内活动;(8) 按照第一百五十一条的规定,保护发展中国家,使它们的经济或出口收益不致因某一受影响矿物的价格或该矿物的出口量降低而遭受不良影响,但以这种降低是由“区域”内活动造成的为限;(9) 为全人类的利益开发共同继承财产;(10) 从“区域”取得的矿物作为输入品及这种矿物所产商品作为输入品的进入市场的条件,不应比适用于其他来源输入品的最优惠待遇更为优惠。即,对“区域”的勘探和开发分别规定了生产政策、技术转让、财政条款、反垄断条款、审查制度等内容。

十四、国际运河及其法律地位

类似题

(1) 国际运河相关国际法律制度
(2) 国际运河的通行制度

1. 国际运河及其法律地位

国际运河是指由人工开凿的,根据条约规定向所有国家的船舶开放的通洋运河(inter-oceanic canal),也就是沟通公海作为国际交通要道的运河。

根据国际法原则,无论国际通洋运河如何发挥重大作用,凡流经一国领土的运河仍是该国领土的组成部分,受该国主权的管辖与支配。但因其作为国际运河且担负重要的国际海上通道的任务,各沿岸国承诺,在尊重运河沿岸主权和有关国际条约规定的义务下,各国船舶可以自由通过。在实践中,运河的具体通行及其他制度往往由沿岸国与有关国家以条约方式确定。

2. 主要通洋运河的航行制度

(1) 苏伊士运河

苏伊士运河是国际上最著名的运河,位于埃及北部,北起塞得港,南到陶菲克港,连接红海和地中海,是欧洲和亚洲最短的水上通道。1859 年其由苏伊士运河公司破土动工,1869 年 8 月 18 日修成,1869 年 11 月 17 日正式通航。1882 年,因英国入侵埃及,苏伊士运河被迫关闭。

英国占领运河区后,企图完全控制苏伊士运河,但因该运河关系着各国的切身利益,所以遭到了西方列强的反对。1888 年 10 月 29 日,在各方协商妥协下签订了《君士坦丁堡公约》，将苏伊士运河中立化。《君士坦丁堡公约》规定，不论战时或平时，苏伊士运河向所有国家的商船和军舰开放，永远不得封锁；战时不得在运河港口 3 海里内从事军事行动，并且交战国军舰不得在运河港口停留，如情况绝对必需时，也不得超过 24 小时；交战双方的军舰和船舶进出港口的时间应相隔 24 小时，且不得在港口内装卸军队、军火和军用物资等，不得建筑军事要塞。《君士坦丁堡公约》还规定，在运河水域里不得有任何敌对行动，并不得在其沿岸修建防御工事。

埃及人民为了摆脱英国殖民统治而收回运河，经过长期斗争，1956 年 7 月埃及宣布运河收归国有，同年 10 月英、法为此发动侵略战争，运河又遭关闭；1967 年中东战争，以色列占领埃及西奈半岛，兵临城下，苏伊士运河被迫停航 8 年之久，直到 1975 年 6 月 5 日才又恢复航运。

(2) 巴拿马运河

巴拿马运河是巴拿马共和国拥有和管理的水闸型运河，切过狭窄的巴拿马地峡，连接大西洋和太平洋，是世界上具有重要战略意义的两条人工水道之一。巴拿马运河是由美国建成的，自 1914 年通航至 1979 年一直由美国独自掌控。1979 年，运河的控制权转交给由美国和巴拿马共和国共同组成的巴拿马运河委员会，并于 1999 年 12 月 31 日将全部控制权交给巴拿马。

1977 年美国和巴拿马签署的《巴拿马运河地位和永久中立条约》规定了巴拿马运河作为国际通行水道，依照本公约保持永久中立。同样，中立制度应适用于可能全部或部分在巴拿马共和国领土内建造的任何其他国际水道。巴拿马共和国宣布巴拿马运河的中立，以便无论在平时或战时都能保持运河的安全，在完全平等的条件下向所有国家的船舶提供和平通过。因此，在通过的条件或费用或其他任何方面，对任何国家公民没有任何歧视，而且巴拿马运河及巴拿马地峡在世界上其他国家之间的任何武装冲突中都不应该成为报复目标。

(3) 基尔运河

基尔运河也叫“北海-波罗的海运河”，是闻名世界的第三大通航运河。基尔运河由德国于 1885 年开凿，1895 年建成，1907 年至 1914 年期间加以扩建。在 1919 年《凡尔赛和约》之前，基尔运河的通航和运营仅受德国国内法的约束。但 1919 年 6 月 28 日签订的《凡尔赛和约(对德和约)》规定，“基尔运河及其入口处应对所有与德国保持和平关系的国家的商船和军舰在完全平等的条件下一律自由与开放”①，从而将其确定为国际运河。

1923 年，常设国际法院在“温勃登号案”的审理中确定了基尔运河的地位。1919 年《凡尔赛和约》第三百八十条规定，德国的基尔运河应当向所有与德国保持和平状态的国家的商船和军舰开放。1921 年 3 月，德国以其在俄波战争中中立为由，拒绝为波兰海军运送军需品(战时禁制品)的英国船“温勃登号”通过基尔运河。常设国际法院在“温勃登号案”的判决中指出，德国的中立法只是德国的单方行为，其效力无论如何不能优于《凡尔赛和约》的规定。只有对与德国交战的国家的船舶，德国才有权拒绝其通过基尔运河。法院引证了苏伊士运河和巴拿马运河的先例，指出无论交战国军舰、交战国或中立国运载战时禁制品的商船通过国际水道，都不能认为与沿岸国的中立地位不相

---

① 詹宁斯、瓦茨：《奥本海国际法(第一卷第二分册)》，王铁崖等译，中国大百科全书出版社，1995，第 20 页。

容。法院指出,“当一个连接两面公海的人工水道已被永久供全世界之用时,这种水道就视同天然海峡。即使交战国的军舰通过,也不损及该水道所属的主权国家的中立地位”。

十五、国际河流的法律制度

类似题

(1) 国际河流的航行制度

(2) 国际河流的利用制度

1. 国际河流的定义

国际河流是指流经两个或两个以上国家并通往海洋,依据国际条约在平时允许各国商船自由航行的河流。国际河流流经各沿岸国的领土,各沿岸国对其拥有主权,对商船航行则由全体沿岸国成立的委员会共同协调管理。目前,世界上主要的国际河流有莱茵河、多瑙河、刚果河、湄公河、亚马孙河等。

2. 国际河流相关条约法律制度沿革

法国大革命以后,欧洲的一些主要河流根据国际条约的规定,先后对一切国家的商船开放,从而逐步确立了国际河流制度。如 1814 年《巴黎条约》宣布莱茵河的航行自由,1815 年维也纳会议制定的《河流自由航行规则》确定了一切国家(不论沿岸国或非沿岸国)在某些欧洲河流上自由航行的原则,都反映了资本主义的通商利益。

“一切国家开放自由航行的原则”在 1868 年《莱茵河航行公约》中针对莱茵河获得实现,在 1885 年《柏林公约》中针对刚果河和尼日尔河得以确认,随后在美洲有关国家间的条约中针对拉普拉塔河和亚马孙河得以实现。1919 年《凡尔赛和约》将欧洲的一些河流明确宣布为“国际河流”,1921 年在国际联盟主持下的巴塞罗那会议产生的《国际性通航水道制度公约》及其规约确定,缔约国商船在国际性水道自由航行并享受完全平等待遇。1948 年《多瑙河航行制度公约》(苏联、东欧 7 国签字,英、美、法拒绝签字)基本上仍然保持了多瑙河作为国际河流的法律地位,并规定建立由各沿岸国代表组成的管理机构——多瑙河委员会。1963 年,尼日尔河流域的非洲国家签订《关于尼日尔河流域国家航行和经济合作条约》,废除有关尼日尔河的旧条约,规定所有国家的商船和游艇在尼日尔河自由航行并享受完全平等的待遇。

3. 国际河流制度的主要内容

从上述国际文件和国际实践来看,国际河流的法律地位及航行制度主要包括以下内容:(1) 国际河流对沿岸国的商船、军舰及非沿岸国的商船开放,但非沿岸国的军舰不享有在河流上航行的自由;(2) 一切国家的国民、财产及船舶在航行时享受完全平等的待遇;(3) 沿岸国保留“沿岸航运权”,负责管理和维护属于自己管辖的那段河流的航运,并为保证通航征收必要的公平捐税;(4) 沿岸国对流经自己领土的那段河流享有管辖权,特别是有关警察、卫生、关税等事项;(5) 设立统一的国际委员会,以制定必要的管理规则,保障河流的航行自由。①

常设国际法院在“默兹河分流案”的判决中确认了沿岸国对河流享有的管辖权，但同时指出，只要该利用不损坏原来的河道或者改变提水量和贮水量，对其境内的河段和运河有利用的自由，但不得妨碍其他沿岸国对该河流行使主权权利。②

4. 国际河流的利用

国际河流的利用相关的国际条约法主要有1997年5月21日联合国大会第51/229号决议通过的《国际水道非航行使用法公约》等全球性条约，以及1978年《亚马孙河合作条约》、1963年《关于莱茵河防止污染国际委员会的伯尼协定》、1995年《湄公河流域可持续发展合作协定》、1964年《乍得湖流域开发公约和规约》等一系列区域性条约。

其中，《国际水道非航行使用法公约》是国际社会第一部关于国际淡水资源利用和保护的全球性公约，是一部框架性公约。公约的目的是保证国际水道的利用、开发、养护、管理和保护，并促进为今世后代对其进行最佳和可持续的利用。公约适用于国际水道及其水为航行以外目的的使用，并适用于同这些水道及其水的使用有关的保护、保全和管理措施。此外，公约规定了如“公平合理的利用和参与”“不造成重大损害的义务”“一般合作义务”“交换数据和资料”“各种使用之间的关系”等国际水道非航行使用相关一般原则，并在保护内容方面主要规定了“保护和保全生态系统”“预防、减少和控制污染”“引进外来或新的物种”“保护和保全海洋环境”“管理”“调节”“设施”等方面的内容。

除上述条约之外，1966年8月在国际法协会主持下通过的非政府文件《国际河流水利用的赫尔辛基规则》，尽管其对各国不具有法律约束力，但在与国际淡水资源的利用和保护有关的国际法律文件和国家实践中，其为最早的和最经常被援引的关于淡水的国际文件。该规则规定如下内容。(1) 国际流域内的每个国家有权利合理公平地利用流域内的水。即确认了国际流域的公平合理利用原则。(2) 各国不应对国际流域内的水造成任何新形式的污染或加重现有的污染程度，从而可能对流域内另一国家的境内造成严重损害。国家应为减少各种现有的污染采取一切合理措施，以便不在流域内另一国家的境内造成损害。即规定了国家有责任防止和减轻对国际流域水体的污染。(3) 国家有责任停止其引起污染的行为并对同流域国所受的损失提供赔偿。即规定了国家的损害赔偿责任。

---

① 慕亚平、周建海、吴慧：《当代国际法论》，法律出版社，1998，第250页。

② PCIJ, “The Diversion of Water From the Meuse” (series A/B, judgments, orders and advisory opinions, fascicule No.70, judgment of June 28, 1937). 默兹河是一条国际河流。默兹河源于法国境内，穿越比利时，在力克希(Lixhe)之下成为荷兰和比利时的边界，并在马斯特里赫特(Maastricht)上方几千米处进入荷兰领土。在博格哈伦(Borgharen，位于马斯特里赫特以下几千米处)和威塞姆·马斯布拉赫特(Wessem-Maasbracht)之间，默兹河再次成为比利时和荷兰的边界，然后在威塞姆·马斯布拉赫特之下，这条河的两岸都在荷兰境内。无论是在比利时还是在荷兰，默兹河最重要的功能是为其他水道供水。另外，默兹河流域的居民习惯利用水路运输。比利时和荷兰因利用默兹河水资源以及运河、水道的使用问题于1863年缔结了条约。但随着人口的增加和商业竞争加剧，两国之间就后续建设运河和利用水资源问题产生分歧。因此，荷兰于1936年8月1日在常设国际法院向比利时提起诉讼，主张比利时已经或即将执行的与阿尔贝特(Albert)运河相关的工程是对1863年条约的侵犯；比利时则提出反诉，主张朱丽安娜(Juliana)运河和博格哈伦(Borgharen)拦河坝本身与1863年条约不相悖。

十六、南极的法律制度

类似题

（1）南极的法律地位

（2）南极条约体系的内容

1.《南极条约》及其体系

南极洲是世界七大洲之一，从20世纪初开始，英国、法国、澳大利亚、新西兰、挪威、阿根廷、智利和南非等国家依据不同理由对南极提出领土要求。美国和苏联虽然没有正式提出对南极的领土要求，但都声明不承认上述国家对南极地区的领土主张，并且保留本国提出领土要求的权利。

在各国对南极领土争持不下的情况下，1959年12月1日，由美国倡议，阿根廷、澳大利亚、比利时、智利、法国、日本、新西兰、挪威、美国、英国、苏联和南非等12个国家在美国华盛顿签署了《南极条约》。该条约于1961年6月23日生效，到2021年5月为止，共有54个缔约国。

自南极协商会议制度建立以来，已召开多次会议，并订立了1964年《保护南极动植物议定措施》、1972年《南极海豹保护公约》、1980年《南极海洋生物资源保护公约》、1988年《南极矿物资源活动管理公约》和1991年《南极条约环境保护议定书》等公约。这些公约与《南极公约》一起共同构成了南极条约体系，也是有关南极地区法律地位和制度的国际法规则和规范的主要渊源。

2.《南极条约》的主要内容

（1）南极只能用于和平之目的。禁止在南极建立军事基地、建筑要塞，进行军事演习及任何类型武器的试验。（2）科学调查自由和国际合作。各国在南极享有科学调查的自由，并为此目的而进行国际合作。（3）冻结对南极的领土要求。条约第四条第二款规定，在本条约有效期间所发生的一切行为或活动，不得构成主张、支持或否定对南极的领土主权的要求的基础，也不得创立在南极的任何主权权利；在本条约有效期间，对在南极的领土主权不得提出新的要求或扩大现有的要求。（4）缔约国观察员制度。缔约各方有权指派观察员在任何时间进入南极任何地区进行视察。（5）缔约国协商会议制度。根据条约的规定，条约协商国为便于交换情报，召开会议共同协商有关南极的共同利益问题，并阐述、考虑以及向本国政府建议旨在促进条约的原则和宗旨的措施。

3. 中国和《南极条约》

中国于1983年6月加入《南极条约》，1985年成为《南极条约》的协商国。2008年，中国单独提出的格罗夫山哈丁山南极特别保护区管理计划，以及中澳联合提出的阿曼达湾南极特别保护区管理计划获得批准。2017年5月，在北京举行的第40届南极条约协商会议上，中国政府强调，“坚持南极条约原则，更好认识保护利用南极”。截至2014年2月，中国在南极先后建立了长城站、中山站、昆仑站和泰山站等四个科学考察站。

十七、北极地区的法律制度

类似题

（1）北极地区的法律地位

（2）北极地区的法律问题

1. 北极地区的领土问题

北极地区通常指北极圈以北的陆海兼备的区域。北极的大陆和岛屿面积约为 800 万平方千米，北冰洋海域面积超过 1 200 万平方千米。美国、加拿大、丹麦（格陵兰岛）、冰岛、芬兰、挪威、瑞典和俄罗斯等北冰洋沿岸国已划分北极地区周围的陆地。1926 年 4 月，苏联根据“扇形原则”，即毗连北极地区的国家拥有以该国海岸或某一纬线为底边，以北极为顶点，以从北极到该国东西两端的国界的两条经线为腰的扇形空间内的一切陆地和岛屿以及流动冰群，制定相关法律，但遭到了美国、挪威等其他北冰洋沿岸国的反对。

2. 北极地区的环境保护问题

迄今为止，北极地区没有像南极条约体系一样的条约体系，还没有国际协议对北极地区的法律地位问题加以规定。尽管尚未制定有关领土和资源分配的条约，但北极地区国家之间为保护北极环境则相继签订条约。例如，1973 年，加拿大、丹麦、挪威、美国和苏联签订了《保护北极熊协定》；1990 年，加拿大、丹麦、芬兰、冰岛、挪威、瑞典、美国和苏联等 8 个国家签订了《八国条约》。1991 年，北冰洋国家首脑会议发表了“保护北极环境宣言”，并制定了“北极环境保护战略”。1996 年 9 月，加拿大、丹麦、芬兰、冰岛、挪威、瑞典、美国和苏联等 8 个国家成立了北极理事会，于 2011 年 5 月通过了第一份具有法律约束力的《北极空中和海上搜救合作协定》。2013 年，北极理事会制定了《北极海洋油污预防与反应合作协定》，中国、意大利、印度、日本、韩国和新加坡成为北极理事会正式观察员国。2018 年 10 月，《预防中北冰洋不管制公海渔业协定》顺利通过，加拿大、中国、丹麦、冰岛、日本、韩国、挪威、俄罗斯、美国和欧盟签字，自协定保管国加拿大收到上述国家和欧盟批准、接受、核准或加入本协定的所有文书之日起 30 天后生效，中国于 2021 年 5 月批准加入。

3. 北极地区的资源归属问题

北极地区的矿产资源丰富，除油气、石油资源以外，还有铂、钯、铀和钴等稀土元素及其他具有战略意义的重要矿藏。近年来，随着勘探技术的发展和全球气候变化，围绕北极地区的资源归属权的问题受到国际社会的瞩目。2007 年 8 月，俄罗斯“和平一号”潜水艇抵达北冰洋 4 261 米深的海底，插上一面钛合金俄罗斯国旗，宣示对北极的主权；同时，丹麦派遣科考队前往北极进行科学考察，以证明罗蒙诺索夫海岭为丹麦所属格陵兰大陆架的延伸，从而宣称对这一地区拥有主权。北极地区的其他国家，如加拿大、美国、瑞典等，以及德国、法国、英国等也相继向北极地区派遣科考船，加入该地区的资源争夺战。

4. 北极地区的航行权问题

随着全球气候变暖、冰川的融化，连接大西洋和太平洋的北冰洋海上航道的开通逐渐从梦想变成现实。北极有两条航道，分别是大部分航段位于俄罗斯北部沿海的“东北航道”，以及大部分航段位于加拿大北极群岛水域的“西北航道”。由于北极航道大大缩短航程，所以北冰洋沿岸国家对北极航道主张主权，引发国际争议。例如，2010 年，加拿大实施强制性的“加拿大海岸警备队北极交通系统”，要求在北纬 60 度以北航行的有关船舶必须向加拿大报告有关情况。

其他一些非北冰洋沿岸国家则主张，北极航道属于用于国际航行的海峡，适用《联合国海洋法公约》规定的过境通行制度，各国有权不经批准自由航行。中国于 2018 年 1 月发表《中国的北极政策》白皮书，全面阐释中国参与北极事务的政策目标、基本原则和政策主张，包括：(1) 要进一步加深对北极，尤其是北极对全球气候变化的影响及其资源状况等的认识；(2) 要进一步强化中国在北极地区的实质性存在，进行综合性的科学考察活动；(3) 要积极参与国际极地事务，确立中国在北极事务中的战略地位。

十八、《联合国海洋法公约》的争端解决制度

类似题

(1) 国际海洋法法庭争端解决制度的特征

(2) 国际海洋法法庭的争端解决制度

1. 海洋争端解决相关规定

《联合国海洋法公约》第二百七十九条至第二百九十九条就缔约国之间有关公约的解释或适用的任何争端的和平解决做出了详细的规定，附件五至七则分别规定了和解、国际海洋法法庭规约、仲裁，以及特别仲裁等争议解决相关具体程序，从而形成了海洋争端解决相关制度的体系。

2. 解决海洋争端的方法

《联合国海洋法公约》第二百七十九条规定，各缔约国应按照《联合国宪章》第二条第三项以和平方法解决它们之间有关本公约的解释或适用的任何争端，并应为此目的以《联合国宪章》第三十三条第一项所指的方法求得解决。《联合国宪章》第三十三条第一项所指的方法是“谈判、调查、调停、和解、公断、司法解决、区域机关或区域办法之利用，或各该国自行选择之其他和平方法”。因此，《联合国海洋法公约》在海洋争端的解决方法上与一般国际争端相似，既有和平的政治解决方式，如谈判、调停等，又有拘束力的仲裁、司法解决的法律解决方法，包容了众多争端解决方法，涵盖了现行所能采用的一切手段。

3. 自愿和强制的有机结合

《联合国海洋法公约》首先尊重各国自由选择解决争端方法的优先权，但在自愿选择的解决方法无法奏效时，争端当事方有义务接受公约提供的四种管辖方式中的一种或几种：国际海洋法法庭、国际法院、仲裁，以及特别仲裁等四种。这四种强制程序处于平行并列、横向竞争的地位，缔约国可按照各国国情和法律传统的差异择一适用。为了避免由于缔约国无选择或选择不一致时而导致管辖落空，在出现此种情形时，根据附件七成立的仲裁法庭则

适时发挥"剩余备用"作用,从而保证争端获得最终有拘束的解决。同时,《联合国海洋法公约》规定了限制和例外情形。例如,对某些争议如违反公约关于航行、飞越或铺设海底电缆和管道的自由以及关于保护和保全海洋环境的特定国际规则和标准等规定的,应适用强制程序,但由于沿海国行使斟酌决定权,暂停或停止科学研究计划,沿海国专属经济区和大陆架的科学研究,专属经济区内对生物资源主权权利及其行使等引起的争议,适用无拘束力的和解程序。又如,为了实现主权和公约的最大协调,消除部分国家的顾忌,公约专立一条强制程序的任择性例外,一国可以书面声明对于某些争端不接受有拘束力裁判的强制程序,如关于划定海洋边界的条文在解释或适用上的争端(sea boundary delimitation),涉及历史性海湾或所有权的争端,军事活动的争端及正由联合国安全理事会执行《联合国宪章》所赋予的职务的争端等。

4. 海洋法上的和解程序

和解是指当事人将争端提交由若干成员方组成的委员会,委员会在调查的基础上提出解决争端的建议,争端方没有必须接受的义务。《联合国海洋法公约》第二百八十四条规定,"作为有关本公约的解释或适用的争端一方的缔约国,可邀请他方按照附件五第一节规定的程序或另一种和解程序,将争端提交和解。如争端他方接受邀请,而且争端各方已就适用的和解程序达成协议,任何一方可将争端提交该程序。如争端他方未接受邀请,或争端各方未就程序达成协议,和解应视为终止。除非争端各方另有协议,争端提交和解后,和解仅可按照协议的和解程序终止"。《联合国海洋法公约》沿袭了对和解法律效力的传统理解,但是按照公约第十五部分第三节,对于海洋划界争端,有关专属经济区内生物资源的维持及对他国有意捕捞的种群和剩余量(surplus catch)的全部或部分的分配请求的专断的拒绝引起的争议,如果争端方未选择导致有拘束力的程序,和解可随时强制适用。对该类争议,任何一方可向争端他方发出书面通知提起程序,且其有义务接受,缺席不影响程序进行。即,和解决定书没有强制力,但是对符合特定条件的争端,和解委员会有强制管辖权,双方在和解决定书的基础上继续谈判以达成和平解决。这种方式赋予了和解这一传统机制新的含义——不是可不可以和解而是必须和解,尽管无义务去遵循它。

5. 国际海洋法法庭及其裁判程序

国际海洋法法庭是《联合国海洋法公约》设立的一个独立的司法机构,目的是裁决在解释和适用《联合国海洋法公约》方面产生的争端。法庭由 21 名独立法官组成,从享有公平和正直的最高声誉并在海洋法领域内具有公认资格的人士中选出。《国际海洋法法庭规约》规定,法庭组建简易程序分庭、渔业争端分庭、海洋环境争端分庭和海洋划界争端分庭等分庭。

国际海洋法法庭向《联合国海洋法公约》缔约国开放,并且在某些案件中,向除缔约国之外的实体(例如国际组织和自然人或法人)开放(诉诸法庭的权利)。法庭的管辖范围包括按照《联合国海洋法公约》提交给它的所有争端。授予法庭管辖权的任何其他协定中明确规定的所有事项也在法庭的管辖范围内。

除非争端各方另有约定,在与根据《联合国海洋法公约》第二百九十二条迅速释放船只和船员有关的案件中以及与根据《联合国海洋法公约》第二百九十条第五款在仲裁庭组成以前采取临时措施有关的案件中,法庭的管辖权是强制性的。

争端任何一方可向争端他方发出书面通知,将争端提交本附件所规定的裁判程序。通知应附有一份关于其权利主张及该权利主张所依据的理由的说明。除非争端各方另有协议,国际海洋法法庭应确定其自己的程序,保证争端每一方有陈述意见和提出其主张的充分机会。国际海洋法法庭的裁决应以法官的过半数票做出。不到半数的法官缺席或弃权,应不妨碍法庭做出裁决,如果票数相等,庭长应投决定票。如争端一方不出庭或对案件不进行辩护,他方可请示法庭继续进行程序并做出裁决。争端一方缺席或不对案件进行辩护,应不妨碍程序的进行。法庭在做出裁决前,必须不但查明对该争端确有管辖权,而且查明所提要求在事实上和法庭上均确有根据。法庭的裁决书应以争端的主题事项为限,并应说明其所根据的理由。裁决书应载明参与做出裁决的法官姓名及做出裁决的日期。任何法官均可在裁决书上附加个别意见或不同意见。除争端各方事前议定某种上诉程序外,裁决应有确定性,不得上诉,争端各方均应遵守裁决。争端各方之间对裁决的解释或执行方式的任何争议,可由任何一方提请做出该裁决的仲裁法庭决定。为此目的,法庭的任何出缺,应按原来指派法官的方法补缺。

与国际海底区域中的活动有关的争端应提交法庭的海底争端分庭,该分庭由 11 名法官组成。海底争端分庭管辖范围内的任何争端当事方都可以请求海底争端分庭组建一个由海底争端分庭的三名法官组成的专案分庭。海底争端分庭负责就国际海底管理局活动范围内产生的法律问题提供咨询意见。法庭还可以根据与《联合国海洋法公约》目的有关的国际协定在某些情况下提供咨询意见。

第八章 空气空间法与外层空间法

一、空气空间的法律地位

类似题

(1) 空气空间的划分及法律地位

(2) 空气空间的法律制度

1. 空气空间法的渊源

空气空间法，也称航空法，是指关于航空器运行及民用航空活动的法律规范的总和，主要包括空气空间的法律地位、航空器的法律地位、航空运输责任及航空安全等问题相关各类原则、规则和制度，但不包括关于无线电传播和外层空间活动的法律规范。

空气空间法最主要的渊源是国际条约。与以从几百年的发展过程中缓缓形成的习惯法为主的海洋法相比，空气空间法由于发展十分迅速，许多问题还没来得及形成习惯，因而已用国际条约条文明确规定。(1) 多边国际公约。空气空间法中最早的多边国际公约是1919年签订于法国巴黎的《巴黎航空公约》，全称为《关于管理空中航行的公约》。1928年在古巴哈瓦那签订的《哈瓦那公约》，全称为《泛美商业航空条约》，其内容与《巴黎航空公约》基本相同，仅增加了商业航空的部分条款。但这两项公约后被1944年《国际民用航空公约》所取代。1944年签订于美国芝加哥的《国际民用航空公约》是国际民用航空活动的宪章性文件，对国际法在航空领域的具体适用做了整体性规定。在航空运输领域，1929年签订于波兰华沙的《统一国际航空运输某些规则的公约》(简称《华沙公约》)，规定了国际航空运输的业务范围、运输票证、承运人的责任、损害赔偿标准等有关民事责任的国际私法规则，为构成国际航空运输的"华沙体系"奠定了基础。1963年签订于日本东京的《关于在航空器内的犯罪和其他某些行为的公约》(简称《东京公约》)、1970年签订于荷兰海牙的《制止非法劫持航空器的公约》(简称《海牙公约》)，以及1971年签订于加拿大蒙特利尔的《制止危害民用航空安全的非法行为的公约》(简称《蒙特利尔公约》)，则主要规定了航空安全等方面的国际合作和刑法规制。(2) 双边协定。空气空间法中的双边协定主要是双边航空运输协定，其主要内容是交换过境权和营运权，确定航路、运力和运费价格，如2004年中、美两国缔结的《中华人民共和国政府和美利坚合众国政府民航运输协定》。(3) 其他含有有关国际民用航空的规定的国际条约。1980年签订于瑞士日内瓦的《联合国国际货物多式联运公约》，规定了与国际民用航空运输相关的内容，包括多式联运合同双方当事人的法律地位、多式联运合同和多式联运单据、联运人的赔偿责任、发货人的赔偿责任、索赔与诉讼等。(4) 国际民用航空组织(ICAO)和国际航空运输协会(International Air Transport Association，IATA)的立法或准立法活动。国际民用航空组织为《国际民用航空公约》制定的一些技术业务附件，以及国际航空运输协会关于国际航空客货运的定价、统一国际航空运输制度等的国际文件，是现行国际民用航空运输法律制度的重要渊源之一。(5) 国内立法。各国与国内航空活动相关的国内立法是当今空气空间法的最主要的法律渊源，如 1995 年颁布的《中华人民共和国民用航空法》是中国调整民用航空活动的核心法律。

2. 空气空间的划分与领空制度

围绕地球表面及其之外的空间可分为空气空间和外层空间。其中，空气空间是指环绕地球的大气层空间，是航空器活动的场所；外层空间是航天的空间和资源，以外空条约和有关文件为指导各国外空活动的依据。

国际法并未对空气空间和外层空间的划分做出规定，学界对此存在不同的学说。(1) 空间说。以空间中的某一高度为标准作为划分空气空间和外层空间的界限，考虑到物理特性或卫星离地球的最近点等因素，一般主张 80～120 千米的高度。空间说包括地球离心力说和人造地球卫星运行轨道说。前者主张，以地球离心力开始取代空气成为飞行动力的高度为分界线，约为 83 千米；后者主张，以不靠空气作依托的人造地球卫星运行轨道的最低点为标准，高度一般为 100～110 千米。(2) 功能说。对空气空间和外层空间不划定明确的空间界限，而按照具体空间活动的性质和形态加以区分。外层空间物体在发射和返回的过程中均需要经过两个空间，因此应将空气空间和外层空间作为单一的空间进行研究。(3) 空气存在说。以有无空气存在的自然条件为标准，高度约为 16 000 千米。(4) 地球静止轨道权说。1976 年 12 月 3 日，哥伦比亚、刚果、厄瓜多尔、印度尼西亚、肯尼亚、乌干达、扎伊尔[①]和巴西等八个赤道国家发表《波哥大宣言》，声明对地球静止轨道拥有主权。(5) 待定说。随着科技的发展，情况会发生变化，因此等到出现明确的标准时再加以划分。

领空是指处于一国主权支配之下，在国家领土之内的陆地和水域之上的空气空间。领空是以地球中心为顶点，由与国家在地球表面的领陆和领水的边界相垂直的直线所包围的圆锥形立体空间。

3. 空气空间的法律地位

在 1919 年《巴黎航空公约》之前，关于空气空间的法律地位的理论可归纳为以下五种。(1) 完全的空中自由论。该理论主张空气和海洋一样是人类的共同财富，是完全自由的。(2) 空中有限自由论。该理论主张国家根据自保权，可以禁止在 1 500 米以下的空间飞行。(3) 领土区域论。该理论的原则是建立完全在毗连国家主权支配下的领空区域，主张以大炮射程为限来限制在空气空间的完全自由。(4) 国家警察权论。该理论既承认国家的自保权，也要求尊重国际社会的权利，认为空中和海洋一样是人类的共同财富，应当自由航行，国家为了安全、公共秩序、税收等可以对其行使警察权。(5) 国际共管论。该理论主张由国际共同管理空气空间，以便空中自由。

被称为国际民用航空活动的宪章性文件的 1944 年《国际民用航空公约》对国际法在航空领域的具体适用做了整体性规定。(1) 国家领空主权。《国际民用航空公约》第一条规定，缔约各国承认每一国家对其领土上空具有完全的和排他的主权。主要表现在以下四个方面：自保权，即一国领空不受侵犯；管辖权，即国家对其领空有管辖权，领空管辖权属于属

---

① 13—14 世纪是刚果王国的一部分，1971 年 10 月改国名为扎伊尔共和国，1997 年 5 月恢复国名为刚果民主共和国。

地管辖权;管理权,即每一国家都有权决定制定必要的法律和规章,以维护空中航行的正常秩序,保障空中交通安全;支配权,即国家根据领空主权原则,对其主权下的空气空间拥有支配权,如通过签订航空协定以给予运营权。(2) 领空之外的空气空间的法律地位。在公海、南极和各国专属经济区之上的空气空间,各国在享有自由飞行的权利的同时也要遵守国际法的相关规定。(3) 航空器的法律地位。航空器是指可以从空气的反作用,但不是从空气对地球表面或水面的反作用,而在大气中取得支撑力的任何飞行器,因此气垫车、气垫船、火箭、导弹等不属于航空器。划分民用航空器和国家航空器的标准是航空器用途,并不以航空器所有权来区分。用于军事、海关和警察部门的航空器,应认为是国家航空器。民用航空器可根据航空协定所规定的航线飞入或降落于缔约国的领土,但国家航空器在未经特别协定或其他方式取得许可的情况下,不得飞入另一缔约国上完成降落。航空器具有其登记的国家的国籍。

二、国际空中航行的法律制度

类似题

(1) 空中航行的权利义务制度

(2) 国际空中飞行的法律制度

1. 国际空中航行的一般法律规则

根据《国际民用航空公约》,航空器进行国际空中航行,应当遵守下列规则。(1) 展示识别标志。从事国际航行的每一航空器应载有适当的国籍标志和登记标志。(2) 遵守飞入国的法律和规章。一缔约国关于从事国际航行的航空器进入或离开其领土或者关于此种航空器在其领土内操作或航行的法律和规章,应不分国籍,适用于所有缔约国的航空器,此种航空器在进入或离开该国领土或在其领土时,都应该遵守此项法律和规章。(3) 在设关机场降停,接受降停国的检查。除按照本公约的条款或经特许,航空器可以飞经一缔约国领土而不降停外,每一航空器进入一缔约国领土,如该国规章有规定,应在该国指定的机场降停,以便进行海关和其他检查。缔约各国有关当局有权对其他缔约国的航空器在降停或飞离时进行检查,并查验本公约所规定的证件和其他文件,但应避免不合理的延误。(4) 携带必备的文件。缔约国的每一航空器在从事国际航行时,应按照本公约规定携带下列文件:航空器登记证;航空器适航证;每一机组成员的适当的执照;航空器航行记录簿;航空器无线电台许可证,如该航空器装有无线电设备;列有乘客姓名及其登机地与目的地的清单,如该航空器载有乘客;货物舱单及详细的申报单,如该航空器载有货物。(5) 遵守飞入国关于货物限制的规定。从事国际航行的航空器,非经一国许可,在该国领土内或领土上空时不得载运军火或作战物资,至于本条所指军火或作战物资的含义,各国应以规章自行确定,但为求得统一起见,应适当考虑国际民用航空组织随时所做的建议。缔约各国为了公共秩序和安全,除上述所列物品外,保留管制或禁止在其领土内或领土上空载运其他物品的权利。但在这方面,对从事国际航行的本国航空器和从事同样航行的其他国家的航空器,不得有所区别,也不得对在航空器上为航空器操作或航行所必要的或者为机组成员或乘客的安全而必须携带和使用的器械加任何限制。(6) 不滥用民用航空。缔约各国同意不将民用航空用于和本公约的宗旨不相符的任何目的。

2. 拦截和避免对民用航空器使用武器制度

拦截是指一国的军用航空器受命对入侵本国领空的外国航空器,或进入防空识别区而不报明身份的航空器,或其他违法航空器采取强制手段,或将此种航空器驱逐出境,或迫令其在本国境内的指定机场降落,予以检查处置的行动。拦截是国家行使领空主权、捍卫国防安全的合法行为。各个国家在行使其主权时,对未经许可而在其领土上空飞行的民用航空器,或者有合理的根据断定该航空器正被用于与《国际民用航空公约》的宗旨不相符的目的,有权要求该航空器在指定的机场降落;该国也可以给该航空器任何其他指令,以终止此类侵犯。每个国家必须避免对飞行中的民用航空器使用武器。

《国际民用航空公约》第三条第四款规定,缔约各国承允在发布关于其国家航空器的规章时,对民用航空器的航行安全予以应有的注意。在 1983 年发生苏联击落韩国民航客机事件以后,《国际民用航空公约》增加了第三条分款,规定了以下四个内容。(1) 缔约各国承认每一国家必须避免对飞行中的民用航空器使用武器,如拦截,必须不危及航空器内人员的生命和航空器的安全。此一规定不应被解释为在任何方面修改了《联合国宪章》所规定的各国的权利和义务。(2) 缔约各国承认每一国家在行使其主权时,对未经允许而飞越其领土的民用航空器,或者有合理的根据认为该航空器被用于与本公约的宗旨不相符的目的,有权要求该航空器在指定的机场降落;该国也可以给该航空器任何其他指令,以终止此类侵犯。为此目的,缔约各国可采取符合国际法的有关规则,包括本公约的有关规定,特别是本条第(1)款规定的任何适当手段。每一缔约国同意公布其关于拦截民用航空器的现行规定。(3) 任何民用航空器必须遵守根据本条第(2)款发出的命令。为此目的,每一缔约国应在本国法律或规章中做出一切必要的规定,以便在该国登记的,或者在该国有主营业所或永久居所的经营人所使用的任何航空器必须遵守上述命令。每一缔约国应使任何违反此类现行法律或规章的行为受到严厉惩罚,并根据本国法律将这一案件提交给其主管当局。(4) 每一缔约国应采取适当措施,禁止将在该国登记的,或者在该国有主营业所或永久居所的经营人所使用的任何民用航空器肆意用于与本公约的宗旨不相符的目的。这一规定不应影响本条第(1)款或者与本条第(2)款和第(3)款相抵触。

3. 中国的航空法律制度

中国政府先后批准了《国际民用航空公约》(1946 年)、《华沙公约》(1958 年)、《东京公约》(1978 年)、《海牙公约》(1980 年)、1971 年《蒙特利尔公约》(1980 年),并于 2005 年批准了 1999 年《蒙特利尔公约》。

在国内航空法律制度方面,中国于 1995 年 10 月 30 日颁布了《中华人民共和国民用航空法》,该法自 1996 年 3 月 1 日起实施,经历了 2009 年、2015 年、2016 年、2017 年、2018 年和 2021 年六次修正,对领空主权、航空管理、航空运输、航空安全、外国民用航空器等做了规定。(1) 领空主权。中国的领陆和领水之上的空域为中国的领空。中国对其领空享有完全的、排他的主权。(2) 民用航空器的国籍。民用航空器是指除用于执行军事、海关、警察飞行任务外的航空器。经中国国务院民用航空主管部门依法进行国籍登记的民用航空器,具有中国国籍,由国务院民用航空主管部门发给国籍登记证书。民用航空器不得具有双重国籍。未注销外国国籍的民用航空器不得在中国申请国籍登记。(3) 机长的权力。民用航空器的操作由机长负责,机长应当严格履行职责,保护民用航空器及其所载人员和财产的安全。机长在其职权范围内发布的命令,民用航空器所载人员都应当执行。(4) 飞行管理。民用航空器在管制空域内进行飞行活动,应当取得空中交通管制单位的许可。在中国境内飞行的航空器,必须遵守统一的飞行规则。民用航空器除按照国家规定经特别批准外,不得飞入禁区;除遵守规定的限制条件外,不得飞入限制区。(5) 对外国民用航空器的特别规定。外国民用航空器根据其国籍登记国政府与中国政府签订的协定、协议的规定,或者经中国国务院民用航空主管部门批准或者接受,方可飞入、飞出中国领空和在中国境内飞行、降落。对不符合前款规定,擅自飞入、飞出中国领空的外国民用航空器,中国有关机关有权采取必要措施,令其在指定的机场降落;对虽然符合前款规定,但是有合理的根据认为需要对其进行检查的,中国有关机关有权令其在指定的机场降落。外国民用航空器的经营人,不得经营中国境内两点之间的航空运输。

三、国际航空安全的法律制度

类似题

(1) 国际航空犯罪与国际法

(2) 国际航空安保法律制度

1. 国际航空安全相关法律渊源

危害航空安全的行为包括航空器内的暴力行为、劫持航空器,以及破坏航空器及其地面服务设备等。国际社会为了维护航空安全缔结了一系列国际条约,明确了危害国际航空安全的罪行及其管辖权,并对此类犯罪的起诉或引渡问题进行了规制。其中主要的国际条约有 1963 年《东京公约》(1963 年 9 月 14 日签订于东京,自 1969 年 12 月 4 日起生效)、1970 年《海牙公约》(1970 年 12 月 16 日签订于海牙,自 1971 年 10 月 14 日起生效)、1971 年《蒙特利尔公约》(1971 年 9 月 23 日签订于蒙特利尔,自 1973 年 1 月 26 日起生效)、1988 年《制止在用于国际民用航空的机场发生非暴力行为以补充一九七一年九月二十三日订于蒙特利尔的制止危害民用航空安全的非法行为的公约的议定书》(简称《蒙特利尔公约补充议定书》,1988 年 2 月 24 日签订于蒙特利尔,自 1989 年 8 月 6 日起生效)、2010 年《制止与国际民用航空有关的非法行为的公约》(简称《北京公约》,2010 年 9 月 10 日签订于北京,自 2018 年 7 月 1 日起生效)、2010 年《关于制止非法劫持航空器的公约的补充议定书》(简称《北京议定书》,2010 年 9 月 10 日签订于北京,自 2018 年 1 月 1 日起生效)。

2. 危害国际航空安全的罪行

1963 年《东京公约》对惩治对象及适用范围做出如下规定。(1) 惩治对象。该公约适用于在飞行中的航空器上发生的违反刑法的犯罪,以及可能或确已危及航空器或其所载人员或财产的安全,或者危害航空器内的正常秩序和纪律的行为,无论是否构成犯罪行为。(2) 适用范围。该公约适用于在一缔约国登记的任何航空器上的人在航空器内所犯的罪行或行为，无论该航空器是在飞行中或在公海海面上或在不属于任何国家领土的其他地区的地面上。“飞行中”是指航空器为了起飞，从开动马力时起到着陆冲程完毕时为止。

1970年《海牙公约》对惩治对象及适用范围做出如下规定。(1) 惩治对象。在飞行中的航空器内用暴力或暴力威胁，或用任何其他恐吓方式，非法劫持或控制该航空器，或企图从事任何此类行为的人或其同犯，即构成刑事犯罪。(2) 适用范围。该公约适用于在其内发生犯罪的航空器的起飞地点或实际降落地点是在该航空器登记国领土以外的情况，不论该航空器是从事国际飞行还是从事国内飞行。航空器从装卸完毕，机舱外部各门均已关闭时起，直至打开任一舱门以便卸载时止，应被认为在飞行中；航空器迫降时，在主管当局接管该航空器及其所载人员和财产的责任前，应被认为仍在飞行中。

1971年《蒙特利尔公约》将惩治对象及适用范围规定为以下方面：(1) 对飞行中航空器内的人实施暴力行为并危及该航空器的安全；(2) 破坏使用中的航空器或使其受损坏，以致不能飞行或危及其飞行的安全；(3) 用任何方法在使用中的航空器内放置或使别人放置可能破坏该航空器或使其受损坏的装置和物质，以致不能飞行或危及其飞行的安全；(4) 破坏或损坏航行设备或妨碍其工作，从而危及飞行中航空器的安全；(5) 传递虚假情报，从而危及飞行中航空器的安全。“使用中”是指从地面人员或机组为某一特定飞行而对航空器进行飞行前的准备时起，直至降落后24小时止。

1988年《蒙特利尔公约补充议定书》则将惩治对象及适用范围扩展至以下方面：(1) 在用于国际民用航空的机场内非法和故意地对人实施暴力行为而造成或足以造成重伤或死亡；(2) 破坏或严重损坏机场设备，或者中断机场服务以致危及或足以危及该机场的安全。

2010年《北京公约》增加了五种新兴危害国际航空安全的罪行，2010年《北京议定书》则修订了劫持航空器罪的定义。《北京公约》中新增的危害国际航空安全的犯罪行为包括：(1) 以使用中的航空器为武器，旨在造成死亡、严重人身伤害或者对财产或环境的严重破坏；(2) 从使用中的航空器内释放或排放生化核武器或其他危险物质，造成或可能造成死亡、严重人身伤害或者对财产或环境的严重破坏；(3) 对一使用中的航空器或在一使用中的航空器内使用任何生物武器、化学武器和核武器或者爆炸性、放射性或类似物质，而其方式造成或可能造成死亡、严重身体伤害或者对财产或环境的严重破坏；(4) 在航空器上运输、导致在航空器上运输或便利在航空器上运输任何爆炸性或放射性材料，生化核武器，原材料、特种裂变材料或其辅助设备、材料等物品；(5) 当情况显示做出的威胁可信时，行为人威胁实施该公约规定的一种犯罪行为，或者非法和故意地造成任何人受到这种威胁。《北京议定书》将劫持航空器罪界定为“任何人如果以武力或武力威胁，或以胁迫，或以任何其他恐吓方式，或以任何技术手段，非法和故意地劫持或控制使用中的航空器，即构成犯罪”。

3. 危害国际航空安全犯罪的刑事管辖权

1963年《东京公约》对管辖权的行使做出如下规定：航空器登记国有权对在该航空器内所犯的罪行和行为行使管辖权。航空器非登记国的缔约国不得为了对航空器内所犯的罪行行使刑事管辖权而干预飞行中的航空器，但如下情况除外：(1) 犯罪行为在该国领土上发生后果；(2) 犯罪人或受害人为该国国民或在该国有永久居所；(3) 犯罪行为危及该国的安全；(4) 犯罪行为违反该国有关航空器飞行或运转的现行规则或规章；(5) 为确保该国遵守其在多边国际条约中所承担的任何义务，有必要行使管辖权；(6) 当机长有适当的理由认为任何人在航空器内有按照航空器登记国刑法所构成严重罪行的行为时，机长可以将该人移交给航空器降落地的任何缔约国的主管当局，或有权令其下飞机。

1970 年《海牙公约》规定下列国家有权行使管辖权：(1) 航空器登记国；(2) 航空器降落地国；(3) 航空器承租人的主要营业地国或永久居所所在国；(4) 发现罪犯的国家；(5) 其他国家——不排斥其他国家根据本国法行使任何刑事管辖权。公约没有规定哪类国家有优先管辖权，遇有管辖权的冲突的情形，只能由有关国家协商解决。

1971 年《蒙特利尔公约》在管辖权方面的规定与 1970 年《海牙公约》的规定基本相同，但有以下区别：(1) 由于公约规定的罪行大多发生在地面，因而增加罪行发生地国的管辖权；(2) 发现罪犯的国家如不引渡罪犯即实施管辖权的规定并非对公约中的所有罪行都适用，只有被指称犯有罪行定义中前三种行为的罪犯在同一领土内，该国如不将其引渡给罪行发生地国、航空器登记国、航空器降落地国以及航空器承租人的主要营业地国或永久居所所在国之任一国，应对罪行实施管辖权。

1988 年《蒙特利尔公约补充议定书》未规定发现罪犯的国家可以把罪犯引渡给上述所有有管辖权的国家之一，而是规定发现被指称罪犯的国家若不将其引渡给罪行发生地国，则应对罪行实施管辖权，从而罪行发生地国有要求引渡罪犯的优先权。

2010 年《北京公约》和 2010 年《北京议定书》将管辖权进一步扩大至以下方面：(1) 罪行是在该国领土内实施的；(2) 罪行是针对在该国登记的航空器或在该航空器内实施的；(3) 在其内实施罪行的航空器在该国领土内降落时被指控的罪犯仍是在该航空器内的；(4) 罪行是针对租来时不带机组人员的航空器或在该航空器内实施的，而承租人的主要营业地在该国，或承租人没有此种营业地，但其永久居所是在该国的；(5) 罪行是由该国国民实施的；(6) 罪行是针对该国国民实施的；(7) 罪行是由其惯常居所在该国领土内的无国籍人实施的。

4. 危害国际航空安全犯罪的引渡和起诉

1963 年《东京公约》对犯罪人员的引渡和起诉做出如下规定：在引渡问题上，在缔约国登记的航空器内所犯的罪行应被认为不仅发生在发生地领土上，而且发生在航空器登记国领土上。这样的规定便于有关引渡规定的适用，但公约中的任何条款不应当被解释为规定引渡的义务。作为一般原则，政治性犯罪是可以排除于公约适用的范围之外，但影响航空器安全的不在排除之列。

1970 年《海牙公约》对犯罪人员的引渡和起诉做出如下规定：(1) 这种犯罪应被认为是包括在缔约各国间现有引渡条约中的一种可引渡的犯罪；(2) 如嫌疑犯所在国不予引渡，应无例外地将此案件提交给有关当局以便起诉，而有关当局应按照该国法律以对待严重性质的普通罪行案件的同样方式予以判决；(3) 对劫机等犯罪不得以政治罪论处，应以严厉的刑法予以惩治。

1971 年《蒙特利尔公约》对犯罪人员的引渡和起诉的规定与 1970 年《海牙公约》的规定完全相同。

2010 年《北京公约》和 2010 年《北京议定书》则规定，公约所列的任何罪行均不应当被视为政治罪，或与政治罪有关的罪行，或由政治动机激发的罪行，以排除相关国家以政治理由对公约规定的罪行提出积极引渡或司法互助请求。

四、外层空间及其法律地位

类似题

(1) 国际法上的宇宙空间

(2) 宇宙空间的法律地位

1. 外层空间的范围

外层空间是指地球及空气空间以外的部分。对于外层空间的范围，现行国际法和国际社会一直没有定论。正如联合国大会和联合国和平利用外层空间委员会在2021年《外层空间的定义和划界：外空委成员国和常设观察员的意见》中指出，国际社会对外层空间进行定义和划界的理由如下：(1) 必须避免在没有适当管制的情况下利用外层空间；(2) 应加强外层空间活动的安全性和可持续性；(3) 缺乏外层空间的任何定义或划界，如果不遵守规范空间活动五项条约所产生的与国家责任和主权有关的义务，那么可能会导致法律问题。[①]

2. 外层空间的法律地位

关于外层空间的法律地位，联合国大会于1961年12月20日通过的第1721号决议肯定了外层空间由所有国家按照国际法自由探索和使用而不得被任何国家据为己有的原则。1963年《关于各国探测及使用外空工作之法律原则宣言》(简称《外空宣言》)进一步明确了国家对外层空间不享有主权的原则，使之逐渐形成一项公认的国际习惯法规则。

在此基础上，1966年《关于各国探索和利用包括月球和其他天体在内外层空间活动的原则条约》(简称《外空条约》)对外层空间的法律地位作出了更为明确的规定。

(1) 天体及其资源属于共同财产。1979年《关于各国在月球和其他天体上活动的协定》(简称《月球协定》)规定，月球及其自然资源均为全体人类的共同财产；月球不得被任何国家据为己有；月球的表面或表面下层或其任何部分或其中的自然资源均不应成为任何国家、政府、组织、实体或任何自然人的财产。

(2) 外层空间的探索和利用自由。《外空条约》规定，所有国家可在平等、不受歧视的基础上，根据国际法自由探索和利用外层空间(包括月球和其他天体)，有进行科学考察的自由。

(3) 外层空间不得被据为己有。《外空条约》规定，各国不得通过主权主张、使用或占领等方法，以及其他任何措施，把外层空间(包括月球和天体)据为己有。

(4) 外层空间应用于和平目的。《外空条约》规定，各缔约国必须把月球和其他天体绝对用于和平目的；禁止在天体上建立军事基地、设施和工事，禁止在天体试验任何类型的武器及进行军事演习。

---

① 联合国大会、联合国和平利用外层空间委员会：《外层空间的定义和划界：外空委成员国和常设观察员的意见》(2021年4月23日)，A/AC.105/1112/Add.10。

五、外层空间法及其基本原则

类似题

(1) 外层空间活动的基本原则

(2) 外层空间法的法律渊源及基本原则

1. 外层空间法及其渊源

外层空间法是调整各国探索和利用外层空间活动的国际法原则和规则的总称。外层空间法以成文法为主进行发展和演化，其规定具有前瞻性。外层空间法的许多原则体现了发展中国家的一贯立场。

外层空间法的主要渊源是国际条约，包括联合国框架下通过的五项国际空间条约，以及与空间活动有关的国际多边条约，如1963年《外空宣言》、1966年《外空条约》、1967年《关于营救宇航员、送回宇航员和归还发射到外层空间的物体的协定》（简称《营救协定》）、1971年《外空物体所造成损害的国际责任公约》（简称《国际责任公约》）、1974年《关于登记射入外层空间物体的公约》（简称《登记公约》）、1979年《月球协定》、1982年《各国利用人造地球卫星进行国际直接电视广播所应遵守的原则》、1986年《关于从外层空间遥感地球的原则》、1992年《关于在外层空间使用核动力源的原则》、2002年《IADC空间碎片减缓指南》和2007年《空间碎片减缓指南》等，为相关国家在外层空间进行活动提供了重要的行为规范。

2. 外层空间法的基本原则

《外空宣言》《外空条约》及其他外空条约、决议、指南确定了外层空间活动的基本原则。

(1) 共同利益原则。《外空条约》规定，探索和利用外层空间，包括月球和其他天体在内，应为所有国家谋福利和利益，而不论其经济或科学发展程度如何，这种探索和利用应是全人类的事情。

(2) 自由探索和利用原则。《外空条约》规定，外层空间，包括月球与其他天体在内，应由各国在平等的基础上并按国际法自由探索和利用，不得有任何歧视，天体的所有地区均可自由进入。

(3) 不得据为己有原则。《月球协定》规定，月球及其自然资源为全人类的共同继承财产，任何国家不对月球及其他天体提出主权要求或据为己有。《外空条约》规定，外层空间，包括月球与其他天体在内，各国不得由国家通过提出主权主张，通过使用或占领，或以任何其他方法，据为己有。

(4) 限制军事化及和平利用原则。《外空条约》规定，各缔约国保证不在绕地球轨道放置任何携带核武器或任何其他类型大规模毁灭性武器的物体，不在天体配置此类武器，也不以任何方式在外层空间部署此类武器。但是，该规定可以被解释成在天体以外的外层空间，只要不放置、部署大规模毁灭性武器，是允许军事利用的。对此，许多国家代表提出了异议，但由于美国和苏联为军事目的已发射许多卫星，因而实际上很难严格适用禁止军事化的条款。

(5) 国际合作原则。国际合作原则贯穿在整个《外空条约》中,探索和利用外层空间应按照国际合作原则进行。各国应有对月球和其他天体进行科学考察的自由,各国应促进并鼓励此类考察的国际合作。各国探索和利用外层空间应以合作和互助原则为准则。各缔约国应在平等的基础上,考虑其他缔约国的要求,给予这些国家观察射入外层空间的物体飞行的机会。

(6) 登记国对其发射的外空物体具有管辖权、控制权和所有权原则。《外空条约》规定,登记国对发射到外层空间的物体及其内的人员具有管辖权和控制权。不论在外层空间、天体或者返回地球,发射到外层空间的物体的所有权均不受任何影响。

(7) 援救宇航员原则。《外空条约》和《营救协定》规定,宇航员应得到一切可能的援助。宇航员应被视为人类派往外层空间的使节,各国发现有可能危害宇航员的情况时,应立即通知各缔约国和联合国秘书长;宇航员发生意外事故或遇难时,各国应向他们提供一切可能的援助。

(8) 承担国际责任原则。《外空条约》规定,各缔约国对所有外层空间活动负有国际责任。各国应对其在外层空间的活动承担国际责任,无论这种活动是由政府部门还是由非政府部门进行的。发射外空物体的国家对于该物体及其组成部分在地球、外层空间对另一国或其自然人、法人造成的损害,应负国际上的赔偿责任。

(9) 保护外层空间环境原则。《外空条约》规定,各缔约国从事研究、探索外层空间(包括月球和其他天体)时,应避免使其遭受有害的污染,以及避免引入地球以外的物质,使地球环境发生不利的变化。《月球协定》规定,各缔约国在探索和利用月球时,应采取措施,防止月球环境的现有平衡遭到破坏,不论这种破坏是由于在月球环境中导致不利的变化,还是由于引入环境外物质使其受到有害污染,或由于其他方式而产生;各缔约国也应采取措施防止地球环境由于引入地球外物质或由于其他方式而受到有害影响。

六、外空物体的登记制度

类似题

(1) 外层空间物体的登记与返还

(2) 外层空间的登记制度

1. 外空物体登记制度的宗旨

1974 年《登记公约》正式确立了外空物体的登记制度。该公约的意义在于可以更好地进行外空活动的合作和有助于辨认外空物体归属的发射国或国际组织,确定有关国家或国际组织的权利、义务和责任,并促进探索和利用外层空间的国际法的实施与发展。

2. 外空物体及其登记内容

《登记公约》规定的需要登记的外空物体是指所有由发射国射入外层空间的物体,包括外空物体的组成部分以及外空物体的发射装置及其零件。

发射国在发射一个外空物体进入或越出地球轨道时,应以登入其所需保持的适当登记册的方式登记该外空物体。每一发射国应将其设置此种登记册一事通知联合国秘书长。若该外空物体有两个或两个以上发射国,则各发射国共同决定由其中的哪一个国家登记该外空物体。每一登记册的内容项目和保持登记册的条件应由有关的登记国决定。其中，发射国是指一个发射或促使发射外空物体的国家，以及一个从其领土上或设施发射外空物体的国家；登记国是指依照《登记公约》将外空物体登入其登记册的发射国。

登记内容包括发射国或多数发射国的国名、外空物体的适当标志或登记号码、发射的日期和地域或地点、基本的轨道参数（包括波节周期、倾斜角、远地点和近地点），以及外空物体的一般功能。

每一登记国应随时向联合国秘书长供给有关其登记册所载外空物体的其他情报。每一登记国应在切实可行的最大限度内，尽速将其前曾提送情报的原在地球轨道内但现已不复在地球轨道内的外空物体通知联合国秘书长。联合国秘书长应保持一份登记册，记录登记上述情报，且登记册所载情报应充分公开，听任查阅。

3. 外空物体的识别协作

《登记公约》中各项规定的施行如不能使一个缔约国辨认对该国或对其所辖任何自然人、法人造成损害，或者可能具有危险性或毒性的外空物体时，其他缔约各国，特别包括拥有空间监视和跟踪设备的国家，应在可行的最大限度内响应该缔约国所提出或经由联合国秘书长代其提出，在公允和合理的条件下协助辨认该物体的请求。提出这种请求的缔约国应在可行的最大限度内提供关于引起这项请求的事件的时间、性质及情况等情报。给予这种协助的安排应由有关各方协议商定。

4. 外空物体的返还

对外空物体的管辖权应属于登记把物体射入外层空间的国家。根据 1966 年《外空条约》的规定，凡登记把物体射入外层空间的缔约国对留置于外层空间或天体的该物体及其所载人员，应仍保持管辖及控制权。射入外层空间的物体，包括降落于或建造于天体的物体，及其组成部分的所有权，不因物体等出现于外层空间或天体，或返回地球，而受影响。该物体或其组成部分，若在其所登记的缔约国境外寻获，应送还该缔约国。即，对于发射到外层空间的物体，以登记为其物权的公示方式。一经登记，无论其在外层空间何处，还是返回地球时落入何缔约国，其所有权人仍是登记国。任何得到该物体的缔约国，经登记国请求，都有义务给予返还。

《外空条约》仅规定有关登记发射的国家对留置在外层空间或天体的物体保有管辖权和控制权，至于该物体飞越另一国的空气空间时，应受地面国家还是登记发射国家的管辖，条约未做明文规定。中国空间法学者贺其治教授认为，此情况下有两种解决方法：(1) 承认登记发射的国家对该外空物体及其所载人员仍保有管辖权，但对地面国家产生影响或后果的情况除外；(2) 地面国家实施管辖权，但属于该外空物体的内部事务的情况除外。

七、外层空间活动中的责任制度

类似题

(1) 外层空间活动的国际责任

(2) 外层空间法中的责任制度

1. 外层空间活动中的责任及其类型

1963 年《外空宣言》和 1966 年《外空条约》确定了各国对本国在外层空间的活动负有国际责任。1971 年《国际责任公约》建立了外空物体损害赔偿的机制和程序。在有多个发射国的情况下，由发射外空物体的国家、促使发射外空物体的国家、从其领土上发射外空物体的国家、从其设施发射外空物体的国家承担连带责任。所有发射国作为一个整体对损害赔偿负有连带责任，同时也负有单独的责任，受害国既可以向某一个发射国提出求偿要求，也可以向所有发射国提出求偿要求。至于各发射国间的责任如何分摊，《国际责任公约》并未做具体的规定，需要有关国家协商解决。一般来说，在发射阶段，由提供发射服务的国家负责，而在卫星与运载火箭分离之后的整个运行阶段，由卫星所有人和经营人所属的国家负责。①

损害赔偿责任分为绝对赔偿责任和过失赔偿责任。前者适用于外空物体对地球表面或对飞行中的飞机造成损害，其主要是由外空活动的高度危险性及责任的特殊性决定的。绝对赔偿责任应依发射国证明损害全部或部分系由求偿国或其所代表的自然人或法人之重大疏忽或意在造成损害的行为或不行为所致的程度，予以免除。后者适用于发射国的外空物体在地球表面以外的其他地方，对另一发射国的外空物体或其所载人员或财产造成损害时，只有损害他国前者的过失或其负责人员的过失而造成的条件下，该国才承担的损害赔偿责任。

2. 损害及其求偿主体

《国际责任公约》规定，损害是指生命丧失、身体受伤或健康的其他损害，以及国家、自然人、法人的财产或政府间国际组织的财产受损失或损害。

根据《国际责任公约》，有权提出赔偿要求的国家是遭受损害的国家，或者其自然人或法人遭受损害的国家。如果遭受损害的自然人或法人的国籍国未提出赔偿要求，那么该自然人或法人所在地的国家可就所遭受的损害向发射国提出赔偿要求。若国籍国或在其境内遭受损害的国家均未提出赔偿要求，或均未通知有意提出赔偿要求，那么永久居民的居住国可就该永久居民所遭受的损害向发射国提出赔偿要求。

《国际责任公约》规定了决定赔偿额适用的法律，即发射国根据本公约负责偿付的损害赔偿额应按国际法、公正合理的原则来确定，以使对损害所做的赔偿能保证提出赔偿要求的自然人或法人、国家或国际组织把损害恢复到未发生前的原有状态。

3. 求偿途径

根据《国际责任公约》，求偿的途径如下：(1) 通过外交途径向发射国提出；(2) 如求偿国和发射国无外交关系，可以通过第三国提出；(3) 如求偿国和发射国均为联合国会员国，可以通过联合国秘书长提出。本公约不妨碍一国，或者其可能代表的自然人或法人向发射国的法院、行政法庭或机关提出赔偿要求。根据本公约向发射国提出赔偿损害的要求，无须等到求偿国，或者其代表的自然人或法人可能有的一切当地救济措施用尽后才提出，即不适用用尽当地救济原则。

4. 求偿期限

根据《国际责任公约》，赔偿损害的要求，必须于损害发生之日起或判明应负有责任的发

---

① 贺其治、黄惠康：《外层空间法》，青岛出版社，2000，第 75 页。

射国之日起1年内向发射国提出。如果求偿国不知道损害发生的事实或者无法确认负有责任的发射国,应在得知损害事实之日起1年内提出。

如果在求偿国向发射国提交求偿文件之日起的1年内,双方未能通过谈判协商解决争议,经任何一方要求,可成立求偿委员会。求偿委员会由三人组成,当事国各出一人,然后由双方选定有第三国国籍的委员一人。当事国提交求偿文件之日起2个月内要选定第三国的委员,并由第三国的委员担任主席。

八、外层空间法中的营救制度

类似题

(1) 外层空间活动中宇航员的营救制度

(2) 外层空间法中的营救义务

1. 宇航员营救和归还原则

早在1959年,联合国和平利用外层空间委员会就宇航员的营救制度进行过讨论,1963年《外空宣言》则对援救宇航员问题做出原则性规定。1966年《外空条约》和1967年《营救协定》规定,宇航员应得到一切可能的援助,因为宇航员被视为人类派往外层空间的使节。

2. 营救和归还对象

关于营救对象,《外空条约》规定为"宇航员",而《营救协定》规定为"宇宙飞船人员",1979年《月球协定》明确将营救对象界定为月球上的任何人。随着商业外空旅游等活动的发展,结合《外空条约》确立的营救原则,营救对象应包括所有外层空间中的人员。

关于归还对象,《外空条约》规定被营救的宇航员应归还给登记国,但《营救协定》则规定归还给发射当局,并将发射当局界定为对发射负责的国家或组织。

3. 营救条件和义务

根据《营救协定》,(1) 当宇航员发生意外事故、遇难,或者在他国境内或公海紧急降落时,发现国应提供一切可能的援助,立即把他们送还登记国,并通知联合国秘书长;(2) 在外层空间进行活动时,一国的宇航员应向他国的宇航员提供帮助;(3) 各国应把其在外层空间发现的对宇航员有危险的情况通知其他国家或联合国秘书长;(4) 各国在获悉或发现外空物体的组成部分返回地球并落在他国所管辖的范围内,或者在公海或不属于任何国家管辖的地方时,应通知发射当局或联合国秘书长。

《营救协定》对降落在缔约国领土内和降落在缔约国领土外两种情况做了不同的规定。(1) 强制性义务。对于降落在缔约国领土之内的宇航员,应立即采取一切可能的措施营救此种人员,并给他们一切必要的协助。(2) 非强制性协助义务。对于降落在缔约国领土以外的地方,包括公海和不属任何国家管辖的其他任何地方的宇航员,规定缔约国提供协助寻找和营救是在"获悉和发现"遇难的宇航员降落之后,并且是在"必要时"和"力所能及"的范围内提供协助,以确保其迅速获救。

九、地球静止轨道及其法律地位

类似题

(1) 外层空间法中的地球静止轨道

(2) 外层空间法中的地球静止轨道法律制度

1. 地球静止轨道及其利用

地球静止轨道是指环绕地球赤道上空高达35 800千米的圆形轨道。由于该轨道的天体物理特性，人造卫星进入该轨道后，会以地球南北极的轴为中心，以与地球同样的方向和同样的自转速度运转。因此从地面上观察，人造卫星如同处于静止状态，固定在轨道的某一特定位置上，故这条轨道被称为地球静止轨道。

地球静止轨道具有如下特点：(1) 地球静止轨道是即使不调节天线，也能保持地面基地与卫星之间持续联系的唯一轨道；(2) 地球静止轨道上的卫星总是“俯视”地球上的一个区域并可保持联系，这是实现移动通信和电视广播的前提条件；(3) 使用在地球静止轨道上的一颗卫星，可以与地球表面三分之一的地区进行联系。因此，地球静止轨道广泛用于电视广播、天气预报、环境监测、地下资源的遥感探测等许多领域。

2. 关于地球静止轨道法律地位的主张

1976年12月，巴西、厄瓜多尔、哥伦比亚、刚果、乌干达、扎伊尔、印度尼西亚和肯尼亚等八个赤道国家发表《波哥大宣言》，对地球静止轨道提出如下主权要求：(1) 地球静止轨道作为资源，地面国家对其拥有主权；(2) 地球静止轨道可以不属于外层空间，不适用《外空条约》中的不得据为己有原则；(3) 地球静止轨道为有限的自然资源；(4) 在地球静止轨道上设置人造卫星，必须在事前取得其明确的许可，并受其国内法管辖；(5) 公海上空的地球静止轨道不在任何国家的管辖权范围内，是人类的共同继承财产。

美国、苏联及其他国家对此提出以下反对主张：(1) 卫星在地球静止轨道上所具有的特性，不是单纯地依靠地球引力形成的，而是复合作用产生的，任何国家都不能对地球静止轨道和其他轨道提出排他性主权要求；(2) 虽然对外层空间没有明确的定义，但对外层空间的探索和利用自由，以及外层空间不得据为己有原则已成为普遍接受的国际法原则，任何国家均应受其约束；(3) 地球静止轨道虽为有限的自然资源，但肯定在外层空间，因此不受任何国家的主权管辖；(4) 地球静止轨道不像石油、煤那样是不可再生资源，而是可以经济、有效地永久使用。

1982年，第二次联合国探索及和平利用外层空间会议的最后报告中给出如下方针：(1) 地球静止轨道是对诸多外层空间利用起重大作用的重要和独特资源，虽然不会枯竭，但也是有限的资源，充分利用地球静止轨道，有必要进行协调、制定计划；(2) 提高地球静止轨道的利用效率，应保障所有国家公平参与，特别应顾及发展中国家的未来需要；(3) 考虑到对地球静止轨道需求的逐渐增加，应公平和灵活地解决利用问题，并应考虑经济、技术和法律等各方面。

中国政府对地球静止轨道的法律地位提出如下主张：地球静止轨道属于外层空间的组成部分，但由于它是有限的自然资源，因而应制定特别法律制度，以确保平等地使用这一轨道；有关地球静止轨道的法律制度，应建立在公平、经济、有效原则的基础上，同时应照顾到所有国家的利益。[①]

十、卫星遥感地球法律制度

类似题

(1) 外层空间活动中的卫星遥感地球法律制度
(2) 卫星遥感地球及其活动原则

1. 卫星遥感技术及其利用

遥感是一种通过轨道上的电子探测装置检测地球表面环境条件的技术。联合国大会于1986年通过的《关于从外层空间遥感地球的原则》对"遥感(remote sensing)"做出如下定义："为了改善自然资源管理、土地利用和环境保护的目的，利用被感测物体所发射、反射或衍射的电磁波的性质从空间感测地球表面。"遥感可分为卫星遥感、航空遥感和地面遥感，利用遥感技术可勘查地理资源、预测气象、探测海洋。卫星遥感是一项综合性活动，通过卫星绕地球的重复性、周期性的观察，可以获取不断更新的信息，包括对原始数据的收集、处理和分析所获得的数据，以及散发各种卫星的数据和资料，因此是探测地球的主要手段。

卫星遥感地球是指通过卫星上的传感器接收各种地物发出的信息，并将信息传递到地面接收站，转译为相关的数据和资料，以便研究和监控地球的资源及其环境条件。一方面，卫星遥感技术在农业、林业、水利、地质、海洋、勘查、测绘及环境监测等领域有广泛的应用前景，具有很大的商业价值。另一方面，卫星遥感所获得的有关一国军事和自然资源的重要情报，若被他国掌握和利用(甚至滥用)，则有可能影响被感国的经济发展和政治安全，从某种意义上说也是对其主权的一种干涉。卫星遥感技术的广泛应用要求在法律上制定相应的共同遵守的规则，以保证有关国家的利益和遥感技术的继续发展。

2. 卫星遥感地球活动原则

1986年，联合国大会通过了《关于从外层空间遥感地球的原则》，为卫星遥感地球活动确立了如下基本原则：(1) 不论经济和技术发展程度如何，遥感活动应为所有国家谋福利和利益，并应特别顾及发展中国家的需要；(2) 进行遥感活动应遵守《联合国宪章》《外空条约》等国际法；(3) 进行遥感活动应遵循为所有国家谋福利和利益的原则以及自由探索和利用外层空间的原则，应尊重被感国的主权，不得侵害其正当权利和利益；(4) 被感国也得按同样基础和条件取得任何遥感国所拥有的关于其管辖下领土的分析过的资料；(5) 遥感活动应增进国际合作，参加国家有义务促进对地球自然环境的保护和促进人类免受自然灾害的侵袭；(6) 操作遥感卫星的国家应对其活动负有国际责任。

---

① 贺其治、黄惠康：《外层空间法》，青岛出版社，2000，第35页。

十一、外层空间环境保护法律制度

类似题

(1) 太空垃圾及其治理法律制度

(2) 外层空间碎片及其减缓措施

1. 外层空间的环境问题

人类在外空活动中产生的空间垃圾形成外层空间的环境问题。空间垃圾包括报废的卫星和其他外空物体、运载货架的遗弃物，以及火箭爆炸或与外空物体碰撞后所产生的破碎物等。

截至目前，大约有 23 000 个直径为 10 厘米（约等于国际垒球比赛用的垒球大小）或更大的空间碎片已被编入目录并进行了跟踪，以防发生碰撞。此外，据估计大约有 500 000 个空间碎片的直径为 1 厘米或更大，而有超过 1 亿个空间碎片的直径至少为 1 毫米。直径小于 5 厘米的空间碎片即使在近地轨道（low earth orbit，LEO）上也很难被单独跟踪。由于轨道碎片都集中在利用率高的轨道上，因而可跟踪的空间碎片的最高密度位于 LEO。在数量上，从 LEO 到地球静止轨道，总共有 8 000 吨轨道碎片。空间碎片的确切位置有很多不确定性，目前仅能跟踪到可能导致空间碎片产生的飞行器的百分之一。因此，跟踪空间碎片的产生、所处轨道和轨道改变的不确定性很高。由于大气阻力，受到太空天气及其他可能难以预测的非重力扰动的复合影响，这种不确定性会随着时间的推移而增长。

2. 外层空间环境治理的法律渊源

1963 年《禁止在大气层、外层空间和水下进行核武器试验条约》规定，禁止在大气层、外层空间和水下进行核爆炸，从而首次提起对外层空间环境的保护问题。1966 年《外空条约》做出原则性规定，即“各缔约国从事研究、探索外层空间（包括月球和其他天体）时，应避免使其遭受有害的污染，以及地球以外的物质，使地球环境发生不利的变化”，但缺乏明确的定义和标准，因此，难以解决外层空间环境的损害问题。1971 年《国际责任公约》对国际责任和损害赔偿责任做了细致的规定，但对有关外空物体对外层空间环境的危害及其所造成的损失缺少实质性规定。① 1979 年《月球协定》规定，防止月球环境的现有平衡遭到破坏是各缔约国的主要义务。

此外，就空间碎片的减缓措施，机构间空间碎片协调委员会于 2002 年 10 月制定的《IADC 空间碎片减缓指南》及联合国和平利用外层空间委员会于 2007 年 6 月通过的《空间碎片减缓指南》，为在外空活动中加强空间碎片减缓提供了重要的行为规范。

3. 空间碎片的减缓措施

空间碎片的缓减措施可以分为两大类：一类是在近期内减少生成具有潜在危害性的空

---

① 张婷婷、李斌：《论外层空间环境损害的国际责任》，《北京航空航天大学学报（社会科学版）》2008 年第 3 期。

间碎片;另一类是从长远上限制此类碎片的生成。前一类措施包括减少产生与飞行任务有关的空间碎片和避免分裂解体;后一类措施涉及寿终程序,从航天器运行区域中清除退役的航天器和处置运载火箭的轨道级。

根据《空间碎片减缓指南》,在航天器和运载火箭轨道级的飞行任务规划、设计、制造和操作(发射、运行和处置)阶段,应考虑以下准则。

(1) 限制在正常运作期间分离碎片。空间系统应当设计成不在正常运作中分离碎片。如果这样做不可行,那么应尽可能降低分离的任何碎片对外层空间环境的影响。

(2) 最大限度地减少操作阶段可能发生的分裂解体。航天器和运载火箭轨道级的飞行任务设计应当避免可能导致意外分裂解体的故障形式。如果检测到将会导致发生此类故障的状况,那么应计划并执行加以处置和钝化的措施,以避免分裂解体。

(3) 限制在轨道上意外碰撞的可能性。在航天器和运载火箭轨道级的飞行任务规划和设计期间,应当估算并限制系统发射阶段和轨道寿命期内发生意外碰撞的可能性。如果现有的轨道数据表明可能会发生碰撞,那么应考虑调整系统发射时间或者进行在轨避撞机动。

(4) 避免故意自毁和其他有害活动。由于碰撞风险的增加可能会对空间操作造成威胁,应当避免任何在轨航天器和运载火箭轨道级的故意自毁和可产生长期存在的碎片的其他有害活动。如果有必要进行有意分裂解体,那么应在足够低的高空进行,以缩短所产生的残块的轨道寿命。

(5) 最大限度地降低生存能源导致的飞行任务结束后分裂解体的可能性。为了限制意外分裂解体对其他航天器和运载火箭轨道级所造成的危险,所有随载储存能源,凡不再需要用于飞行任务操作或在任务结束后处置的,均应做耗尽或安全处理。

(6) 限制航天器和运载火箭轨道级在飞行任务结束后长期存在于低地轨道区域。对于已经结束飞行任务操作而穿越低地轨道区域的航天器和运载火箭轨道级,应当在控制下将其从轨道中清除。如果这不可能,那么应在轨道上对其处置,以避免它们在低地轨道区域长期存在。在对从低地轨道中清除物体的可能方法做出决定时,应予以适当注意,确保那些持续存在而到达地球表面的碎片不会对人员和财产造成不应有的危险,包括有害物质所造成的环境污染。

(7) 限制航天器和运载火箭轨道级在飞行任务结束后对地球同步区域的长期干扰。对于已经结束飞行任务操作而穿越地球同步区域的航天器和运载火箭轨道级,应当将其留在轨道上,以避免它们对地球同步区域的长期干扰。对于地球同步区域内或附近的物体,可以通过将飞行任务结束后的物体留在地球同步区域上空的轨道上来减少未来发生碰撞的可能性,从而使之不会干扰或返回地球同步区域。

第九章 外交与领事关系法

一、常驻外交使团及其职责

类似题

（1）常驻外交使团的法律制度

（2）常驻外交使团职务的开始和终止

1. 常驻外交使团

国家之间建立外交关系的最普遍的形式是设立常驻外交使团。常驻外交使团是派遣国在接受国领土上设立大使馆或公使馆，并派驻外交代表，持续地执行派遣国外交职务的机关。常驻外交使团的派遣须经有关国家之间的协议，且基于相互主义原则。

2. 常驻外交使团的组成

根据1961年《维也纳外交关系公约》，常驻外交使团由使馆馆长、外交职员、行政和技术职员和事务职员组成。

（1）使馆馆长。使馆馆长是派遣国责成担任此项职位的人员。根据《维也纳外交关系公约》，使馆馆长有大使、公使和代办等三个等级。大使是一国国家元首向另一国国家元首派遣的最高级别的外交使节。公使也是一国国家元首向另一国国家元首派遣的，享有仅次于大使的礼遇。实践中公使级使馆馆长几乎没有，有些使馆虽然有公使职位，但并不是使馆馆长，其任命也无须事先征得接受国的同意。代办是一国外交部长向另一国外交部长派遣的最低级别的外交使节。往往在两国关系恶化的时候，相互降低互派外交使节的规格，待两国关系恢复时，重新恢复外交使节的规格。

（2）外交职员。外交职员是除使馆馆长之外的其他具有外交官职位的职员，包括参赞、武官、秘书和随员。参赞是协助使馆馆长处理有关外交事务的高级外交官，职位级别在使馆馆长之下，按工作范围可分为政务参赞、商务参赞、文化参赞、新闻参赞、科技参赞等。武官是派遣国军事机关的代表，负责军事联系方面的外交事务，分为海军武官、陆军武官、空军武官。秘书是按使馆馆长旨意办理外交事务和文书的外交官，按级别分为一等秘书、二等秘书、三等秘书。随员是使馆中级别最低的外交官，在使馆馆长的领导下办理外交事务。

（3）行政和技术职员。行政和技术职员是使馆中从事行政和技术事务的使馆职员，包括办公室人员、财务人员、翻译人员、打字员、无线电技术人员等。

（4）事务职员。事务职员是使馆中从事服务工作的使馆职员，包括传达人员、司机、门卫、维修工、清洁工、厨师等。

此外，《维也纳外交关系公约》还规定使馆人员私人雇用的人员，如保姆，不属于派遣国的工作人员，不在使馆人员的编制之内。

3. 常驻外交使团的职责

根据《维也纳外交关系公约》，常驻外交使团的职责如下。(1) 代表：在接受国作为派遣国政府的代表。(2) 保护：在国际法许可的范围内，在接受国保护派遣国及其国民的利益。(3) 交涉：代表政府与接受国政府进行交涉。(4) 了解和报告：有权通过一切合法手段调查接受国的状况及发展情形，向派遣国政府报告。(5) 促进：促进派遣国与接受国的友好关系以及发展两国的经济、文化与科学关系。(6) 其他：执行国际法许可的其他职务，例如，执行领事职务，在接受国同意的情况下，受第三国委托照管该国的使馆及其财产，代为保护该国及其国民的利益。

4. 常驻外交使团人员的派遣和接受程序

根据《维也纳外交关系公约》，常驻外交使团人员的派遣和接受遵循如下程序及规定。(1) 征求同意。通常在任命使馆馆长和武官之前，派遣国须将拟派遣的人选通知接受国，征得接受国的同意，其他人员则无须获得同意。是否接受某人为派遣国的外交代表，是接受国行使主权的表现。(2) 不受欢迎和不能接受的人员。接受国可随时不具解释通知派遣国宣告使馆馆长或使馆任何外交职员为不受欢迎人员或使馆任何其他职员为不能接受。在上述情况下，派遣国应酌情召回该人员或终止其在使馆中的职务。(3) 赴任就职。使馆馆长抵达接受国后，由接受国安排尽快拜会其外交部长，商谈递交国书事宜。国书是使馆馆长上任携带的正式文书，也是其委任状。大使和公使的国书由国家元首签署，向接受国国家元首递交；代办的国书由外交部长签署，向接受国外交部长递交。

二、外交特权和豁免制度

类似题

(1) 外交特权与豁免的开始和终止

(2) 外交特权与豁免的内容

1. 外交特权与豁免及其理论依据

外交特权与豁免是外交代表机关及其人员根据国际法或有关协议在接受国所享有的特别权利和优惠待遇。为了使外交代表机关及其人员有效地执行职务，各国通常根据互惠原则相互给予对方外交代表机关及其人员一定的特别权利和优惠待遇。

关于外交特权与豁免的理论依据，国际法学界主要有以下三种学说：(1) 治外法权说，认为外交使节的驻地象征派遣国领土的延伸，虽然实际身在接受国，但在法律上假定仍在其本国，因此不受所在国管辖；(2) 代表性说，认为外交使节是国家的代表，根据平等者之间无管辖权的原则，接受国不应对派遣国的代表行使管辖权；(3) 职务需要说，以使馆和外交人员执行职务的需要说明外交特权与豁免，认为外交特权与豁免使外交代表及其机构可以在不受驻在国的干扰和压力的条件下，自由地代表本国进行谈判，顺利执行职务。《维也纳外交关系公约》在序言中规定："确认此等特权与豁免之目的不在于给予个人以利益而在于确保代表国家之使馆能有效执行职务"，因而不仅考虑了职务需要说，而且兼顾使馆的代表性。

2. 外交特权与豁免的内容

(1) 不可侵犯的权利

不可侵犯的权利可分为人身及名誉的不可侵犯和使馆馆舍、寓所、财产及文书的不可侵犯。

人身及名誉的不可侵犯包括：外交代表的人身不得侵犯；外交代表不受任何方式的逮捕和拘禁，但是并不排除进行正当防卫或紧急避险等所造成的人身损害；接受国应对外交代表特示尊重，并应采取一切适当步骤防止其人身、自由或尊严受到任何侵犯；外交代表的家属、行政和技术职员的家属(非接受国国民的家属)的人身不得侵犯。

使馆馆舍、寓所、财产及文书的不可侵犯包括：接受国官员非经使馆馆长许可不得进入使馆馆舍，即使在发生火灾、流行病或其他特别紧急的情况时，如没有得到使馆馆长许可，不得进入使馆馆舍；接受国对使馆馆舍负有特殊的保护责任，应采取一切适当步骤保护使馆馆舍免受侵入或损害；外交代表的私人寓所不得侵犯；使馆馆舍及设备，以及馆舍内其他财产和使馆交通工具免受搜查、征用、扣押或强制执行；使馆的档案无论何时，无论位于何处，都不得侵犯；外交代表的文书、信件及包括汽车在内的供外交代表使用的物品不得侵犯。

使馆馆舍是指供使馆使用和供使馆馆长寓所之用的建筑物或建筑物各部分，以及其所附属的土地。国际法院在 1979 年“美国驻德黑兰外交与领事人员案”的判决中指出，伊朗政府在美国使馆受到攻击时没有采取任何“适当步骤”保护使馆馆舍、人员和档案，事后也没有做出努力来迫使或说服侵入的人员退出使馆，释放被扣的外交和领事人员，从而违反了《维也纳外交关系公约》的规定。

(2) 豁免

豁免主要包括司法管辖豁免和行政管辖豁免。

司法管辖豁免包括外交代表对接受国的刑事管辖享有豁免权，以及对民事裁判享有管辖豁免。但以下三种情况例外：一是关于接受国内私有不动产的物权诉讼，但其代表派遣国为使馆用途置有的不动产不在此范围内；二是关于外交代表以私人身份而不代表派遣国为遗嘱执行人、遗产管理人、继承人或受遗赠人的继承事件的诉讼；三是关于外交代表在接受国内、在公务范围以外所从事的专业或商务活动的诉讼。此外，在外交代表或其他享有管辖豁免的人主动提起诉讼而被告提起反诉时，就不得主张反诉管辖豁免。外交代表没有以证人身份作证的义务。

外交代表及其他享有特权与豁免的人的管辖豁免可由派遣国放弃。外交豁免的放弃必须是明示的，外交代表仅仅出庭辩护不构成豁免的放弃。民事或行政诉讼程序上的管辖豁免的放弃，不得视为对判决执行豁免的放弃。

行政管辖豁免包括捐税豁免和关税豁免。在捐税豁免方面，使馆馆舍免纳捐税，包括全国性捐税和地方性捐税，使馆办理公务所收的规费和手续费免纳一切捐税。但是，为其提供特定服务所收的费用，如清除垃圾费、水电费等，应当承担。外交代表免纳一切对人或对物课征的国家、区域或地方性捐税，但下列六项例外：通常计入商品价格或服务价格内的间接税；对来源于接受国境内的私有不动产课征的捐税；遗产税、继承税；对在接受国内获致的私人所得或商业投资所课征的税；为其提供特定服务所收的费用；不动产登记费。在关税豁免方面，使馆公务用品准许入境并免除一切关税和除贮存、运送及类似的服务费用以外的一切其他课征；外交代表及与其构成同一户口的家属的私人用品，包括供其定居用的物品，免征关税；外交代表的私人行李免受查验。但是，有重大理由推定其中装有不在免税之列的物品，或者接受国法律禁止进、出口或有检疫条例加以管制的物品，不在免税之列。

(3) 其他特权

除上述特权与豁免之外，使馆和外交代表还享有以下特权。通信自由，即使馆与派遣国政府以及该国其他使馆及领馆通信时，有权采取一切适当的方法；使馆的来往公文不得侵犯；外交邮袋不得开拆或扣留。行动及旅行自由，即除接受国为国家安全设定禁止或限制进入区域而另订法律规章外，接受国家应确保所有使馆人员在其境内行动及旅行自由；免于适用接受国所施行的社会保险办法；免除个人劳务和公共服务。

(4) 其他人员的特权与豁免

行政和技术职员及其家属，如非接受国国民且不在该国永久居留者，享有外交代表所享有的特权与豁免，但其执行职务范围以外的行为不享有司法管辖豁免和行政管辖豁免。除其最初定居时所输入的物品外，不能免纳关税及其他课征，其行李也不免除海关查验。

事务职员，如非接受国国民且不在该国永久居留者，就其执行公务行为享有豁免。其受雇所得报酬免纳捐税，免于适用接受国的社会保险办法。

私人仆役，如非接受国国民且不在该国永久居留者，其受雇所得报酬免纳捐税。

3. 外交特权与豁免的开始和终止

根据《维也纳外交关系公约》，凡享有外交特权与豁免的人员，自其进入接受国国境前往就任时起享有特权与豁免，如其已在该国境内，自其委派通知外交部或另经商定的其他部门时开始享有；享有外交特权与豁免的人员的职务如已终止，此项特权与豁免通常在该人员离境或听任其离境的合理期间终了时停止。

4. 使馆人员及其家属在第三国的地位

根据《维也纳外交关系公约》，遇外交代表前往就任或返任或返回本国，途经第三国国境或在该国境内，而且该国曾发给所需的护照签证时，第三国应给予不得侵犯权及确保其过境或返回所必需的其他豁免；享有外交特权或豁免的家属与外交代表同行，或单独旅行前往会聚或返回本国时，享有与外交代表同样的特权或豁免。遇有上述情况类似情形，第三国不得阻碍使馆的行政和技术及事务职员及其家属经过该国国境。

5. 使馆和享有外交特权与豁免人员的义务

根据《维也纳外交关系公约》，使馆及其享有外交特权与豁免人员对接受国有以下义务。(1) 尊重接受国法律规章，不干涉接受国内政。(2) 使馆馆舍不得以与使馆职务不相容的方式加以使用。一般认为，使馆没有履行本条款义务并不使得公约所规定的使馆馆舍不得侵犯权归于无效，但这种不得侵犯权没有授权使馆可将其用于与使馆职务不相符合的用途。(3) 使馆及使馆人员与接受国洽商公务，须经接受国外交部或另经商定的其他部办理。(4) 外交代表不应在接受国内为私人利益从事任何专业或商业活动。

三、领事特权和豁免制度

类似题

(1) 领事特权与豁免的开始和终止

(2) 领事特权与豁免的内容

1. 领事特权与豁免的定义

领事特权与豁免是指领馆及其人员在接受国所享有的特殊权利和优惠待遇的总称。其理论依据与外交特权与豁免的一样，不在于给予个人以利益，而在于确保领馆能代表本国有效执行职务。但是，领事特权与豁免在总体上要低于外交特权与豁免。除1963年《维也纳领事关系公约》中的规定之外，领事特权与豁免的主要规定在一些双边领事条约中。

2. 领事特权与豁免的内容

（1）领事官员人身不得侵犯

接受国对领事官员应表示适当尊重，并应采取一切适当步骤以防其人身自由或尊严受任何侵犯。对于领事官员，只有其犯了严重罪行，并且依主管司法机关的裁判执行，才能予以逮捕候审或羁押候审。除上述情形，并为执行有确定效力的司法裁决外，不得对领事官员施以监禁或对其人身自由加以任何其他方式的拘束。

（2）领馆馆舍、财产和公文不得侵犯

接受国官员非经领馆馆长的许可或者其指定人员或派遣国使馆馆长的同意，不得进入领馆馆舍中专供领馆工作用区域。惟遇火灾或其他灾害须迅速采取保护行动时，得推定领馆馆长已表示同意。

接受国负有特殊责任，采取一切适当步骤保护领馆馆舍免受侵入或损害，并防止扰乱领馆安宁或有损领馆尊严的事情。领馆馆舍、馆舍设备以及领馆的财产和交通工具应免受为国防或公用目的而实施的任何方式的征用。如为此等目的确有征用的必要，应采取一切可能步骤以免领馆职务的执行受到妨碍，并应给予派遣国以迅速、充分和有效的补偿。

领馆档案及文件无论何时，无论位于何处，都不得侵犯。

（3）司法和行政管辖的豁免

领事官员和领馆雇员对其为执行职务而实施的行为不受接受国司法或行政机关的管辖。但是，下列民事诉讼不在豁免之列：因领事官员或领馆雇员并未明示或默示以派遣国代表身份而订契约所发生的诉讼；第三者因车辆、船舶或航空器在接受国内所造成的意外事故而要求损害赔偿的诉讼。

领事官员或领馆雇员如就可免受管辖的事项主动提起诉讼，不得对与本诉直接相关的反诉主张管辖豁免。领馆人员可被请在司法或行政程序中到场作证。但是，领馆人员就其执行职务所涉及的事项，没有担任作证或提供有关来往公文及文件的义务。领馆人员有权拒绝以鉴定人身份就派遣国的法律提出证言。但是，除上述情况外，领馆行政和技术人员及领馆服务人员不得拒绝作证。

（4）捐税和关税的免纳

领馆馆舍和职业领馆馆长寓所免纳国家、区域或地方性捐税。领馆在接受国境内执行职务所收的规费和手续费免纳一切捐税。领事官员和领馆雇员以及与其构成同一户口的家属免纳一切对人或对物征收的国家、区域或地方性捐税，但间接税、私有不动产的捐税、遗产税、特定服务费等不在免纳范围内。

领馆公务用品准许入境并免纳关税和除贮存、运送及类似的服务费用以外的一切其他征收。领事官员及与其构成同一户口的家属的私人用品，包括供其初到任定居用的物品在内，免除一切关税和除贮存、运送及类似的服务费用以外的一切其他捐税。

领馆雇员就其初到任时运入的物品，享受免纳关税待遇。

领事官员及与其构成同一户口的家属所携带的私人行李免受查验。但是，《维也纳领事关系公约》规定的范围外的物品，或者接受国法律禁止进、出口的物品，应在当面查验。

(5) 通信自由

领馆的通信自由包括领馆与派遣国政府间的通信自由、领馆的来往公文不得侵犯、领馆邮袋不得予以开拆或扣留等三项内容。

(6) 与派遣国国民通信及联络

领事官员可以自由与派遣国国民通信和会见。在领馆辖区内，如有派遣国国民受逮捕、监禁、羁押候审或其他方式的拘禁，经本人请求，接受国主管当局应迅即通知派遣国领馆，其致领馆的信件应迅速递交。领事官员有权探访受监禁、羁押或拘禁的派遣国国民，与之交谈或通信，并代其安排法律代表。

(7) 其他特权

除上述特权与豁免之外，领事官员还享有行动自由，以及免除各种社会保险办法、个人劳务、公共服务等税费的特权。例如，除接受国为国家安全设定禁止或限制进入区域所订的法律规章另有规定外，接受国应确保所有领馆人员在其境内行动及旅行自由；接受国应准领馆人员及与其构成同一户口的家属免除一切个人劳务和所有各种公共服务，并免除类如有关征用、军事捐献及屯宿等军事义务。

3. 领事特权与豁免的开始和终止

领馆人员自进入接受国国境前往就任时起享有上述特权与豁免，其已在该国境内的，自其就任领馆职务时起开始享有。

领馆人员的职务如已终止，其本人的特权与豁免以及与其构成同一户口的家属或私人服务人员的特权与豁免通常应于该人员离开接受国国境或其离境的合理期间终了时停止，以在先的时间为准。

4. 第三国的义务

遇到领事官员前往就任或返任或返回派遣国，途经第三国国境或在该国境内，而该国已发给签证时，第三国应给予《维也纳领事关系公约》所规定的为确保其过境或返回所必需的一切豁免。第三国不应阻碍其他领馆人员或与其构成同一户口的家属经过该国国境。第三国对于过境的来往公文及其他公务通信，包括明密码电信在内，应比照接受国依《维也纳领事关系公约》所负的义务，给予同样的自由及保护。第三国遇有已领其所应领签证的领馆信使及领馆邮袋过境时，应比照接受国依《维也纳领事关系公约》所负的义务，给予同样的不得侵犯权及保护。

5. 领馆和享有领事特权与豁免人员的义务

领馆和享有领事特权与豁免人员负有如下义务：(1) 尊重接受国法律规章，不干涉该国内政；(2) 领馆馆舍不得充作任何与执行领事职务不相符合的用途；(3) 领馆人员对于接受国法律规章就使用车船、航空器对第三者可能发生的损害所规定的任何保险办法，应遵守；(4) 职业领事官员不应在接受国内为私人利益从事任何专业或商业活动。因此，下列人员不应享受领事特权与豁免：在接受国内从事私人有偿职业的领馆雇员或服务人员，以及其家属或其私人服务人员；领馆人员家属本人在接受国内从事私人有偿职业者。

四、联合国的特权和豁免制度

类似题

（1）联合国的特权与豁免的开始和终止

（2）联合国的特权与豁免的内容

1. 联合国的特权和豁免制度的法律渊源

联合国的特权和豁免制度的主要法律渊源为《联合国宪章》、1946 年《联合国外交特权及豁免公约》、1947 年《联合国各专门机构特权及豁免公约》，以及联合国或专门机构同其所在国缔结的协定，如 1947 年《联合国和美国关于联合国总部的协定》、1954 年联合国教育、科学及文化组织与法国之间的协定等。

《联合国宪章》第一百零五条规定，联合国在每一会员国领土内应享有为达成其宗旨所必需的特权与豁免；联合国会员国的代表和联合国的官员应享有为独立执行关于联合国的职务所必需的特权与豁免。

2. 联合国的特权与豁免的内容

（1）财产不受侵犯

根据《联合国外交特权及豁免公约》，财产不受侵犯包括以下内容。联合国的财产及资产，不论其位置在何处，亦不论其由何人持有，对于各种方式的法律程序应享有豁免。但是，联合国明示抛弃其豁免时，不在此限。联合国的房舍不可侵犯，应豁免搜查、征用、没收、征收和任何其他方式的干扰，不论是由于执行行为、行政行为、司法行为或立法行为。联合国的档案及属于联合国或联合国所持有的一切文件不论其置于何处，均不可侵犯。联合国持有、转移款项、黄金或任何货币不受任何财政管制以及财政条例和债务特约的限制。

（2）捐税和关税的减免

根据《联合国外交特权及豁免公约》，捐税和关税的减免包括：联合国的资产、收入及其他财产，应免除一切直接税；联合国用于公务而运入和运出的物品，应免除关税及进、出口的禁止或限制；联合国的出版物，应免除关税及进、出口的禁止和限制；虽联合国在原则上不要求免除构成应付价格一部分的消费税以及对出售动产和不动产课征的税，但如果联合国为公务用途购置大宗货物，已课征或须课征这类税时，那么各会员国应于可能范围内做适当的行政安排，免除或退还该项税款。

（3）通信的便利

根据《联合国外交特权及豁免公约》，联合国在每个会员国领土内的公务通信在邮件、海底电报、无线电报、传真电报、电话和其他通信方式的优先权、收费率和捐税方面，以及供给报界和无线电广播业消息的新闻电报的收费率方面，所享有的待遇应不次于该会员国政府给予任何他国政府及其他使馆的待遇。对于联合国的公务信件和其他公务通信，不得进行检查。

联合国应有使用电码及经由信使或邮袋收发其信件的权利，这种信使和邮袋应与外交信使和外交邮袋享有同样的特权与豁免。

3. 联合国会员国代表的特权与豁免

联合国会员国代表是指包括各代表团全体代表、副代表、顾问、技术专家及秘书在内的各会员国外交人员。出席联合国各主要和辅助机关以及联合国所召开会议的各会员国代表在执行职务期间和往返开会处所的旅程中享有特权与豁免。但是，该特权与豁免不得在代表与其国籍国或者现任或曾任其代表的国家的当局间适用；特权与豁免并非为联合国会员国代表个人本身的私人利益而给予，而是为保障其能独立执行有关职务而给予。

联合国会员国代表所享有的特权与豁免如下。(1) 人身不受侵犯。其人身不受逮捕或拘禁，其以代表资格发表的口头或书面的言论及其所实施的一切行为豁免各种法律程序。(2) 财产不受侵犯。其私人行李不受扣押，其一切文书和文件均不可侵犯。(3) 通信的便利。其有使用电码及经由信使或用密封邮袋收发文书或信件的权利。(4) 通关的便利。其私人行李享有与外交使节同样的豁免和便利。(5) 其他特权与豁免。在为执行职务而访问或经过的国家，其本人及配偶免除移民限制、外侨登记或国民服役的义务；关于货币或外汇的限制，其享有给予担负临时公务使命的外国政府代表的同样便利。

4. 联合国职员的特权与豁免

联合国职员所享有的特权与豁免包括：对于为执行公务而发表的言论和所做的行为，享有法律程序的豁免；由联合国或专门机构付给的薪金和津贴免纳捐税；免除公共服务的义务；本人及家属免受移民限制和免于外侨登记；享有外汇方面的便利；初到任时可免纳关税运入家具和个人用品，个人行李一般免受查验；等等。

联合国秘书长认为任何职员的豁免足以妨碍司法的执行，且抛弃豁免并不损害联合国的利益时，有权利和责任抛弃该项豁免。联合国安全理事会有权为秘书长抛弃豁免。

5. 执行联合国使命的专家的特权与豁免

执行联合国使命的专家在执行使命期间，包括为执行使命而做的旅行期间，享有为独立执行职务所必需的特权与豁免，包括免受人身逮捕或拘禁，私人行李免受扣押，就执行使命过程中发表的言论和所做的任何行为享有一切法律程序的豁免，一切文书和文件不可侵犯，为同联合国通信而使用电码、信使或邮袋，在货币或外汇限制方面的某种便利，以及私人行李免受查验。为联合国的利益而给予的特权与豁免，联合国秘书长有权利和责任抛弃该项豁免。

五、预防和惩处侵害应受国际保护人员制度

类似题

(1) 侵害应受国际保护人员的惩处制度

(2) 侵害应受国际保护人员的罪行及其惩处

1. 应受国际保护人员的范围

为了维护一国外交人员的安全，以及一国派往国际组织的代表或国际组织官员的安全，

维护国家间的正常关系和合作，联合国于1973年制定了《关于防止和惩处侵害应受国际保护人员包括外交代表的罪行的公约》，系统规定了预防、禁止和惩处应受国际保护人员罪行的国际法律制度。

《关于防止和惩处侵害应受国际保护人员包括外交代表的罪行的公约》规定，应受国际保护人员包括：(1) 一国元首，包括依相关国家宪法行使国家元首职责的一个集体机构的任何成员或政府首长或外交部长，当其在外国境内时，以及其随行家属；(2) 在侵害其本人或其办公用馆舍、私人寓所或交通工具的罪行发生的时间或地点，按照国际法应受特别保护，以免其人身、自由或尊严受到任何攻击的一国的任何代表或官员或政府间性质的国际组织的任何官员或其他代理人，以及与其构成同一户口的家属。

2. 侵害应受国际保护人员的罪行及其特征

根据《关于防止和惩处侵害应受国际保护人员包括外交代表的罪行的公约》，每一缔约国应将下列罪行定为其国内法上的罪行，即故意：(1) 对应受国际保护人员进行谋杀、绑架或其他侵害其人身或自由的行为；(2) 对应受国际保护人员的公用馆舍、私人寓所或交通工具进行暴力攻击，因而可能危及其人身或自由；(3) 威胁进行任何这类攻击；(4) 进行任何这类攻击未遂；(5) 参与任何这类攻击为从犯。

侵害应受国际保护人员的罪行具有如下特征。(1) 犯罪主体为人。“嫌疑犯”是指有充分证据可以初步断定为犯有或参与上述一项或数项罪行的人，故而排除了国家、其他组织或实体侵害应受国际保护人员的罪行问题。(2) 犯罪主观故意。罪行是“故意”的行为，从而排除了尽管客观上造成了应受国际保护人员的人身或自由受侵害的事实后果，但主观上不具有侵害故意，并不知晓侵害对象是应受国际保护人员的侵害行为。(3) 犯罪对象是应受国际保护人员的人身或自由。犯罪内容包括对应受国际保护人员进行谋杀、绑架或其他侵害其人身或自由的行为，对应受国际保护人员的公用馆舍、私人寓所或交通工具进行暴力攻击而可能危及其人身或自由的行为，以及威胁进行任何这类攻击的行为、攻击未遂的行为、参与攻击的行为。(4) 属国内法应予以惩罚的严重罪行。缔约国应按照罪行的严重性处以适当的惩罚，从而将此类罪行定性为严重国际犯罪。

3. 国家对侵害应受国际保护人员罪行的管辖权

《关于防止和惩处侵害应受国际保护人员包括外交代表的罪行的公约》规定了缔约国对侵害应受国际保护人员罪行的管辖权制度。每一缔约国应采取必要措施，以确定其在下列情况下对公约所列举的罪行的管辖权：(1) 所犯罪行发生在本国领土之内或在本国登记的船只或飞机上时；(2) 嫌疑犯是本国国民时；(3) 所犯罪行为因代表本国执行职务而享有应受国际保护地位的人员所犯时。每一缔约国应同样采取必要措施，于嫌疑犯在本国领土内而本国不依公约规定将该犯引渡至公约所指明的国家时，对罪行确定其管辖权。同时，公约并不排除依照国内法行使的刑事管辖权。

4. “或起诉或引渡”原则

《关于防止和惩处侵害应受国际保护人员包括外交代表的罪行的公约》规定，嫌疑犯所在地的缔约国确信情况有此需要时，应采取其国内法所规定的适当措施保证嫌疑犯留在其领土内，以便进行起诉或引渡。缔约国于嫌疑犯在其领土内时，如不予以引渡，则应毫无例外，并不得不当稽延，将案件交付主管当局，以便依照本国法律规定的程序提起刑事诉讼。

5. 国际合作措施

为了切实达到预防和惩处侵害应受国际保护人员罪行的目的,《关于防止和惩处侵害应受国际保护人员包括外交代表的罪行的公约》要求缔约国采取适当措施和有效措施,加强国际合作。

在预防方面,《关于防止和惩处侵害应受国际保护人员包括外交代表的罪行的公约》要求各缔约国应特别以下列方式进行合作,以防止侵害应受国际保护人员的罪行:(1) 采取一切切实可行的措施,以防止在各缔约国领土内策划在其领土以内或以外实施这些罪行;(2) 交换情报,并协调为防止罪行发生而采取的适当行政或其他措施。

在惩处方面,《关于防止和惩处侵害应受国际保护人员包括外交代表的罪行的公约》规定,各缔约国应就为公约所列举的罪行提起的刑事诉讼彼此提供最大限度的协助,包括供给缔约国所有而为诉讼所必需的一切证据。此外,境内发生公约所列举的任何罪行的缔约国如有理由相信嫌疑犯已逃离其领土,应将有关所发生罪行的一切事实及可以获得的一切关于嫌疑犯身份的情报,直接或经由联合国秘书长送达所有其他有关国家。遇有对应受国际保护人员发生公约所列举的任何罪行时,拥有关于受害人和犯罪情况的情报的任何缔约国应设法按照其国内法所规定的条件,充分和迅速地将此种情报递送该受害人代表执行职务的缔约国。在各缔约国之间的任何现行引渡条约未将公约所列举的罪行列为应该引渡的罪行的范围内,这些罪行应视为属于应该引渡的罪行。缔约国承诺将来彼此间所订的每一引渡条约中都将这些罪行列为应该引渡的罪行。为便于各缔约国之间进行引渡起见,每一罪行应视为不但发生于实际犯罪地点,而且发生于依照公约规定必须确定其管辖权的国家的领土内。

第十章　国际环境法

一、国际环境法的基本原则

类似题

(1) 国际环境法的法律原则

(2) 国际环境法的原则及内容

1. 国家资源开发主权权利和不损害国外环境责任原则

国家资源开发主权权利和不损害国外环境责任原则不仅在 1972 年《人类环境宣言》和 1992 年《里约宣言》中得到宣示，而且在 1971 年《关于特别是作为水禽栖息地的国际重要湿地公约》(简称《湿地公约》，又称《拉姆萨公约》)、1989 年《控制危险废物越境转移及其处置巴塞尔公约》(简称《巴塞尔公约》)、1992 年《联合国气候变化框架公约》、1992 年《生物多样性公约》等诸多国际公约，以及 1974 年“核试验案”、1996 年“关于威胁或使用核武器的合法性的咨询意见”等国际司法实践中得以确认。例如，《人类环境宣言》原则二十一规定，按照《联合国宪章》和国际法原则，各国有按照本国的环境政策开发自己资源的主权权利，同时也有责任保证在他们管辖或控制之内的活动，不致损害其他国家的环境或在国家管辖范围以外地区的环境。该原则有两种含义，即各国拥有开发本国自然资源的主权权利，以及各国负有确保在其管辖范围内或在其控制下的活动不致损害其他国家或在各国管辖范围以外地区的环境的义务。

2. 国际合作原则

国际合作原则是国际环境法的基石，因为国际合作是国际环境立法和国际环境法实施的必要条件。全方位、全因子、整体问题和局部问题相互交叉与相互促进等国际环境问题的特点决定了在立法上，各国须克服利益冲突、协调意志、互相合作，才能达成国际环境法的原则，才能有效实施国际环境法。《人类环境宣言》原则二十四、《里约宣言》原则二十七等都确认各国在国际环境保护方面的国际合作义务。此外，国际合作原则表现为国际环境法中的一些具体制度和措施，如信息共享、决策参与、环境评估、环境标准的越境强制执行等技术性措施。例如，1982 年《联合国海洋法公约》第六十一条、第一百四十三条、第二百条和第二百四十四条要求缔约国交流有关渔业资源保护、海洋环境污染方面的情报和数据；1989 年《巴塞尔公约》要求缔约国为控制危险废物的越境转移，在情报和资料交换、监测、无害技术等方面进行合作；1991 年《跨界环境影响评价公约》(又称《埃斯波公约》)要求缔约国进行合作，对有跨界环境影响的环境影响进行评价。

3. 可持续发展原则

自 1987 年布伦特兰撰写的报告《我们共同的未来》中首次提出可持续发展的概念以来，

可持续发展及其四个核心要素作为一项原则获得了国际公约、国际组织决议以及国际司法实践的承认和支持。例如，1992 年《生物多样性公约》在序言中重申“各国有责任保护它自己的生物多样性并以可持久的方式使用它自己的生物资源”，其中“持久使用”被界定为“使用生物多样性组成部分的方式和速度不会导致生物多样性的长期衰落，从而保持其满足今世后代的需要和期望的潜力”；1992 年《联合国气候变化框架公约》规定“各缔约方有权并且应当促进可持续的发展”；1997 年，在匈牙利诉斯洛伐克的“盖巴斯科夫-纳吉玛洛水利枢纽工程案”中，国际法院在提到人类因经济和其他原因干涉自然而当代和后代所面临的风险时，回顾了过去二十年国际社会制定的规范和标准，认为在可持续发展的概念中有必要使经济发展和保护环境一致，即保证整体性；1998 年，在“海虾和海龟案”中，WTO 上诉机构在裁决注释中指出“WTO 协定序言中的‘可持续发展目标’为已被普遍接受为整合经济和社会发展和环境保护的概念”。

根据《我们共同的未来》，可持续发展是指“既满足当代人的需要，又不对后代人满足其需要的能力构成危害的发展”，包含代际公平、代内公平、可持续利用、环境与发展一体化等四个核心要素。其中，代际公平是布伦特兰报告的重点，是可持续发展的核心本质，确定了各世代人负有留给后代人生存和发展所必要的环境和自然资源，且至少要保持其所继承的环境和自然资源水平的义务。代内公平作为可持续发展的重要因素之一，是指在利用自然资源时应考虑其他国家的需要，是针对代内的所有人，不论其国籍、种族、性别以及经济发展水平和文化等方面的差异，对于利用自然资源和享受清洁、良好的环境享有平等的权利。可持续利用是指以可持续的方式利用自然资源，对于可再生资源，则在保持它的最佳再生能力的前提下进行利用，对于不可再生资源，则进行保存和不以使其耗尽的方式进行利用。环境与发展一体化是指将保护环境与经济和其他方面的发展有机地结合起来，不仅要求在制定经济和其他发展计划时切实考虑保护环境的需要，而且要求在追求保护环境目标时充分考虑发展的需要。

4. 预防原则

根据《里约宣言》原则十五，预防原则是指“任何可能影响环境的决策和行动都应在其最初阶段充分考虑到有关的环境要求，遇有严重或不可逆转损害的威胁时，不得以缺乏科学充分确定证据为理由，延迟采取符合成本效益的措施防止环境恶化”。

预防原则作为国际环境法的重要原则得到很多国际环境公约的确认。例如，1982 年《联合国海洋法公约》第一百九十四条第一款中规定，“各国应在适当情形下个别或联合地采取一切符合本公约的必要措施，防止、减少和控制任何来源的海洋环境污染”；1985 年《保护臭氧层维也纳公约》第二条第二款中规定，“采取适当的立法和行政措施。从事合作，协调适当的政策以便在发现其管辖或控制范围内的某些人类活动已经或可能由于改变或可能改变臭氧层而造成不利影响时，对这些活动加以控制、限制、削减或禁止”。

5. 共同但有区别的责任原则

共同但有区别的责任原则指的是由于地球生态系统的整体性和导致全球环境退化的各种不同因素，各国对保护全球环境负有共同的但是又有区别的责任。其中，共同责任是指各国对保护全球环境的责任和义务是共同的；有区别的责任是指在发达国家和发展中国家之间的共同责任是有区别的。有区别的责任是对共同责任的具体化和对共同责任的再分配。

共同但有区别的责任原则初步确立于 1992 年《里约宣言》，其原则七指出“各国应当本着全球伙伴精神，为保存、保护和恢复地球生态系统的健康和完整进行合作。鉴于导致全球环境退化的各种不同因素，各国负有共同的但是又有区别的责任”。此外，1987 年《关于消耗臭氧层物质的蒙特利尔议定书》、1992 年《联合国气候变化框架公约》及 1997 年《联合国气候变化框架公约京都议定书》都规定了共同但有区别的责任原则。

二、海洋环境的保护制度

类似题

（1）海洋污染的防治制度
（2）海洋环境保护条约体系

1. 海洋环境保护相关法律规范

1982 年《联合国海洋法公约》确定了有关海洋环境保护的一般原则和主要规则，但适用于不同类型的污染和不同海域的具体规则和标准，则由大量的多边国际公约予以规定，如 1972 年《防止倾倒废物及其他物质污染海洋的公约》及其 1996 年议定书、1973 年《国际防止船舶造成污染公约》及其 1978 年议定书、1969 年《国际干预公海油污事故公约》、1973 年《干预公海非油类物质污染议定书》、1989 年《国际救助公约》、1990 年《国际油污防备、反应和合作公约》、1992 年《保护东北大西洋海洋环境公约》等。另外，还有一些区域性条约，如 1992 年《保护波罗的海区域海洋环境公约》。

2. 陆地来源污染的防治

关于控制陆地来源污染的条约、议定书和其他文件主要有 1982 年《联合国海洋法公约》、1974 年区域性公约《防止陆源物质污染海洋公约》及取而代之的 1992 年《保护东北大西洋海洋环境公约》、1976 年《保护地中海免受污染公约》及其 1980 年《保护地中海免受陆源污染议定书》、1981 年《保护东南太平洋海洋环境和沿海地区公约》及其 1983 年《保护东南太平洋免受陆源污染议定书》、1978 年《保护海洋环境免受污染区域合作公约》及其 1990 年《保护海洋环境免受陆地污染源污染的议定书》等。此外，还有 1985 年联合国环境规划署制定的《保护海洋环境免受陆源污染的蒙特利尔准则》，但此文件不具有法律约束力，只具有一定的指导作用。

其中，1982 年《联合国海洋法公约》未对陆地来源污染的控制做出直接规定，而要求各国制定法律和规章，以防止、减少和控制陆地来源的海洋污染，同时考虑到国际社会制定的规则、标准和建议的方法及程序，要求各国实施这些国内法律、规章和国际规则、标准等。

相比之下，1992 年《保护东北大西洋海洋环境公约》不仅明确了陆源的定义，而且规定了缔约国的强制性义务。该公约第一条第五款规定，陆源是陆上点源、散源或海岸，包括通过隧道、管道或其他同陆地相连的海底设施和通过位于缔约国管辖权之下的海洋区域的人造结构故意处置污染物质的源。公约要求缔约国控制陆源污染的计划和措施对点源要求应用最佳可得技术，对点源和散源要求应用最佳环境惯例。对有些污染物质，如重金属、有机卤素化合物、磷和硅的有机化合物、生物杀虫剂、油类、氮磷化合物、放射性物质的废物和不易降解的合成物质等，应用最佳可得技术或最佳环境惯例是强制性的。此外，公约规定所有的污染物质的排放必须事先得到许可。

3. 海底活动造成污染的防治

《联合国海洋法公约》第二百零八条、第一百四十五条和第二百零九条分别规定了对国家管辖的海底活动和国际海底区域内的活动所造成的污染应采取的措施。对于国家管辖的海底活动，公约第二百零八条规定，沿海国应当制定法律和规章，以防止、减少和控制来自受其管辖的海底活动或与此种活动有关的对海洋环境的污染，以及来自其管辖下的人工岛屿、设施和结构对海洋环境的污染。此外，各国还应通过主管国际组织或外交会议采取行动，制订全球性和区域性规则、标准和建议的办法及程序，以防止、减少和控制此类海洋环境污染。对于国际海底区域内的活动，公约第一百四十五条规定，应按照本公约对"区域"内活动采取必要措施，以确保切实保护海洋环境，不受该活动可能产生的有害影响。为此目的，国际海底管理局应制定适当的规则、规章和程序，以便除其他外：(1) 防止、减少和控制对包括海岸在内的海洋环境的污染和其他危害，并防止干扰海洋环境的生态平衡，特别注意使其不受诸如钻探、挖泥、挖凿、废物处置等活动，以及建造和操作或维修与这种活动有关的设施、管道和其他装置所产生的有害影响；(2) 保护和养护"区域"的自然资源，并防止对海洋环境中动植物的损害。同时，公约第二百零九条第二款规定，各国应制定法律和规章，以防止、减少和控制由悬挂其旗帜或在其国内登记或在其权力下经营的船只、设施、结构和其他装置所进行的"区域"内活动造成对海洋环境的污染。这种法律和规章的要求的效力应不低于国际海底管理局所制定的国际规则、规章和程序。

4. 海洋倾倒造成污染的防治

《联合国海洋法公约》第二百一十条对倾倒规定了原则性条款，即要求：(1) 各国应制定法律和规章，以防止、减少和控制倾倒对海洋环境的污染；(2) 各国应采取其他可能必要的措施，以防止、减少和控制此类污染；(3) 各国法律、规章和措施应确保非经各国主管当局准许，不进行倾倒；(4) 各国特别应通过主管国际组织或外交会议采取行动，尽力制定全球性和区域性规则、标准和建议的办法及程序，以防止、减少和控制此类污染，这种规则、标准和建议的办法及程序应根据需要随时重新审查；(5) 非经沿海国事前明示核准，不应在领海和专属经济区内或在大陆架上进行倾倒，沿海国经与由于地理处理可能受倾倒不利影响的其他国家适当审议此事后，有权准许、规定和控制这种倾倒；(6) 国内法律、规章和措施在防止、减少和控制此类污染方面的效力应不低于全球性规则和标准。

相比之下，1972 年《防止倾倒废物及其他物质污染海洋的公约》则规定得比较详细。公约第三条规定，倾倒是指任何从船舶、航空器、平台或其他海上人工构筑物上有意地在海上倾弃废物或其他物质的行为，以及任何有意地在海上弃置船舶、航空器、平台或其他海上人工构筑物的行为，但不包括对船舶、航空器、平台或其他海上人工构筑物及其设备的正常操作所产生的废物的处置，以及并非为了单纯处置物质而放置物质。公约第四条第一款将废物分为三类，即禁止倾倒的废物或其他物质、应事先获得特别许可证才可以倾倒的废物或其他物质，以及事先获得一般许可证即可以倾倒的一切其他废物或物质。公约第七条规定，每一缔约国应将为实施本公约所必要的措施应用于：(1) 在其领土上登记或悬挂其国旗的所有船舶和航空器；(2) 在其领土上或领海内装载行将倾倒的物质的所有船舶和航空器；(3) 在其管辖下的被认为是从事倾倒活动的所有船舶和航空器，以及固定或浮动平台。每一缔约国应在其领土上采取适当的措施，以防止和处罚违反本公约规定的行为。各缔约国同意合作，以制定有效的适用本公约的程序，特别是适用于公海上的程序，其中包括报告所发现的违反本公约的规定进行倾倒活动的船舶和航空器的程序。

5. 来自船舶污染的防治

来自船舶的污染，包括船舶本身排放的污染和因船舶发生海上事故而引发的船载石油或其他有毒有害物质泄漏所引起的海洋污染两种情况。

(1) 控制船舶污染

在控制船舶污染方面，主要有 1982 年《联合国海洋法公约》和 1973 年《国际防止船舶造成污染公约》及其 1978 年议定书。

其中，《联合国海洋法公约》规定了防止船舶引起海洋污染的基本法律框架，如公约第二百一十一条规定，“各国应制定法律和规章，以防止、减少和控制悬挂其旗帜或在其国内登记的船只对海洋环境的污染。这种法律和规章至少应具有与通过主管国际组织或一般外交会议制定的一般接受的国际规则和标准相同的效力”。

相比之下，1973 年《国际防止船舶造成污染公约》及其 1978 年议定书则规定得更加详细。该公约及其议定书的目的是“彻底消除有意排放油类和其他有害物质而污染海洋环境，并将这些物质的意外排放减至最低限度”。公约第三条第一款规定，公约及其议定书适用于“有权悬挂一缔约国国旗的船舶”和“无权悬挂一缔约国的国旗但在一缔约国的管辖下进行营运的船舶”，不适用于“任何军舰、海军辅助船舶或其他国有或国营并暂时只用于政府非商业性服务的船舶”。

此外，《国际防止船舶造成污染公约》对违章排放有害物质的船舶有执行权，其第四条规定如下。① 任何违反本公约要求的事件，不论其发生在何处，根据有关船舶主管机关的法律，应予禁止，并有相应的制裁措施。如果该主管机关获悉是项违章事件，并确信有充分的证据对被声称的违章事件提出诉讼，则应按照其法律使这种诉讼尽速进行。② 在任一缔约国管辖区域以内的任何违反本公约要求的事件，根据该缔约国的法律，应予禁止，并有相应的制裁措施……该缔约国应：使有关部门按其法律提出诉讼；将其可能掌握的关于已发生违章事件的情况和证据，提交该船的主管机关。公约第五条和第六条还规定了港口国、缔约国对停靠该港或近海装卸站的船舶的检查权，包括检查船舶的证书和检查船舶是否违章排放有害物质。公约要求缔约国向国际海事组织尽快报告船舶向海洋排放或可能排放有害物质的事件。国际海事组织在收到报告后应尽快通知有关方面，如船旗国和可能受影响的国家。

(2) 预防和控制海洋污染事故

国际社会针对海洋污染事故的预防和控制方面签订的国际条约有 1969 年《国际干预公海油污事故公约》、1973 年《干预公海非油类物质污染议定书》、1989 年《国际救助公约》、1990 年《国际油污防备、反应和合作公约》，以及若干关于海洋污染事故的区域性公约和议定书。

其中，1969 年《国际干预公海油污事故公约》对缔约国在公海上发生油污事故采取措施的条件做出比较详细的规定。公约第一条规定，缔约国可以在公海上采取必要措施，以防止、减轻或消除由于海上事故或同事故有关的行动所产生的海上油污或油污威胁对它们的海岸线或有关利益的严重和紧迫的危险。公约第三条规定，沿岸国在采取上述措施之前，应同受海上事故影响的其他国家，特别是船旗国进行协商，并将拟采取的措施通知其所知道的将会受该措施影响的自然人或法人，同时考虑他们提出的意见。公约第五条和第六条规定，沿岸国所采取的干涉措施应同实际损害或有损害危险的情况相适应，否则缔约国有义务对超过为达到防止、减轻或消除海上油污或油污威胁而采取的合理必要措施所造成的损害以外的损害给予赔偿。

三、大气环境的保护制度

类似题

(1) 大气污染的防治制度
(2) 大气环境保护条约体系

1. 大气污染的防治

1968 年 2 月 8 日，欧洲理事会部长委员会通过《控制大气污染原则宣言》提出了预防原则等一系列原则。1972 年《人类环境宣言》尽管没有对大气污染做专门的规定，但在其他污染形式中提到过大气污染。

关于大气污染防治的重要国际法律文件有 1979 年《远距离跨界大气污染公约》和 1985 年《保护臭氧层维也纳公约》及其议定书。

2.《远距离跨界大气污染公约》

1979 年《远距离跨界大气污染公约》是国际大气环境保护方面的一部框架性公约，其目的在于保护人类及其环境不受来自大气的污染，限制并尽可能减少和防止大气污染以及远距离越境污染。远距离跨界大气污染是指其物质来源全部或部分处于一国管辖范围内的区域，而对另一国管辖范围内的区域具有损害影响的大气污染。公约第二条至第五条规定了四项基本原则：缔约国决心保护人类及其环境免受大气污染的危害，并努力限制和最大限度地逐步减少和防止大气污染；缔约国必须通过信息交流、磋商、研究和监测尽快制定控制大气污染物排放的政策和战略；缔约国必须交流并审查其有关控制大气污染物排放的政策、科学活动和技术措施；受远距离跨界大气污染影响的缔约国与远距离跨界大气污染的起源地缔约国必须应要求及早进行磋商。

因为该公约只规定了基本的原则和制度，未对大气污染的防治规定进行实质性规范，所以对公约的实施不利。在该公约的基础上，各国分别签署了《关于至少削减硫排放或其跨界流动 30%的议定书》(1985 年)、《关于削减氮氧化物排放的议定书》(1988 年)等 8 项议定书，对公约框架内的一些具体问题作出了规定。比如，《关于至少削减硫排放或其跨界流动 30%的议定书》要求缔约国以 1980 年的排放水平为基线，将其全国年度硫排放或其跨界流动至少减少 30%。

3.《保护臭氧层维也纳公约》及其议定书

1985 年《保护臭氧层维也纳公约》也是一部框架性公约，其目的在于保护人类的健康和环境，使其免受改变或可能改变臭氧层的人类活动所造成或可能造成的有害影响。公约奠定了缔约国之间系统合作的基础，标志着保护臭氧层国际统一行动的开始，但公约未对损耗臭氧层物质的限制和停止使用规定具体的目标和时间表。

为此，根据公约第八条设立的缔约方大会于 1987 年在蒙特利尔通过了《关于消耗臭氧层物质的蒙特利尔议定书》，确定了各国限制生产和消耗各种不同类型的消耗臭氧层物质等核心准则，以及阶段性削减计划，即以 1986 年各缔约国的实际使用量为基础，逐步降低受控物质的使用量。

四、气候的保护制度

类似题

(1) 气候变化的应对制度

(2) 气候变化框架公约体系

1. 气候变化框架公约体系的形成

国际社会首次关注气候变化问题是在 1979 年召开的第一届世界气候大会上，大会号召各国政府预见和防止可能对人类福利不利的潜在的人为气候变化。1985 年 10 月，由联合国环境规划署、世界气象组织和国际科学联盟理事会发起的科学大会呼吁进一步研究气候变化的原因和影响。1988 年 12 月，联合国大会通过了《为人类今世后代保护全球气候》的决议，呼吁各国和国际组织合作努力以防止对气候和生态平衡的不利影响，并批准了联合国环境规划署和世界气象组织共同成立的政府间气候变化专门委员会(Intergovernmental Panel on Climate Change, IPCC)。1989 年 3 月，20 个国家在海牙签署了《关于大气的海牙宣言》，指出由于大气污染的问题波及全球，只有全球性的努力才能解决这一问题，国际社会应承担维护生态系统和为今世后代保全大气质量的义务。1990 年 8 月，IPCC 通过了其第一次气候变化评估报告，同年 10 月召开的第二届世界气候大会接受了该报告，从而为 1992 年《联合国气候变化框架公约》提供了重要的科学依据。1990 年 12 月，联合国大会第 45 届会议以第 45/212 号决议决定成立关于气候变化框架公约的政府间谈判委员会。经过 4 次谈判，终于于 1992 年 5 月 9 日就公约文本达成最后协议。《联合国气候变化框架公约》于 1992 年 6 月在联合国环境与发展会议上开放签署，于 1994 年 3 月 21 日正式生效。自公约于 1994 年生效以来，为了履行公约的义务，缔约方定期召开缔约方大会，其中 1997 年 12 月 1—11 日在日本京都举行的第三次缔约方大会通过了具有里程碑意义的《联合国气候变化框架公约京都议定书》，使得公约的履行又向前迈出了极其重要的一步。2015 年 12 月 12 日于巴黎举行的第 21 届联合国气候变化大会通过了《巴黎协定》，为全球气候工作开辟了新的道路。《巴黎协定》于 2016 年 4 月 22 日开放签署，于同年 11 月 4 日正式生效。

2.《联合国气候变化框架公约》的主要内容

《联合国气候变化框架公约》是人类历史上第一个为全面控制导致全球气候变暖的二氧化碳等温室气体排放，应对全球气候变暖给人类经济和社会带来不利影响的国际公约。

《联合国气候变化框架公约》的目标是根据公约的有关规定，将大气中温室气体的浓度稳定在防止人为危险干扰气候系统的水平上。缔约国有义务为今世后代的利益，在公平的基础上，根据共同但有区别的责任保护气候系统，对发展中国家的特殊需要和特殊情况应予以充分考虑。缔约国应采取预防措施，预见、防止或减少气候变化的原因并缓解其不利影响。

《联合国气候变化框架公约》的框架性确立了关于控制温室气体排放，将大气中温室气体的浓度稳定在防止气候系统受到危险的人为干扰的水平上的原则。此外，该公约为发展中国家和发达国家规定了有关控制温室气体排放的不同义务。

3.《联合国气候变化框架公约京都议定书》的主要内容

《联合国气候变化框架公约京都议定书》规定，到2010年所有发达国家排放的二氧化碳等6种温室气体的数量要比1990年减少5.2%，发展中国家没有减排义务。

《联合国气候变化框架公约京都议定书》规定了四种允许的减排方式：(1) 两个发达国家之间可以进行排放额度买卖的“排放权交易”，即难以完成削减任务的国家可以花钱从超额完成任务的国家买进超出的额度；(2) 以“净排放量”计算温室气体排放量，即从本国实际排放量中扣除森林所吸收的二氧化碳的数量；(3) 可以采用绿色开发机制，促使发达国家和发展中国家共同减排温室气体；(4) 可以采用“集团方式”，即欧盟内部的许多国家可被视为一个整体，采取有的国家削减、有的国家增加的方法，在总体上完成减排任务。

《联合国气候变化框架公约京都议定书》具有如下重要意义：(1) 没有为发展中国家规定减排义务；(2) 是人类历史上第一个专为发达国家规定温室气体减排义务的具有法律约束力的文件；(3) 以量化的指标和具体的达标时间表落实了发达国家在国际环境事务中的“有区别”的责任。同时，《联合国气候变化框架公约京都议定书》也存在如下不足：(1) 减排目标较低，议定书规定的减排总目标与1996年第二次缔约方大会通过的《日内瓦部长宣言》所指出的削减50%的目标有很大的差距；(2) 核算和核查减排数量存在不确定因素，例如，如何计算森林的作用、如何避免灵活机制应用中的虚假和不同温室气体之间的“全球增温潜势”如何准确转换等皆需要进一步的规定。

4.《巴黎协定》的主要内容

《巴黎协定》是继《联合国气候变化框架公约》《联合国气候变化框架公约京都议定书》之后，人类历史上应对气候变化的第三个里程碑式的国际法律文本，形成了2020年后的全球气候治理格局。

《巴黎协定》的主要目标是将21世纪全球平均气温的上升幅度保持在比工业化前水平高2℃以下的水平，并努力将气温上升幅度进一步限制在1.5℃以内，以加强全球对气候变化威胁的反应。此外，该协定旨在增强各国应对气候变化影响的能力，并使资金流动与低温室气体排放和气候适应性发展的途径保持一致。

《巴黎协定》确立了关于提高适应能力、加强复原力和减少对气候变化的脆弱性的全球适应目标，以促进可持续发展，并确保气温目标方面采取充分的适应对策。适应是所有各方面临的全球挑战，是为保护人民、生计和生态系统而采取的气候变化长期全球应对措施的关键组成部分和促进因素。适应行动应当遵循国家驱动，将适应纳入相关的社会经济和环境政策以及行动中，并开展适应努力方面的国际合作。

《巴黎协定》还规定，缔约方应酌情合作采取措施，加强气候变化教育、培训、公众意识、公众参与和公众获得信息的机会。

五、土壤和森林的保护制度

类似题

(1) 防治荒漠化法律制度

(2)《联合国防治荒漠化公约》的主要内容

1. 土壤和森林的保护相关的国际条约

国际社会对土壤和森林保护相关的具有法律约束力的国际文书并不是很多，其以联合国粮食及农业组织于 1981 年 11 月 25 日制定的《世界土壤宪章》，以及联合国于 1994 年 6 月 17 日在巴黎签订的《联合国关于在发生严重干旱和/或荒漠化的国家特别是在非洲防治荒漠化的公约》(简称《联合国防治荒漠化公约》)为代表。

《世界土壤宪章》首次对保护和改良土壤的规则做了全面规定。其内容包括关于改善土壤生产力、保护和合理利用土壤、促进土地的最佳利用和各国政府对保持土壤长期生产力的责任等方面。

1996 年 12 月 26 日生效的《联合国防治荒漠化公约》，以宣言的方式提出指导性原则，以规划的方式要求直接受荒漠化影响的发展中国家将防治荒漠化和干旱置于优先地位，投入必要的资金，谋求解决造成荒漠化的人为原因。

2.《联合国防治荒漠化公约》的目标和原则

《联合国防治荒漠化公约》第二条规定，其目标是"在发生严重干旱和/或荒漠化的国家，特别是在非洲防治荒漠化和缓解干旱影响，为此要在所有国家采取有效措施，辅之以在符合《21 世纪议程》的综合办法框架内建立的国际合作和伙伴关系安排，以期协助受影响地区实现可持续发展"。

为实现公约的目标和履行公约的各项规定，公约第三条确认了四项指导原则：(1) 应当确保群众和地方社区参与关于防治荒漠化和缓解干旱影响的方案的设计和实施决策；(2) 应当本着国际团结和伙伴关系的精神，改善分区域、区域以及国际的合作和协调，并更好地将资金、人力、组织和技术资源集中用于需要的地方；(3) 应当本着伙伴关系的精神在政府所有各级、社区、非政府组织和土地所有者之间发展合作，更好地认识受影响地区土地资源和稀缺的水资源的性质和价值，并争取以可持续的方式利用这些资源；(4) 应当充分考虑到受影响发展中国家缔约方，特别是其中最不发达国家的特殊需要和处境。

3.《联合国防治荒漠化公约》的义务体系

《联合国防治荒漠化公约》第四条、第五条和第六条分别规定了缔约方的一般义务、受影响国家缔约方的义务和发达国家缔约方的义务等三类义务。

缔约方的一般义务包括：(1) 采取综合办法，处理荒漠化和干旱过程中的自然、生物和社会经济因素；(2) 在有关的国际和区域机构内适当注意受影响发展中国家缔约方在国际贸易、市场安排和债务方面的情况，为促进可持续发展创立扶持性国际经济环境；(3) 把消灭贫困战略纳入防治荒漠化和缓解干旱影响的工作；(4) 促进受影响缔约方之间在与荒漠化和干旱有关的环境保护、土地和水资源养护领域的合作;(5) 加强分区域、区域和国际合作;(6) 在有关政府间组织内开展合作;(7) 适当时确定机构体制,要注意避免重复;(8) 促进利用现有双边和多边资金机制和安排,为受影响发展中国家缔约方防治荒漠化和缓解干旱影响筹集和输送实质性资金资源。

受影响国家缔约方的义务,除了上述一般义务,还包括:(1) 适当优先注意防治荒漠化和缓解干旱影响,按其情况和能力拨出适足的资源;(2) 在可持续发展计划和/或政策框架内制订防治荒漠化和缓解干旱影响的战略和优先顺序;(3) 处理造成荒漠化的根本原因,并特别注意助长荒漠化过程的社会经济因素;(4) 在防治荒漠化和缓解干旱影响的工作中,在非政府组织的支持下,提高当地群众尤其是妇女和青年的认识,并为他们的参与提供便利;(5) 适当时加强相关的现有法律,若没有这种法律,则颁布新的法律,制定长期政策和行动方案,以提供一种扶持性环境。

除了一般义务,发达国家缔约方的义务还包括:(1) 在同意的基础上单独或共同地积极支持受影响发展中国家缔约方,特别是非洲国家缔约方,以及最不发达国家为防治荒漠化和缓解干旱影响所做的努力;(2) 提供实质性资金资源和其他形式的支助,以援助受影响发展中国家缔约方,特别是非洲国家缔约方有效地制订和执行防治荒漠化和缓解干旱影响的长期计划和战略;(3) 促进筹集新的和额外的资金;(4) 鼓励从私营部门和其他非政府来源筹集资金;(5) 促进和便利受影响国家缔约方,特别是受影响发展中国家缔约方获得适用技术、知识和诀窍。

第十一章 世界贸易组织法

一、世界贸易组织的宗旨

类似题

(1) 世界贸易组织的创立宗旨

(2)《马拉喀什建立世界贸易组织协定》的宗旨

1.《马拉喀什建立世界贸易组织协定》及世界贸易组织的产生

世界贸易组织(World Trade Organization, WTO)是根据由124个参加乌拉圭回合的谈判方于1994年4月在摩洛哥马拉喀什签署的《马拉喀什建立世界贸易组织协定》(简称WTO协定),于1995年1月1日正式成立的国际贸易组织。同时,其组成部分的乌拉圭回合多边谈判结果最后文件、WTO协定及其附件、部长宣言和决定,是目前唯一协调国际贸易关系的多边贸易协定。

WTO协定是在1947年签署的《关税与贸易总协定》(简称GATT)的基础上,经过了历次多边贸易谈判,修改、增加、补充了一系列协议、议定书,特别是乌拉圭回合所达成的一揽子协议,最终形成的多边贸易协定,是多边货物贸易、服务贸易及知识产权保护体制的基石。WTO协定不仅确定了成员国之间的权利和义务,而且通过争端解决制度确保了协定执行。

2. 世界贸易组织的创立目的

WTO作为唯一处理国家间贸易规则的全球性国际组织,其核心目的是确保贸易尽可能自由、顺畅和可预测地流动。

WTO协定的序言阐明了WTO的宗旨,可归纳为如下七项。

(1) 提高生活水平。WTO协定所指的生活水平,不应只是某一国家或某一地区的生活水平,而应是全世界的生活水平。提高生活水平是WTO的终极根本目标,WTO的所有活动都应为实现这一目标而开展。

(2) 保证充分就业。通过扩大生产和商品、服务贸易,增大投资需求,促进实际投资,有效进行全球分工,故而保证充分就业是WTO的宗旨。

(3) 大幅稳步提高实际收入和有效需求。"实际收入(real income)"是指用货币收入购买的商品或服务的数量,而"有效需求(effective demand)"是指消费者以当前市场价格实际购买的商品或服务的数量。WTO关注的是实际市场活动中购买能力的提升,因此提高实际收入和有效需求的能力是实现提高生活水平的重要途径。

(4) 扩大商品生产以及货物贸易和服务贸易。确保贸易自由、顺畅、可预测地流动是WTO的宗旨,故而作为贸易基础的商品生产之扩大,以及伴随货物贸易的服务贸易也是WTO的宗旨。

(5) 持续可能的资源开发和环境保护。世界资源是商品生产、货物贸易和服务贸易的基础。如果过度利用,就会造成资源枯竭,从而影响人类的生存环境,因此持续可能的资源开发和环境保护是 WTO 的宗旨,是对 GATT 宗旨的重大发展之一。

(6) 对发展中国家的需要和关心的问题予以响应。长期以来,发展中国家同发达国家的交易一直处于在法律形式上平等而在事实上不平等的地位,被要求与发达国家一样按照平等互惠原则参加贸易谈判、减让关税、削减非关税。因此,WTO 明确提出对发展中国家的需要和关心的问题予以响应,确保发展中国家的国际贸易份额增长,体现了国际贸易秩序的公正合理性。

(7) 建立一体化的多边贸易体制。从第二次世界大战的经验教训、国际贸易组织(International Trade Organization, ITO)的夭折、GATT 的四十七年发展历史来看,建立完整的和永久性的多边贸易体制是始终一贯的宗旨,因为一体化的贸易体制在监督、协调、管理世界贸易秩序中起重要的作用。尽管 GATT 已经初步建立多边贸易体制,但还不能被视为真正的一体化的多边贸易体制,故而 WTO 将建立一体化的、完整的、永久性的多边贸易体制确定为其宗旨之一。

二、世界贸易组织的法律地位

类似题

(1) WTO 的机构及其职能

(2) WTO 及其法律地位

1. 世界贸易组织的主要机构

WTO 的机构有部长级会议、总理事会、委员会、总干事和秘书处等,为促进 WTO 宗旨的实现,充分、有效履行 WTO 的职能而予以设置和运作。

(1) 部长级会议(ministerial conference)

部长级会议是 WTO 的决策机构。部长级会议应当包括所有成员代表,至少每 2 年召开一次会议。部长级会议应当履行 WTO 的职能,并为此采取必要的措施。部长级会议有权对各多边贸易协定中的任何事项作出决定,如有成员要求,部长级会议的决定应按照本协议及有关多边贸易协定中关于决策的具体规定做出。

(2) 总理事会(general council)

总理事会负责日常工作,同时履行争端解决机构和贸易政策审议机构的职责。总理事会应当包括所有成员代表,并在适当时间召开会议。在部长级会议休会期间,总理事会应当执行部长级会议的各项职能。总理事会还应当执行多边贸易协定所指定的各项职能。总理事会应当制定自己的程序规则,审批各委员会的程序规则。

(3) 争端解决机构(dispute settlement body)

总理事会应在适当时间召开会议,以行使《关于争端解决规则与程序的谅解》所规定的争端解决机构的职责。争端解决机构应有自己的主席,并建立它认为必要的程序规则以行使其职责。

(4) 贸易政策审议机构(trade policy review body)

总理事会应在适当时间召开会议,以行使贸易政策审议机制所规定的贸易政策审议机构的职责。贸易政策审议机构应有自己的主席,并建立它认为必要的程序规则以行使其职责。

(5) 货物贸易理事会、服务贸易理事会、知识产权理事会

这三个理事会应当在总理事会的指导下进行工作。货物贸易理事会应当负责多边贸易协定的运作,服务贸易理事会应当负责服务贸易总协定的运作,知识产权理事会应当负责与贸易有关的知识产权协定的运作。各理事会都应行使各自有关协议和总理事会赋予的职责。各理事会还应经总理事会批准,制定相应的程序规则。各理事会的成员应当从所有成员代表中产生,各理事会应当在必要时召开会议以行使其职责。各理事会可视需要建立各自的下属机构,这些机构应制定各自的程序规则并由各自的理事会批准。

(6) 委员会(committee)及其辅助机构

部长级会议应当设立一个贸易与发展委员会、一个国际收支限制委员会,以及一个预算、财务和行政管理委员会,这些委员会应当行使本协议及有关多边贸易协定所赋予的各种职责以及总理事会所赋予的其他职责。在部长级会议认为合适的情况下,还可以设立具有此类职责的其他委员会。作为其职能的一部分,贸易与发展委员会应当定期审议多边贸易协定中有利于最不发达成员的特别规定,向总理事会报告,以采取适当行动。各委员会的成员应由所有成员代表组成。

此外,在诸边贸易协定下设立的各种机构,应行使这些协议所赋予的职责,并在 WTO 的机构框架内运作,这些机构应向总理事会通知其活动。

(7) 秘书处(secretariat)和总干事(director-general)

秘书处的职责是就 WTO 开展的所有活动向 WTO 成员方政府提供高质量、独立的支持,并以专业性、公正性和诚信性为 WTO 服务,包括:为各个理事会和委员会提供技术和专业支持,向发展中国家提供技术援助,监测和分析世界贸易的发展,向公众和媒体提供信息,以及组织部长级会议。秘书处还在争端解决过程中提供某些形式的法律援助,并为希望成为 WTO 成员方政府提供建议。

总干事是秘书处的首脑,其人选由部长级会议任命,其权力、职责、任职调整和任期均由部长级会议以规则形式予以制定。总干事应任命秘书处的职员,并根据部长级会议通过的规则确定他们的责任和任职条件。

秘书处和总干事的职员均属国际性质。在履行其职能方面,秘书处和总干事的职员不应当寻求和接受 WTO 之外的任何政府或其他当局的指示,应当避免任何有损其国际官员身份的行为。WTO 的成员应当尊重秘书处和总干事的职员在其职责方面的国际性质,不应对他们行使职权施加影响。

2. 世界贸易组织的特权与豁免权

WTO 协定第八条规定了 WTO 作为国际组织应享有的法律人格、特权与豁免权,以及享有特权与豁免权的标准。

(1) 法律人格。WTO 具有法人资格,各成员应赋予 WTO 享有执行其职责所需要的法律能力。这种法律能力是包括缔约权、取得或处置动产和不动产,以及进行法律诉讼在内的

完全的行为能力和权利能力。

(2) 特权与豁免权。WTO 各成员应给予 WTO 行使其职责所需要的特权和豁免权；WTO 各成员应同样给予 WTO 官员和各成员代表在其独立行使 WTO 有关职责时必要的特权和豁免权。

(3) 特权与豁免权的标准。WTO 每一成员给予 WTO、其官员及其成员代表的特权和豁免权，应当和 1947 年 11 月 21 日联合国大会通过的《联合国专门机构特权和豁免公约》之规定相似。虽然 WTO 不是联合国的专门机构，但其地位同联合国的专门机构一样，在国际法上处于平等地位。因此，在特权与豁免权的具体实施标准方面，应与《联合国专门机构特权和豁免公约》相同。

三、世界贸易组织的最惠国待遇原则

类似题

(1) WTO 最惠国待遇原则及其例外

(2) WTO 最惠国待遇原则的适用规定

1. 最惠国待遇原则及其适用

最惠国待遇是指 WTO 任一成员方在货物贸易、服务贸易和知识产权保护领域给予任何其他国家的优惠待遇，应立即和无条件地给予其他各成员方。

在货物贸易领域，GATT 1947 第一次将最惠国待遇原则规定在多边贸易协定中，而继承 GATT 1947 的 GATT 1994 第一条第一款规定，成员方对来源于或运往其他国家的产品所给予的利益、优惠、特权或豁免，应当立即无条件地给予来源于或运往其他成员方的相同产品。

在服务贸易领域，《服务贸易总协定》第二条第一款规定，在本协定所涉及的任何措施方面，每一成员给予任何其他国家服务和服务提供者的优惠待遇，应立即和无条件地给予任何其他成员相同服务和服务提供者，并允许各成员方在进行最初承诺的谈判中，将不符合最惠国待遇原则的措施列入最惠国待遇例外清单，附在各自承诺表之后，但不应超过 10 年。

在知识产权保护领域，《与贸易有关的知识产权协定》第四条规定，给予任何其他国家国民有关知识产权保护的任何利益、优惠、特权和豁免，应立即和无条件地给予任何其他成员方的国民。

2. 最惠国待遇原则的适用例外

最惠国待遇原则在适用方面存在以下几种例外。

在货物贸易领域，存在 GATT 第二十条规定一般性例外，第二十一条规定的国家安全例外，第二十四条规定的边境贸易、关税同盟和自由贸易区例外，第十五条第九款规定外汇安排例外，以及授权条款例外、发展中国家成员方之间的优惠待遇例外，反倾销反补贴措施例外等例外。

在服务贸易领域，除涉及边境贸易、经济一体化区域内成员方相互提供的优惠待遇不适用最惠国待遇外，在WTO协定生效前或生效后按照一定的程序和方式提出最惠国待遇条款的例外措施。

在知识产权保护领域，最惠国待遇例外主要是基于国际司法协助协议而产生的任何优惠、特权或豁免，或者《与贸易有关的知识产权协定》对某成员方生效之前，该成员已经与其他成员特别签订的协议中给予的优惠或特权。

四、世界贸易组织的国民待遇原则

类似题

(1) WTO国民待遇原则及其例外

(2) WTO国民待遇原则的适用规定

1. 国民待遇原则及其适用

WTO的国民待遇是指对其他成员方的产品、服务或服务提供者以及知识产权所有者和持有者所提供的待遇，不低于本国相同产品、服务或服务提供者以及知识产权所有者和持有者所享有的待遇。国民待遇原则是非歧视原则的具体表现，也是最惠国待遇原则的补充。

在货物贸易领域，国民待遇原则主要体现于GATT 1994第三条第一款、第二款、第四款、第五款和第七款。第一款规定了货物贸易领域中的原则性条款，“各成员方认识到，国内税和其他国内费用、影响产品的国内销售、许诺销售、购买、运输、分销或适用的法律、法规和规定以及要求产品的混合、加工或适用的特定数量或比例的国内数量法规，不得以为国内生产提供保护的目的对进口产品或国内产品适用”，从而对第三条其他各款有着指导意义。第二款和第四条分别规定了国内税费和国内规章方面的国民待遇，第五款和第七款规定了产品加工方面的国民待遇问题。

在服务贸易领域，国民待遇主要体现于《服务贸易总协定》第十七条，“每一成员方应在其承诺表所列服务部门或分部门中，根据该表内所列条件和资格，给予其他成员方的服务和服务提供者，就所有影响服务提供的政府措施而言，其待遇不低于给予本国相同的服务和服务提供者”，但这些待遇以该成员方在服务贸易承诺表中所列的条件或限制为准，并且在该成员方没有做出开放承诺的服务部门、外国服务或服务提供者不享有国民待遇。

在知识产权保护领域，《与贸易有关的知识产权协定》的总则中规定，任何成员方对其他成员方国民提供的待遇不得低于对本国国民所提供的待遇，其中，“其他成员方国民”不仅是指在WTO各成员方有住所的自然人或法人，还包括符合《巴黎公约》《伯尔尼公约》《罗马公约》《华盛顿条约》规定的国民标准；在WTO的成员方是“单独关税区”的情况下，“国民”系指居住于该区内或在该区内有实际有效的营业场所的自然人或法人。

2. 国民待遇原则的适用例外

在国民待遇原则的适用例外方面存在以下例外情况。

在货物贸易领域，GATT第二十条规定的一般例外和第二十一条规定的安全例外构成货物贸易领域中国民待遇原则的例外。

在服务贸易领域，除国家安全与一般例外构成国民待遇的例外之外，因为在服务贸易中国民待遇不是必须遵守的一般义务，所以成员方谈判承担义务时可在其承诺表中列出不给予国民待遇的条件。

在知识产权保护领域，《与贸易有关的知识产权协定》规定了不少例外：(1)《巴黎公约》《伯尔尼公约》《罗马公约》《华盛顿条约》中的各自有关国民待遇例外规定均构成《与贸易有关的知识产权协定》中国民待遇的例外；(2) 对于表演者、录音制品制作者以及广播组织者权利保护的国民待遇范围，仅限于《与贸易有关的知识产权协定》中已规定的各项权利；(3) 任何可能适用《伯尔尼公约》第六条和《罗马公约》第十六条第一款而构成国民待遇例外的成员方必须事先通知与贸易有关的知识产权理事会；(4) 在司法和行政程序上，各成员方可以对其他成员方的国民免除国民待遇义务，但不得违反《与贸易有关的知识产权协定》的各项规定。例如，在行政程序方面，对于专利、商标的申请代理要求仅限于本国代理人完成。

五、世界贸易组织的透明度原则

类似题

(1) WTO透明度原则的具体适用

(2) WTO的透明度义务

1. 透明度原则及其意义

透明度原则是指WTO成员方应公布所制定和实施的贸易措施及其变化情况，没有公布的措施不得实施，且应将贸易措施及其变化情况，以及有关影响国际贸易政策的国际协定及时公布和通知WTO。

透明度对于增加市场竞争的可预见性及减少政府的暗箱操作无疑具有重要作用。

2. 透明度原则的具体内容

WTO协定规定，成员方应迅速公布和公开有关贸易法律、法规、政策和措施，最迟应在生效之时公开或公布，使WTO其他成员方和贸易从事者及时得以知晓，在公布前不得提前采取措施。

公布的具体内容应包括：产品的海关关税分类和海关估价等海关事务，对产品征收的关税税率、国内税税率和其他费用，对产品进出口所设立的禁止或限制等措施，对进出口支付转账所设立的禁止或限制等措施，影响进出口产品的销售、分销、运输、保险、仓储、检验、展览、加工、与国产品混合使用或其他用途的要求，有关反倾销、反补贴、保障措施等贸易措施，有关服务贸易的法律、法规和措施，有关知识产权的法律、法规、司法判例和行政裁定等，以及WTO成员方签订的其他影响国际贸易政策的协定等。

关于贸易政策的通知方面，WTO《关于通知程序的部长决定》重申了一般性的通知义务，成立由WTO秘书处负责的通知登记中心，负责记录收到的所有通知，向成员方提供有关通知内容，并提醒成员方履行通知义务。其附件列出“需要通报措施的说明性清单”，包括关税、关税配额和附加税、数量限制、许可证程序和国产化要求等其他非关税措施，以及征收差价税的情况、海关估价、原产地规则、政府采购、贸易技术壁垒、保障措施、反倾销措施、反补贴措施、出口税、出口补贴、免税和出口优惠融资、自由贸易区的情况、出口限制、其他政府援助、国有贸易企业的作用、与进出口有关的外汇管制，以及政府授权进行的补偿贸易等 19 项涉及货物贸易的措施。

在服务贸易领域，《服务贸易总协定》第三条第三款规定，“各成员方对现行法律、法规或行政规定，如有新的规定或有所改变，以致严重影响本协定项下的有关服务贸易的特定义务时，应立即或至少每年向服务贸易理事会通报”。在知识产权保护领域，《与贸易有关的知识产权协定》第三十六条第一款、第二款规定，任何成员方应将通过的法律、法规向知识产权理事会通报。

3. 通知期限

WTO 各协定对通知的期限做出以下不同规定。(1) 不定期通知。主要适用于法律、法规、政策、措施的更新，如 TBT 协定规定，只要成员方国内通过了新的技术法规和合格评定程序，就要立即通知。(2) 一次性通知。如《装运前检验协定》要求，在 WTO 协定对有关成员方生效时，一次性通知其国内有关装运前检验的法律和法规。(3) 定期多次通知。有的要求每半年通知一次，但大部分则要求每年通知一次，如《农业协定》要求，成员方应每年通知对国内生产者提供的补贴总量。

六、世界贸易组织的货物贸易制度

类似题

(1) WTO 多边货物贸易协定的主要内容

(2) WTO 的货物贸易法律规范体系

1. 世界贸易组织的货物贸易协定

货物贸易是自 GATT 以来国际社会调整的主要贸易领域，也是 WTO 三大多边贸易体系之一。WTO 的多边货物贸易协定包括《1994 年关税与贸易总协定》《农产品协定》《卫生与动植物检疫措施协定》《纺织品与服装协定》《贸易技术壁垒协定》《与贸易有关的投资措施协定》《关于执行 1994 年关税与贸易总协定第六条的协定》《关于执行 1994 年关税与贸易总协定第七条的协定》《装运前检验协定》《原产地规则协定》《进口许可证程序协定》《补贴与反补贴措施协定》《保障措施协定》等 13 个协定，诸边贸易协定(plurilateral trade agreements)包括《民用航空器贸易协定》《政府采购协定》《国际乳制品协定》《国际牛肉协定》等 4 个协定，其中《国际乳制品协定》和《国际牛肉协定》于 1998 年 1 月 1 日废止。

2. 关税与非关税措施的法律制度

WTO 关于关税与非关税措施的法律制度在《1994 年关税与贸易总协定》《关于执行 1994 年关税与贸易总协定第七条的协定》《装运前检验协定》《原产地规则协定》《进口许可证程序协定》等协定中予以规定，主要围绕货物贸易中的关税及其征收程序设计法律制度，旨在减少关税和非关税壁垒，以保证公平、公正、自由的国际货物贸易的顺利进行。其中包括关税减让和关税待遇制度，为征收关税而对进出口货物确定完税价格的海关估价制度，在出口成员方境内对出口到用户成员方的产品质量、数量、价格和关税税则中商品分类等进行核实的装运前检验制度，为确定适用关税税率等目的而判断货物原产地制度，以及进口许可证管理制度等关税和非关税措施相关法律制度。

3. 反不公平贸易的法律制度

WTO关于反不公平法律制度在《关于执行1994年关税与贸易总协定第六条的协定》《补贴与反补贴措施协定》《政府采购协定》，以及GATT 1994第十七条（国有贸易企业条款）和《关于解释1994年关税与贸易总协定第十七条的谅解》等协定和条款中予以规定，主要围绕破坏公平竞争秩序的倾销、补贴行为，以及贸易一方因其为政府或政府所有或控制的企业而居于特殊地位时，为维护公平贸易秩序而设计的法律制度。

其中，倾销是指一国出口商以低于正常价值的价格，将产品出口到另一国市场的行为；补贴是指一成员方政府或任何公共机构向某些企业（一个企业/产业或一组企业/产业）提供的财政捐助、价格支持或收入的支持，以使相关企业获得利益的行为；政府采购是指政府或其代理人作为消费者为其本身消费而不是为商业转售所进行的采购行为；国有贸易企业是指通过政府授予的特别权力从事国际贸易活动并有可能影响或扭曲国际贸易流向的，为政府所有或控制的企业或其他企业。

4. 维护经济安全的法律制度

WTO关于维护经济安全的法律制度在《保障措施协定》《1994年关税与贸易总协定关于国际收支条款的谅解》，以及GATT 1994第十八条中予以规定，允许成员方在正常竞争环境下，因面临特殊情势而采取维护国家经济和金融安全的贸易措施，如保障措施、国际收支限制措施和幼稚产业保护措施等。

其中，保障措施是指WTO成员方在进口激增并对其国内相关产业造成严重损害或严重损害威胁时，采取的进口限制措施；国际收支限制措施是指当一个国家或地区遇到国际收支失衡时，政府干预外汇市场，或通过鼓励出口或限制进口数量的方式控制外汇流向的措施；幼稚产业保护措施是指允许只能维持低生活水平、经济处于发展初期阶段的发展中国家成员方为促进某一特定产业的发展而暂时背离WTO的义务而实施关税保护和数量限制的措施。

5. 环境保护和卫生检疫措施的法律制度

WTO的宗旨之一是合理利用资源、保护环境，以实现可持续发展和维护人类健康，为此而设计的环境保护和卫生建议措施法律制度在GATT 1994第二十条、《贸易技术壁垒协定》和《卫生与动植物检疫措施协定》中予以规定，旨在不对国际贸易造成不必要的障碍。

其中，GATT 1994第二十条第一款规定，允许成员方采取为人类、动植物的生命或健康所必需的措施，允许成员方采取与保护可用竭的自然资源有关的措施，如此列措施与限制国内生产或消费一同实施；贸易技术壁垒是指强制性或非强制性确定商品某些特征的技术法规或技术标准，以及旨在检验商品是否符合技术法规或技术标准的认证、审批和测试程序所形成的不合理的贸易障碍；卫生与动植物建议措施是指成员方为保护人类、动植物的生命或健康，为实现下列目的而采取的措施：(1) 保护境内居民和动物的生命或健康免受食品、饮料或饲料中的添加剂、污染物、毒素或致病有机体传入所产生的风险；(2) 保护境内动物和植物的生命或健康免受虫害、病害、带病有机体、致病有机体的侵入、定居或船舶所产生的风险;(3) 保护境内居民的生命或健康免受动植物或其产品等携带的病害所产生的风险;(4) 防止或限制因病虫害的侵入、传播而产生的其他损害。

6. 与贸易有关的投资措施的法律制度

WTO《与贸易有关的投资措施协定》是乌拉圭回合多边贸易谈判的新议题之一,是为了加强国际投资的协调与合作,减少和消除投资者和东道国之间的纠纷而设计的法律制度,主要对东道国的可能对国际贸易产生扭曲或限制的投资措施进行了限制。协议规定禁止使用的投资措施主要包括:(1) 要求企业购买或使用当地生产的或来自当地的产品;(2) 限制企业购买或使用进口产品的数量,并把这一数量与该企业出口当地产品的数量或价值相联系;(3) 对企业进口用于当地生产或与当地生产相关的产品,一般地或在数量上根据该企业出口它在当地生产的产品的数量或价值加以限制;(4) 对企业进口用于当地生产或与当地生产相关的产品,通过将其可获得的外汇数量限于可归属于它的外汇收入而加以限制;(5) 限制企业出口产品或为出口而销售产品。

七、世界贸易组织的服务贸易制度

类似题

(1) WTO《服务贸易总协定》的主要内容

(2) WTO 的服务贸易法律规范体系

1. 服务贸易的定义和类型

《服务贸易总协定》是乌拉圭回合多边贸易谈判达成的管理国际服务贸易的规则和纪律,是 WTO 多边贸易法律体系中不可分割的组成部分。服务贸易是指以各种服务作为交易对象的活动,协定将国际服务贸易分为四种:跨境交付(cross-border supply,如跨境互联网课程)、境外消费(consumption abroad,如出国留学)、商业存在(commercial presence,如外国设立银行),以及自然人流动(presence of natural persons,如个人去外国提供服务)。

协定将服务分为 12 个部门:商业服务、通信服务、建筑及相关工程服务、分销服务、教育服务、环境服务、金融服务、健康与社会服务、旅游及相关服务、娱乐文化与体育服务、交通运输服务,以及其他服务。协定的目的是在透明和逐步自由化的条件下扩大服务贸易,以此作为促进所有贸易伙伴的经济增长和发展中国家发展的手段。

2.《服务贸易总协定》的适用范围

《服务贸易总协定》适用于各成员方为影响服务贸易所采取的措施,其中也包括影响基于商业目的所提供服务的政府措施。"成员影响服务贸易的措施"包括以下几个方面:(1) 服务的购买、支付和使用;(2) 与服务提供有关的、成员要求向公众提供的服务的获取和使用;(3) 某一成员的人为提供服务在另一成员领土内的存在(包括商业存在)。"措施"是指成员任何形式的措施,无论采取法律、法规、规章、程序、决定、行政行为的形式或任何其他形式。"成员措施"包括成员的中央、地区或地方政府和主管机关采取的措施,以及由中央、地区或地方政府和主管机关授权行使权力的非政府机构采取的措施。但中央或地方政府行使其职责，并且不在商业基础上和竞争基础上所提供的服务，属于政府服务，不在《服务贸易总协定》的管辖范围之内。

3.《服务贸易总协定》的一般义务和具体义务

与货物贸易协定不同的是，服务贸易协定将各成员方应遵守的义务分为一般性义务和具体义务。前者是指适用于成员方所有服务贸易部门的义务，不管这些服务部门或服务贸易模式是否对外开放，包括最惠国待遇义务，以合理、客观和公正的方式来实施国内监管的义务，以及透明度义务；而后者是指各成员方通过谈判，在具体服务贸易领域中关于市场准入和国民待遇方面所承诺的义务，该义务会因成员不同、服务领域不同、服务贸易模式不同而不同。

4.《服务贸易总协定》的一般例外和安全例外

《服务贸易总协定》第十四条和第十四条之二规定了服务贸易的一般例外和安全例外。《服务贸易总协定》第十四条规定，在此类措施的实施不在情形类似的国家之间构成任意或不合理歧视的手段或构成对服务贸易的变相限制的前提下，本协定的任何规定不得解释为阻止任何成员采取或实施以下措施：(1) 为保护公共道德或维护公共秩序所必需的措施；(2) 为保护人类、动物或植物的生命或健康所必需的措施；(3) 为使与本协定的规定不相抵触的法律或法规得到遵守所必需的措施，包括与下列内容有关的法律或法规：① 防止欺骗和欺诈行为或处理服务合同违约而产生的影响；② 保护与个人信息处理和传播有关的个人隐私及保护个人记录和账户的机密性；③ 安全；(4) 为保证对其他成员的服务或服务提供者公平或有效地课征或收取直接税；(5) 为避免双重征税的协定或任何其他国际协定或安排中关于避免双重征税的规定的结果。

《服务贸易总协定》第十四条之二规定，本协定的任何规定不得进行如下解释：(1) 要求任何成员提供其认为如披露则会违背其根本安全利益的任何信息；(2) 阻止任何成员采取其认为对保护其根本安全利益所必需的任何行动：① 与直接或间接为军事机关提供给养的服务有关的行动；② 与裂变和聚变物质或衍生此类物质的物质有关的行动；③ 在战时或国际关系中的其他紧急情况下采取的行动；(3) 阻止任何成员为履行其在《联合国宪章》项下的维持国际和平与安全的义务而采取的任何行动。

八、世界贸易组织的知识产权保护制度

类似题

(1) WTO《与贸易有关的知识产权协定》的知识产权保护及例外

(2) WTO 的知识产权保护法律规范体系

1.《与贸易有关的知识产权协定》及其与其他知识产权公约的关系

《与贸易有关的知识产权协定》是乌拉圭回合在国际知识产权保护领域确立的新的统一的国际协定，旨在建立影响国际贸易秩序的知识产权保护基本规则和标准。由于《与贸易有关的知识产权协定》之前已经存在诸多知识产权公约，所以在协定第二部分明确要求各成员

方遵守《巴黎公约》(1967 年文本)第一条至第十二条及第十九条的规定、《伯尔尼公约》(1971 年文本)第一条至第二十一条及其附件的规定，以及《华盛顿条约》第二条至第七条(第六条第三款除外)、第十二条和第十六条第三款的规定。《与贸易有关的知识产权协定》在国民待遇义务和最惠国待遇义务等方面也要遵守《罗马公约》的规定。《与贸易有关的知识产权协定》第二条第二款进一步规定，成员们所承担的最低义务不得减损其已承担的《巴黎公约》《伯尔尼公约》《罗马公约》《华盛顿条约》规定的义务。

《与贸易有关的知识产权协定》与现行知识产权公约的关系可以概括如下：《与贸易有关的知识产权协定》将现行的国际知识产权公约项下的义务，视为协定成员的最低义务，构成保护知识产权的共同基准规则。《与贸易有关的知识产权协定》生效后，形成了世界知识产权组织和世界贸易组织共存的知识产权制度国际协调机制。在此共存的机制中，《与贸易有关的知识产权协定》与贸易机制挂钩，并以强硬的争端解决方式在知识产权制度的国际协调中占主导地位。①

2.《与贸易有关的知识产权协定》的主要内容

《与贸易有关的知识产权协定》所指的知识产权，包括版权及邻接权、商标权、地理标志权、工业品外观设计权、专利权、继承电路布图设计权和未披露信息专有权等七类知识产权，并规定 WTO 成员方应遵守最低保护标准原则、国民待遇原则、最惠国待遇原则、透明度原则，以及知识产权保护与公共利益平衡原则等基本原则。协定规定，各成员方应确保在其国内法中提供协定所规定的执法程序，以有效打击任何侵犯知识产权的行为，包括可迅速阻止侵权的救济措施和遏制进一步侵权的救济措施。但实施这些程序应避免对合法贸易造成障碍，并为防止其滥用而规定保障措施。

3.《与贸易有关的知识产权协定》的知识产权国际保护例外

《与贸易有关的知识产权协定》规定了三种例外情形。(1) 对权利合理限制的情形。《与贸易有关的知识产权协定》第八条第二款提出 WTO 成员方可采取适当措施防止权利持有人滥用知识产权的权利限制原则。具体分为概括性例外条款，如适用于著作权的第十三条、适用于商标的第十七条，适用于工业设计的第二十六条第二款，适用于专利的第三十条，以及列举性例外条款，如适用于地理标志的第二十四条第四款至第九款，和适用于集成电路布图设计的第三十五条。(2) 基于公共秩序、社会公德、公共健康的例外。《与贸易有关的知识产权协定》第八条第一款规定，“在制定或修改其法律和法规时，各成员可采用对保护公共健康和营养，促进对其社会经济和技术发展至关重要部门的公共利益所必需的措施，只要此类措施与本协定的规定相一致”；第二十七条第二款规定，“各成员可拒绝对某些发明授予专利权，如在其领土内阻止对这些发明的商业利用是维护公共秩序或道德，包括保护人类、动物或植物的生命或健康或避免对环境造成严重损害所必需的，只要此种拒绝授予并非仅因为此种利用为其法律所禁止”，明确和强调成员方为了保护公共秩序、社会公德、公共健康可以做出限制知识产权权利人的例外措施。(3) 国家安全的例外。《与贸易有关的知识产权协定》第七十三条第二款规定，协定的任何规定不得解释为阻止一成员采取其认为对保护其根本安全利益所采取的任何行动：① 与裂变和聚变物质或衍生这些物质的物质有关的行动；② 与武器、弹药和作战物资的贸易有关的行动，及与此类贸易所运输的直接或间接供

① 《国际经济法学》编写组：《国际经济法学》，高等教育出版社，2016，第 242 页。

应军事机关的其他货物或物资有关的行动;③ 在战时或国际关系中的其他紧急情况下采取的行动。协定的任何规定不得解释为阻止任何成员为履行其在《联合国宪章》项下的维持国际和平与安全的义务而采取的任何行动。

九、世界贸易组织的争端解决制度

类似题

(1) WTO的争端解决程序

(2) WTO和GATT的争端解决制度之比较

1.《关于争端解决规则与程序的谅解》及其管辖权

《关于争端解决规则与程序的谅解》是对世界贸易体制做出的最突出的贡献,是WTO皇冠上的一颗明珠,因为WTO争端解决机制为保障多边贸易体制提供了可靠性和可预见性。WTO争端解决制度不仅适用于多边货物贸易协定、服务贸易协定、与贸易有关的知识产权协定等有关贸易本身的争端,也适用于WTO协定和《关于争端解决规则与程序的谅解》本身,但该争端解决机制对诸边贸易协定的适用,则应以每个协定各签约方通过的决定为前提条件。

本协定所管辖案件的类型共有六种:(1) 如一成员方认为,由于另一成员方未能实施其对本协定所承担的义务,根据本协定直接或间接可享受的利益正在丧失或受到损害;(2) 如一成员方认为,由于另一成员方未能实施其对本协定所承担的义务,使本协定规定的目标的实现受到阻碍;(3) 如一成员方认为,由于另一成员方实施某种措施(不论这一措施是否与本协定的规定有抵触),根据本协定直接或间接可享受的利益正在丧失或受到损害;(4) 如一成员方认为,由于另一成员方实施某种措施(不论这一措施是否与本协定的规定有抵触),使本协定规定的目标的实现受到阻碍;(5) 如一成员方认为,由于存在着任何其他情况,根据本协定直接或间接可享受的利益正在丧失或受到损害;(6) 如一成员方认为,由于存在着任何其他情况,使本协定规定的目标的实现受到阻碍。

2. 世界贸易组织的争端解决程序

(1) 磋商。成员方若发生争议,应首先进行磋商。主张因某一成员方的措施导致其利益丧失或减损,或本协定规定的目标的实现受到阻碍的一方,可向前者提出磋商请求。所有此类磋商请求应由请求磋商的成员通知争端解决机构及有关理事会和委员会。任何磋商请求应以书面形式提交,并说明提出请求的理由,包括确认所争论的措施,指出起诉的法律根据。被请求方应在收到请求之日起10天内对该请求做出答复,并应在收到请求之日起不超过30天的期限内真诚地进行磋商,以达成双方满意的解决办法。如该成员未在收到请求之日起10天内做出答复,或未在收到请求之日起不超过30天的期限内或双方同意的其他时间内进行磋商,或者60天内磋商未解决争端,则请求进行磋商的成员可直接开始请求设立专家组。

(2) 专家组裁决。如果磋商未达成协议,一方可向争端解决机构申请成立专家小组;争端解决机构应于45日内决定是否同意成立专家小组;专家小组应于6个月内做出裁决。专家小组的裁决报告只有在争端解决机构全体一致反对时才能被否决。争端解决机构可以在专家组报告发至各成员之日起20天后审议通过专家报告。除非争端一方正式通知争端解决机构其上诉的决定,或者争端解决机构经过协商一致决定不通过报告,否则在专家组报告散发给各成员之日起60天内,报告应在争端结构会议上通过。

(3) 上诉机构裁决。争端双方就专家小组的裁决向上诉机构提出上诉。上诉机构只对裁决的法律问题进行审查,最长必须在90日内做出决定。争端解决机构应在30天内接受或否决上诉机构的报告。上诉机构的报告应自提交上诉通知起90天内散发给各成员,并自报告散发给各成员后30天内由争端解决机构通过,除非争端解决机构经过协商一致决定不予通过。争端各方须无条件接受通过后的上诉机构报告。

(4) 裁决的执行。在专家组或上诉机构报告通过后,有关成员应通知争端解决机构执行争端解决机构建议和裁决的意向,如果无法立即执行,则应确定一个合理的执行期限。该合理期限可以依次通过以下三种途径确定:有关成员提议并获得争端解决机构批准、自通过建议和裁决之日起45天内由争端各方合意确定,以及自通过建议和裁决之日起90天内通过有约束力的仲裁确定。仲裁人不得审查拟予中止的减让或其他义务的性质,而应确定此类中止的程度是否等于利益丧失或减损的程度。该裁决为终局裁决,对争端方均有约束力。

第十二章 武装冲突法与人道主义法

一、传统国际法上战争的开始和终止的法律制度

类似题

(1) 战争的开始和终止的法律效果

(2) 适用于战争的传统规则

1. 传统国际法上的战争

传统国际法上的战争是指两个或两个以上国家以武力推行国家政策所造成的严重的武装冲突的事实和由此产生的法律状态。其中，武装冲突是指未构成战争状态的武装对立，其往往表现为局部的，有时是偶然发生的、短暂的、未经宣布战争状态的武装斗争形式。[①] 战争的主体是国家，而武装冲突的主体则不限于国家，还包括民族、交战团体和叛乱团体。一般而言，战争由武装冲突发展而来，但武装冲突不一定都发展为战争。只有在武装冲突发展到一定的规模并持续了相当长时间，由“交战国的意向(animus belligerence)”表示战争状态时，才为战争的开始。

2. 战争的开始及其法律效果

传统国际法认为，战争应当以双方或一方进行宣战的形式开始，宣战是国家之间的关系由和平状态进入战争状态的必要程序。但国家往往会因为军事利益上的需要而发动突然袭击，第二次世界大战以后几乎所有重大的国际性战争或武装冲突都没有正式宣战。因此，宣战不能被认为是一项现行有效的国际习惯法规则，更不能作为判断某一战争是否合法的标准。

传统战争法上，战争的开始将产生如下法律效果。(1) 外交关系和领事关系的断绝。(2) 经贸关系的断绝。连私人之间的贸易和商务往来也被严格禁止。(3) 条约关系发生变化。其中，对于双边条约，若是以维持共同政治行动或友好关系为前提的政治性条约，如同盟条约、互助条约、和平条约等，应立即废止；若是一般政治性和经济性条约，如引渡条约、商务条约等，除另有规定外，应停止执行；若是边界条约等永久性处置条约，则不因战争状态的出现而影响其效力。对于多边条约，若是并未规定只在和平时期才适用的条约，则不因战争开始而终止，但其中与交战行为相冲突的条款，可以停止执行，等战争结束后恢复其效力；若是明文规定在战时停止效力的条约，则停止其效力，如 1944 年《国际民用航空公约》规定，该公约于战时停止效力；若是有关战争行为规则的条约，则其效力不受战争的影响，并因战争的开始而自动发挥作用。(4) 对交战国国民和财产的影响。交战国一般认定对方的国民和

---

① 慕亚平：《国际法原理》，人民法院出版社，2005，第 482 页。

财产带有敌对性。敌国的国民或被扣押或被允许离境。敌国的财产被分为国家财产和私有财产以及军事性质的财产和非军事性质的财产。国家财产如果是不动产,除使领馆外,可以没收,也可以使用,但不得变卖;属于军事性质的,可以破坏。国家财产如果是动产,则可以没收。如是私有财产,原则上不得侵犯,但可以限制,如禁止转移、冻结和征用等。

由于第二次世界大战以后发生的许多重大国际性武装冲突的各方都不承认有战争状态存在,因而传统战争法所发生的法律后果产生了变化。在武装冲突爆发时,武装冲突各方继续保持外交关系和领事关系,不发生传统意义上的战争所引起的法律后果。

3. 战争的终止及其法律效果

战争的终止通常包括停止敌对行动和结束战争状态两项内容。

(1) 敌对行动的停止。敌对行动的停止分为投降和停战两种情况。其中,投降是指交战一方承认战败而向对方要求停止战斗;停战是指根据交战各方之间签订的协议而停止军事行动,分为局部停战和全面停战。有期限的局部停战有时也称为休战。停火与局部停战相类似,只是地区更为有限,时间更为短暂。局部停战协定由双方的司令官在有关地区签订,而全面停战协定则由双方的军队统帅或政府签订。

(2) 战争状态的结束。战争状态的结束是指交战各方之间一切战争行动的终止和和平状态的恢复。结束战争状态的方式通常有以下三种:① 缔结和平条约,缔结和平条约是结束战争状态的最通常和最正式的方式,一般由各交战国在和平会议或者外交会议上签订,其内容是对交战国之间与战争相关的一切政治、经济、领土和其他问题的解决做出全面的最终规定;② 发表联合声明,即交战国以发表联合声明的方式结束战争状态,如苏联于 1956 年 10 月 19 日与日本发表联合声明,宣布结束两国之间的战争状态;③ 单方面宣布结束,即由战胜国单方面宣布结束战争状态,如 1955 年 4 月 7 日,中华人民共和国主席发布了关于结束中华人民共和国同德国之间战争状态的命令。

二、联合国集体安全保障制度

类似题

(1) 集体协助联合国的安全保障行动

(2) 应付对和平的威胁、破坏或侵略行为的集体措施

1. 集体协助联合国的防止或执行行动之义务

集体安全保障制度是国际社会成员依互相约定,通过对国家使用武力来实施法律管制,并采取有效的集体办法,共同防止侵略,维持普遍和平与安全的国际制度,也称联合国集体防止或执行行动(preventive or enforcement action)。

根据《联合国宪章》,联合国全体会员国均为联合国集体安全体制的主体,均享有联合国提供的集体安全保障的权利,同时也必须承担并认真履行宪章规定的集体安全保障的义务,主要包括禁止非法使用武力或武力威胁、和平解决国际争端及集体协助义务。

《联合国宪章》将集体安全保障的职能按不同的性质分别授予了大会和安全理事会,并

规定了相互关系和各自的权限。联合国大会是一个具有普遍代表性的机关,有广泛的讨论权和建议权。联合国安全理事会则是一个行动的机关,是联合国集体安全体制的中枢机关,原则上只有联合国安全理事会才有权决定采取行动。联合国会员国同意依宪章之规定接受并履行安全理事会的决议。

《联合国宪章》第二条第五款规定了会员国对集体协助的义务。所有会员国应协助联合国依照宪章采取的一切行动。联合国对任何国家采取防止或执行行动时,所有会员国不得对该国给予协助。在联合国依宪章采取行动的范围内,联合国任何会员国无权自行决定维持中立地位。由于联合国的集体安全是普遍安全,非联合国会员国也应当遵守集体安全体制的主要原则。

2. 采取有效集体措施应付对和平的威胁、破坏或侵略行为

联合国安全理事会根据《联合国宪章》决定对任何和平的威胁、破坏或侵略行为所采取的武力或非武力行动或措施,称为联合国安全理事会的防止或执行行动或防止或执行措施。

(1) 临时措施。《联合国宪章》第四十条规定,为防止情势恶化,安全理事会在建议或决定武力或非武力措施之前,得促请关系当事国遵行安全理事会所认为必要或合宜的临时措施。此项临时措施并不妨碍关系当事国的权利、要求或立场。安全理事会对于不遵行此项临时措施的情形,应予适当注意。该规定没有明确临时措施的含义和范围,授予了联合国安全理事会较大的自由裁量权。一般认为,临时措施的形式有停止军事冲突、从特定地区撤离武装部队、接受某种形式的国际政治安排、终止因敌对行动而采取的报复性措施等。

(2) 非武力措施。《联合国宪章》第四十一条规定,安全理事会得决定所应采取武力以外的措施,以实施其决议,并得促请联合国会员国执行此项措施。此项措施得包括经济关系、铁路、海运、航空、邮、电、无线电及其他交通工具的局部或全部停止,以及外交关系的断绝。对伊拉克包括禁运石油在内的经济制裁、武器禁运及空中封锁等措施属于非武力措施。

(3) 武力措施。《联合国宪章》第四十二条规定,安全理事会如认为非武力措施不足或已经证明不足时,得采取必要的空海陆军行动,以维持或恢复国际和平与安全。此项行动得包括联合国会员国的空海陆军示威、封锁及其他军事举动。安全理事会决定采取军事行动,须与联合国会员国缔结特别协议,如果该协议无法签订,执行武力措施的联合国部队就不能成立。由于常任理事国拥有否决权,因而安全理事会不可能对常任理事国及其力图袒护的国家采取执行行动。因此,在实践中,联合国从来没有依照宪章的明文规定组建应付"对和平的威胁、和平的破坏或侵略行为"的联合国部队。

3. 区域安全体制

区域性利益促使有关国家为了共同利益,如安全利益而进行合作,从而出现了美洲国家组织、阿拉伯国家联盟、非洲统一组织、北大西洋公约组织等区域性国际组织。

《联合国宪章》在一定程度上承认区域安全体制,并将其置于联合国体制的制约下。根据《联合国宪章》第三十三条第一款,国际争端可以通过区域机关或区域措施求得解决。根据《联合国宪章》第五十二条第一款,区域措施或机关的宗旨必须是依联合国的宗旨和原则,以适当的区域行动维持国际和平与安全。《联合国宪章》授予区域措施或机关的基本职能包括两个方面:(1) 以和平方法解决区域性争端;(2) 协助联合国安全理事会实施其集体强制行动的决议。联合国安全理事会对于职权内的强制行动,在适当情形下,应利用区域措施或机关,但没有联合国安全理事会的授权,区域措施或机关则不得采取任何强制行动。依区域措施或机关所采取或正在考虑的行动，应向联合国安全理事会做充分报告。

三、国际法上的中立制度及其演变

类似题

(1) 交战国和中立国的关系

(2)《联合国宪章》和中立制度

1. 战时中立的法律渊源

战时中立(neutrality in time of war)是指在战争进行期间，非交战国既不参加交战国之间的敌对武装行动，也不支持或援助交战国的任何一方的不偏不倚、同等对待的法律地位。

作为国际法的一项制度，战时中立虽然在16世纪前后偶有发生，但是直至格劳秀斯在《战争与和平法》中论及中立问题之后，中立国具有维持不偏不倚态度的义务才被国际社会一致认可。到了19世纪末20世纪初，中立制度有了较大的发展，1899年《陆战法规和惯例公约》(海牙第二公约)及《关于1864年8月22日日内瓦公约的原则适用于海战的公约》(海牙第三公约)都包含中立法的重要规定。1907年《中立国和人民在陆战中的权利和义务公约》(海牙第五公约)和《关于中立国在海战中的权利和义务公约》(海牙第十三公约)，以及1909年在伦敦签订的《伦敦海战法规宣言》(简称《伦敦宣言》)确立了关于中立的原则、规则和制度。

2. 中立制度的特征

在传统战争法中，中立制度具有以下五点特征。(1) 是否在战争中宣布中立是政治问题，而不是法律问题。但在宣布中立后，引起的交战国和中立国的权利和义务关系，受战争法关于中立的原则、规则和制度的支配。(2) 中立地位的选择可以通过宣言或声明，也可以采取事实上的中立。(3) 战时中立不同于中立化。国家在战时中立一般是在战争开始后选择的，而不是国际法上的义务，故而随时可以宣布结束中立地位。与此相反，永久中立地位是由国际条约所确定的，永久中立地位不得任意放弃。(4) 战时中立不同于政治意义上的中立、中立主义和不结盟。政治意义上的中立、中立主义和不结盟是政治上的概念，不产生法律效果。(5) 战争法上的中立是指国家的地位，而不是指个人或团体的地位。中立规则适用于交战国之间的法律关系，不直接适用于中立国的国民或公司。

3. 战时中立国和交战国的义务

根据战时中立法的有关规定，中立国有以下三点义务。(1) 自我约束的义务，又称不作为的义务。中立国对交战国不应给予援助，如不能向交战国提供军队、武器、弹药及其他军用器材，不能给予交战国情报方便等。(2) 防止的义务。中立国应采取措施，防止交战国为了进行战争而利用其领土或其管辖范围内的区域。(3) 容忍的义务。中立国对于交战国依据武装冲突法规则所采取的行动有害于本国国民时，应在一定的范围内予以容忍。例如，交战国对其船舶的临检和搜索，对悬挂其船旗而载有战时禁制品或破坏封锁或其他违反中立制度的船舶的拿捕、审判、处罚及非常征用等，中立国应予以容忍。同时，交战国也有以下三点义务。(1) 自我约束的义务,又称不作为的义务。交战国不得违反国际法的规定在中立国领土上或在其管辖区域内从事战争行为,或将中立国领土或其管辖区域作为作战基地,或在中立国领陆或领水区域内改装商船为军舰、建立通信设施或捕获船只等。(2) 防止的义务。交战国有义务采取一切措施,防止虐待其占领区内或境内的中立国使节或国民,防止其军队和国民从事任何侵犯中立国及其国民的合法权益的行为等。(3) 容忍的义务。交战国应容忍中立国与敌对国保持正常的外交和商务关系以及其他不违背中立法的一般规则的行为等。

4.《联合国宪章》下的中立制度

1945 年《联合国宪章》禁止非法使用武力,使传统的中立制度发生了根本性的变化。《联合国宪章》下,联合国集体安全保障制度同中立制度在以下三种情况中不两立。(1) 联合国会员国有义务不得保持中立。《联合国宪章》第二条第五款规定,各会员国对于联合国依本宪章规定而采取的行动,应尽力予以协助,联合国对于任何国家正在采取防止或执行行动时,各会员国对该国不得给予协助。第二十五条规定,会员国同意依宪章之规定接受并履行安全理事会之决议。因而,明确了联合国会员国不得在非法使用武力的国家与受害的国家之间采取中立的立场,而且应尽力协助联合国安全理事会所采取的防止或执行行动,支持受害国。(2) 联合国会员国在联合国安全理事会决定采取强制行动时,不能以与其他国家的协定来规避自己的责任。《联合国宪章》第一百零三条规定,联合国会员国在本宪章下的义务与其依任何其他国际协定所负的义务有冲突时,其在本宪章下的义务应居优先。(3) 联合国安全理事会采取强制措施时,不仅会员国,非会员国也不能采取中立的立场和态度。《联合国宪章》第二条第六款规定,"本组织在维持国际和平及安全之必要范围内,应保证非联合国会员国遵行上述原则"。因为联合国安全理事会采取的军事或非军事性的强制措施基本上都"在维持国际和平及安全之必要范围内",所以当联合国安全理事会做出采取强制措施的决定时,不能采取中立的立场和态度。

四、联合国维持和平行动

类似题

(1) 联合国维持和平部队的军事行动

(2)《联合国宪章》和维持和平行动

1. 联合国维持和平行动及其沿革

联合国维持和平行动是指由联合国安全理事会或联合国大会通过决议建立的由联合国秘书长组织实施的,以联合国的名义使用武装或非武装人员从事缓和紧张局势或防止敌对行动进一步发展的一种维持国际和平与安全的行动。联合国维持和平行动是国际社会用以促进国际和平与安全的一个有效手段。

第一个联合国维持和平行动特派团成立于 1948 年,联合国安全理事会授权在中东部署联合国军事观察员,监督以色列与其阿拉伯邻国之间的停战协定。1948—2018 年,联合国共采取了 71 项维持和平行动。①

2. 维持和平的授权及其法律依据

《联合国宪章》是联合国所有工作的基础性文件。联合国的成立是为了欲免后世再遭战祸，其主要宗旨之一是维持国际和平与安全。虽然维持和平没有在《联合国宪章》中明确加以规定，但维持国际和平与安全是《联合国宪章》赋予联合国安全理事会的首要职责。为履行这一责任，联合国安全理事会可确立联合国维持和平行动。

联合国第二任秘书长达格·哈马舍尔德认为，维持和平隶属《联合国宪章》"第六章半"的范围，介于根据第六章进行谈判和斡旋等传统和平解决争端办法与根据第七章授权采取更强有力的行动两者之间。即，维持和平既不同于和平解决争端办法，又与依《联合国宪章》第七章采取强有力行动有原则性的区别，不属于严格意义上的集体安全范畴，但与维持国际和平与安全有着密切的关系。

联合国维持和平行动构建了一种独特的全球伙伴关系，其将大会、安全理事会、秘书处、部队和警察、派遣国及其所在国政府召集到一起，联合各方力量维持国际和平与安全。联合国维持和平行动的权力源于《联合国宪章》的合法性以及参与和提供宝贵资源的广泛贡献国。

3. 联合国维持和平行动的三项原则

联合国维持和平行动应满足如下三项原则，这三项原则彼此关联、相互加强。

（1）各方同意原则。联合国维持和平行动需经主要冲突当事方同意才可进行部署。冲突当事方接受维持和平行动就为联合国开展授权任务提供了必要的行动自由，不论是政治方面的，还是实际方面的。如果未获得此类同意，维持和平行动就有可能成为冲突一方，并被引向执行行动，从而偏离了其维持和平的基本作用。

（2）公正原则。公正对于维持主要冲突当事方的同意与合作至关重要，但不应与中立或不作为相混淆。联合国维持和平人员在对待冲突各方时应保持公正，但在执行任务时不应中立。正如优秀的裁判既要保持公正又要惩处犯规行为一样，联合国维持和平行动亦不应宽恕任何一方妨碍和平进程努力或违反联合国维持和平行动秉承的国际规范和原则的行为。

（3）除非出于自卫和履行职责，不得使用武力原则。联合国维持和平行动并非一个执行工具，除非万不得已，不得使用武力。但在获得联合国安全理事会授权的情况下，可出于自卫和履行职责之目的在战术一级使用武力。比如在某些动荡局势中，联合国安全理事会给予联合国维持和平行动强有力的授权，授权它们使用一切必要手段威慑武力破坏政治进程的企图、保护受迫近袭击威胁的平民或协助国家当局维护法律与秩序。使用武力时，须以精准、相称和适当的方式为之，且遵守使用所需的最小武力达到预期效果的原则，并维持对特派团及其任务的认可。对武力的使用做出裁决时，在适当级别的特派团内部对特派团的能力、公众认识、人道主义影响、武力保护、人员的安全与安保，以及对国家及地方对特派团的赞同态度产生何种影响等因素进行综合考虑。

4. 联合国维持和平行动的形式

联合国维持和平行动是在联合国安全理事会授权基础上进行部署的。多年来，为了应

① 联合国：《维持国际和平与安全》，https://www.un.org/zh/our-work/maintain-international-peace-and-security，访问日期：2023 年 12 月 19 日。

对不断转变的冲突模式，以及最佳应对国际和平与安全面临的威胁，赋予联合国维持和平行动任务的范围已大幅拓展。

虽然每项联合国维持和平行动有所不同，但联合国安全理事会所赋予的授权任务的类型存在很大程度的一致性。依据各自不同的授权而定，联合国维持和平行动可能需要：(1) 部署以阻止冲突的爆发或跨境蔓延；(2) 在停火后稳定冲突局势，从而为各方营造一种达成持久和平协定的环境；(3) 协助执行全面和平协定；(4) 引导相关国家或领地在民主原则、善治和经济发展的基础上向稳定的政府过渡。

5. 联合国维持和平行动的特点

联合国维持和平行动具有如下特点。(1) 联合国的行动。其是由安全理事会或大会通过决议而采取的行动，由联合国有关机关负责组织、指挥和管理。(2) 自愿的和非制裁性的行动。虽然其是由联合国决定执行的行动，但并不违反争端当事国的意志，而是经所有当事国同意而采取的。其并非为了制裁某个国家，而是基于自由同意与争端当事国进行合作的行为。(3) 除自卫外不使用武力的行动。除为自卫所必需的情况以外，其不使用武力。(4) 旨在维持现状的行动。其并不变更既存的法律或政治状态，而是旨在通过停止争端各方的敌对行动、确保停战或停火协议的遵守、缓和紧张局势来维持现状。(5) 临时性的行动。除联合国驻巴勒斯坦停战监督组织是联合国安全理事会附属机构而长期存在外，其他联合国维持和平行动都是临时的。

五、国际人道法上作战手段和方法的限制

类似题

(1) 国际人道法上的作战规则

(2) 陆海空战规则和国际人道法

1. 使用作战手段和方法的基本原则

关于作战手段和方法的一些基本原则是在武装冲突中长期发展形成的，是武装冲突法的基础，集中体现在1907年《陆战法规和惯例章程》之中。

使用作战手段和方法的基本原则主要包括以下六点。(1) 限制原则。各交战国和武装冲突各方对作战手段和方法的选择都应受到法律的限制，如禁止使用不分青红皂白的作战手段和方法，禁止使用大规模屠杀和毁灭人类的作战手段和方法，禁止使用滥杀滥伤及造成极度痛苦的作战手段和方法等。(2) 比例原则。作战手段和方法的使用应与预期的、具体的和直接的军事利益成比例，禁止过分的攻击，以及引起过分伤害和不必要痛苦性质的作战手段和方法。(3) 区分原则。区分平民居民与武装部队中的战斗员和非战斗员、有战斗能力的战斗员与丧失战斗能力的战争受难者、军用物体与民用物体、民用目标与军事目标等，并在战争与武装冲突中分别给予不同的对待。(4) 中立原则。已退出战斗的人员和平民，必须严守中立原则，不得参加军事行动。(5)"军事必要"不能解除交战国义务的原则。强调尽管存在有"军事必要"的原则，但"军事必要"不能被用来解除各交战国或武装冲突各方

尊重和适用武装冲突法的原则、规则和制度的义务。(6) 尊重国际法上的义务的原则。根据“马尔顿条款(Marten's clause)”,在国际协定未规定的情况下,平民和战斗员仍然受来源于既定习惯、人道原则和公序良俗要求的国际法原则的保护与支配。

2. 陆战中限制作战手段和方法的特殊规定

1899 年和 1907 年的《陆战法规和惯例公约》和附件《陆战法规和惯例章程》,以及 1977 年《日内瓦四公约关于保护国际性武装冲突受难者的附加议定书(第一议定书)》皆规定了陆战中限制作战手段和方法的原则和一些特殊规定,主要包括以下四点。(1) 限制或禁止使用具有过分伤害力和滥杀滥伤作用的武器。这类武器包括极度残酷的武器,如爆炸性弹丸、地雷等,以及有毒、化学和生物武器。(2) 禁止使用不分青红皂白的作战手段和方法。根据 1907 年《陆战法规和惯例章程》,禁止以任何手段攻击或轰击不设防的城镇、村庄、住所和建筑物;围攻及炮击时,凡关于宗教、技艺、学术及慈善事业的建筑物,历史纪念物,医院,伤病员收容所等,在当时不供军事上使用者,必须尽力保全。(3) 禁止使用背信弃义的作战手段和方法。1977 年第一议定书第三十七条第一款明确规定,以背弃敌人的信任为目的而诱取敌人的信任,使敌人相信其有权享受或有义务给予适用于武装冲突的国际法规则所规定的保护的行为,应构成背信弃义行为。(4) 禁止使用改变环境的作战手段和方法。1977 年第一议定书第五十五条第一款规定,禁止使用旨在或可能对自然环境造成广泛、长期和严重损害的作战手段或方法。

3. 海战中限制作战手段和方法的特殊规定

海战的主要目的是击败敌方的海军部队、消灭敌国的商船、破坏敌国的海岸军事设施。关于海战的特殊规则,主要有以下四个方面。(1) 关于战斗员、军舰和商船。交战国的海军部队包括战斗员和非战斗员,不论编入各类舰艇部队,还是编入海岸要塞部队,皆受战争法规和惯例的保护并承担相应的义务。在海战中,海军部队只能使用属于自己编制的船舰攻击敌方,禁止使用私掠船。商船改装成军舰,具有与军舰相同的地位。为了防御而使用武装商船是被允许的,但武装商船如果主动攻击敌国军舰或商船,就会失去国际法上的保护。(2) 关于海军轰击。禁止轰击不设防的城市、海港、村庄、房舍及建筑;可以轰击处在不设防地点的军事设施,但要提前通知限期拆除,如不执行,才可以轰击;地方当局如果拒绝征集海军提出的、当时必需的粮食或生活用品,可以进行轰击;轰击时必须尽力保全一切宗教、美术、技艺、慈善事业所有的建筑,历史上古迹以及医院和伤病员收容所。(3) 关于潜艇攻击。潜艇不得对遇到的商船立即攻击,在拿捕商船前应先命令它接受临检,以便确定它的性质。对拒绝临检或拿捕后不遵守指定航线的行驶者,可以加以攻击;在确有破坏商船的必要情况下,必须先将商船上的人员安置于安全地方。除对拒绝停驶或反抗临检的商船外,潜艇不得予以击沉或破坏,并且不得在将船上人员和船舶文件安置于安全地方前将该船击沉或行使不能。(4) 关于水雷和鱼雷。1907 年《关于敷设自动触发水雷公约》(海牙第八公约)对水雷和鱼雷的使用做出了规定,主要是禁止使用没有系缆的自动触发水雷,但失去控制 1 小时后失效者除外;禁止使用虽有系缆,但离开系缆后仍能为害的水雷;禁止使用射击不中以后仍有危险性的水雷;禁止以断绝贸易通航为目的,在敌国沿岸或港口敷设自动触发水雷;使用系缆自动触发水雷时,应尽力避免威胁海上和平航行的安全;中立国在其海岸使用自动触发水雷时,也应遵守上述规定。

4. 空战中限制作战手段和方法的特殊规定

空战的主要方式是轰炸,如何限制和减少空中轰炸的残忍伤害,以及如何尽可能避免对非军事目标进行轰炸是其主要问题。1907年《关于1906年7月6日日内瓦公约原则适用于海战的公约》(海牙第十公约)规定,轰炸只能针对军事部队、军事工程、军事建筑物或仓库、军工厂和用于军事目的的运输线;要尽量避免轰炸宗教、艺术、科学和慈善事业的建筑物,历史纪念物,医院船、医院及收容伤病员的其他场所。1977年第一议定书中对平民、民用物体、文物和礼拜场所、自然环境、不设防地点的保护,以及对含有危险力量的工程和装置的保护的规定均适用于空战。

六、国际人道法上的战争受难者保护

类似题

(1) 战争受难者的保护制度

(2) 日内瓦公约体系下战争受难者的保护

1. 日内瓦公约体系的特点

国际人道法上的日内瓦公约体系主要是从人道主义原则给予战争受难者以必要的保护,其中战争受难者主要包括战争或武装冲突中的伤病员、战俘和平民。

日内瓦公约体系主要由1864年《改善战地武装部队伤者境遇的公约》(1864年日内瓦公约),1906年《关于改善战地武装部队伤者和病者境遇的公约》(1906年日内瓦公约),1929年《关于战俘待遇的公约》(1929年日内瓦公约),1949年《改善战地武装部队伤者病者境遇的日内瓦公约》(1949年日内瓦第一公约)、《改善海上武装部队伤者病者及遇船难者境遇的日内瓦公约》(1949年日内瓦第二公约)、《关于战俘待遇的日内瓦公约》(1949年日内瓦第三公约)、《关于战时保护平民的日内瓦公约》(1949年日内瓦第四公约),以及1977年《日内瓦四公约关于保护国际性武装冲突受难者的附加议定书(第一议定书)》(1977年第一议定书)和《日内瓦四公约关于保护非国际性武装冲突受难者的附加议定书(第二议定书)》(1977年第二议定书)等一系列公约和议定书组成。

保护战争受难者的日内瓦公约体系具有如下特点:(1) 公约适用于任何武装冲突,即使其中一方不承认有战争状态;(2) 公约适用于缔约国参加的所有武装冲突;(3) 公约的非缔约国在接受并援用公约规定的条件下,可以同等地受公约的约束;(4) 公约也适用于缔约国的内战。

2. 伤病员的待遇

在改善战地武装部队伤者、病者方面,主要包括如下待遇:(1) 对被控伤病员予以人道主义待遇和照顾,不得基于性别、种族、国籍、宗教、政治意见或其他类似标准而有所歧视;(2) 关于被控伤病员,应遵守国际法上有关战俘的规定;(3) 战斗结束后,冲突各方应立即采取一切可能的措施以搜寻伤病者,停战或停火搬运、交换及运送遗落的受伤者;(4) 应迅速登记落于其手中的敌方伤者、病者,或死者的任何可以证明其身份的事项,并尽速转送给战俘情报局;(5) 应保证分别埋葬死者,如可能时,应经医生检查,以确定死亡,证明身份并便于做出报告;(6) 应准许居民或救济团体自动收集和照顾任何国籍的伤者、病者,任何人不得因看护伤者、病者而被侵扰或定罪。

3. 战俘的待遇

战俘是战争或武装冲突中落于敌方权力之下的合法交战者，自其被俘至其丧失战俘身份前应享受以下待遇：(1) 将战俘拘留所设在比较安全的地带；(2) 不得将战俘扣为人质，禁止暴行、恫吓、烦忧、报复，进行伤残、实验，侮辱人格和尊严；(3) 战俘应保有其被俘时所享有的民事权利，除武器、马匹、军事装备和军事文件以外的自用物品一律归其个人所有；(4) 对战俘的衣、食、住要能维持其健康水平，保障医疗和医药卫生；(5) 战俘的风俗习惯和宗教信仰得到尊重，允许其从事宗教、文化及体育活动；(6) 允许战俘与家庭通信和收寄邮件；(7) 战俘享有司法保障、辩护权和上诉权；(8) 用战俘了解的语言进行询问；(9) 不得歧视战俘；(10) 战事停止后，应立即释放并遣返战俘。

4. 战时平民的保护

在战争或武装冲突发生时，对在交战国境内的敌国平民一般应允许离境，而对继续居留者应给予以下国际人道待遇：(1) 平民不得成为攻击的对象，禁止实施暴力行为或暴力威胁；(2) 平民不得成为报复的对象；(3) 不得把平民安置在某一地点，以使该地点免受军事攻击；(4) 不得在身体及精神上对平民施加压力，强迫提供情报；(5) 禁止实施体刑、酷刑及医学实验；(6) 禁止实行集体刑法和扣为人质；(7) 不得强迫平民从事与军事行动直接相关的工作；(8) 只有在绝对需要安全的情况下，才可以把平民拘禁或安置于指定居所；(9) 对妇女和儿童予以特殊保护。

5. 占领区平民的保护

在军事占领下，占领当局只能在国际法许可的范围内行使军事管辖权，并应对平民给予以下待遇：(1) 不得剥夺平民的生存权；(2) 尊重平民的人格、荣誉、家庭、宗教信仰；(3) 不得对平民施以暴行、恐吓和侮辱；(4) 不得把平民扣为人质或进行集体惩罚，或谋杀、残害及用于实验；(5) 不得用武力驱逐平民；(6) 不得为获取情报对平民采取强制手段；(7) 不得强迫平民为其武装部队或辅助部队服务，或加入其军队；(8) 不得阻断平民正常需要的粮食和医药供应；(9) 不得废除被占领国的法律。

七、休战协定的法律地位

类似题

(1) 休战协定和战争终止
(2) 休战协定的法律意义

1. 休战协定的概念辨析

传统国际法上的休战(armistice)协定是指以交战者之间敌对行为的临时中止为内容的双边条约，其英文 armistice 是拉丁文 arma(武器)和 interstitum(间隙)的结合，意味着武力战争的临时中止。1907 年《陆战法规和惯例公约》(海牙第四公约)附件《陆战法规和惯例章程》第三十六条第一款规定，休战是交战双方通过相互协议停止战争行动；第三十七条则以敌对行为的中止是全部的还是部分的，将休战分为全面休战和局部休战。根据传统国际法，休战协定不改变战争的持续状态，战争只能根据和平条约才得以终止。

除了休战协定，传统战争法实践中还存在战斗的中止协定、和平条约、无条件投降书、停战协定、停火协定等类似概念。其中，战斗的中止(suspension of arms)协定是指为埋葬战斗中的死亡人员等特定目的而暂时中止战斗的军事协定；和平条约(treaty of peace)是指从法律或者事实上完全终止战争，并恢复正常关系的条约；无条件投降(unconditional surrender)书是指战胜者将其单方意思强加给战败者以结束战争状态的文书；停战(truce)协定原本是指短暂中止战斗行为的协定，但自从联合国安全理事会将其作为联合国维持和平行动的一项措施以来，停战则是指敌对行为的中止，但尚未达到终止战争的情形，1949 年 2 月埃及和以色列在希腊罗德岛签订的停战协定为其典型案例；停火(cease-fire)协定是指依据联合国安全理事会或其他国际组织的命令或要求，而并不依据交战双方的一致合意，中止敌对行为的情形，意味着在明示的特定地区内、特定期间内敌对行为或军事作战行为的绝对禁止，1961 年 10 月 13 日联合国刚果军和加丹加军队之间的停火要求则是一例。

2. 朝鲜军事休战协定及其内容

1953 年 7 月 27 日，朝鲜人民军最高司令官金日成、中国人民志愿军司令员彭德怀为一方，联合国军总司令马克·克拉克为一方，在朝鲜板门店签署《朝鲜军事休战协定》，停止了历时三年多的朝鲜战争。

《朝鲜军事休战协定》一共由五大条 63 个小条款构成。其中，第一条军事分界线与非军事区(共 11 个条款)规定，“确定一条军事分界线，建立一非军事区作为缓冲区，以防止发生可能导致敌对行为复发的事件”；第二条停火与休战的具体安排(共 39 个条款)规定，“敌对双方司令官命令并保证其控制下的一切武装力量，在休战协定签字后 12 小时起完全停止一切敌对行动；协定生效后 72 小时内，自非军事区撤出一切军事力量、供应和装备；协定生效后 10 天内，自对方在朝鲜的后方与沿海岛屿及海面撤除其一切军事力量；停止自朝鲜境外进入增援的军事人员”；第三条关于战俘的安排(共 9 个条款)规定，“在休战协定生效后 60 天内，各方应将其收容下的一切坚持遣返的战俘分批直接遣返，交给他们被俘前所属的一方，不得加以任何阻难；各方应将未予直接遣返的其余战俘，从其军事控制与收容下释放出来统交中立国遣返委员会(由波兰、捷克斯洛伐克、瑞典、瑞士、印度各指派委员 1 名，印度代表担任主席和执行人)”。

3. 休战协定的法律性质

传统国际法上的休战协定具有如下三种性质。(1) 双边条约。休战协定的本质是双边条约，即使在多方交战的时候，也分为两个交战方签署休战协定。(2) 简式条约。休战协定是仅以双方代表的署名，而无须交战国批准，即可生效的条约。因为在等待批准期间持续交战，休战协定所确定的情势可能会发生变化，所以仅签署就可以确定条约的约文及受条约约束的意思表示。(3) 缔约主体。同其他条约的缔结主体相比，休战协定因其交战行动和军事指挥领域的专业知识，故缔约主体应为负责作战行动的军事指挥官。

第十三章 国际争端的解决

一、国际争端的和平解决方法

类似题

(1) 国际争端的强制和非强制解决方法

(2) 国际争端的非战争解决方法

1. 国际争端及其种类

国际争端是指两个主体之间关于法律或事实的论点的分歧、在法律上的见解或利益的矛盾对立。

国际争端因其发生原因和性质的不同,可分成以下四类。(1) 法律争端。法律争端是指争端当事国的各自要求和主张是以国际法为根据的争端,在传统国际法上被称为“可裁判的争端”,是关系到国家权利问题的争端。《联合国宪章》第三十六条第三款规定:凡具有法律性质的争端,在原则上,理应由当事国以《国际法院规约》之规定提交国际法院。(2) 政治争端。政治争端是指起因于有关国家的政治利益的争端,通常是不能通过法律方法或有关争端当事国不愿意通过法律方法解决的争端,在传统国际法上被称为“不可裁判的争端”。(3) 混合争端。混合争端是指既涉及争端当事国的法律权利,也涉及其政治利益的争端,是国际关系中比较普遍的争端表现形式。这类争端既可以采用法律的解决方法,也可以采用政治的解决方法,还可以采用法律方法和政治方法并用的解决方法。(4) 事实争端。事实争端是指起因于有关争端当事国对某项事实、某种情况的真相争执不下的争端,通常是各争端当事国由于对事实问题不清楚或认识不一致,对事实真相各执一词。这类争端比较适合采用调查、和解等解决方法。

在传统国际法中,战争是解决争端的合法方法,但自进入 20 世纪之后,战争作为解决国际争端的合法手段已被国际社会彻底废弃。战争是通过武力解决争端的非和平方法,战争以外的其他方法都是和平方法。和平方法又可以分为强制的争端解决方法和非强制的争端解决方法。

2. 强制的争端解决方法

强制的争端解决方法有反报、报复、平时封锁和干涉。(1) 反报(retortion)。反报是指对某种不礼貌、不友好或不公正的行为用同样或类似行为作为还击。引起反报的行为通常包括禁止或限制商品进口或对进口商品征收高关税、歧视外国侨民、禁止移民或实行过分严格的护照条例、禁止外国船舶进入海港、宣布外交官员为不受欢迎的人并将其驱逐出境、拒绝给予外国政府通常应给予的协助等。引起反报的原因并不是国家的不法行为。反报的目的是迫使对方停止其不礼貌、不友好或不公正的行为。如果受到反报的国家改变了其行为,反报就立刻停止。(2) 报复(reprisal)。报复是指一国针对另一国的国际不法行为而采取的相应措施,以迫使对方停止其不法行为或为其不法行为所造成的损害提供赔偿。报复必须与所受损害和为取得赔偿所需要者成比例。报复措施通常包括停止执行某些措施,还包括使用武力。报复行为必须在谈判破裂后方可施行,而且不能损害第三国的利益。目的达到后,报复则要停止。(3) 平时封锁(pacific blockade)。平时封锁是指一国在和平时期以军事力量阻止船舶进出另一国的港口或领海,以迫使被封锁国接受前者所提出的解决争端条件的行为。平时封锁始于 19 世纪,是一种以武力来实现的具有严重后果的强制措施,是对被封锁国的主权的侵犯,是单方的武力行为,在现代国际法上是被禁止的行为。但如果是联合国安全理事会依据《联合国宪章》第四十二条采取的一种集体安全机制,那么其合法性不成问题。(4) 干涉(intervention)。干涉是指争端当事国以外的国家对争端的干预,目的是迫使当事国按照干涉国提出的方式解决争端。干涉措施包括向争端当事国提出警告或威胁,采取封锁、军事示威等涉及武力的行动。如果干涉是针对一国内政的,因其与不干涉内政原则相抵触,故属于非法或被禁止行为。但如果是由国际组织为实施条约规定所进行的制裁等,则为国际法所承认的种种强制行为的总称,被视为合法的行为。

3. 非强制的争端解决方法

非强制的争端解决方法包括政治的方法和法律的方法,其中政治的方法包括谈判、斡旋、调停、和解和国际调查,法律的方法包括仲裁和司法解决。

在 19 世纪末之前,属于此类方法的只有谈判、斡旋、调停和仲裁。1899 年,第一次海牙会议创立了国际调查委员会解决争端的方法。第一次世界大战前夕,通过美国国务卿布赖恩与其他一些国家签订的《布赖恩和平条约》,建立了常设调查委员会制度。1922 年,正式成立的常设国际法院标志着国际争端的司法解决制度确立。1928 年《日内瓦和平解决国际争端总议定书》规定了由争端当事国双方组织特设或常设的和解委员会解决国际争端的制度。

根据《联合国宪章》和 1970 年《国际法原则宣言》等重要国际文件的规定,和平方法应包括谈判、调查、调停、和解、公断(仲裁)、司法解决、区域机关或办法之利用或当事国选择的其他和平方法等。根据国际实践,协商或磋商也成了解决国际争端的一种重要方法。

二、国际争端的政治解决方法

类似题

(1) 国际争端的替代性解决方法

(2) 国际争端的非司法解决方法

1. 谈判与协商

谈判(negotiation)是指两个或者两个以上国家为使有关问题得到解决或获致谅解而进行国际交涉的一种方法;协商(consultation)是指在第三方的主持或者影响下,参加争端当事国会议进行谈判以解决争端的方式。

谈判和协商是和平解决国际争端的重要方法，谈判作为一种解决争端的方法在历史上早就出现，但协商作为解决国际争端的方法，其形成时间并不长。

谈判和协商的区别包括如下方面。(1) 介入的时间不同。协商可以在争端发生后为解决争端而进行接洽，也可以是在争端发生前为避免争端就潜在问题进行信息交流和意见沟通的过程中；但谈判一般是在争端发生之后。(2) 实力因素的介入不同。尽管双方地位在法律上是平等的，但谈判过程中实力因素的介入往往是主导性的，而协商过程中实力因素的介入程度较小，友好互谅的精神体现较明显。(3) 第三方的参与与否。谈判往往排除第三方的参与，而协商并不排除第三方的加入。(4) 约束力的渊源。对谈判结果的遵守是出于法律上的承诺，其中法律约束的成分多而道义约束的成分相对较少，而对协商结果的遵守更多是基于自愿和道义上的约束。

2. 斡旋与调停

斡旋(good offices)和调停(mediation)是指在争端当事国不愿意谈判或者虽经谈判但未能解决争端时，由第三方协助当事国解决争端的方法。其中，斡旋是由第三方为争端当事国提供有利于当事国双方接触和谈判的便利条件，提出自己的建议或转达各方的意见，从而促使当事国开始谈判或者重开业已停止的谈判，斡旋方不得参加当事国的谈判；而在调停或调解中，作为调停人的第三方仅为争端当事国提供开始或者重开谈判的便利，而且主持、参加谈判，向当事国提出实质性的建议作为谈判的条件，努力调和争端各方对立的主张或要求，促使他们达成解决争端的协议。

进行斡旋和调停的第三方可以是国家或国际组织，也可以是个人。斡旋和调停结束后，无论争端是否得到解决，第三方的任务即告完成，其不承担任何法律责任。

斡旋和调停在国际上既已存在，如 1899 年和 1907 年《和平解决国际争端公约》规定：(1) 争端当事国在诉诸武力之前，在情况许可的范围内，应请求友好国家进行调停，其他国家可以不待请求主动出面调停，当事国不得将此视为不友好的行为；(2) 斡旋与调停只具有劝告的性质，没有法律拘束力，争端当事国没有请求调停的义务，第三方没有进行调停的义务；(3) 调停的第三方提出的解决争端的方法被争端当事国一方宣布不予接受，调停即告终止，不论调停的结果如何，调停的第三方不负任何法律责任。

3. 调查与和解

调查(inquiry, investigation)是指根据争端当事国的协议组成国际调查委员会，协助当事国解决因实施问题而引起的争端的一种方法。在国际争端中，有些是由于基本事实不清，双方无法达成共识而不能通过谈判解决的，查清事实是解决争端的关键。争端各方通过协议成立调查委员会，对发生争端的事实进行调查，提出调查报告，为双方解决争端准备条件。调查委员会的报告只限于说明事实真相，对当事国没有法律拘束力。

调查制度由 1899 年《和平解决国际争端公约》最早确立。该公约规定：凡遇有国际争端不涉及国家荣誉或根本利益而只起因于事实的意见分歧者，如争端当事国不能以外交手段解决，则于情况许可范围内，设立国际调查委员会，进行公正认真的调查，辨清事实，以促进争端的解决。

和解(conciliation)是指争端当事国通过条约或其他形式的协议，把争端提交给一个由若干名成员组成的委员会，委员会经过对争端事实的调查和评估，提出包括解决争端建议在内的报告的一种争端解决方法。和解委员会的建议和报告没有法律拘束力，争端当事国没有必须接受的义务。和解制度在《布赖恩和平条约》所常设的调查委员会的有关规则中首次创立,通过 1928 年《日内瓦和平解决国际争端总议定书》首次以国际公约的形式确定国际和解制度。1949 年,联合国大会在修订《日内瓦和平解决国际争端总议定书》时再次确认了和解制度。1969 年《维也纳条约法公约》第六十六条及附件、1982 年《联合国海洋法公约》第二百八十四条及附件五等都做了和解相关的规定。

三、国际争端的准司法解决方法

类似题

(1) 国际争端的仲裁解决

(2) 国际仲裁裁判制度

1. 仲裁的概念和特点

仲裁,又称公断,是指争端当事国达成协议,同意将当事国之间的争端交给由双方自己选任的仲裁员来裁决并承诺服从裁决的一种国际争端解决方法。

仲裁具有如下特点:(1) 争端当事国愿意把争端提交仲裁解决,同时争端当事国有权自己选择仲裁员;(2) 仲裁裁决是根据法律做出的,争端当事国有权选择仲裁所依据的法律;(3) 仲裁裁决对争端当事国具有约束力。

2. 常设仲裁法院(the permanent court of arbitration)

常设仲裁法院是 1899 年《和平解决国际争端公约》的缔约方,根据该公约第二十条至第二十九条(1907 年《和平解决国际争端公约》第四十条至第五十条),于 1900 年在荷兰海牙建立国际争端解决机构,其由常设行政理事会、国际事务局和仲裁法院组成。其中,常设行政理事会由《和平解决国际争端公约》缔约国驻荷兰的外交代表和荷兰外交大臣组成,由荷兰外交大臣任理事会主席。国际事务局是常设仲裁法院的书记处和有关法院开庭事项的文件转达机关,负责保管档案和处理法院的一切行政事务。仲裁法院由缔约国遴选任命的若干"公认深通国际法和道德名望极高"的个人组成,每一缔约方最多可以选择任命 4 人担任仲裁员职务;两个或两个以上国家可以共同任命 1 人或数人,同一名仲裁员可以由不同的国家任命;每名仲裁员的任期为 6 年,可连选连任。由争端当事国在法院的仲裁员名单中各选定 2 名仲裁员,再由被选定的仲裁员共同选定第 5 名仲裁员,组成仲裁庭,审理和裁决争端。

3. 国际仲裁制度

国际仲裁制度的主要法律渊源是两次海牙会议制定的《和平解决国际争端公约》、1928 年国际联盟通过的《日内瓦和平解决国际争端总议定书》和 1958 年联合国国际法委员会制定的《仲裁程序示范规则(草案)》。其中,《仲裁程序示范规则(草案)》只具有参考的作用,在争端当事国选用的情况下才有拘束力。

国际仲裁制度主要包括以下内容。(1) 仲裁条约、仲裁协定和仲裁条款。一般通过订立仲裁条约或协定,争端当事国表明仲裁合意,承担诚实服从和执行仲裁裁决的义务;或者条约或国际公约规定,在一定的条件下以仲裁的方法解决有关条约或国际公约解释或适用中所产生的争端时，则表明争端当事国同意把争端的全部或部分提交仲裁解决。(2) 仲裁的范围。一般是法律性质的争端，以及争端当事国认为可以提交仲裁解决的其他争端，涉及国家重大利益、独立、名誉或第三国利益的争端，以及关于一国国内管辖事项、过去的争端、特殊的领土和政治利益的争端等，则被视为不宜仲裁的争端。(3) 仲裁庭的组成。仲裁庭通常由3人组成，有时也由5人组成；争端各方可选任其中1名或2名，然后双方共同指派或由被选任的仲裁员共同指派第3名或第5名仲裁员。(4) 仲裁庭适用的法律和程序。争端当事国可以事先就仲裁所适用的法律和程序达成协议，也可以以公平原则，基于仲裁庭自定程序进行仲裁。(5) 仲裁裁决的效力。仲裁裁决是最终的，对提交仲裁解决的争端当事国有拘束力，各争端当事国应善意地诚实遵守和执行仲裁裁决。

四、国际争端的司法解决方法

类似题

(1) 国际法院的管辖权和诉讼程序

(2) 国际法院的司法制度

1. 国际司法机构的创立和发展

司法解决是指争端当事国把他们之间的争端提交给一个事先成立的、由独立的法官组成的国际法院或国际法庭，根据国际法对争端当事国做出具有拘束力的判决。

在1907年第二次海牙和平会议上，与会国家第一次正式讨论了建立一个世界范围内的法院以解决国际争端的问题，但最终仅制定出国际仲裁法院的框架。会议还通过了一项关于建立国际捕获法院的公约草案，但由于没有得到任何国家的批准，国际捕获法院始终未能建立起来。

第一次世界大战以后，随着国际联盟的创立，国际社会建立真正意义上的国际常设司法机构的计划才得以实现。《国际联盟盟约》第十四条规定，行政院应制定设立常设国际法院的计划，交联盟各会员国采用，凡各方提出属于国际性质的争议，该法院有权审理并判决。1920年12月13日，国际联盟通过了《常设国际法院规约》，常设国际法院于1922年在海牙正式宣告成立。截至1946年1月1日解散时，常设国际法院共受理了66个案件，其中诉讼案有38件、咨询案有28件。

第二次世界大战以后，联合国大会和安全理事会根据《联合国宪章》第七条和第四十二条，于1946年2月6日选出国际法院的首任法官，国际法院于4月3日正式成立。国际法院是联合国的六个主要机关之一，是联合国的主要司法机关。《国际法院规约》是《联合国宪章》不可分割的一部分，联合国会员国是《国际法院规约》的当然缔约国。

2. 国际法院的构成

根据《国际法院规约》，国际法院由15名独立的法官组成，其中不得有2人有同一国家的国籍。国际法院的法官全体应能代表世界各大文化及各主要法系，因此法官的席位是按地区分配的，按照目前的方案，由亚洲3人、非洲3人、拉丁美洲和加勒比地区2人、东欧地区 2 人、西欧地区及其他地区 5 人组成。按照惯例，联合国安全理事会各常任理事国在国际法院均应有本国的法官。中国是 1984 年由倪征日奥出任国际法官，1993 年史久镛接任国际法官，现任中国籍国际法官是薛捍勤。

国际法院在审理案件时，法官对本国为当事一方的案件有权参加审理，不适用回避制度，法官只有对曾经参与的案件才不得参加审理。

受案法庭是国际法院司法活动的基本单位，根据案件情况不同，受案法庭的类别亦不相同，可分为普通法庭和分庭两大类。(1) 普通法庭。普通法庭由组成国际法院的全部 15 名常任正式法官组成，若因故不能出席，也必须有 9 人才能构成法定人数。若当事国在法庭中没有本国国籍的法官，则可临时选派一名专案法官参与组成普通法庭。案件若涉及特殊知识领域，国际法院可委派一名或数名不具表决权的襄审官共同组成受案法庭，以普通程序审理呈送案件。(2) 分庭。分庭一般由常任正式法官的一部分组成，某些情况下还可包括专案法官和不具表决权的襄审官。分庭包括：① 特种案件分庭，由法官 3 人或 3 人以上组成，以普通程序或简易程序处理劳工案件、过境与交通案件等特种案件；② 特定案件分庭，由国际法院经当事国同意后决定的一定数目的法官组成，以普通程序或简易程序处理不特定种类的某一案件；③ 简易程序分庭，每年由法官 5 人组成一个，处理案件时应包括正式法官和专案法官，以简易程序处理不特定种类的案件。

国际法院的管辖权包括诉讼管辖权和咨询管辖权。(1) 诉讼管辖权。国际法院的诉讼管辖权包括对国家管辖权和对事管辖权。① 对国家管辖权。《国际法院规约》第三十四条第一款规定，在法院得为诉讼当事者，限于国家。因此，只有国家才能在国际法院成为诉讼当事方。联合国会员国是《国际法院规约》的当然当事方。非联合国会员国的国家也可以根据《联合国宪章》第九十三条第二款规定的条件，成为《国际法院规约》的当事方。国际法院的诉讼管辖权是建立在国家同意的基础之上的。② 对事管辖权。《国际法院规约》第三十六条规定，国际法院的对事管辖权有三类：争端当事国提交的一切案件，且不限于法律性质的争端(自愿管辖)；《联合国宪章》和现行条约中特别规定的事件或争端(协定管辖)；国家事先声明接受国际法院管辖的一切法律争端(任择性强制管辖)。(2) 咨询管辖权。咨询管辖权是指国际法院作为联合国的司法机关，应有关国际组织或机构的请求，有对有关法律问题提供权威性的意见的权利。《联合国宪章》第九十六条规定：大会及安全理事会得请求国际法院就任何法律问题发表咨询意见；联合国其他机关及各种专门机关，对于其工作范围内的任何法律问题，得随时以大会之授权，请求国际法院发表咨询意见。有权请求国际法院发表咨询意见的联合国五个机关中除了联合国大会、安全理事会、国际法院，还有经济及社会理事会、托管理事会和秘书处，16 个专门机构和其他机构是国际劳工组织，联合国粮食及农业组织，联合国教育、科学及文化组织，国际民用航空组织，世界卫生组织，国际复兴开发银行，国际金融公司，国际开发协会，国际货币基金组织，国际电信联盟，世界气象组织，国际海事组织，世界知识产权组织，国际农业发展基金，联合国工业发展组织和国际原子能机构。

根据《国际法院规约》第三十八条，国际法院根据国际法审判案件，可适用的法律有国际条约、国际习惯、为文明各国所承认的一般法律原则、作为确定法律原则的辅助资料的司法判例和各国权威最高法学家的学说。此外，经诉讼当事国同意，国际法院还可以依照公允及善良原则裁定案件。

国际法院的诉讼程序如下。(1) 起诉。《国际法院规约》第四十条规定，争端当事国以请求书或特别协议的形式向国际法院提出诉讼案件。以请求书的方式起诉(institution of proceedings),必须在请求书中写明请求当事国、被告国和争端事项,并应尽可能说明法院管辖权的根据和诉讼请求的确切性质,简要陈述诉讼请求所依据的事实和理由;以特别协议的方式起诉,争端当事国应将其订立的特别协议通知法院书记官长,通知书应写明争端的明确事项及争端当事国。(2) 诉讼。国际法院的诉讼程序分为书面程序和口头程序。书面程序是指将诉状(memorial)、辩诉状(counter memorial)及必要时的答辩状,连同可用于证明的各种文件和公文,送达国际法院和各诉讼当事国。口头程序是指国际法院询问证人、代理人、鉴定人、律师和辅佐人,由院长或副院长主持,公开进行,除非国际法院另有决定或争端当事国要求公众不得旁听的情况除外。(3) 判决及其执行。国际法院的判决是终审判决,不得上诉。判决对各争端当事国有拘束力。《国际法院规约》对判决的执行不置一词,留交国际法院以外的机构去解决。《联合国宪章》第九十四条规定:联合国每一会员国为任何案件的当事国,承诺遵行国际法院的判决;遇有一方不履行依法判决应负之义务时,他方得向安全理事会申诉,安全理事会认为有必要时,得做出建议或决定应采取办法,以执行判决。

3. 其他司法或准司法机构

除国际法院和常设仲裁法院之外,国际上仍有不少类似的司法或准司法机构,包括:(1) 裁决国家间争端的机构,如国际海洋法法庭、世界贸易组织争端解决机构等;(2) 裁判公权力与个人之间争端的机构,如国际刑事法院、欧洲人权法院、联合国行政法庭、国际劳工组织行政法庭、世界银行行政法庭、国际投资争端解决中心等;(3) 区域一体化组织的司法机构,如欧盟法院。

五、国际刑事司法制度

类似题

(1) 国际罪行的惩治制度

(2) 常设国际刑事法院与其他国际刑事法庭的区别

1. 国际刑事司法机构的发展

随着国际刑法的发展,国际社会已成立不少惩治国际罪行的国际刑事司法机构。从性质上看,其可分为特设机构、混合机构和常设机构等三种类型。

(1) 特设国际刑事法庭

特设(ad hoc)国际刑事法庭是为了起诉和惩治在某一时间内、某一地方发生的某些特征罪行而设立的国际刑事司法机构,具有临时性质。纽伦堡国际军事法庭、远东国际军事法庭、前南国际刑事法庭、卢旺达国际刑事法庭、黎巴嫩特别法庭等属于特设国际刑事法庭。

其中,成立前两个军事法庭的目的是惩治战争罪犯,主要战争罪犯是当年德国和日本政府中对国家侵略战争政策的制定和侵略战争的进行起重大作用的战争罪犯。纽伦堡国际军事法庭和远东国际军事法庭对战争罪犯进行审判并定罪为在国际法上确立战争罪、灭绝种族罪、危害人类罪和侵略罪等国际犯罪,以及个人的国际刑事责任原则奠定了重要的基础,是第二次世界大战后国际法和国际关系中的一件大事。

联合国安全理事会在《联合国宪章》第七章规定的基础上，分别于 1993 年 5 月和 1994 年 11 月通过第 827 号和第 955 号决议，决定设立特设国际刑事法庭来审理在南斯拉夫境内发生的大规模屠杀平民百姓等罪行和在卢旺达境内发生的种族灭绝和其他严重违反国际人道法的罪行。联合国安全理事会将在南斯拉夫和卢旺达境内的武装冲突中发生的严重国际罪行视为对国际和平与安全构成威胁，通过决议成立两个特别司法机构，以便其依法起诉对这些罪行负有刑事责任的人并交付法庭进行审判，这是国际刑事法律制度的重要实践。

黎巴嫩特别法庭也是联合国安全理事会成立的特设国际刑事法庭，是根据黎巴嫩政府的申请，由联合国安全理事会通过第 1664(2006)号和第 1757(2007)号决议成立的一个特别法庭，旨在对向黎巴嫩总理及其他人进行袭击的负责人提起诉讼。黎巴嫩特别法庭由法官、检察官、书记官处和辩护方办公室等四个部分构成，由黎巴嫩法官和国际法官以及国际检察官共同组成，具有国际法庭与国内法庭的混合性质。

(2) 混合型法庭

混合型法庭是在尊重国家主权的前提下，根据当事国的请求或者同当事国的协商结果，适用国际标准，公开审判严重国际罪行，实现正义和公正的国际刑事法庭。如东帝汶严重罪行特别法庭、塞拉利昂特别法庭、柬埔寨特别法庭、非洲特别法庭等属于混合型法庭。

东帝汶严重罪行特别法庭是 2000 年根据联合国东帝汶过渡行政当局于 1999 年颁布的法令而建立的，是对 1999 年在东帝汶境内发生的严重罪行的嫌疑人进行起诉和审理的特别法庭，是在帝力地区法院内设立的一个由国际法官和当地法官组成的特别法庭。

塞拉利昂特别法庭是 2002 年 1 月 16 日通过塞拉利昂政府与联合国签署的协议而建立的，是为起诉和审判“自 1996 年 11 月 30 日以来发生在塞拉利昂境内的严重违反国际人道法和塞拉利昂法律而负最大责任的人，包括那些对塞拉利昂和平进程的确立和执行构成威胁的人”的特别法庭。

柬埔寨特别法庭是根据 2003 年《联合国和柬埔寨王国政府关于按照柬埔寨法律起诉在民主柬埔寨时期实施的罪行的协定》而建立的，是以“审判民主柬埔寨高级领导人和那些在 1975 年 4 月 17 日至 1979 年 1 月 6 日之间发生的犯罪和严重违反柬埔寨刑法、国际人道法和习惯以及柬埔寨承认的国际公约的行为而负主要责任的人”为目的的特别法庭，是在柬埔寨法院内设立的一个国际和国内混合型的法庭。

非洲特别法庭是 2012 年 8 月，塞内加尔和非洲联盟通过协议，为审理乍得前总统哈布雷而专门成立的一个法庭，只审理哈布雷在任期内所犯下的四种罪行：灭绝种族罪、反人道罪、战争罪，以及由非洲特别法庭界定的酷刑罪。非洲特别法庭虽然被认为是塞内加尔司法体制的一部分，但其适用国际法，其中包括塞内加尔政府与非洲联盟达成的协议和规约。

(3) 常设国际刑事法院

国际刑事法院是根据自 2002 年 7 月 1 日起正式生效的《国际刑事法院罗马规约》而成立的，对犯有灭绝种族罪、危害人类罪(反人道罪)、战争罪、侵略罪的个人进行起诉和审判的常设性法院，在世界范围内都有管辖权。但是国际刑事法院对国际罪行的管辖权具有特定的条件，即只有当一国的国内法院不愿意或不能够进行审理时，国际刑事法院才可以行使管辖权。即，国际刑事法院成立的目的，不是包揽对所有国际法下灭绝种族罪、危害人类罪、战争罪和侵略罪的起诉和审理，而只是对国家管辖起一种“补充”的作用，以防止犯有规约规定的严重罪行的人逃脱法律的惩罚。

2. 国际刑事法院的管辖罪行

根据《国际刑事法院罗马规约》，国际刑事法院所管辖的罪行有灭绝种族罪、危害人类罪（反人道罪）、战争罪和侵略罪。

(1) 灭绝种族罪

《国际刑事法院罗马规约》第六条规定，灭绝种族罪是指蓄意全部或局部消灭某一民族、族裔、种族或宗教团体而实施的下列任何一种行为：① 杀害该团体的成员；② 致使该团体的成员在身体或精神上遭受严重伤害；③ 故意使该团体处于某种生活状况下，以毁灭其全部或局部的生命；④ 强制实行办法，意图防止该团体内的生育；⑤ 强迫转移该团体的儿童至另一团体。国际刑事法院在《罪行构成要件》(*Elements of Crimes*)中进一步明确，该罪须具备杀害行为的存在、行为致使一人或多人在身体或精神上遭受严重伤害、行为人强制实行办法来意图防止生育，以及强迫转移不满 18 周岁的儿童等要件。

(2) 危害人类罪

《国际刑事法院罗马规约》第七条规定，危害人类罪是指在广泛或有系统性地针对任何平民人口进行的攻击中，在明知这一攻击的情况下，作为攻击的一部分而实施：谋杀；灭绝；奴役；驱逐出境或强行迁移人口；违反国际法基本规则，监禁或以其他方式严重剥夺人身自由；酷刑；强奸、性奴役、强迫卖淫、强迫怀孕、强迫绝育或严重程度相当的任何其他形式的性暴力；基于政治、种族、民族、族裔、文化、宗教、第三款所界定的性别，或根据公认为国际法不容的其他理由，对任何可以识别的团体或集体进行迫害，而且与任何一种本款提及的行为或任何一种本法院管辖权内的犯罪结合发生；强迫人员失踪；种族隔离罪；故意造成重大痛苦，或对人体或身心健康造成严重伤害的其他性质相同的不人道行为。

其中，“针对任何平民人口进行的攻击”是指根据国家或组织攻击平民人口的政策，或为了推行这种政策，针对任何平民人口多次实施上述行为的行为过程；“灭绝”包括故意施加某种生活状况，如断绝粮食和药品来源，目的是毁灭部分的人口；“奴役”是指对一人行使附属于所有权的任何或一切权力，包括在贩卖人口，特别是贩卖妇女和儿童的过程中行使这种权力；“驱逐出境或强行迁移人口”是指在缺乏国际法容许的理由的情况下，以驱逐或其他胁迫行为，强迫有关的人迁离其合法留在的地区；“酷刑”是指故意致使在被告人羁押或控制下的人的身体或精神遭受重大痛苦，但不应包括纯因合法制裁而引起的，或这种制裁所固有或附带的痛苦；“强迫怀孕”是指以影响任何人口的族裔构成的目的，或以进行其他严重违反国际法的行为的目的，非法禁闭被强迫怀孕的妇女，本定义不得以任何方式解释为影响国内关于妊娠的法律；“迫害”是指违反国际法规定，针对某一团体或集体的特性，故意和严重地剥夺基本权利；“种族隔离罪”是指一个种族团体对任何其他一个或多个种族团体，在一个有计划地实行压迫和统治的体制化制度下，实施性质与上述行为相同的不人道行为，目的是维持该制度的存在；“强迫人员失踪”是指国家或政治组织直接地，或在其同意、支持或默许下，逮捕、羁押或绑架人员，继而拒绝承认这种剥夺自由的行为，或拒绝透露有关人员的命运或下落，目的是将其长期置于法律保护之外。

国际刑事法院在《罪行构成要件》中进一步规定，“每项危害人类罪的最后两个要件描述行为发生时的必要背景情况。两个要件明确规定参加且明知系广泛或有系统性地针对平民人口进行的攻击为构成要件。但最后一个要件不应被解释为必须证明行为人知道攻击的所有特征,或国家、组织的计划或政策的细节。如果广泛或有系统性地针对平民人口进行攻击为新出现的情况,最后一个要件的故意要素是行为人有意推行这种攻击,即具备这一心理要件的该当性”。此外,针对平民人口进行的攻击不必构成军事攻击,“攻击平民人口的政策”意指国家或组织积极推动或鼓励攻击平民人口的行为。

(3) 战争罪

《国际刑事法院罗马规约》第八条规定,战争罪是指第一,“严重破坏1949年8月12日《日内瓦公约》的行为,即对有关的《日内瓦公约》规定保护的人或财产实施故意杀害;酷刑或不人道待遇,包括生物学实验;故意使身体或健康遭受重大痛苦或严重伤害;无军事上的必要,非法和恣意地广泛破坏和侵占财产;强迫战俘或其他被保护人在敌国部队中服役;故意剥夺战俘或其他被保护人应享的公允及合法审判的权利;非法驱逐出境或迁移或非法禁闭;劫持人质等任何一种行为”;第二,“严重违反国际法既定范围内适用于国际性武装冲突的法规和惯例的其他行为,如故意指令攻击平民人口本身或未直接参加敌对行动的个别平民,故意指令攻击民用物体,即非军事目标的物体等”;第三,“在非国际性武装冲突中,严重违反1949年8月12日四项《日内瓦公约》共同第三条的行为,即对不实际参加敌对行动的人,包括已经放下武器的武装部队人员,以及因病、伤、拘留或任何其他原因而失去战斗力的人员,实施对生命与人身施以暴力,特别是各种谋杀、残伤肢体、虐待及酷刑;损害个人尊严,特别是侮辱性和有辱人格的待遇;劫持人质;未经具有公认为必需的司法保障的正规组织的法庭宣判,径行判罪和处决等任何一种行为”。

国际刑事法院在《罪行构成要件》中进一步规定,“对于为每项犯罪开列的最后两个要件,不要求行为人做出法律评价,断定是否存在武装冲突,或断定冲突的国际性质或非国际性质;不要求行为人知道据以确定冲突的国际性质或非国际性质的事实”。

(4) 侵略罪

《国际刑事法院罗马规约》第五条将“侵略罪”作为“整个国际社会关注的最严重犯罪”纳入国际刑事法院所管辖的罪行,但并未界定“侵略罪”的定义,只规定应符合《联合国宪章》的有关规定。但2010年6月12日,在乌干达首都坎帕拉会议上,国际刑事法院成员国通过了一项修正《国际刑事法院罗马规约》的决议,该修正案于2016年正式生效。在新增加的第八条之二当中,对“侵略罪”的定义如下:侵略罪是指能够有效控制或指挥一个国家的政治或军事行为的人策划、准备、发动或实施一项侵略行为,此种侵略行为依其性质、严重性和规模,构成对《联合国宪章》的明显违反。其中,“侵略行为”是指一国使用武力侵犯另一国的主权、领土完整或政治独立,或以与《联合国宪章》不符的任何其他方式使用武力的行为。

3. 国际刑事法院的管辖权和可受理性

《国际刑事法院罗马规约》第五条规定,法院管辖权应限于整个国际社会共同关切的严重罪行,即灭绝种族罪、危害人类罪、战争罪和侵略罪。

在国家接受法院管辖权的方式上,《国际刑事法院罗马规约》第十二条第一款规定,一国成为本规约缔约国,即接受本法院对上述四种罪行的管辖权。根据第十二条第二款的规定,只要犯罪发生地国或罪犯国籍国中有一个国家接受了法院的管辖或成为《国际刑事法院罗马规约》的缔约国,国际刑事法院就可以行使管辖权。此外,一国在成为《国际刑事法院罗马规约》的缔约国时,可以做出声明,表示在规约对其生效后的7年内,如果该国是犯有战争罪的人的国籍国,或战争罪是在其领土上发生的,该国可以不接受法院对战争罪的管辖。

4. 国际刑事法院的诉讼程序

国际刑事法院的诉讼程序包括初步审查、调查、预审、审判、上诉和裁决执行等六个阶段。

(1) 初步审查阶段

检察官办公室必须确定是否有足够的证据证明属于国际刑事法院管辖范围的足够严重的罪行，是否有真正的国家诉讼程序，以及展开调查是否符合司法和受害者的利益。

如果不符合启动调查的要求，或者情势或罪行不在国际刑事法院的管辖范围内，国际刑事法院的检方就无法进行调查。

(2) 调查阶段

在收集证据并确定嫌疑人后，检方要求国际刑事法院法官发布逮捕令，即国际刑事法院依靠各国进行逮捕并将嫌疑人移交给国际刑事法院，或发布出庭传票，即嫌疑人自愿出庭(否则，可以发出逮捕令)。

如果不符合启动调查的要求，或者情势或罪行不在国际刑事法院的管辖范围内，国际刑事法院的检方就无法进行调查。检方可以通过提出新的证据，再次要求确认指控。

(3) 预审阶段

在被调查人被移交给国际刑事法院或其自动到庭候审后，预审分庭应当举行听讯，以确认检察官准备提请审判的指控。一般情况下，检察官、被指控的人及其律师双方在听讯时应当在场。如果被指控的人放弃出庭权利，或已逃逸、下落不明，也可以在其不在场的情况下进行听讯。听讯前，预审分庭应当向被指控的人送达指控的文件副本并告知检察官在听讯时准备使用的证据。

检察官在听讯前可以修改、撤销指控，但必须在听讯前通知被指控的人。如撤销指控，应将撤销理由通知预审分庭。

预审分庭经过听讯，应当确定是否有充足证据证明被指控的人实施了指控的犯罪。如认为指控有充分理由，即将该人交付审判；对于证据不足的指控，不予确认。如果事实不清、证据不足，可以要求检察官进行进一步调查，提出新的证据。预审实际上起到了确认起诉的作用，检察官的指控只有得到预审分庭的确认，才能正式进入审判程序。

(4) 审判阶段

在3名审判法官面前，控方必须无合理怀疑地证明被告有罪。法官考虑所有证据，然后做出判决，当有罪判决时，做出有罪判决。法官可以判处一个人最高30年的监禁，在特殊情况下，可以判处无期徒刑。法官还可以下令对受害人进行赔偿。辩方和检察官可对判决提出上诉。

如果没有足够的证据，案件就结案，被告被释放。辩方和检察官均可对无罪判决提出上诉。

(5) 上诉阶段

检察官和辩方均有权对审判分庭关于判决(被告有罪或无罪的决定)和判刑的决定提出上诉。受害人和被定罪人可以对赔偿令提出上诉。上诉由上诉分庭的5名法官裁决，他们与做出原判决的法官绝不是相同的法官。上诉分庭决定是否维持、修改或推翻上诉的裁决。因此，除非上诉分庭下令在审判分庭重新审判，否则这是最后判决。

(6) 裁决执行阶段

由于国际刑事法院没有自己的监狱等执行机构，其裁决的执行只能交由有关缔约国进行。各缔约国应当根据公平分配原则，分担执行徒刑的责任。为了执行徒刑，国际刑事法院可以从表示愿意执行徒刑的国家名单中指定一个国家，被指定国家应当尽快将是否接受法院指定、承担执行徒刑的情况通知国际刑事法院。国际刑事法院在指定某一国家执行徒刑时，应当考虑该国是否具备有关囚犯待遇的国际标准、被判刑人的国籍及意见、是否能够使徒刑得以有效执行。如果某一罪犯不具备指定在某一国家执行的条件，就只能在法院所在东道国提供的监狱执行徒刑。在执行徒刑过程中，被判刑人可以随时申请法院将其转移出执行国，法院也可以随时决定将被判刑人转移到另一国监狱。被判刑人服刑期满后，如果他并非执行国国民，除非执行国准许其留在该国境内，该人可以被转移到有义务接受该人的国家，或者移送到同意接受该人的其他国家。在一国执行徒刑期间，执行国不得对国际刑事法院的判决进行修改，徒刑判决对缔约国具有约束力。在国际刑事法院宣判的刑期届满之前，执行国不得释放被判刑人。①

① 杨永红：《国际刑事法院的诉讼程序》，北京法院网（2012 年 9 月 3 日），https://bjgy.bjcourt.gov.cn/article/detail/2012/09/id/887321.shtml，访问日期：2023 年 11 月 20 日。

第十四章 国际责任法

一、国际责任法的编纂

类似题

(1) 国际责任制度的形成与发展

(2) 联合国框架下有关国际责任规则的编纂

1. 国际责任和初级、次级责任规则

国际责任(international responsibility)是国家在国际社会中因不法行为或跨境损害性后果而承担的责任,联合国国际法委员会称前者为国家责任(state responsibility),称后者为国际赔偿责任(international liability)。国家责任是国家因从事了国际违法行为而承担的国际法上的责任,而国际赔偿责任是指国际法不加禁止的行为所产生的损害性后果的责任。

在国际关系中,国家之间通过条约或国际习惯法承担了各种不同的国际义务。一国违反了它所承担的义务将引起法律后果,即国家责任。将规定实体权利和义务的规则称为"一级规则"或"初级规则",如"主权平等原则""不干涉内政原则""外交使团不可侵犯原则"等。如果国家违反了这类规则,在国际法上就会产生一定的后果。调整这些法律后果的规则被称为"二级规则"或"次级规则",国际责任法则属于这类规则。

"初级规则"和"次级规则"的划分是由特别报告员罗伯特·阿戈(Roberto Ago)制定的,其划分两类规则的主要原因有以下两点。(1) 属于"初级规则"的国际法的实体规则包含在条约和国际习惯法中。在条约和国际习惯法不断发展的情况下,不可能对这些实体规则都进行编纂。(2) 起草国家责任条款的便利。这样将容许国家责任条款重申或发展一般的责任规则,而无须解决实施该规则中可能引起争议的问题。例如,国家责任是否因一国对他国造成了损害(damage)或伤害(injury)才引起的。这些都是"初级规则"所关注的问题,也就是取决于"初级规则"或实体规则的规定。这样将有争议的问题分离出去,国家责任法草案就得以顺利进行。

2. 国际责任规则的编纂工作

国际责任规则的内容随着国际关系的发展,第二次世界大战后,特别是 20 世纪 60 年代以来发生了很大的变化。

(1) 第二次世界大战之前

从 19 世纪后期起,有关国际责任的国际法就通过了许多仲裁裁决,逐渐形成了习惯法规则。1930 年 3 月 13 日—4 月 12 日,在海牙举行的国际法编纂会议虽然讨论过国际责任问题,但由于分歧太大,没有缔结任何条约。

在过去相当长的时间里,国家责任所研究的内容主要是外国人及其财产造成的损害而引起的国家责任。哈佛大学国际法研究中心起草的关于国家责任公约的草案，以及国际法委员会早期的关于国家责任的编纂主要都是有关对外国人及其财产造成损害的赔偿责任，在很大程度上反映了发达工业化国家在海外扩张中保护其投资利益的需要，因此受到了很多发展中国家和国际法学者的批评。

（2）第二次世界大战之后

国际责任问题是1949年国际法委员会成立后首次列入14个编纂议题中的一个，如国际条约法、国际海洋法等，但是真正开始着手编纂是1953年。

国际法委员会在1955年第7届会议上指定加西亚·阿马多(Garcia Amador)担任该专题报告的特别报告员。1956—1961年，阿马多连续向国际法委员会的6届会议提交了6份报告，全面论述了由外国人的人身及财产造成损害的责任问题。

在1963年罗伯特·阿戈担任特别报告员之后，国家责任的编纂方向才摆脱了仅限于外国人的人身伤害和财产损害的现象，并把侵害外国的环境和自然资源等一般国际不法行为所产生的责任，包括侵犯他国主权、从事侵略战争、严重违反国际人道主义法，以及破坏国际和平与安全等国际罪行的责任都包括在国家责任的编纂工作中。由于这一根本性的发展，国家责任理论提出了两个重要的国际法概念，即国际法不加禁止行为所造成的损害性后果引起的国际赔偿责任概念，以及国际不法行为引起的国家责任概念。

罗伯特·阿戈在国家责任法草案的奠定过程中所做出的贡献是非常巨大的，但是就因为把国际不法行为引起的国家责任和国际法不加禁止行为所造成的损害性后果引起的国际赔偿责任都包括在一个草案中，混为一谈，国际责任公约的编纂工作一度进展得非常缓慢。直至1978年第30届会议上，国际法委员会才把“国际法不加禁止的行为所产生的损害性后果的责任”这一专题单独列入工作方案，任命罗伯特·昆廷-巴克斯特(Robert Quentin-Baxter)为特别报告员。这样与国际责任相关的公约编纂工作分成两路继续进行。1994年第46届会议和1995年第47届会议一读暂时通过了《关于国际法不加禁止行为所产生的损害性后果的国际责任》的部分条款及其评注。

1997年，詹姆斯·克劳福德(James Crawford)担任国家对国际不法行为引起的责任公约的特别报告员。克劳福德共提供了4份研究报告，最终2001年8月9日第2709次会议二读通过了《国家对国际不法行为的责任条款草案》的案文。2001年12月，联合国大会通过了《国家对国际不法行为的责任条款草案》的决议。

跟国家责任不同，国际责任则碰到了许多诸如概念不清、赔偿责任和预防责任共同讨论还是分开研究等问题。因此，在1997年第49届会议上，国际法委员会决定将“预防”问题和“国际责任”问题予以分别处理。国际法委员会在1998年第50届会议上一读通过了包含17个条款的《关于预防危险活动的跨界损害的条款草案》。国际法委员会在2001年第53届会议上通过了序言草案和包含19个条款的《关于预防危险活动的跨界损害的条款草案》定本，从而结束了对本专题第一部分的审议工作。

国际法委员会在2002年第54届会议上恢复审议本专题第二部分，并任命彭马拉朱·斯里尼瓦萨·拉奥(Pemmaraju Sreenivasa Rao)为特别报告员。2004年7月23日，国际法委员会审议了以特别报告员为首的起草委员会的报告，一读通过了《关于在危险活动造成的跨界损害案件中损失分配的原则草案》。在2006年第58届会议上，国际法委员会通过了《关于危险活动造成的跨界损害案件中损失分配的原则草案》。

(3) 国际组织的国际责任问题

在2000年第52届会议上，国际法委员会决定将国际组织的责任问题列入其长期工作方案。2002年，国际法委员会任命乔治·加亚(George Gaja)为该专题的特别报告员并设立专题工作组。工作组在其报告中简要讨论了国际组织的责任问题专题的范围，其与《国家对国际不法行为的责任条款草案》的关系、行为归属问题、与成员国对归于国际组织的行为的责任有关的问题，以及与责任的内容、责任的履行和争端的解决有关的问题。2011年6月，国际法委员会二读通过了国际组织责任的67个条款并提交给了联合国大会。国际法委员会建议联合国大会通过一项决议注意到国际组织的责任条款草案并将该条款草案附在决议之后，考虑在以后某个阶段以该条款草案为基础拟定一项公约。

二、国家的不法行为与国际责任

类似题

(1) 国际不法行为的责任制度

(2) 不法行为引起的国家责任制度

1. 国际不法行为的责任构成要件

一个国家对于本国的国际不法行为应当承担国际责任，这是一项国际法原则。在1927年德国和波兰之间的“霍茹夫工厂案”的判决中，常设国际法院强调，“任何对约定的违背就导致以适当方式进行赔偿的国家责任，这是国际法的一项原则”；在1990年新西兰和法国之间的“彩虹勇士号案”中，仲裁庭认为，“一国任何违背义务的行为，不论其起源为何，都引起国家责任”。

一国的国际不法行为在下列情况下发生：由作为或不作为构成的行为依国际法归于该国，并且该行为构成对该国国际义务的违背。

(1) 国际不法行为

一国违反该国所承担的国际义务时，就构成国际不法行为(international wrongful act)。这种行为既包括作为，也包括不作为。作为，是指行为者积极的、直接的行为导致违反国际义务而对他方的权益造成了损害；不作为，是指行为者以消极的态度不忠实地履行自己所承担的国际义务，或不能有效地制止或补救，甚至放纵或怂恿个人或团体的不法行为而对他方的权益造成了损害。

在外国外交使团的安全受到威胁时，驻在国政府没有采取及时、有效的保护措施，致使外交使团受到骚扰和入侵，造成损害，这就要引起驻在国的国家责任。例如，在“美国驻德黑兰外交与领事人员案”中，伊朗政府违背了保护外交官员安全的义务，是伊朗政府的不作为；在“科孚海峡案”中，国际法院认定，阿尔巴尼亚没有及时通知过境的英国军舰本国海域中布有水雷的情况，构成阿尔巴尼亚的“各国不得允许本国的领土被用来从事违反他国权利的活动”义务的违反。

国际不法行为的定性应根据国际法。在把一国的行为定性为国际不法行为时，须遵守国际法，不因国内法把同一行为定性为合法行为而受到影响。就国家责任而言，国际义务无论是基于国际条约，还是基于国际习惯法，都引起国家责任。在1922年“温布尔顿号案”中，常设国际法院认为单个国家发布的命令不能凌驾于国际条约的规定之上，根据《凡尔赛和约》第三百八十条，德国负有明确的义务，应让温布尔顿号通过基尔运河，德国不能以本国的中立法令来否定德国按照该条约所接受的义务。

一国的行为是在国际义务对该国有约束力的时期构成对该义务的违背。一国的行为如不符合国际义务对其的要求，即违背国际义务，而不论该义务的起源或特性为何。没有持续性的一国行为违背国际义务时，该行为发生的时刻即违背国际义务行为发生的时刻，即使其影响持续存在。有持续性的一国行为违背国际义务时，该行为延续的时间为该行为持续且一直不遵守该义务的整个期间。一国违背要求其防止某一特定事件之国际义务的行为开始于该事件发生的时刻，该行为延续的时间为该事件持续且一直不遵守该义务的整个期间。

一国通过被一并定义为不法行为的一系列作为或不作为违背国际义务的情势，开始于一项作为或不作为发生的时刻，该作为或不作为连同其他的作为或不作为足以构成不法行为。在上述情况下，该违背国际义务行为持续的时间为从一系列作为或不作为中的第一个开始发生到此类行为再次发生，并且一直不遵守该义务的整个期间。

(2) 国家不法行为的归责性

国家作为国际法的主体，其行为由组成国家机器的各个机关或个人来实施，代表国家行事的法律后果应归责于国家。因此，国际不法行为应当归于当事者本国，否则不能引起该国的国家责任。

根据国家责任条款草案的规定，可归于国家的行为主要包括以下八项。

第一，国家机关的行为。国家只能通过其机关或代表进行国家行为。国家元首或政府首脑在行使其职权中，如果违反了本国对外所承担的国际义务，构成国际不法行为。立法机关作为国家机关，如果一个国家的国会或议会通过的法案违背了本国所承担的国际义务，该国就要对这一行为承担国家责任。司法机关的行为，如果违反了本国对外所承担的国际义务，也可以引起该国的国家责任。比如一个国家拒绝向外国人提供司法救济，则构成“拒绝司法”，国家应对此承担责任。此外，一机关包括依该国国内法有此种地位的任何人或实体，其行为应被视为国家行为。

第二，行使政府权力要素的人或实体的行为。虽然不属于国家机关，但经该国法律授权行使政府权力要素的个人或实体，其行为依国际法应被视为该国的行为，但以该个人或实体在特定情形下系以政府资格行事者为限。行使政府权力要素的人或实体可能包括一些私人、国有公司、准国有实体、政府代理机构，在特殊情况下，甚至包括私有公司。

第三，由另一国交由一国支配的机关的行为。由另一国交由一国支配的机关，如果为行使支配该机关的国家权力因素而行事，其行为依国际法应被视为支配该机关的国家行为。例如，一个国家的部队交由另一个国家支配的情况。

第四，逾越权限或违背指示的行为。国家机关或经授权行使政府权力要素的任何个人或实体，如果以此种资格行事，即使逾越权限或违背指示，其行为仍应被视为国际法所指的国家行为。

第五，受到国家指挥或控制的行为。作为一般原则，私人的行为依国际法不归于国家。但是可能由于行事的人和国家之间存在着特定的关系，这种行为应归于国家。因此，如果一人或一群人实际上按照国家的指示或在其指挥或控制下行事，其行为应被视为国际法所指的该国的行为。

第六，正式当局不存在或缺席时实施的行为。如果一人或一群人在正式当局不存在或缺席和需要行使政府权力要素的情况下，实际上行使政府权力要素，其行为应被视为国际法所指的国家行为。

第七，叛乱运动或其他运动的行为。成为一国新政府的叛乱运动的行为应被视为国际法所指的国家行为，未成功的叛乱行为不归于国家。在一个先已存在的国家的一部分领土或其管理下的某一领土内，为组成一个新国家而发动的叛乱运动或其他运动的行为，依国际法应被视为该新国家的行为。

第八，经一国确认并当作其本身行为的行为。按照前述各情形不归于一国的行为，在并且只在该国确认并当作其本身行为的情况下，依国际法应被视为该国的行为。在“美国驻德黑兰外交与领事人员案”中，国际法院对示威人群占领使馆及扣留人质的法律情势和伊朗政府发布命令明确表示同意保持这一局面所造成的法律情势做了明显的区分，指出“霍梅尼和伊朗其他机关对这一事件的赞同和继续维持的决定，将持续占领使馆和扣押人质转化为国家行为”。

(3) 一国对另一国行为的责任

涉及一国对另一国行为的责任主要有三种情况。第一，援助或协助实施一国际不法行为。援助或协助另一国实施国际不法行为的国家应对其援助或协助行为负国家责任，如果是该国在知道该国际不法行为的情况下实施的行为，而且该行为由援助或协助国实施会构成国际不法行为，就应负国家责任。例如，甲国向乙国提供军事援助和武器，帮助乙国入侵丙国，如果甲国明知乙国的侵略行动，甲国就应当为援助行为承担国家责任。第二，指挥或控制一国际不法行为的实施。指挥或控制另一国实施国际不法行为的国家应对该行为负国家责任，如果是该国在知道该国际不法行为的情况下实施的行为，而且该行为由该国实施会构成国际不法行为，就应负国家责任。第三，胁迫另一国。胁迫另一国实施一行为的国家应对该行为负国家责任，如果在没有胁迫的情况下，该行为仍会是被胁迫国的国际不法行为，而且是胁迫国在知道该胁迫行为的情况下实施的行为。

三种情况都强调了参与国在行为中的主导和控制地位。主观上，其都必须对行为的违法性事先知情；客观上，其本身也都承担了有关的国际义务。当然，以上的规定不妨碍实施有关行为的国家或任何其他国家根据这些条款的其他规定应该承担的国际责任。例如，受胁迫的国家如果超过实施胁迫国要求的范围，或者对胁迫能抵抗而不加抵抗，或者事实上按照自己的意志行事，也应当负国家责任。

2. 国际不法行为的责任形式

《国家对国际不法行为的责任条款草案》将国家责任的形式分为两类：国际不法行为的法律后果和国际不法行为造成的损害赔偿。前者包括继续履行的责任、停止和不重复、赔偿，后者则包括恢复原状、补偿、道歉。

(1) 国际不法行为的法律后果

一国对一国际不法行为承担的国际责任，产生如下三项法律后果。第一，继续履行的责任。一国际不法行为的法律后果不影响责任国继续履行所违背义务的责任。第二，停止和不重复。国际不法行为的责任国有义务在该行为持续时，停止该行为；在必要的情况下，提供不重复该行为的适当承诺和保证。第三,赔偿(reparation)。责任国有义务对国际不法行为所造成的损害提供充分赔偿。损害包括一国际不法行为造成的任何损害,无论是物质损害还是精神损害。

责任国不得将其国内法的规定作为不能按照《国家对国际不法行为的责任条款草案》规定遵守其义务的理由。

(2) 国际不法行为造成的损害赔偿

对国际不法行为造成的损害的充分赔偿,应按规定单独或合并地采取恢复原状、补偿和道歉的方式。第一,恢复原状。只在下列情况下,一国际不法行为的责任国有义务恢复原状,即恢复到实施该行为以前所存在的状况:恢复原状并非实际上办不到的,以及从恢复原状而不要求补偿所得到的利益不致与所引起的负担完全不成比例。第二,补偿(compensation)。一国际不法行为的责任国有义务补偿该行为所造成的任何损害,如果这种损害没有以恢复原状的方式得到赔偿。这种补偿应弥补在经济上可评估的任何损害,包括可以确定的利润损失。为确保充分赔偿,必要时应支付所应支付的任何本金金额的利息。为计算利息,应规定利率和计算方法。利息从应支付本金金额之日起算,至履行了支付义务之日为止。第三,道歉(satisfaction)。一国际不法行为的责任国有义务为该行为造成的损害进行道歉,如果这种损害不能以恢复原状或补偿的方式得到赔偿。道歉可采取承认不法行为、表示遗憾、正式道歉,或其他合适的方式。道歉不应与损害不成比例,而且不得采取羞辱责任国的方式。

在确定赔偿时,应考虑到提出索赔的受害国或任何人或实体由于故意或疏忽以作为或不作为促成损害的情况。

3. 国际不法行为的责任解除事由

由于客观原因或条件,行为国的违反国际义务的不法行为在如下情形下可以免除承担国家责任。但违反一般国际法某一强制性规范规定的义务的一国,则不得以此作为解除其任何行为之不法性的理由。援引解除行为不法性的情况不妨碍在并且只在解除行为不法性的情况不再存在时遵守该项义务,以及对该行为所造成的任何实质损害的补偿问题。

(1) 同意。一个国家以有效方式同意另一国实行某项特定行为时,该特定行为的不法性在与该国的关系上即告解除,但以该特定行为不逾越该项同意的范围为限。例如,外国军舰不得随便驶入一国的领海,但经沿岸国家的明示同意或批准,外国军舰进入一国领海则不被视为对其领海主权的侵犯。同意的例外不得违反国际法基本原则所确立的国际义务。任何国家不得以所谓已获得有关国家同意为理由而从事与国际强行法规范背道而驰的行为。同意必须有效、明示和合法。

(2) 自卫。若一国的行为构成按照《联合国宪章》采取的合法自卫措施,则该行为的不法性即告解除。例如,针对甲国的侵略行为采取合法的自卫措施而导致甲国主权的侵犯行为,则解除其行为的不法性。

(3) 对一国际不法行为采取的反措施。一国针对另一国的国际不法行为所采取的对应自救措施,称为反措施。一国不遵守其对另一国国际义务的行为,在并且只在该行为构成针对该另一国采取的一项反措施的情况下,其不法性才可解除。

解除不法性的反措施应限于:第一,一受害国只在为促使一国际不法行为的责任国履行其义务时,才可对该国采取反措施;第二,反措施限于暂不履行采取措施的一国对责任国的国际义务;第三,反措施应尽可能以容许恢复履行有关义务的方式进行。

解除不法性的反措施不得影响《联合国宪章》规定的禁止威胁或使用武力的义务、保护基本人权的义务、禁止报复的人道主义性质的义务，以及依一般国际法强制性规范承担的其他义务。同时，采取反措施的国家仍应履行和责任国之间任何可适用的解决争端程序规定的义务，以及尊重外交或领事代表，馆舍、档案和文件之不可侵犯性等义务。

反措施必须和所遭受的损害相称，并应考虑到国际不法行为的严重程度和有关权利。一旦责任国履行其与国际不法行为有关的义务，就应尽快终止反措施。

(4) 不可抗力。一国不遵守其国际义务的行为如起因于不可抗力，即有不可抗拒的力量或该国无力控制、无法预料的事件发生，以致该国在这种情况下实际上不可能履行义务，该行为的不法性即告解除。但在下列情况下则不适用：不可抗力的情况由援引此种情况的国家的行为单独导致或与其他因素一并导致；该国已承担发生这种情况的风险。

(5) 危难。一国不遵守其国际义务的行为，如有关行为人在遭遇危难的情况下为了挽救其生命或受其监护的其他人的生命，除此行为之外，别无其他合理方法，该行为的不法性即告解除。但在下列情况下则不适用：危难情况由援引此种情况的国家的行为单独导致或与其他因素一并导致；有关行为可能造成类似的或更大的灾难。

(6) 危急情况。一国不得援引危急情况作为理由来解除不符合该国所承担的某项国际义务的行为的不法性，除非该行为是该国保护基本利益、对抗某项严重迫切危险的唯一办法，而且该行为并不严重损害作为所负义务对象的一国或数国的基本利益或整个国际社会的基本利益。但一国绝不得在以下情况下援引危急情况作为解除其行为不法性的理由：有关国际义务排除援引危急情况的可能性；该国促成了该危急情况。

4. 国际责任的履行

根据一般法律原则，只有权利受到侵害的国家才有资格提出求偿。程序上，受害国在提出国际责任之前，应当首先通知不法行为国，要求其停止不法行为，并提出具体的赔偿请求。如果受害国已明确放弃求偿要求，或受害国基于其行为应被视为已以有效方式默许其要求失效，该国就不得援引一国的责任。

在数个国家由于同一国际不法行为而受害的情况下，每一受害国可分别援引实施了该国际不法行为的国家的责任。在数个国家应为同一国际不法行为负责任的情况下，可对每一国家援引涉及该行为的责任，但不允许任何受害国取回多于所受损害的补偿，也不妨碍对其他责任国的任何追索权利。

对于针对本国国民或公司的行为所引起的国家责任问题，只有国籍国才有权利行使外交保护。在寻求外交保护之前，有关受害人必须首先用尽当地司法救济措施，只有在用尽当地司法救济措施，或该司法救济措施无效的情况下，国家才能介入，并提出国家责任的问题。

三、国际法不加禁止行为造成损害性后果的国际责任

类似题

(1) 国际法不加禁止行为的国际赔偿责任制度

(2) 国家责任和国际赔偿责任的联系与区别

1. 国际法不加禁止行为造成损害性后果的国际责任的定义及特征

国际法不加禁止行为造成损害性后果的国际责任，也称国际赔偿责任，是指一国因实施国际法不加禁止的行为且跨境产生损害性后果而承担的赔偿责任。在赔偿责任中，只要对其所造成的损害给予合理、适当的赔偿，行为国的行动自由就不受限制。

国际法不加禁止行为造成损害性后果的国际责任具有如下四个特点：(1) 其活动是由国家或相关实体在其本国领土或控制范围内从事的，但其后果具有跨国性；(2) 其活动通常具有潜在的危险性；(3) 活动本身是现行国际法不加禁止的行为；(4) 受害国有权要求加害国给予合理赔偿。

2. 国际不法行为引起的国家责任和国际赔偿责任的联系与区别

(1) 两者都是国家责任，都在确定国家对其行为承担的责任。国际不法行为引起的国家责任的成立以国家的不法行为为前提，但国际赔偿责任的成立则不必要存在不法行为，行为者的行为即使没有违背国际法，但只要发生损害性后果，就应承担赔偿责任。

(2) 行为的持续与否方面存在区别。在国际不法行为引起的国家责任中，不法行为的主体即使采取补救措施，该行为也不得再延续；在国际赔偿责任中，只要行为主体对其造成的损害性后果给予赔偿，该行为可继续进行，不受限制。

(3) 两者的目的一致，但适用的范围不同。国际不法行为引起的国家责任一般适用于国际法各个领域，而国际赔偿责任适用于因现代高科技的迅猛发展及高新技术的应用而产生的传统国家责任无法予以解决的特定领域，如民用核活动、航空飞行、外空利用、国际河流和共同水域的利用、海洋开发、远洋石油运输等防止环境污染的领域。

3. 国际法不加禁止行为造成损害性后果的国际责任的构成要件

国际法不加禁止行为造成损害性后果的国际责任的构成要件包括两个方面。(1) 行为可归责于责任主体。国际法不加禁止行为造成损害性后果的行为主体包括国家、国际组织和作为经营者的个人或法人，其行为造成跨境损害时，责任主体仍然是国家、国际组织或经营者。(2) 行为虽然是国际法不加禁止的，但造成了跨境损害性后果。此外，该行为不包括过错或过失行为。